Knaur.

*Die Autorin:*
Jen Lin-Liu wuchs in den USA als Tochter chinesischer Einwanderer auf. Sie studierte an der Columbia-University, bis sie im Jahr 2000 nach Peking ging. Dort gründete sie 2007 eine Kochschule. Die Journalistin schreibt weiterhin Restaurantkritiken und Artikel für Magazine wie *Newsweek* oder *New York Times.*

Jen Lin-Liu

# NUDELN FÜR DAS VOLK

Eine kulinarische Entdeckungsreise
in 27 Gerichten und drei Beilagen

Knaur Taschenbuch Verlag

Besuchen Sie uns im Internet:
www.knaur.de

Originalausgabe Oktober 2009
Knaur Taschenbuch.

Lektorat: Caroline Draeger
Umschlaggestaltung: ZERO Werbeagentur, München
Umschlagabbildung: © Swim Ink/Corbis, © Yang Liu/Corbis, Gettyimages/KAZUO, OGAWA/A.collection
Satz: Daniela Nikel, Stockdorf
Druck und Bindung: CPI – Clausen & Bosse, Leck
Printed in Germany
ISBN 978-3-426-78254-5

2 4 5 3 1

*Für meine Eltern*

# Inhalt

# Übersicht über die Rezepte

## Teil I



## Teil II

**Teil III**



**Teil IV**

Teil I

# KOCHSCHULE

# I

An der Kochschule brachte man mir eine Reihe ganz erstaunlicher Tatsachen bei: Häufiger Fischgenuss ist gut fürs Gehirn. Scharf gewürztes Essen ist gut für den Teint. Glutamat wird am besten bei knapp unter hundert Grad in den Wok geworfen. Amerikaner sind fett, weil sie Brot essen, und Chinesen sind schlank, weil sie Reis essen. Arbeitet man drei Jahre lang in Amerika als Koch, kann man sich in China ein Haus leisten.

Die Hualian-Kochschule lag in einer schmalen Gasse in einem der alten Stadtteile Pekings. Ich hatte mich im Oktober 2005 – in meinem fünften Jahr in China – dort eingeschrieben. Der Unterricht fand in einem Klassenzimmer statt, das man in einer weiterführenden Schule angemietet hatte, und in dem ungeheizten Raum wurde es von Minute zu Minute kälter. Die anderen waren an die unzureichende Beheizung und Isolierung öffentlicher Schulgebäude gewöhnt und hatten sich Daunenjacken angezogen. Ich hingegen bibberte in meinem dünnen Mantel.

Meine Mitschüler, alles Männer zwischen zwanzig und fünfzig, hingen gelangweilt auf ihren Stühlen herum und hielten kaum den Stift gerade. Die meisten verfügten über keinen höheren Schulabschluss. Sie gingen während des Unterrichts an ihre Handys, woran sich Lehrer Zhang nicht weiter störte. Einmal hörte ich sogar, wie sich einer der Schüler die Fingernägel schnitt – das Knipsgeräusch untermalte den Rhythmus des Vortrags. Doch kaum sah Lehrer Zhang mich an, kniff er beim Sprechen die Augen zusammen. Es gefiel ihm nicht, dass ich nicht so war wie die anderen.

Ich unterbrach ihn mit Fragen. Dazu meldete ich mich nicht erst mit Handzeichen. In unserer Klasse beachtete niemand solche Konventionen. Ein Schüler sollte gar keine Fragen haben. Also quatschte ich einfach dazwischen, und zwar so laut ich konnte. Meine häufigste Frage: »Könnten Sie das Schriftzeichen bitte etwas deutlicher schreiben?«

Lehrer Zhang grunzte und wischte mit dem Handrücken über die Tafel, dann schrieb er das Schriftzeichen noch einmal im chinesischen Äquivalent zu unseren Blockbuchstaben, dass die Kreide quietschte.

Manchmal war ich so damit beschäftigt aufzuschreiben, was Lehrer Zhang gesagt hatte, dass mir keine Zeit für Fragen blieb. Wenn ich dann später meine Notizen durchlas, bot sich mir eine seltsame Mischung aus Populärpsychologie und uralten chinesischen Klischees.

»Die Geschmacksnerven werden von ganz unterschiedlichen Faktoren beeinflusst«, erklärte Lehrer Zhang und begann seine Aufzählung. Alter, Geschlecht, Beruf und Geisteszustand, schrieb ich pflichtbewusst mit. »Frauen essen lieber fade Speisen, während Männer scharf gewürztes Essen bevorzugen«, erklärte er. Frauen – fade, Männer – scharf, notierte ich auf Englisch.

»Die Geschmacksnerven eines Bauern, der auf dem Feld arbeitet und viel Schweres hebt, reagieren anders als die eines Büroarbeiters«, fügte er hinzu. Aha, dachte ich und übertrug diese Information in mein Notizbuch. Als ich meine Notizen später durchsah, wünschte ich, ich hätte ihn gebeten, das näher auszuführen.

Doch wenn ich eine Frage stellte, warf mir Lehrer Zhang böse Blicke zu, und die anderen Schüler rutschten unruhig auf ihren Stühlen herum. Ich lernte, mich wie die anderen zu verhalten: zuhören, verbeugen, abschreiben.

Wenn wir nicht im Klassenzimmer saßen und uns Notizen zu Lehrer Zhang und der Welt, wie er sie sah, machten, waren wir in der Küche. Die Küche war nichts als ein weiteres Klassenzimmer, in das man einen Brenner, einen Gasbehälter, eine Arbeitsfläche, ein Spülbecken und einen Kühlschrank eingebaut hatte. Durch diese einfachen Veränderungen war die großzügige Version einer typisch chinesischen Familienküche entstanden. Platz gab es genug, aber trotzdem war dies kein Raum, in dem man den Blick gerne schweifen ließ, aus Angst, er könnte an einem unappetitlichen Fleck auf den gefliesten, seit Jahren nicht geschrubbten Wänden hängenbleiben. Am Anfang dachte ich noch, die Zeit, die wir in der Küche damit verbrachten, etwas Richtiges zu lernen, würde die mit Frontalunterricht vertane Zeit wettmachen. Schließlich war ich nie zuvor in einer chinesischen Profi-Küche gewesen, da der Zutritt den Restaurantgästen stets strengstens untersagt war. Jetzt fand ich mich in einem Raum voller Schneidebretter, Woks, Küchenbeile sowie Flaschen mit Chiliöl und Austernsoße wieder. Doch ich sollte schnell entdecken, dass den Schülern selbst in dieser Küche gewisse Dinge nicht erlaubt waren – wie zum Beispiel das Kochen.

Statt zu kochen, saßen wir auf den im Raum verteilten Holzbänken und beobachteten jede Bewegung von Küchenmeister Gao. Küchenmeister Gao war ein Meister der alten Schule. Er arbeitete in einem sowjetisch anmutenden, staatlich betriebenen Hotel, das mit dem Ende der Planwirtschaft auch seine glorreichsten Tage hinter sich hatte. Gao war ein Überbleibsel des alten Systems, und er folgte den althergebrachten chinesischen Traditionen, würzte mit Glutamat und Unmengen von Sojaöl. Doch trotz des Glutamats und des Öls – oder vielleicht gerade deswegen – schmeckte alles, was er kochte, einfach köstlich.

Gespannt verfolgten wir, wie Küchenmeister Gao einem

Grashüpfer gleich die dünnen Arme und Ellbogen ausklappte und zu kochen anfing. Wir hörten zu, wie er die Rezepte in einem volkstümlichen Pekinger Akzent laut mitgurrte, während er sie an die Tafel schrieb, die Zutaten in drei Gruppen unterteilt: Hauptzutaten, ergänzende Zutaten und Gewürze. Hin und wieder schrieb er sogar Mengenangaben neben die Hauptzutaten, doch normalerweise kochte er nach Gefühl. In der Küche gab es ohnehin keinen einzigen Messbecher und keinen einzigen Messlöffel.

Wir musterten die wenigen Utensilien: einen Wok, ein Schneidebrett sowie ein Küchenbeil mit einer zwanzig Zentimeter langen und zehn Zentimeter breiten Klinge. Ab und zu zauberte er etwas Raffinierteres hervor wie zum Beispiel einen Frittierkorb. »Sehen Sie diesen Korb und den Griff? Alles aus einem Stück, das kann gar nicht kaputtgehen. Ich habe ihn in den 1960ern gekauft, und die Fabrik ist jetzt schon seit Jahren geschlossen. Solche Körbe werden heute gar nicht mehr hergestellt!«, brüllte er mit einer Verachtung in der Stimme, die andeutete, dass für ihn die Zeiten, in denen die Chinesen noch bettelarm gewesen waren, die »gute alte Zeit« waren.

Atemlos beobachteten wir, wie Küchenmeister Gao mit dem Wok umgehen konnte. Er legte die Wölbung der Pfanne mit dünnen, in Reiswein marinierten Scheiben Schweinefilet aus, hielt die Pfanne über eine mittelgroße Flamme und verteilte mit einem Schwenker die Flüssigkeit darin. Als das Fleisch von der einen Seite gut war, nahm er den Wok und wendete die Fleischscheiben mit einer schnellen Bewegung wie einen Pfannkuchen in der Luft. Er wiederholte das Ganze – schwenken, wenden, schwenken. Mit Lauch und Ingwer gewürzt, war dieses zarte und wohlschmeckende Guota Liji (im Wok versenktes Filet) ein Paradebeispiel für die Hauptmerkmale der chinesischen Küche: absolute Frische und Schlichtheit.

Erst wenn alle Gerichte des Tages fertig zubereitet waren,

durften wir aktiv werden. Wir sprangen von den Bänken auf, drängten uns um die Kochstation und zückten die von zu Hause mitgebrachten Stäbchen, um uns mit vereinten Kräften auf das Essen zu stürzen. Die kleinsten Gerichte waren immer sofort weg, vor allem so teure Köstlichkeiten wie Meeresfrüchte. Dann taten wir uns an dem Essen gütlich, das am heftigsten dampfte, bevor wir den Rest verschlangen. Innerhalb weniger Minuten war alles weg. Einmal schnappte ich am Ende einer Unterrichtsstunde einem Mitschüler die frittierten Muscheln vom Spieß vor der Nase weg. Er stand mit dem leeren Spieß in der Hand da, von dem ich die Muscheln einfach gierig heruntergeschoben hatte. Ich hatte meine Lektion gelernt und wartete nicht mehr darauf, dass mir jemand etwas abgab.

## GEBRATENES SCHWEINEFILET (GUOTA LIJI)

1 Stange Lauch
2 daumengroße Stücke Ingwer
350 g Schweinefilet
2 EL Reiswein oder Sherry
1/2 TL Salz, 1/2 TL frisch gemahlener Pfeffer
2 Eier
50 g Mehl
60 ml Öl, Öl zum Beträufeln
2 EL Hühnerbrühe zum Abschmecken
2 TL Sesamöl

Den weißen Teil des Lauchs halbieren und dann in kleine Stücke schneiden. Den Ingwer schälen und der Länge nach

in feine Streifen schneiden. Das Schweinefleisch quer zur Faser in dünne Scheiben schneiden und 10 Minuten in 1 EL Reiswein, 1/4 TL Salz und 1/4 TL Pfeffer marinieren. Die Eier in einer Schüssel verrühren und neben den Herd stellen.
Das Mehl in eine flache Schale oder auf einen Teller geben. Wenn das Fleisch mariniert ist, Scheibe für Scheibe im Mehl wenden und überschüssiges Mehl abklopfen. Die panierten Scheiben auf einem Teller neben die Schüssel mit den Eiern stellen.
Das Öl bei mittlerer Hitze im Wok erhitzen und den Wok so schwingen, dass er innen vollständig mit Öl benetzt ist. Wenn das Öl heiß ist, jede Fleischscheibe einmal kurz in das verrührte Ei tunken und in den Wok legen. Das Fleisch so arrangieren, dass es die Innenseite des Woks wie ein dünnes Laken bedeckt. Mit einem Pfannenheber vorsichtig die Fleischscheiben lösen, dann nach Bedarf ein wenig Öl in den Wok träufeln, damit das Fleisch nicht festklebt. Wenn die Unterseite der Filetstücke goldbraun gebraten ist, das Fleisch wenden. Das restliche Öl sowie den restlichen Weißwein, den Rest Salz und die Hühnerbrühe hinzufügen. Die Lauch- und Ingwerstreifen über dem Fleisch verteilen und alles mit Sesamöl beträufeln. Wenn die zweite Seite des Fleisches goldbraun gebraten ist, den Wok vom Herd nehmen und das Fleisch auf einem Teller anrichten. Sofort servieren.

Die Hualian-Kochschule war einer von 129.000 Treffern, als ich auf Chinesisch die Zeichen für »Peking« und »Kochschule« gegoogelt hatte. Ich entschied mich für diese Kochschule, weil sie in meinem Stadtviertel im Zentrum Pekings lag – ein wichtiger Faktor, wenn man die riesigen Ausmaße der Hauptstadt und den wahnwitzigen Verkehr bedenkt. Schließlich war ich nur auf der Suche nach einer typischen Erfahrung und hatte mir weiter keine hehren Ziele gesetzt. Ich wollte einfach nur einigermaßen chinesisch kochen lernen auf einem Niveau, das es mir erlauben würde, zu einem anständigen Abendessen einzuladen.

Wie Hunderte anderer Kochschulen in Peking auch, war die Hualian-Kochschule eine berufsbildende Schule: Hier sollte eigentlich zum Koch ausgebildet werden, wer vorhatte, in der Gastronomie zu arbeiten. Es herrschte ein ständiges Kommen und Gehen, da die Kurse fortlaufend begannen. Die Schule gestattete es Neulingen, ein, zwei kostenlose Schnupperstunden zu absolvieren. Als ich dort anrief, um mich über Kochkurse zu informieren, sagte die Dame am Telefon fröhlich: »Ich würde vorschlagen, dass Sie mit dem Kurs für fortgeschrittene Anfänger beginnen.« Woher wollte sie wissen, ob ich für einen Kurs geeignet war, der sich immerhin an fortgeschrittene Anfänger richtete?, fragte ich mich. Die Antwort war einfach, wie mir klarwurde, sobald ich die Schule besser kannte: Der Kurs für fortgeschrittene Anfänger war der einzige, den sie anboten. Er dauerte drei Monate, Montag bis Freitag, jeden Tag zwei Stunden.

Der harte Kern unserer Gruppe bestand aus zehn Schülern, die den Kurs etwa zur gleichen Zeit anfingen und gemeinsam beenden wollten – vor der staatlichen Kochprüfung. Nach bestandener Prüfung sollten die Schüler eine staatliche Urkunde erhalten, die es ihnen offiziell erlaubte, in einem Restaurant zu arbeiten.

Unser Kurs konzentrierte sich auf die vier Hauptrichtungen der klassisch-chinesischen Küche: die Lu-Küche von der Nordküste, die Huaiyang-Küche aus der Gegend um Shanghai, die kantonesisch beeinflusste Yue-Küche aus dem Süden und die scharfe Sichuan-Küche aus dem Landesinneren, auch kurz Chuan-Küche genannt. Diese kulinarischen Regionen waren irgendwann während der späten Qing-Dynastie, also bereits vor Beginn des 20. Jahrhunderts, »die vier großen Küchen« genannt worden. Allerdings hat mir niemand eine befriedigende Antwort darauf geben können, warum die chinesische Küche noch immer in diese Regionen eingeteilt wurde, spiegelten sie doch in keiner Weise wider, was die Chinesen heute aßen. Ich ging nur sehr selten Lu essen, und die feurige Hunan- oder die thailändisch beeinflusste Yunnan-Küche waren unter meinen chinesischen Freunden viel beliebter, obwohl sie gar nicht auf der Liste der vier großen Küchen Chinas standen. Die Huaiyang-Küche war ihnen zufolge wegen des leichteren, natürlicheren Geschmacks eher etwas für ältere Menschen. – Als ich das im Unterricht ansprach, sah ich mich natürlich sofort wieder dem durchdringenden Blick ausgesetzt. Ich hatte ganz vergessen: Meine Rolle bestand darin zuzuhören, mich zu verbeugen und von der Tafel abzuschreiben.

Ich fand den Unterricht ausgesprochen günstig, aber die anderen Schüler hatten die Kosten sehr genau gegen den späteren Nutzen abgewogen, bevor sie sich einschrieben. Zwei Monate Unterricht kosteten immerhin hundert Dollar. Ein Koch konnte nach bestandener Prüfung in einem durchschnittlichen Restaurant etwa hundertfünfzig Dollar im Monat verdienen. Wenn meine Mitschüler – wie unsere Lehrer – zwanzig Jahre lang auf der Karriereleiter hochgeklettert waren, erwartete sie ein Einkommen von bis zu fünfhundert Dollar im Monat, was für chinesische Verhältnisse gar nicht schlecht ist. Trotzdem war der Beruf des Kochs in China nicht gerade angesehen. Einem Koch brachte man in etwa so viel Respekt entgegen wie einem Automechaniker – er war ein austauschbares Rädchen im Küchengetriebe. So etwas wie Arbeiterrechte oder Gewerkschaften gab es nicht, und da die Ausbildung meist rudimentär ausfiel, erreichten Köche nur selten eine angesehene Stellung. Chinesische Restaurantbesitzer hingegen, die sich in der Regel ganz gut in der Geschäftswelt, dafür aber überhaupt nicht mit dem Kochen auskannten, wurden zuweilen wie Prominente gefeiert. Ein Koch aber blieb in der Küche und damit dem Rampenlicht fern. Die Ziele meiner Klassenkameraden waren eher pragmatischer, denn ehrgeiziger Natur: Die Zubereitung von Essen sollte sie auf dem langen Weg zur erhofften Wohnung in einem Hochhaus mit Aufzug – im heutigen China das Äquivalent zu einem Vorstadthaus mit weißem Lattenzaun – einen großen Schritt voranbringen.

Wie es der Zufall wollte, schrieb ich mich an der Kochschule ein, als sich das Berufsbild des Kochs zu wandeln begann, was die Reaktionen in meinem direkten Umfeld nicht milderte. Chinesisch-amerikanische Freunde rieten mir von oben herab, doch lieber nach Hongkong oder Taiwan zu gehen, wenn ich »lernen wollte, wie man richtig chinesisch kocht«. Und meine Familie hielt erst recht nichts von dem Vorhaben. Mein Vater, ein Physiker, hatte mich in den USA auf eine Elite-Uni geschickt und wollte auf keinen Fall, dass ich den am wenigsten angesehenen chinesischen Beruf ergriff. Meine Großmutter mütterlicherseits, die in den 1940er Jahren für kurze Zeit ein Restaurant im Süden Chinas besessen hatte, warnte mich kopfschüttelnd: »Trau nie einem Koch!« Meine Großeltern hatten einen ungünstigen Zeitpunkt gewählt, um in die Gastronomie einzusteigen: Der Vorsitzende Mao war mit seiner Armee bereits weit nach Süden vorgerückt, so dass sie sich gezwungen gesehen hatten, nach Taiwan zu fliehen. Doch meine Großmutter machte keineswegs die politischen Unruhen für das Scheitern ihres Restaurants verantwortlich. Sie behauptete stets, es hätte daran gelegen, dass der Koch Ohrschneckenkonserven aus der Vorratskammer geklaut habe.

Alle meine chinesischen Freunde außerhalb Chinas und meine Familie waren sich jedoch in einem Punkt einig: Die Kommunisten hatten die ursprüngliche chinesische Küche zerstört. Das stimmte zu einem gewissen Grad: In Übersee genossen Köche eine deutlich bessere Ausbildung, hatten Zugang zu viel mehr ungewöhnlichen Zutaten und kochten für wohlhabendere Menschen. Aber China war immer noch die Geburtsstätte einer Küche, um die sich zahlreiche Mythen rankten. Sie war auf der ganzen Welt verfälscht, verfeinert, neu erfunden und hygienisch auf den neuesten Stand gebracht worden. Vielleicht waren die Kochmethoden, die ich in Peking lernen würde, nicht so raffiniert wie in den schicken Restaurants, in die ich mit meinen Großeltern in Taipei ging, aber die Gerichte, die ich in den dunklen Seitengassen Pekings genossen hatte, waren genauso lecker gewesen. Und Peking mit seinem Mao-Erbe und diesem chaotischen, hektischen Drang zur Modernisierung, der Chinesen aus jedem Winkel des Landes wie magnetisch anzog, war für mich eindeutig der interessanteste Ort, um kochen zu lernen. Ich war gespannt, wie die Unruhen der letzten fünfzig Jahre und die gegenwärtige wirtschaftliche Entwicklung die Kochkunst beeinflusst hatten.

Zwei Jahre zuvor hatte ich begonnen, über Essen zu schreiben und einige betagte Köche interviewt. Die meisten hatten erst kurz nach der kommunistischen Revolution den Beruf des Kochs ergriffen. Meine erste Frage war stets gewesen, was ihr Interesse für das Kochen geweckt hatte – und ich begriff nur allzu bald, wie dumm diese Frage war. Die Antwort war nämlich immer die gleiche: »Ich habe mich nicht weiter dafür interessiert. Ich hatte keine andere Wahl.« In den Jahren der Planwirtschaft entschied der Staat über den Beruf – ohne Berücksichtigung von Interessen und Neigungen. Was allein zählte, war, in welchen Industriezweigen Arbeitskräfte fehlten. So habe ich Köche kennengelernt, die am Anfang ihrer

Laufbahn nicht einmal wussten, wie man ein Messer richtig hält. Kein Wunder, dass viele der besten chinesischen Köche nach Hongkong oder Taipei flohen, als 1949 die Kommunisten an die Macht kamen.

Doch die Dinge haben sich in den letzten Jahrzehnten geändert. Bauern, die unter Mao in Kommunen gezwungen worden waren, durften seit den späten 1970er Jahren wieder eigenes Gemüse anbauen und verkaufen sowie eigenes Vieh züchten. Langsam konnte man sich auch wieder einen Beruf aussuchen, und einige beschlossen, Koch zu werden. Die Lebensmittelrationierung hatte in den 1980er Jahren ein Ende, und Fleisch – einst Luxus – wurde zu einem festen Bestandteil der chinesischen Ernährung. Bis dahin befanden sich die Restaurants in staatlicher Hand, nun wurden sie Besitzern übergeben, und eifrige Unternehmer eröffneten zusätzlich weitere Lokale. Dort bewirteten sie Familien, die es sich leisten konnten, auswärts zu essen. (Einige Restaurants blieben im Staatsbesitz. Man kann sie leicht an dem pompösen Eingang, dem Geruch nach Mottenpulver und der sterilen Neonbeleuchtung erkennen.) Um Köche für diese Privatunternehmen auszubilden, wurden Hunderte von Kochschulen eröffnet, darunter die Hualian-Kochschule.

Als ich mich dort einschrieb, war der Markt mit Restaurants übersättigt. In einem Radius von einem Kilometer um meine Wohnung zählte ich allein über fünfzig Restaurants. Fast jede Straße in Peking war eine Aneinanderreihung von Lokalen, was die Existenz all jener Straßen ad absurdum führte, die offiziell zum Essbezirk erklärt worden waren und Namen trugen wie »Geisterstraße«, »Glücksstraße« oder »Damenstraße«. Auswärts essen war so üblich, dass meine chinesischen Freunde sich beklagten, die Tradition stürbe langsam aus, Gäste zum Essen zu sich nach Hause einzuladen. Denn es war auch vor den dunklen kommunistischen Zeiten längst nicht üblich gewesen, essen zu gehen. Die meisten Chinesen lebten auf dem Land, und wenn sie überhaupt mal auswärts aßen, dann an einem schlichten Straßenstand. Die meisten auf Bankette spezialisierten Restaurants befanden sich in den Städten und sprachen nur eine sehr kleine Gruppe von Chinesen der Oberschicht an. Doch jetzt, im boomenden China nach Mao, fand sogar das traditionelle Festessen zum chinesischen Neujahr, das immer zu Hause begangen worden war, im Restaurant statt. Und Hochzeiten, die früher gerade auf dem Dorf meist bescheiden gefeiert worden waren, wurden in Restaurants verlegt.

So ist die einst vertraute Begrüßungsformel »Hast du schon gegessen?« völlig aus der Mode gekommen, vor allem in der Großstadt. Denn jeder hat bereits gegessen – und man isst gut.

Das Verhältnis zwischen Lehrer Zhang und mir war alles andere als ungetrübt. Wenn er mir eine Frage stellte, dann tat er das nicht in seinem üblichen kehligen Pekinger Dialekt, sondern ausgesprochen wohl artikuliert. »Miss Lin«, pflegte er mit einem Hauch spöttischer Herablassung in der Stimme zu beginnen. Dann hielt er inne und nippte an seinem Teeglas oder wischte mit den Händen unsichtbare Krümel von den Ärmeln seiner Thermojacke. »Wie unterscheidet sich der Begriff *Essen* von *Küche*?« Mitunter stierte er mich aus seinen Knopfaugen an, lachte kurz auf und schüttelte den Kopf. Keiner der Lehrer und Mitschüler begriff, warum ich mich als »chinesische Amerikanerin« bezeichnete. Das war ein vollkommen unklares Konzept für sie. Es war ihnen offenbar nicht möglich zu verstehen, dass ich besser Englisch als Chinesisch konnte, von der Tatsache ganz zu schweigen, dass ich mehr Amerikanerin als Chinesin war.

Mein Mandarin war nicht schlecht, aber bei weitem nicht perfekt. Ich konnte mich fließend unterhalten, wenn ich auch bei den Betonungen manchmal daneben lag. Doch ich hatte es nach meinem ersten Jahr in China sträflich vernachlässigt, mich weiter im Lesen und Schreiben zu üben, und keine meiner früheren Erfahrungen hatte mich darauf vorbereitet, wie nuanciert man etwa über das Thema Fischinnereien sprechen konnte. Während meine Klassenkameraden ergeben abschrieben, was an der Tafel stand, schwebte mein Stift oft bewegungslos über einem halb fertigen Schriftzeichen. Es fiel mir schwer, so grundlegende kulinarische Wörter wie *Soße* und *Dampf* in mein Notizbuch zu schreiben. Etwa einen Monat nach Kursbeginn, nachdem er sich wohl zum fünfzigsten Mal zu mir umgedreht, »Verstehen Sie?« gefragt und meinerseits einen ratlosen Blick geerntet hatte, dämmerte es Lehrer Zhang endlich.

»Miss Lin, Chinesisch ist wohl nicht Ihre Muttersprache?«

Diese Enthüllung sorgte für Aufruhr in der Klasse, alle fingen an zu tuscheln. Dabei hatte ich die Schulverwaltung bei der Anmeldung ordnungsgemäß über meine Identität und mein Vorhaben aufgeklärt. Die Information war allen Beteiligten auf die übliche chinesisch-bürokratische Weise eingetrichtert worden. »Miss Lin ist eine chinesisch-amerikanische Autorin und möchte bei den Amerikanern Propaganda für chinesisches Essen machen«, hatte einer der leitenden Angestellten der Klasse an meinem ersten Tag stolz verkündet.

Beim Ausfüllen der Anmeldeformulare hatte ich Hilfe gebraucht und daher angenommen, dass Lehrer Zhang und meine Mitschüler wussten, warum ich so viele Fragen stellte. Und dass ich die Unterrichtsinhalte zunächst auf Chinesisch verstehen und dann im Geiste ins Englische übersetzen musste. Offenbar hatten sie jedoch einfach angenommen, ich sei mächtig beschränkt.

Seine erschütternde Entdeckung hatte Lehrer Zhang buchstäblich die Sprache verschlagen. Er wickelte die Füße um die Beine des Stuhls, auf dem er mit dem Rücken zur Tafel saß, und beobachtete mich eingehend. Ein Mitschüler ging nach vorn, um die Tafel zu wischen, und ein anderer bot ihm eine Zigarette an. Im Handumdrehen war der Klassenraum voller Rauch, weil sich die halbe Klasse eine anzündete.

»Sie haben also ziemlich viel Zeit in Amerika verbracht, ja?«, fragte Lehrer Zhang schließlich.

»Ich bin da geboren und aufgewachsen«, antwortete ich.

Er kniff die Augen zusammen. »Aber wieso sehen Sie wie eine Chinesin aus?«

»Weil meine Eltern aus China stammen.«

»Und warum ist Chinesisch dann nicht Ihre Muttersprache?«

Ich wiederholte, dass ich in Amerika geboren und aufgewachsen war.

Nun quälte meinen Mitschüler Kleiner Topf, der gar nicht so klein war, wie sein Name vermuten ließ, und der sich meist mehr als nur den ihm zustehenden Anteil von Küchenmeister Gaos Kostproben einverleibte, eine dringende Frage: »Wenn ein Amerikaner mit einer Chinesin ein Baby bekommt, wie sieht es dann aus?«

Doch Lehrer Zhang feuerte bereits die nächste Frage auf mich ab: »Woher kommen Ihre Eltern?«

»Aus den Provinzen Guangdong und Fujian. Das heißt, da kamen ihre Vorfahren her.« Meine Eltern waren in Taiwan aufgewachsen und mit Anfang zwanzig in die USA ausgewandert, aber ich wollte meine Klasse nicht vollends schockieren. Taiwan war ein heikles Thema. Die chinesische Regierung betrachtete es immer noch als »abtrünnige Provinz«, die eigentlich Teil »des Mutterlandes« war. Und es war ihr gelungen, 1,3 Milliarden Menschen so weit zu indoktrinieren, dass sie glaubten, diese Behauptung sei wahr. Meine Haltung zu diesem Thema ist rein agnostisch, aber ich wollte mir den unvermeidlichen und lebhaften Aufruhr ersparen, der immer entstand, wenn die Insel auch nur in einem Nebensatz erwähnt wurde.

Lehrer Zhang und meine Mitschüler rauchten ihre Zigaretten, aschten gedankenverloren auf den Fußboden und starrten mich völlig entgeistert an. Amerika stand für weiß, für hellhäutig, es war das Land der Menschen, die aussehen wie Präsident George W. Bush. China hingegen stand für chinesisch, und ich sah eindeutig chinesisch aus. Meine Erklärung überzeugte sie nicht wirklich, und sie beäugten mich misstrauisch: Wieso gab Miss Lin vor, etwas zu sein, das sie nicht war?

Ich brauchte etwas Konkretes, etwas, das sie anfassen konnten. Zufälligerweise hatte ich meinen Pass dabei, aber ich zögerte, ihn herauszuholen. In China war ein amerikanischer Pass ein Statussymbol und gleichbedeutend mit: Dies ist ein Staatsangehöriger des mächtigsten Landes der Welt. Ich hatte nie den Irrglauben vieler Amerikaner geteilt, ihr Pass könne ihnen im Ausland – vor allem in Entwicklungsländern – Immunität verleihen. In China den amerikanischen Pass zu zeigen war in etwa so, als hätte ein Fabrikarbeiter zu viktorianischer Zeit behauptet, zum Landadel zu gehören. Ich beschloss, es trotzdem zu tun.

Ich reichte Lehrer Zhang das blaue Büchlein, und meine Mitschüler rotteten sich um ihn und bewunderten die Stempel darin. »Wow! Sie ist schon in Thailand gewesen!«, rief einer. Meine Mitschüler betrachteten mich mit neuem Respekt. Innerhalb weniger Minuten war ich vom Klassentrottel zur vertrauenswürdigen, mit dem Pass wedelnden Amerikanerin aufgestiegen.

Mir tat das in der Seele gut nach dem wochenlangen Frust, der herablassenden Art von Lehrer Zhang und der Tatsache, dass ich alles immer als Letzte kapiert hatte. »Die letzten Wochen waren wirklich hart für mich«, sagte ich in die Runde. »Mag sein, dass ihr den Unterricht leicht findet, aber versucht ihr mal, so einen Kurs in einer fremden Sprache mitzumachen. Ich bin mein Leben lang in den USA zur Schule gegangen, und das war nie auch nur annähernd so schwierig für mich wie das hier.« Und bevor ich es mich versah, plapperte ich weiter: »Selbst das Hochschulstudium war leichter als das hier.«

Ob diese Äußerung im Kreise chinesischer Arbeiter, die nach der Kochprüfung vermutlich weiterhin körperliche Arbeit in einer Küche verrichten und niemals die Chance haben würden, eine Hochschule zu besuchen, als gefühllos einzustufen war, konnte ich an ihren Gesichtern nicht ablesen. Sie sahen einfach nur stolz aus – stolz darauf, dass dieser Kurs schwieriger sein sollte als ein Hochschulstudium in den USA.

»Ich fand Miss Lin ja schon vom ersten Augenblick an hübsch«, sagte Tie Gang, ein beim Eisenbahnministerium arbeitender Kantinenkoch mit extrem kurzen Haaren und Bierbauch. Er hatte seine Schwäche für mich bereits deutlich gemacht, indem er nach dem Unterricht stets auf mich wartete und mir folgte, egal wohin ich ging. Im Gegensatz zu meinen Mitschülern war ich nicht sonderlich begeistert von Tie Gang: Er war schnell zum Anführer aufgestiegen, als er bekanntgab, dass er bereits als Koch arbeitete und den Kurs nur belegt hatte, um hinterher die staatliche Kochprüfung für Fortgeschrittene zu absolvieren.

Mir stieg unwillkürlich die Röte ins Gesicht. »Und was ist mit euch?«, fragte ich die anderen. »Wo kommt ihr her?«

»Peking«, sagte der Typ, der hinter mir saß und immer in Army-Klamotten zum Unterricht kam. Er war Soldat der Volksbefreiungsarmee.

»Peking«, sagte ein kleiner Kerl mit künstlich aufgeplusterten Haaren und roten Strähnchen.

»Peking«, sagte Kleiner Topf. Er war Hausmeister in einem Bürokomplex.

»Dongbei«, antwortete ein hochgewachsener, magerer Typ, der für einen Sicherheitsdienst in einem hochpreisigen Einkaufszentrum arbeitete. Wenigstens einer der anderen kam also von außerhalb – und wenn es nur eine Tagesreise mit dem Zug Richtung Nordosten war.

»Aber Ihre Wurzeln!«, mischte sich Lehrer Zhang ein und sprach das Wort Wurzeln mit besonderer Schärfe aus. »Ihre Wurzeln sind doch immer noch in China.«

»Ja, genau darum bin ich ja hier«, sagte ich.

Er lächelte. »Ihr Amerikaner versteht die chinesische Geschichte nicht. Ihr beschäftigt euch nur mit eurer eigenen. Und dabei sind das gerade einmal dreihundert Jahre!«

»Beschäftigen Sie sich in China denn mit amerikanischer Geschichte?«, fragte ich.

»Ja, natürlich«, sagte er.

»Und wann hat Amerika Großbritannien die Unabhängigkeit erklärt?«, fragte ich. Die Augen meiner Klassenkameraden weiteten sich vor Entsetzen darüber, dass ich einen Lehrer herausforderte.

»Wir machen jetzt weiter mit dem Unterricht«, brummte Lehrer Zhang. Von da an würzte er seine Vorträge mit Verweisen auf die chinesische Geschichte und Anspielungen auf diverse Kaiser, verschiedene Dichter und den einen Buddha. Und jedes Mal warf er einen Blick in meine Richtung und kicherte: »Aber das versteht Miss Lin ja nicht …«

Ich war im Jahr 2000 als junge, frisch ausgebildete Journalistin nach China gekommen. Nachdem ich ein Jahr lang in Peking Mandarin gelernt hatte, war ich nach Shanghai gezogen und hatte dort freiberuflich für verschiedene amerikanische Zeitschriften und Zeitungen gearbeitet. Ich hatte für den Beginn meiner Laufbahn einen guten Moment erwischt. Denn die Anschläge des 11. September 2001 hatten unter anderem zur Folge, dass Amerika sich allmählich mehr für die Welt jenseits der eigenen Grenzen interessierte, und die Nachfrage nach Reportagen über China war enorm.

Beruflich war ich erfolgreich, privat fand ich das Leben in Shanghai jedoch befremdlich. Es nervte mich zunehmend, dass ich bei jedem Termin mit der Frage begrüßt wurde, wo denn »die Amerikanerin« sei, mit der man telefoniert habe. Ich fand es lästig, dass ich an den Toren ausländischer diplomatischer Einrichtungen immer wieder von chinesischen Sicherheitsbeamten aufgehalten wurde, die mir nicht glaubten, wenn ich erklärte, dass ich Freunde besuchen wollte – bis ich ihnen meinen Pass zeigte. Ich hatte es satt, dass die Leute sich wunderten, wieso ich mit so einem ulkigen Akzent Mandarin sprach und warum ich ihre Redewendungen nicht verstand.

Doch die größten Schwierigkeiten bereitete es mir, zu den Chinesen um mich her eine echte Beziehung aufzubauen. Sie waren von einem Bildungssystem indoktriniert, das mehr auf Propaganda denn auf Tatsachen beruhte, und verdienten gerade einmal ein Zehntel von meinen Einkünften als freie Journalistin. Ich fand zwar einige enge chinesische Freunde, doch waren diese eher atypische Chinesen, und es überraschte mich daher nicht, als sie China nach und nach verließen, um in Amerika oder anderswo zu studieren oder zu arbeiten. Also suchte ich Zuflucht in der ausländischen Gemeinde. Doch ich sah nicht aus wie ein typischer laowai – das ist der chinesische Ausdruck für Ausländer –, und ich lebte auch nicht wie einer. Jede Menge Amerikaner, Europäer und Australier ließen es sich in Shanghai gutgehen mit den mehr als großzügigen Sonderzulagen für Auslandseinsätze, die ihre Firmen ihnen dafür spendierten, dass sie in einem Entwicklungsland lebten. Sie residierten zumeist in teuren Luxusapartments oder Villen, dinierten in den ausländischen Restaurants der Stadt und verbrachten ihren Urlaub auf Bali oder in Thailand. Viele von ihnen sprachen kein Wort Mandarin, und sie machten oft Witze über die seltsamen Gepflogenheiten der Chinesen. Ich übte mich in einem Spagat zwischen der Glasglocke, unter der sie lebten, und den chinesischen Gefilden, die sie umgaben, aber ich passte weder in die eine noch die andere Welt. So kam es, dass ich ausgerechnet in China erstmals den Drang verspürte, mich »chinesische Amerikanerin« zu nennen. Zum ersten Mal in meinem Leben musste ich mich ernsthaft mit Themen wie Rasse und Identität auseinandersetzen – und der Frage, wo ich eigentlich hingehörte.

Ebendiese Fremdheit, die ich den Chinesen gegenüber empfand, führte wohl zu meiner an Besessenheit grenzenden Vorliebe für chinesisches Essen. Wahrscheinlich hatte mein Unterbewusstsein entschieden: Wenn ich zu den Menschen keine Vertrauensbasis herstellen kann, dann will ich mich zumindest mit ihrem Essen vertraut machen.

Vor meinem Umzug nach China hatte ich mich nie besonders für Essen interessiert. Aber nun wandte ich mich der chinesischen Küche mit einem Eifer zu, der nur von meiner Leidenschaft für das Schreiben übertroffen wurde.

Ich hatte als Kind ziemlich viel chinesisch gegessen. Meine Mutter war voll berufstätig gewesen und hatte nicht viel Zeit zum Kochen gehabt, doch sie hatte einige Gerichte in ihrem Repertoire, die sie immer wieder gemacht hatte. Das eine war Schweinehack, das sie auf einem flachen Teller über dem Reis im Reiskocher dämpfte. Wenn der Reis und das Schweinehack gar waren, goss sie den Fleischsaft über den Reis. Sie machte auch schlichte pfannengerührte Gerichte (mit Austernsoße) sowie gebratenen Reis (mit Schinken, Eiern und gefrorenen Erbsen und Möhren). Zu besonderen Anlässen holte meine Mutter einen elektrischen Mongolentopf hervor, in dem wir dünne Fleischscheiben und Blattgemüse direkt am Tisch garten – das ist eine Art chinesisches Fondue und nennt sich in den meisten Restaurants Hot-Pot. Manchmal verbrachte die ganze Familie – meine Großmutter mütterlicherseits eingeschlossen, die oft länger zu Besuch kam – das Wochenende damit, die berühmten Maultaschen zu fabrizieren und mit Schweinehack und Shiitakepilzen zu füllen. Gekocht oder gebraten haben diese chinesischen Maultaschen, eigentlich jiaozi genannt, den gleichen tröstenden Effekt wie Kartoffelbrei.

Doch obwohl ich an chinesisches Essen gewöhnt war, hieß das noch lange nicht, dass ich es als Kind zu schätzen wusste. Mir waren die Gerüche in unserem Haus peinlich, und ich hatte Angst, dass sie meine nicht-chinesischen Schulfreunde vertreiben würden, wenn sie zum Spielen kamen. Zu etwa der Hälfte der Mahlzeiten gab es selbst gekochtes chinesisches Essen, die andere Hälfte bestand aus Liefer-Pizzas oder hin und wieder einem westlichen Gericht, das meine Mutter sich zu kochen traute (Mirácoli aus der Packung, Spaghetti mit Fleischklößchen, Hackbraten). Gingen wir essen, gab es zwei Möglichkeiten: Antonios Fischgrotte oder ein chinesisches Restaurant.

Manchmal vermissten meine Eltern das Essen ihrer Kindheit. Dann stopften sie die ganze Familie in den Toyota-Kombi und fuhren hundertsechzig Kilometer nach Monterrey Park, einer chinesischen Enklave in der Nähe von Los Angeles. Ich hasste diese Ausflüge. Mir war die Fahrt viel zu lang, und mein Vater wurde manchmal richtig wütend, wenn er nach zweistündiger Autofahrt keine freie Parklücke finden konnte. Außerdem war es in den Restaurants zu laut, es dauerte ewig, bis das Essen kam, und dann hatte ich diese Phase, in der ich

Meeresfrüchte nicht besonders mochte. Aber natürlich wurde Fisch bestellt, und er wurde uns in einer Plastiktüte lebendig zappelnd gezeigt, bevor er gedämpft wurde. Ich wollte lieber zu McDonald's oder Burger King. Erst später, nachdem ich zu Hause ausgezogen war und längst in New York studierte, konnte ich meine kulturellen Wurzeln annehmen. Zur Unizeit waren mir die Gerüche nicht mehr peinlich, ich schätzte das Dämpfen als schonende Zubereitung von Fisch, und ich liebte einen ausgiebigen Dim-Sum-Brunch. Ich setzte mich regelmäßig sonntags vormittags in den Zug, um zu meinen Lieblingsrestaurants in Chinatown zu kommen.

## Dampfgegartes Schweinehack à La Mama

350 g mageres Schweinehack
2 EL Wasser
1 EL Reiswein oder Sherry
1 EL Sojasoße
1 EL Stärke
1 TL Zucker
1 TL Reisessig
1/4 TL Salz
600 g Reis

Für dieses Gericht brauchen Sie einen Reiskocher mit einem Dämpfeinsatz und eine feuerfeste, antihaftbeschichtete Schale.
Alle Zutaten (außer dem Reis) in einer Schüssel vermengen und dann auf der feuerfesten, antihaftbeschichteten Schale verteilen. Den Reis in den Reiskocher füllen und nach Anweisung des Reiskocherherstellers vorbereiten. Die Schale mit

der Hackfleischmasse auf den Dämpfeinsatz stellen und den Reiskocher einschalten. Wenn der Reis gar ist, ist auch das Schweinehack gar. Den Fleischsaft über den Reis gießen und sofort servieren.

Doch selbst mit dieser nicht zu vernachlässigenden Erfahrung in Sachen chinesisches Essen war ich nicht auf das vorbereitet, was man in China darunter verstand. Ich hatte fast zwei Jahrzehnte gebraucht, um mich an chinesisches Essen in Amerika zu gewöhnen, doch in China musste ich mich ganz neuen Herausforderungen stellen. Anfangs war mir das Essen genau so fremd gewesen wie die Menschen – meine Geschmacksnerven waren vollkommen überwältigt von diesen viel zu chaotischen, viel zu intensiven Aromen. In einem Restaurant etwas zu bestellen, glich einem Gang über ein Minenfeld: Die Speisekarten wimmelten nur so von schönen, wohlklingenden Namen, doch auf dem Teller lagen dann Innereien, Krallen, Enten- und Schweineköpfe oder Quallen. Einmal entschied ich mich für etwas, das in meinen Ohren wie eine Vorspeise klang, sicher, dass ich damit nichts falsch machen konnte: Betrunkene Garnele. Mir war einfach nicht bewusst, dass die Bezeichnung wörtlich zu verstehen war. Ein paar Minuten später brachte der Kellner mir eine Glasschüssel mit Deckel, schüttelte sie und stellte sie auf dem Tisch ab. Ein halbes Dutzend Garnelen versuchte – ganz benommen und pitschnass vom Reiswein – über den Schüsselrand zu klettern. Als ich das erste Mal die kontinental-chinesische Version von Hähnchen Gong Bao probierte, biss ich auf ein Sichuan-Pfefferkorn, und meine ganze Mundhöhle wurde unangenehm taub. Seither muss ich bei Sichuan-Restaurants immer an den Zahnarzt denken. Selbst meine geliebten Maultaschen waren hier anders. Sie wurden nicht wie gewohnt mit Sojasoße serviert, sondern mit Essig und massenweise gehacktem Knoblauch. Dazu waren sie mit scharfem Gemüse wie dem chinesischen Schnittlauch gefüllt. Was hatte es mit diesem fremdartigen Essen auf sich, das angeblich authentisch war?

Mit der Zeit gewöhnte ich mich an die Texturen und Aromen, die mir anfangs so bizarr vorgekommen waren. Zu Beginn meines Kochkurses war ich schon so weit akklimatisiert, dass ich mir spätestens jeden zweiten Tag Chilipulver über das Essen streute. Es war so weit mit mir gekommen, dass ich das prickelnde Gefühl genoss, das die Begegnung mit einem Sichuan-Pfefferkorn auslöst. Später verglich ich es immer mit dem Koffeinflash nach einem doppelten Espresso. Bis ich herausfand, dass es im Chinesischen für dieses Gefühl sogar einen eigenen Begriff gibt – *mala* –, der zu den sieben grundlegenden chinesischen Geschmacksrichtungen gezählt wird. Ich entdeckte Maultaschen mit einer ganzen Reihe verschiedener Füllungen, die noch besser waren als die aus meiner Kindheit. Ich überwand meine absurde (und wahrscheinlich selbstquälerische) Angst vor Ingwer, von dem mir früher selbst in geringsten Mengen schlecht geworden war.

Verzückt verschlang ich nun Gerichte, bei denen sich mir anfangs fast der Magen umdrehte: Qualle, Fischkopf, Seegurken, Hühnerfüße und gegorener Sojaquark (der auf Chinesisch so treffend »stinkender Tofu« heißt). Ich verliebte mich in die fleischige, schmackhafte chinesische Aubergine, deren amerikanische Cousine mich nie auf die gleiche Art bezaubert hatte. Ich entwickelte Heißhunger auf Pomelos, die süßeren Vorfahren der Grapefruit, und auf Loquats, jene orangefarbenen, birnenförmigen Früchte mit der saftigen Textur von Pflaumen und dem durchdringenden Geschmack von Zitronen.

In dem Maß, wie meine Leidenschaft für chinesisches Essen wuchs, nahm meine Begeisterung für das Leben in Shanghai ab. Ich beschloss, nach Peking zu ziehen, wo ich nicht nur das erste Jahr zum Spracherwerb, sondern auch während des Studiums ein Auslandssemester verbracht hatte. Peking war eine gute Stadt zum Lernen. Die besten Universitäten Chinas befanden sich dort, in den Seitengassen herrschte eine entspannte Atmosphäre, und die ausländische Gemeinde war kleiner. Peking war die Stadt, in der ich Mandarin gelernt hatte – und in Peking würde ich auch Kochen lernen.

In der Kochschule hatte ich zum ersten Mal das Gefühl, wirklich in das echte chinesische Leben einzutauchen. Trotz der kulturellen Unterschiede und meiner Frustrationen empfand ich dort alles als merkwürdig belebend: das Aufschreiben von Lehrer Zhangs sinnfreien Lektionen, das tatenlose Zusehen, wenn Küchenmeister Gao seine Kochkunst ausübte, der Run auf die Gratis-Kostproben. Mein Mandarin wurde immer besser und um ein vollkommen neues Vokabular bereichert. Endlich nahm ich am Leben in diesem rätselhaften, widersprüchlichen Land teil, das dabei war, sich in eine Supermacht zu verwandeln.

Ich kapierte sogar einige der grundlegenden Prinzipien der chinesischen Küche, auch wenn ich weiter unzufrieden war, nicht selbst loslegen zu dürfen – ganz im Gegensatz zu meinen Mitschülern, die auf Chinas absurde Lehrmethoden konditioniert waren. Später erfuhr ich, dass die meisten von ihnen den Kurs nur belegt hatten, um Tricks und Kniffe zu erwerben, ohne die man den schriftlichen Teil der Prüfung kaum bestand. Uns war versprochen worden, dass wir uns nach sechs Wochen Unterricht zwei Unterrichtsstunden lang ganz der Verbesserung unseres Umgangs mit dem Küchenbeil und unserer Pfannenrührtechnik widmen würden. So lange wollte ich nicht warten. Ich war jedoch bereits bei mehreren Lehrern abgeblitzt. Sie hielten es offenkundig für reine Zeitverschwendung, sich mit einer unseriösen Ausländerin zu befassen, die sowieso nur lernen wollte, wie man Hähnchen Gong Bao, häufig auf der Speisekarte auch Kong Pao geschrieben, zubereitete – das Lieblingsgericht in den Chinarestaurants der weiten Welt.

Schließlich beschloss ich eines Nachmittags nach dem Unterricht, die Vorsitzende Wang um Rat zu fragen. »Vorsitzende« war ein etwas irreführender Ehrentitel für den schlecht bezahlten, ausgesprochen vielseitigen Job, der die Tätigkeit als Archivarin, Assistentin des Rektors, Hilfslehrerin, Lebensmittellieferantin und Hausmeisterin umfasste, alles Arbeiten also, die niemand sonst verrichten wollte. Während des praktischen Unterrichts schlurfte Vorsitzende Wang gemächlich durch die Küche, räumte hinter Küchenmeister Gao auf und entfachte die Gasflamme auf wundersame Weise just in dem Moment, in dem er sie brauchte. Sie wirkte streng und matronenhaft, aber hin und wieder brach sie in schallendes Gelächter aus. Vorsitzende Wang trug stets einen blauen Laborkittel, in dem sie mit ihrer Brille und dem strohigen grauen Haar, das abstand wie sonst nur das von Albert Einstein, aussah wie ein zerstreuter Professor der Naturwissenschaften.

»Sie wollen Kochstunden nehmen?«, fragte die Vorsitzende Wang, als sei dies ein absonderliches Ansinnen an einer Kochschule, und wischte weiter den schmuddeligen Küchenboden, der immer gleich schmutzig schien, egal wie oft er gewischt wurde. Ich war mir nicht sicher, ob sie mein Anliegen ernst nahm. Ich war mir nicht einmal sicher, ob sie – oder sonst jemand an der Schule – mich ernst nahm, schließlich war ich nicht nur Ausländerin, sondern auch eine Frau.

Eine Frau in der Küche? Das war noch immer ein großes Tabu, hatte ich überrascht festgestellt. Schließlich räumten selbst Maos Kritiker ein, dass er viel für die Rechte der Frauen getan hatte: Er hatte die Tradition des Füßebindens abgeschafft, die Prostitution verboten und den Frauen gleichen Zugang zu Bildung und Arbeit ermöglicht. Ja, während der Kulturrevolution waren Frauen gezwungen worden, genauso hart wie die Männer auf den Feldern zu schuften. Die Veränderungen unter Mao hatten einen nachhaltigen Effekt: Mir war kaum je eine Frau begegnet, die nicht berufstätig war, und sowohl Ärztinnen als auch andere gut ausgebildete Frauen waren an der Tagesordnung. Nun musste ich einsehen, dass die Gleichberechtigung an der Küchentür haltmachte.

»Sie wollen Koch werden?«, hatte Lehrer Zhang mich einmal gefragt.

Ob er das für möglich hielte?, fragte ich zurück.

»Sie könnten Gebäck zubereiten«, antwortete er trocken. Angesichts der schlechten Qualität chinesischer Backwaren entsprach das der Empfehlung, es doch bei McDonald's als Burger-Staplerin zu versuchen.

»Du könntest in einem westlichen Restaurant arbeiten«, schlug einer meiner Klassenkameraden vor. »Frauen sind nicht dazu geschaffen, Pfannenrührmeister zu sein.«

Aber zu Hause kochten Frauen doch auch, wand ich ein.

»Da ist die Herdflamme viel kleiner«, klärte der Mitschüler mich auf. »Koch ist ein harter Beruf.«

Vorsitzende Wang aber hielt mit dem Wischen inne und beäugte mich durch ihre dicken Brillengläser. »In Ordnung«, sagte sie. »Ich gebe Ihnen Kochstunden.«

# 2

Für meine erste Kochstunde ließ Vorsitzende Wang mich das Gericht aussuchen. Ich entschied mich für frittierte Garnelen. Wir hatten uns noch nicht auf ihr Honorar geeinigt, deswegen überlegte ich, während ich über die Basketballfelder der Schule in Richtung Küche marschierte, wie ich das heikle Thema Geld am besten ansprechen sollte.

»Ich bin Ihnen wirklich dankbar, dass Sie sich Zeit für mich nehmen möchten, und ich würde Sie gerne dafür bezahlen«, sagte ich.

Vorsitzende Wang schürzte die Lippen und schwieg. Was ging hinter den dicken Brillengläsern vor? Sie hatte doch wohl nicht etwa vor, mir kostenlos Unterricht zu erteilen?

Geld ist in China ein sehr seltsames Thema. Normalerweise erkundigen sich die Chinesen konstant und ohne ein Blatt vor den Mund zu nehmen, wie viel etwas kostet und wie viel man verdient – selbst wenn man sich überhaupt nicht kennt. Beim Einkaufen feilschen sie wie die Weltmeister, ganz gleich, ob es um Gemüse, Kleidung oder Fahrräder geht. Aber in Augenblicken wie diesen könnte man meinen, das Thema Geld sei tabu.

Drei andere Schüler fingen uns ab, als wir die Küche betraten. Unser theoretischer Unterricht war soeben vertagt worden, und die Klassenkameraden waren ganz fasziniert davon, dass ich Privatunterricht im Kochen bekam. Ich hatte nichts davon erwähnt, dass ich »Privatunterricht« nehmen würde, aber einige der Lehrer waren eben etwas geschwätzig. Mir war das unangenehm, da ich fürchtete, »Privatunterricht« könnte selbst im post-maoistischen China als dekadent aufgefasst werden – doch die Reaktion meiner Mitschüler überraschte mich: »Wir wollen mitlernen«, sagte Kleiner Topf. Mir war klar, dass die drei im Leben niemanden für Einzelunterricht bezahlen würden, da sie ja bereits einen Haufen Geld für den Kurs hingeblättert hatten. Jetzt war mir die Sache nicht mehr einfach nur unangenehm – ich bekam Gewissensbisse: Ich konnte mir den Einzelunterricht leisten und sie nicht. Aber ich wollte Vorsitzende Wang auch nicht mit ihnen teilen.

»Ich habe diese Stunde extra mit ihr vereinbart«, flüsterte ich, als Vorsitzende Wang im Hinterzimmer verschwand, um sich eine Schürze zu holen. »Ich bezahle sie dafür.«

»Wie viel?«, fragten sie unisono und nicht sonderlich leise.

»Darüber haben wir noch nicht gesprochen.«

Sie bohrten weiter. Wie viel ich für mein Küchenbeil bezahlt hatte? (Ich sagte vier Dollar.) Die Vorsitzende tauchte wieder auf und stellte mir die gleiche Frage. Dann fragte sie mich, wie viel die Garnelen gekostet hatten. (Einen Dollar fünfzig.) Wie immer, wenn mir diese Art von Fragen gestellt wurde, erklärte man mir, dass ich viel zu viel bezahlt hatte. Ich als Ausländerin besaß einfach kein Talent zum Feilschen, und daher wurde ich immer über den Tisch gezogen. In Anbetracht unserer eklatanten Einkommensunterschiede konnte mir das eigentlich egal sein. Meine Einkünfte als freiberufliche Journalistin lagen zwar nur geringfügig über dem amerikanischen Durchschnitt. In China gehörte ich damit aber zu den Vielverdienern. Ich hatte schnell herausgefunden, dass es besser war, über mein Einkommen und meine Miete Stillschweigen zu bewahren – obgleich es sich für amerikanische Verhältnisse keineswegs um große Summen handelte.

Vorsitzende Wang warf einen Blick auf mein Küchenbeil

und rauschte dann flatternden blauen Kittels in ihr Büro. Als sie wiederkam, hatte sie einen Ersatz in der Hand. »Ihr Küchenbeil ist ziemlich gut. Aber heute können Sie es nicht benutzen. Es ist nicht gewetzt.«

»Können wir es denn nicht hier wetzen?«, fragte ich.

Die Vorsitzende erklärte mir, dass Profi-Messer die Fabrik mit stumpfer Klinge verließen. Der Schleifstein, den die Küchenmeister in der Kochschule benutzten, um ihre Messer nachzuschleifen, war nicht geeignet, um einem nagelneuen Messer den ersten Schliff zu geben. »Sie müssen sich einen professionellen Messerschleifer suchen und ihm sagen, dass der Mund des Messers geöffnet werden muss.«

Vorsitzende Wang begann mit ihrem Kochunterricht, und meine Mitschüler legten die Arme umeinander und sahen uns zu. Es verwirrte mich immer noch, wie sehr die Männer in China generell auf Tuchfühlung gingen – im Westen hätte man diese Art der Berührungen als Anzeichen für Homosexualität gewertet.

»Guck mal, wie deine Garnelen sich bewegen!«, schimpfte Tie Gang, der Anführer der Klasse. Er löste sich von den anderen und nahm mir das Beil aus der Hand. »Du musst mit der linken Hand ganz still halten, während du mit der rechten Hand schneidest.« Er machte es mir vor.

Irgendwann ließ das Interesse der drei Männer nach, und sie ließen uns allein. Vorsitzende Wang korrigierte quasi alles, was ich tat. Angefangen damit, wie ich das Beil halten sollte (wie eine überdimensionale Rasierklinge, zwischen Daumen und Zeigefinger), bis hin zu meiner Körperhaltung. Meine Kochkünste waren bis dahin nicht über Pasta-Gerichte, Pfannengerührtes und das Backen von Kuchen und Keksen (Backmischungen!) hinausgekommen. In den USA hatte ich nie richtig Kochen gelernt, weil bei uns zu Hause kein großer Wert darauf gelegt wurde – ich sollte ja Ärztin oder Rechtsanwältin werden. Und in China hatte ich es auch nicht wirklich gelernt, weil es so einfach und billig war, essen zu gehen.

Ich hatte Küchenmeister Gao dabei zugesehen, wie er frittierte Garnelen zubereitete, und hatte mir dieses Gericht ausgesucht, weil es mir recht einfach vorgekommen war. Aber ich machte offenbar alles falsch. Ich versuchte, mir bei Vorsitzende Wang die richtige Körperhaltung abzugucken: Den rechten Fuß plazierte ich parallel zum Tisch, den linken im rechten Winkel dazu nach außen zeigend, wie eine Balletttänzerin.

»Bauch weg vom Hackbrett«, kommandierte die Vorsitzende. Ich zog den Bauch ein wie ein ungelenkes, pubertierendes Mädchen beim Schulball.

Als die Garnelen paniert waren, zündete Vorsitzende Wang den Herd an. Ich versuchte, den Wok mit einer Hand hochzuheben, aber er rührte sich keinen Millimeter. »Nicht an den Griffen anfassen. Das klappt nie«, instruierte sie mich.

Ich versuchte es noch einmal, indem ich den Wok mit einem zusammengelegten Geschirrtuch direkt am Rand packte. Nach einer ganzen Reihe von weiteren Belehrungen schob Vorsitzende Wang mich beiseite und übernahm den Wok und den Pfannenwender. Ich stand daneben und warf hin und wieder eine teigumhüllte Garnele in den Wok. Das hier war doch kein Kochunterricht – so etwas machten Sechsjährige mit ihrer Mutter.

Die Garnelen verließen den Wok knusprig und schön braun, wenn auch ein wenig zäh. Ich hatte es versäumt, die armen Kerle mit der flachen Seite meines Küchenbeils weich zu klopfen. »Hai xing. Nicht schlecht«, sagte die Vorsitzende, als hätte ich die ganze Arbeit gemacht. »Kochen ist wie Autofahren. Man muss nur die Technik lernen. So einfach ist das.«

»Aber ist denn gar kein Talent nötig, ist es denn keine Kunst?«

Statt mir zu antworten, zog sie angesichts meiner Naivität die Augenbraue hoch.

»Können Sie Auto fahren?«

»Nein.« Sie zuckte mit den Schultern. Dann sagte sie unvermittelt: »Ich will offen zu Ihnen sein. Der Unterricht wird nicht billig werden.«

»Natürlich nicht.« Ich hielt einen Moment lang die Luft an. »Sagen Sie mir, wie viel.«

»Na ja, viele Lehrer würden mehr verlangen als ich. Aber ich will nur dreißig yuan.«

Nicht einmal vier Dollar für zwei Stunden Privatunterricht – ich war sprachlos. Beglückt reichte ich ihr das Geld, und kaum war das leidige Thema Geld erledigt, konnten wir uns beide entspannen. Wir räumten die Küche auf und plauderten.

»Sind Sie verheiratet?«, fragte Vorsitzende Wang.

Das war ein anderes Thema, bei dem die Chinesen unverblümt mit Fragen vorpreschten. Ich hatte mich immer noch nicht daran gewöhnt, zumal ich wusste, welch mitleidige Blicke ich ernten würde, wenn sie hörten, dass ich achtundzwanzig und alleinstehend war. Ich war sogar dazu übergegangen, mich ab und zu für zwei Jahre jünger auszugeben, weil ich mich daran erinnerte, dass mein Familienstand mit sechsundzwanzig noch nicht so große Bestürzung ausgelöst hatte.

Doch Vorsitzende Wang wusste, wie alt ich war, und entgegnete bloß: »Das ist schon in Ordnung. Ich habe erst mit dreiunddreißig geheiratet. Mein Mann ist sechs Jahre älter als ich.«

Wir lächelten einander an. Die ehemalige »alte Jungfer« spendete der »jüngeren alten Jungfer« Trost: Ich hatte noch jede Menge Zeit.

## FRITTIERTE GARNELEN

12 Riesengarnelen
1/2 TL gemahlener weißer Pfeffer
1/2 TL Salz
2 TL Reiswein oder Sherry
2 Frühlingszwiebeln
2 dünne Scheiben Ingwer
2 Eier
100 g Mehl
2 1/2 EL Speisestärke
1 Knoblauchzehe
1 l Sojaöl oder anderes geschmacksneutrales Öl

Die weißen Teile der Frühlingszwiebeln in etwa 4 cm lange Stücke und dann in feine Streifen schneiden. Den Ingwer und den Knoblauch fein hacken und mit dem Reiswein vermischen.
Die Garnelen schälen und ausnehmen. Der Länge nach aufschneiden und wie einen Schmetterling aufklappen, dann mit der flachen Seite des Küchenbeils vorsichtig weich klopfen. Die Garnelen auf einen Teller legen und mit Pfeffer und 1/4 TL Salz einreiben. Mit der Reiswein-Mischung beträufeln, mit Frischhaltefolie abdecken und zum Marinieren eine halbe bis zwei Stunden in den Kühlschrank stellen.
Ein ganzes Ei und ein Eigelb schlagen. (Das zweite Eiweiß entweder für einen anderen Zweck aufbewahren oder entsorgen.) Das restliche Salz hinzufügen. 50 g Mehl sowie die Speisestärke einrühren und gründlich verrühren. Der Backteig sollte etwas dünner sein als Pfannkuchenteig. Wenn er zu dünn ist, noch mehr Mehl und Speisestärke (im Verhältnis

3:1) hinzufügen. Die restlichen 50 g Mehl auf einen Teller geben. Die Schüssel mit dem Backteig, den Teller mit dem Mehl und den Teller mit den marinierten Garnelen neben dem Herd bereitstellen.
Das Öl im Wok bei mittlerer Flamme kräftig erhitzen – es darf aber nicht rauchen. Währenddessen die Garnelen einzeln im Mehl wenden und auf den Tellerrand legen. Wenn das Öl heiß ist, die Garnelen einzeln am Schwanz hochnehmen und in den Backteig tunken. Überschüssigen Backteig einfach mit den Fingern abstreifen, und die Garnele dann vorsichtig in den Wok legen (das Öl soll nicht spritzen). Wenn keine Garnelen mehr in den Wok passen (je nach Größe des Woks muss man ggf. in zwei Runden frittieren), auf große Hitze umschalten, und die Garnelen etwa fünf Minuten frittieren, bis sie goldbraun sind. Auf Küchenkrepp ablegen, um überschüssiges Öl aufzufangen, und sofort servieren.

Durch die Kochschule lernte ich viele Nuancen des Pekinger Lebens kennen, die mir entgangen waren, solange ich nur mit anderen Ausländern meine Zeit verbracht hatte. Ich fuhr jetzt mit dem Fahrrad, wie es die ganz normalen Chinesen tun. Zwar werden Autos in China immer beliebter, doch nur die wenigsten können sich diesen Luxus leisten. Ich kaufte mein Forever-Shanghai-Fahrrad bei einem einfachen Fahrradmechaniker, der vor meinem Wohngebäude saß und alles reparierte – von Radios bis Bürodrehstühle. Das Fahrrad kostete nur zehn Dollar. Wahrscheinlich war es gestohlen, aber ich stellte keine Fragen. Der gebogene Lenker erlaubte es mir, schön gerade zu sitzen, und meine Einkäufe passten perfekt in den Korb. Peking ist sehr flach, daher brauchte ich keine Gänge, und das Fahrrad wurde auch nicht gestohlen, wenn ich mal vergaß, es abzuschließen. Später wurde mir ein nagelneues Fahrrad mit achtzehn Gängen geschenkt, doch ich fuhr weiter mit diesem alten.

Ich bewohnte die Maisonette in einem Gebäude gut drei Kilometer von der Schule entfernt. Da es keinen Aufzug gab, musste ich die sechs Stockwerke immer zu Fuß gehen und mein Fahrrad unten im Hof stehen lassen, wo meine Nachbarn Tomaten und Paprika züchteten. Mein Wohnviertel bestand aus mehreren Reihen neuer, grau-blauer Mietshäuser, in denen vor allem Familien der Mittelschicht lebten. Vor nicht allzu vielen Jahren befand sich hier noch ein Labyrinth aus engen Gassen, *hutong* genannt, die die traditionellen einstöckigen Häuser mit Höfen voneinander trennten. Doch im Zuge der Stadterneuerung wurde dieser heruntergekommene Wohnbezirk, in dem es keine modernen Errungenschaften wie zum Beispiel eigene Toiletten gab, abgerissen, und der Staat hatte diese mehrstöckigen Wohnblocks darauf errichtet.

Westlich davon – dort, wo auch die Kochschule lag – gab es noch ein paar der alten Wohnviertel, in denen die dörfliche Atmosphäre des alten Pekings erhalten geblieben war. Östlich davon reckten sich die Wolkenkratzer des neuen Pekings in die Höhe. Mein Wohngebiet befand sich noch gerade so innerhalb der 2. Ringstraße, die dort verlief, wo einst Pekings Stadtmauern gestanden hatten. Die Mauern waren unter Mao abgerissen und durch breite Straßen ersetzt worden.

Bei vielen Veränderungen konnte ich förmlich zusehen. Als ich 2004 wieder nach Peking gezogen war, fanden sich in meiner Wohngegend jede Menge unbebaute Grundstücke – jetzt legten die Arbeiter letzte Hand an eine Reihe von gewaltigen Wolkenkratzern. Weiter östlich, jenseits der 2. Ringstraße, ballten sich Hunderte von Hochhäusern, darunter der spektakuläre Neubau der Sendezentrale des chinesischen Staatsfernsehens CCTV, zwei in jeder Hinsicht schräge Glastürme, die ganz oben durch eine geschlossene Auskragung miteinander verbunden wurden.

Die leeren, frisch asphaltierten, breiten Straßen, auf denen sich immer noch Baustaub ablagerte, hatten etwas Surreales. Ich wohnte auf der größten Baustelle der Welt.

Um zur Kochschule zu kommen, musste ich von all diesen Neuentwicklungen weg Richtung altem Stadtkern radeln. Wenn ich spät dran war, fuhr ich über die neue, breite Straße. Wenn ich es angenehm und gemütlich wollte, nahm ich den Weg durch die schmalen Gassen.

Ich empfand Fahrrad fahren in China als irgendwie anders als Fahrrad fahren in Amerika. Auf den breiten Straßen bewegten sich die chinesischen Radfahrer in Herden. Keiner wich jemals aus, aber es stieß auch nie jemand zusammen. An einer Einmündung fügten sich gleitend noch mehr Räder in den Strom ein. Verkehrslotsen trillerten mit ihren Pfeifen und winkten mit ihren Flaggen – in der Regel von niemandem beachtet. Die Autos hupten und schoben sich Zentimeter für Zentimeter voran. Fahrräder mit Hilfsmotor schlichen sich von hinten an mich heran. Motorräder ließen ihre Motoren aufheulen und rasten vorbei. Anfangs packte mich jedes Mal ein unbändiger Zorn, wenn ein Bus oder ein Auto auf dem Fahrradstreifen fuhr, aber ich lernte schnell, diesen Fahrzeugen genauso geschickt auszuweichen wie alle anderen. Das gemeinsame Ziel war, dafür zu sorgen, dass alles auf wundersam ausgeglichene Weise im Fluss blieb.

Durch die Hutong-Viertel fuhren nicht so viele Fahrräder, weil die schmalen Gassen das Tempo automatisch reduzierten und damit die Fahrzeit verlängerten. Eines Tages, als ich nachmittags auf dem Weg nach Hause war, hatte sich eine ganze Traube von Menschen angesammelt, um bei einer Partie *xiangqi* – chinesischem Schach – zuzusehen. Alte Menschen gingen in den Gassen spazieren, die mit den gleichen grauen Backsteinen asphaltiert waren, die auch die einzelnen Grundstücke umgaben. Ärmlich gekleidete Männer und Frauen mit braun gebrannten Gesichtern zogen auf Fahrrädern Anhänger mit Plunder hinter sich her und riefen unverständliche Sätze, die wie Zwischenrufe bei einem Baseballspiel klangen. Aber ich konzentrierte mich viel zu sehr auf die Beschaffenheit des Untergrunds, als dass ich dem munteren Treiben viel Beachtung hätte schenken können. Denn obwohl der Weg durch die schmalen Gassen netter war als der über die breiten Straßen, entbehrte er – wie alles andere in China – nicht eines gewissen Chaos: Schlaglöcher und um die Ecke biegende Radfahrer erforderten ständige Aufmerksamkeit. Ein Freund von mir fuhr einmal nachts betrunken mit dem Fahrrad nach Hause und landete prompt in einer Baugrube.

Heute hatte ich es eilig, darum fuhr ich über die breite Straße. Lehrer Zhang wollte einen Vortrag über Messer halten. Ich hatte während der ersten Wochen des Kurses bereits eine Menge über Messer gelernt. Zum Beispiel, dass chinesische Köche in erster Linie an ihrer dao gong, ihrer Schneidetechnik, gemessen wurden. Und dass die Köche aus den verschiedenen Landesteilen Chinas jeweils Messer benutzten, die speziell für die Besonderheiten ihrer jeweiligen Regionalküche zugeschnitten waren. In Shanghai beispielsweise ähnelte die Messerspitze dem Profil eines Haikopfes. In Sichuan war die Klinge des meistbenutzten Messers geformt wie die Kontur einer Glocke, und ein kantonesisches Messer hatte eine deutlich schmalere Klinge mit einer scharfen Spitze, wodurch es an westliche Messer erinnerte. In Peking schnitten die Köche mit rechteckigen Klingen, die so breit und klobig waren, dass sie mich zunächst an Requisiten aus einem Horrorfilm erinnerten.

Ich lernte schnell, dass chinesische Köche das Gemüse oder Fleisch nicht einfach nur schneiden. Zwar sind sie selten präzise, wenn es um Mengenangaben geht, aber in Sachen Schneidetechnik drücken sie sich ausgesprochen detailliert aus. Das Entbeinen und Entgräten von Tieren erfordert jeweils seinen ganz eigenen Terminus, je nachdem, um welches Tier es geht – Huhn? Fisch? Aal? Auch der Winkel, in dem das Messer angesetzt wird – waagerecht, diagonal oder senkrecht – und die genaue Schneidebewegung – unter anderem Ziehen, Schieben, Sägen, Wellen – wird mit Dutzenden unterschiedlicher Wörter bezeichnet. Ich habe einmal einem befreundeten Koch dabei zugesehen, wie er den »Kreisschnitt« demonstrierte: Er plazierte ein Küchenbeil zwischen einen Apfel und ein Schneidebrett und schälte dann den Apfel, indem er ihn über die Klinge rollte.

Den Messern in der Küche kommt deshalb eine so besonders große Bedeutung zu, weil sich auf dem Esstisch kein einziges befindet. Was in China auf den Tisch kommt, ist stets mund- und stäbchengerecht. »Wir essen nicht mit einem Messer in der Hand«, hatte mein taiwanesischer Vater einmal gesagt. »Wir sind doch keine Barbaren.« (Das Essen mit Stäbchen fand er offenbar nicht primitiv.)

Und obwohl ich bereits so viel über Messer gelernt hatte, gab es immer noch zwei Dinge, die ich nicht wusste. Das war zum einen, wie man ein Messer korrekt benutzte. Vorsitzende Wangs Kommentar, als sie die zerfransten Ingwer-, Lauch- und Schweinefleischstreifen sah, die ich mit einem von der Schule geliehenen Messer produziert hatte, lautete: »Sie können froh sein, wenn Sie eines Tages in einer Cafeteria kochen dürfen und da sechzig Dollar im Monat verdienen.« Sie beobachtete mich noch ein bisschen länger durch ihre dicken Brillengläser und fügte dann großzügig hinzu: »Oder vielleicht hundert Dollar, wenn Sie auf Kost und Logis verzichten.«

Zum anderen wusste ich immer noch nicht, wo ich mein Messer wetzen lassen konnte. Als ich Vorsitzende Wang fragte, antwortete sie: »Messerschleifer gibt es doch überall.« Ich nahm an, dass sie damit meinte, ich könne an einem Straßenstand oder in einem Laden bei mir um die Ecke einen solchen

Menschen finden. Also wickelte ich mein Küchenbeil eines Nachmittags in Zeitungspapier, packte es in meinen Rucksack und stapfte damit in die Hutong-Viertel. Nachdem ich bereits einige Gassen durchwandert hatte, war da immer noch keine Spur von einem Messerschleifer.

Ich sprach einen Mann an, der gleich neben einer der Hofmauern kauerte und irgendein Gerät reparierte. Ich fragte ihn, wie ich von dort zum nächsten Messerschleifer käme, doch er sah mich nur bedauernd an und zuckte mit den Schultern. »Das weiß ich leider nicht.«

Auf dem Weg zurück nach Hause stattete ich meinem Lieblings-Sichuanesen, einem winzigen Schnellrestaurant direkt gegenüber von meinem Wohnblock, einen Besuch ab. Das Mittagsgeschäft war vorbei, und die Köche und Kellnerinnen machten an einem Tisch voller benutztem Geschirr Pause.

Ich zog mein Küchenbeil hervor, zeigte es ihnen und fragte, wo ich es wetzen lassen könne.

Einer der Köche nahm mir das Messer ab. »Nicht schlecht. Ziemlich gut für den normalen Hausgebrauch«, sagte er und tat, als würde er Luft zerschneiden. »Wie viel hat das gekostet?«

Chefin Zhang, die Matrone des Familienbetriebes, sagte: »*Ai*, wir haben den Messerschleifer schon seit drei Tagen nicht mehr gesehen. Er müsste bald wieder vorbeikommen.« Sie erklärte mir, dass ich deshalb keinen Messerschleifer hatte finden können, weil diese keine Läden oder Verkaufsstände hätten. Sie fuhren auf ihrem Fahrrad durch die Stadt und schlängelten sich alle paar Tage auf dem gleichen Weg durch die Wohnviertel. Es gab nicht mehr so viele, weil die meisten Leute heutzutage Messer kauften, die sofort einsatzbereit waren. Sie sagte, ich müsse nur auf das scheppernde Geräusch von ganzen Messerbündeln achten, die seitlich gegen das Fahrrad des Messerschleifers schlugen.

»Hm«, sagte ich. »Ist mir noch nie aufgefallen.«

Sie bedachte mich mit einem sarkastischen Blick, als wolle sie sagen: Nein, natürlich nicht. Für Leute wie Sie sind sie natürlich unsichtbar. Aber sie hatte wohl auch Mitleid mit mir, denn sie fügte noch hinzu: »Sie können Ihr Messer gerne hierlassen. Wenn der Schleifer das nächste Mal kommt, lasse ich es ihn wetzen.«

»Danke, aber ich brauche das Messer heute«, sagte ich. An der Kochschule erwartete mich ein aufregender Nachmittag: Wir sollten nun tatsächlich lernen, wie man ein Messer eigentlich benutzte. Auf dem Weg zur Schule hielt ich bei dem Laden an, in dem ich das Beil gekauft hatte. Ich dachte mir, dass man es dort vielleicht wetzen könnte.

»Tut mir leid«, sagte der Verkäufer hinter dem Tresen. »Mei banfa. Da kann ich nichts machen.«

»Wieso verkaufen Sie eigentlich Messer, die Ihre Kunden gar nicht benutzen können?«

»Normalerweise geht man einfach raus auf die Straße und sucht sich jemanden, der es einem wetzt«, sagte er schulterzuckend. Als er meine Verzweiflung bemerkte, fügte er etwas freundlicher hinzu: »Also, ich kann Ihnen das Messer da zwar nicht schärfen – aber ich kann es gerne umtauschen gegen eins, das bereits geschärft ist.«

Also tauschte ich mein schweres, stumpfes Profi-Küchenbeil um gegen ein leichtes, fertig geschliffenes taiwanesisches Modell und radelte in Windeseile zur Schule. Die anderen waren beeindruckt, als ich es aus dem Rucksack holte – als hätte ich einen klobigen Cadillac gegen einen schicken Sportflitzer eingetauscht. »Und wie viel hat das gekostet?«

Jetzt hatte ich zwar das richtige Werkzeug, aber ich konnte immer noch nicht schneiden. Es überraschte mich nicht, dass Tie Gang, der Koch, der sich mir immer noch jeden Tag nach dem Unterricht an die Fersen heftete, am geschicktesten von allen mit dem Messer umging. Er schnitt die Möhren in einem schnellen, sehr gleichmäßigen Rhythmus – zack-zack-zack-zack – mit der Beständigkeit eines Metronoms. Mein Schneiden klang eher synkopisch, ohne erkennbaren Takt: zack-z-zack-z-z-zack-zack. Während ich so vor mich hin schnippelte, baute er sich neben mir auf und legte einen hauchdünnen Möhrenstreifen auf mein Schneidebrett. Er sah mich vielsagend an und ging dann wieder an seinen Platz.

Nach mehrwöchigen Schneideübungen kam ich mit dem Küchenbeil schließlich besser zurecht als mit den schmalen Messern, die ich früher immer benutzt hatte. Ich fand das Beil sicherer, weil ich die Fingerrücken gegen die breite Klinge drücken konnte und das Gewicht des Beils ihm eine ganz andere Stabilität und Geschmeidigkeit verlieh, als ich es von amerikanischen Messern kannte. Wenn ich mit Schneiden fertig war, legte ich das Beil flach auf das Schneidebrett und benutzte es als eine Art Kehrblech, mit dem ich die geschnittenen Zutaten vom Brett zum Wok transportierte.

Eines Nachmittags stand ich zu Hause in meiner Küche und übte mich im Schneiden, als ich sechs Stockwerke unter mir auf der Straße ein seltsames Klirren und Klappern hörte. Es klang, als würden ein Dutzend Blechdosen aneinanderscheppern. Ich sah aus dem Fenster und entdeckte einen Mann auf einem Fahrrad, der die neue breite Straße hinunterstrampelte, mit der man den alten hutong überpflastert hatte. Er hatte bündelweise Messer bei sich, die bei jeder Bewegung seitlich gegen das Fahrrad schlugen. Einen Moment lang bereute ich, mein stumpfes Messer nicht mehr zu haben, ich hätte es mir gerne von ihm wetzen lassen. Aber er wäre schon längst über alle Berge gewesen, bis ich die sechs Stockwerke nach unten geeilt und auf der Straße angekommen wäre. Ich sah ihm nach. Er gondelte die breite Straße entlang und wurde von Lastwagen und glänzenden, neuen Autos überholt. Niemand hielt ihn an, um seine Dienste in Anspruch zu nehmen.

Es stellte sich heraus, dass Vorsitzende Wang eine ganz hervorragende Lehrerin war, sobald sie mich selbst aktiv werden ließ. Sie wirkte nie gelangweilt, selbst wenn sie mir etwas zum zehnten Mal erklärte. Sie bewertete meine Kochkünste sehr ehrlich, ohne dabei zu verletzend zu werden. Wenn sie ein Gericht für genießbar befand, sagte sie: »*Hai xing*« – nicht schlecht. Außerdem würzte sie unsere gemeinsamen Stunden mit interessanten Geschichten aus ihrer Vergangenheit. Ihre Stimme war immer sanft und sehr angenehm. Sie sprach den volkstümlichen Pekinger Dialekt, bei dem den Wörtern am Ende häufig ein rundes »r« hinzugefügt wurde.

»Haben Sie schon mal in einem Restaurant gearbeitet?«, fragte ich sie eines Tages. Ich war gerade dabei, Schweinefilet für das beliebte sichuanesische Yuxiang Rousi, Schweinestreifen mit Fischduft, zu schneiden. Ich drückte das Filet mit der linken Hand auf das Brett, legte das Beil flach hin und schnitt das Fleisch horizontal in aufschnittdünne Scheiben. Dann setzte ich das Beil senkrecht an und verwandelte die Scheiben in zarte Streifen.

»Nein, wir durften uns unseren Beruf nicht selbst aussuchen. Wir haben unser ganzes Leben lang gemacht, was die kommunistische Partei uns auftrug.« Wang arbeitete nun schon seit zwölf Jahren an der Kochschule. Sie hatte dort angefangen, nachdem man ihr bei der Beijing No. 1 Candy Factory gekündigt hatte, wo sie die Leitung der Arbeiter-Cafeteria innegehabt hatte. Zu Beginn ihrer Tätigkeit hatte man in der Fabrik Fahrräder hergestellt. Eines Tages hatten die Behörden jedoch bestimmt, die Fabrik solle nicht länger Fahrräder herstellen, sondern Süßigkeiten. Und wenige Jahre später hatten die Behörden verkündet, die Fabrik werde geschlossen. Wang war damals, im Jahr 1993, glücklicherweise schon fast fünfzig – angesichts des riesigen Arbeitskraftpotentials in China konnten weibliche Fabrikarbeiter sich in dem Alter bereits zur

Ruhe setzen und Rente beziehen. Wangs Ehemann, seines Zeichens Grundschullehrer, war auch schon im Ruhestand (männliche Lehrer arbeiteten in der Regel, bis sie sechzig waren), und eigentlich hätten sie von den beiden Renten ganz gut leben können. Doch Vorsitzende Wang hatte ihr ganzes Leben lang gearbeitet und begann, sich zu langweilen. Da hörte sie von dem Freund eines Freundes, der eine Kochschule betrieb und eine Hilfskraft brauchte, und sie nahm die Stelle an. Ihr kläglicher Lohn fiel zwar geringer aus als ihre Rente, aber das hatte sie nicht abhalten können.

In der nächsten Kochstunde redeten wir über ein Phänomen, das in Peking jedes Jahr im Winter zu beobachten ist: Je kälter es wird, umso knapper ist Gemüse – bis eines Tages im November die Bauern aus dem Umland Pekings mit ihrer Kohlernte in die Stadt kommen und an jeder Straßenecke wahre Berge von Kohlköpfen auftürmen. Es handelt sich dabei um die schwere, ovale Sorte, die wie Chinakohl aussieht und nur wenige Cent pro Pfund kostet. Die weißen Blattrippen gehen in dunkel-jadegrüne Blätter über. Manche Stadtbewohner kaufen auf einen Schlag genug Kohl für den ganzen Winter, beladen ihr Fahrrad damit und bringen den Kohlvorrat zu sich nach Hause, wo sie ihn auf Fensterbänken, Balkons oder neben der Haustür lagern. So hält der Kohl sich in der kalten Witterung des chinesischen Nordens leicht mehrere Monate. Wenn es Zeit ist, Essen zu machen, muss man nur die Hand hinausstrecken und ein paar Kohlblätter hereinholen. Diese kann man zusammen mit Garnelen oder Schweinefleisch in der Pfanne anrühren, man kann Maultaschen mit ihnen füllen oder sie sauer-scharf einmachen und in eine Art chinesisches Sauerkraut verwandeln.

Ich fragte Vorsitzende Wang, ob sie vorhabe, sich für den Winter einen Kohlvorrat anzulegen.

»Nein«, sagte sie. »Das haben wir seit 1983 nicht mehr gemacht. Damals sind wir von unserem Häuschen in einem hutong in eine Wohnung gezogen, wo wir keinen Platz mehr dafür haben. Lagert man den Kohl in der Wohnung, wird er schlecht, weil es zu warm ist. Außerdem brauche ich gar nicht mehr so viel Kohl, weil ich in erster Linie für meinen Mann und mich koche. Unser Sohn isst in der Kantine seiner Arbeitsstelle. Wir zwei würden allein einen ganzen Monat brauchen, um einen dieser riesigen Kohlköpfe aufzuessen. Anderes Gemüse ist jetzt auch billiger geworden, darum müssen wir nicht mehr immer Kohl essen. Wenn Brechbohnen-Saison ist, muss man für Bohnen auch nicht mehr als zwanzig Cent das Pfund bezahlen.«

Eines Tages, als wir gerade dabei waren, Basi Pingguo – kandierte Äpfel – zu machen, sagte sie: »Möchten Sie eine lustige Apfel-Geschichte hören? Meine Schwägerin hat vier Kinder. Die hat sie alle während der Kulturrevolution zur Welt gebracht, als Mao uns dazu aufrief, möglichst viele Kinder zu kriegen. Die Menschen hatten auch nicht viel anderes zu tun, als Kinder zu produzieren. Aus irgendeinem unerfindlichen Grund bevorzugte meine Schwägerin das zweite und das vierte Kind. Das erste und das dritte waren ihr ziemlich egal. Dann ist das vierte Kind eines Tages krank geworden. Sie ging los, um einen Apfel zu kaufen. Die Menschen waren damals so arm, dass sie sich nur einen Apfel auf einmal leisten konnten. Als sie nach Hause kam, halbierte sie den Apfel. Das kranke Kind bekam die größere Hälfte, die kleinere Hälfte gab sie dem zweiten Kind. Die Apfelschale durfte das erste Kind essen. Und das dritte Kind bekam gar nichts! Und jetzt ist das dritte Kind, ein Sohn, der einzige, der richtig Geld verdient. Er ist in den Süden gegangen und hatte dort großen Erfolg. Kurioserweise ist er der einzige, der seinen Eltern heute noch Geld schickt.«

Sie hatte ein großes Messer in der Hand und schälte einen Apfel, dass die Schale in einem langen, spiralförmigen Band herunterfiel. Ich fand die Geschichte nicht besonders lustig, sondern eher traurig. Sie stimmte mich zynisch und bitter. Trotzdem freute ich mich jedes Mal auf unsere nächste Kochstunde und auf neue Geschichten aus dem Alltag der Menschen.

## SCHWEINEFLEISCHSTREIFEN MIT FISCHDUFT (YUXIANG ROUSI)

300 g Schweinefilet
1/2 TL Salz
60 ml Sojasoße
1 1/2 EL Reiswein oder Sherry
2 TL Speisestärke
60 ml Öl
2 TL Öl
60 ml warmes Wasser, 2 EL schwarzer chinesischer Essig
1 EL Kristallzucker
1 Stück Lauch (ca. 2 cm)
1 Stück Ingwer (ca. 2 cm)
1 Knoblauchzehe
2 EL Hühnerbrühe
8 ganze, getrocknete Chilischoten
3 getrocknete Mu-Err-Pilze
50 g Bambussprossen

Die Pilze mindestens 30 Minuten in Wasser einweichen, dann abspülen, abtropfen lassen und in mundgerechte Stücke schneiden.
Die Frühlingszwiebel bzw. den Lauch, den Ingwer, den Knoblauch und die Chilischoten fein hacken, die Bambussprossen würfeln.

Das Schweinefilet erst quer zur Faser in dünne Scheiben, dann die Scheiben in schmale Streifen (nicht breiter als 3 mm) schneiden. Das Schweinefleisch mit 1/4 TL Salz, 2 EL Sojasoße, 1 EL Reiswein oder Sherry, 1 TL Speisestärke und 2 TL Öl vermengen und beiseitestellen.
In einer Reisschale den Rest der Speisestärke im warmen Wasser auflösen. Dann das restliche Salz (1/4 TL), die restliche Sojasoße (2 EL), den restlichen Reiswein bzw. Sherry (1/2 EL) sowie Essig, Zucker, Frühlingszwiebeln bzw. Lauch, Ingwer, Knoblauch und Hühnerbrühe hinzufügen. Die Schale mit dieser Mischung neben den Herd stellen.
Den Rest des Öls (60 ml) in einen Wok geben und zwei bis drei Minuten bei großer Hitze erwärmen. Die gehackten Chilischoten hinzufügen. Sie dürfen etwa eine Minute lang das Öl aufsaugen. Dann die Schweinefleischstreifen dazugeben und zwei bis drei Minuten unter ständigem Rühren im Wok bewegen, damit sie nicht festkleben. Die Mu-Err-Pilze und die Bambussprossen hinzufügen und etwa eine Minute lang pfannenrühren, dann die Soßenmischung darüber gießen und zwei bis drei Minuten köcheln lassen, dabei immer wieder umrühren. Wok vom Herd nehmen und sofort servieren.

## KARAMELLISIERTE ÄPFEL (BASI PINGGUO)

2 Äpfel
100 g Mehl
1 TL Backpulver
450 ml Wasser
1 l Sojaöl oder anderes geschmacksneutrales Öl
zum Frittieren sowie

60 ml zum Karamellisieren
300 g Kristallzucker

Die Äpfel schälen und in 2 cm große Würfel schneiden. 50 g Mehl, das Backpulver und 60 ml Wasser zu einem Backteig vermischen. Das restliche Mehl (50 g) in eine andere Schale geben. Die Apfelwürfel zuerst im Mehl wenden und dann in den Backteig legen.

Das Öl im Wok erhitzen, bis ein Tropfen Backteig, der hineingegeben wird, sofort anfängt zu brutzeln. Die Apfelwürfel aus dem Teig nehmen, dafür sorgen, dass sie alle gleichmäßig mit Backteig umhüllt sind, und dann vorsichtig einzeln ins Öl gleiten lassen. Frittieren, bis sie hellgold sind (etwa drei Minuten). Der Teig sollte sich aufblähen. Die Apfelwürfel dann auf Küchenkrepp legen und abkühlen lassen. Das Öl durch ein Sieb gießen/filtern und kurz vor dem Servieren wieder erhitzen. Die Äpfel noch einmal eine Minute darin frittieren, bis sie schön braun sind. Wieder auf Küchenkrepp legen, um überschüssiges Öl aufzunehmen.

In einen weiteren Wok das restliche Öl (60 ml) geben und bei mittlerer Hitze erwärmen. Durch Schwenken des Woks das Öl gleichmäßig darin verteilen. Den Zucker und 120 ml Wasser hineingeben und erhitzen, bis sich Blasen bilden, dabei gelegentlich umrühren. Immer weiter rühren, während die aufsteigenden Blasen kleiner werden und die Flüssigkeit eindickt. Einen Spritzer Öl dazugeben, damit nichts festklebt. Wenn die Masse keine Bläschen mehr bildet und sich gelblich verfärbt, die Apfelwürfel hineingeben und kräftig umrühren, bis alle von allen Seiten mit der Zuckermasse bedeckt sind. Den Wok vom Herd nehmen und die Apfelwürfel mit der Zuckermasse auf einen gefetteten Teller geben.

Sofort servieren. Dazu eine Schale mit kaltem Wasser reichen, in die jeder Apfelwürfel vor dem Verzehr eingetaucht wird, damit die Karamellhülle hart wird.

Ich hatte ein neues Lieblingsritual entwickelt: Einkaufen auf dem Markt. Der Markt befand sich am südlichen Ende meiner Wohngegend, ich konnte zu Fuß hingehen. Mein Weg führte mich durch einen kleinen Park, in dem ältere Chinesen mit ihren Enkeln spielten und ihren feistgesichtigen Pekinesen dabei zusahen, wie sie unangeleint herumtrotteten. Ich war stets gespannt, was mich diesmal auf dem Markt erwartete, wenn ich die breiten Streifen des Plastikvorhangs am Markteingang beiseiteschob und die Halle betrat.

Ich entdeckte meine Leidenschaft für Wochenmärkte just zu der Zeit, als in Peking immer mehr Supermärkte nach westlichem Vorbild eröffnet wurden. Die Regierung hatte vor, bis zu den Olympischen Spielen 2008 einen Großteil der Freiluftmärkte innerhalb der 3. Ringstraße abzuschaffen. Der Handel sollte sich entweder in Markthallen verlagern oder ganz durch moderne Supermärkte wie Wal-Mart und Carrefour ersetzt werden. Zu dem Zeitpunkt hatte die französische Kette bereits begonnen, die Stadt zu kolonialisieren. Es sprach vieles für die westlichen Supermärkte – ihre breiten Gänge, die große Auswahl an tiefgekühlten Nahrungsmitteln sowie kulinarische Neuheiten wie italienisches Olivenöl und Rotwein. In puncto Frische konnten sie allerdings nicht mit den traditionellen Märkten mithalten. Die meisten »altmodischen« Chinesen ließen sich daher nicht davon abbringen, mit absolut frischen Zutaten kochen zu wollen, und gingen täglich auf dem Markt einkaufen.

Natürlich ging auch ich zum Markt, um dort einzukaufen. Viel mehr noch genoss ich jedoch das Erlebnis an sich. Ältere

Frauen rempelten mich an und schoben mich beiseite, um an die langen, dünnen Schlangen-Auberginen oder die zerfurchten, bitteren grünen Melonen an den Ständen heranzukommen. Es gab immer irgendwelche Obstverkäufer, die sich quer über ihre Stände hinweg zankten, einander des Preisdumpings bezichtigten und ihre jeweiligen Mütter und Großmütter verfluchten. Nachmittags, wenn der große Kundenansturm vorüber war, bauten einige der Verkäufer auf ihren Waagen sogar provisorische Casinotische auf und fingen an Mahjong zu spielen. Doch die meisten Verkäufer standen weiter hinter ihren Bergen von Waren und Tresen voller Fleisch und schrien lauthals die Preise für ein jin – die chinesische Maßeinheit, die einem halben Kilo bzw. etwas mehr als einem Pfund entspricht – heraus. »Bohnen! Grüne Bohnen! Fünfundzwanzig Cent!« – »Tomaten! Wunderbare Tomaten! Sechs Cent!« Ich war fassungslos, als ich die Preise zum ersten Mal hörte. Ich hatte bis dahin immer auf einem kleinen auf ausländische Waren spezialisierten Markt eingekauft, der mir mit seiner sehr begrenzten und sehr teuren Auswahl an amerikanischen Frühstücksprodukten, Käse- und Fleischsorten wie ein Gemischtwarenladen im Wilden Westen vorgekommen war. In dieser chinesischen Markthalle hingegen kosteten Bio-Eier nur fünfundsiebzig bis neunzig Cent pro jin; Garnelen – so ziemlich das teuerste Produkt auf dem Markt – bewegten sich um die zwei Dollar pro jin; frische Shiitakepilze wechselten für vierzig Cent das jin den Besitzer. Wenn ich für zwei üppige Gerichte einkaufte, die ich mit Vorsitzender Wang kochen wollte, brauchte ich in der Regel gerade einmal zwei Dollar für sämtliche Zutaten auszugeben.

»Soll ich ihn für dich töten?«, fragte mich die Frau des Fischhändlers eines Tages, als sie mit bloßen Händen einen Karpfen aus einem Becken voller Fische holte. Sie hielt ihn mir mit dem Bauch nach oben unter die Nase, während der Fisch lebhaft zappelte.

Etwas zögerlich sagte ich ja, und dann zuckte ich zusammen, als diese kaum einen Meter fünfzig große, zarte Person den Karpfen mit unerwarteter Kraft auf den Boden knallte. Sie hob ihn hoch und schlug ihn in einer Manier, die mich an einen Profi-Ringkämpfer erinnerte, ein zweites Mal auf den Boden. Dann legte sie ihn auf eine flache Waagschale, wo er hilflos zuckte.

»Acht yuan.« Einen Dollar.

Sie schuppte den Fisch mit einer spitzen Bürste ab und schlug ihn damit noch ein paar Mal, für den Fall, dass er die kraftvolle Behandlung zuvor doch überlebt hatte. Sie reichte ihn mir in einer schwarzen Plastiktüte.

»Danke, geh langsam«, gab sie mir lächelnd mit auf den Weg. Das ist das chinesische Äquivalent zu unserem »Pass auf dich auf«.

Bei einem jungen Verkäufer, dessen Nase stets in einem Buch steckte, kaufte ich gern frische Hühner. Auf einmal waren er, seine Bücher und seine Hühner jedoch verschwunden. Ich fragte den Fischhändler, was passiert sei.

»Vogelgrippe«, sagte er. Es waren vereinzelte Fälle von Vogelgrippe im ganzen Land bekannt geworden, und Experten befürchteten, dies könne eine Epidemie auslösen. »Die Regierung lässt alle Hühner untersuchen. In ein paar Tagen ist er zurück.«

»Machst du dir denn Sorgen wegen der Vogelgrippe?«, fragte ich ihn.

»Nein. Ich esse sowieso nur Fisch.«

Doch der Hühnerverkäufer kam nicht wieder. Von da an wurden Hühner und Hähnchen meist tiefgekühlt in den neuen, schicken Supermärkten verkauft. Der Standplatz auf dem Markt blieb mehrere Monate lang leer, bis eine Familie von

Tofu-Herstellern ihn übernahm. Sie verbrachten die Vormittage damit, Sojabohnen zu kochen und durch eine Maschine zu pressen – so erhielten sie Sojamilch, die sie in Plastikbeuteln abgefüllt verkauften. Einem Teil der Milch wurde ein Verdickungsmittel zugegeben, hieraus wurden frische Tofu-Blöcke gepresst. Die Blöcke, die sie nicht verkauften, wurden getrocknet, gewürzt und in lange Streifen geschnitten. Die Sojamilch, die ich bei dieser Familie kaufte, enthielt nicht den Hauch eines Konservierungsmittels – wenn ich sie nicht binnen zwei Tagen trank, verwandelte sie sich in meinem Kühlschrank von ganz allein in Tofu.

Im hinteren Bereich der Markthalle kneteten die Nudelverkäufer mit ihren bloßen Händen ganze Berge von Teig, bevor sie ihn durch die Maschine drehten, um fettucineähnliche Bandnudelstränge daraus zu machen. Gleich daneben war der Sesamsoßenstand, an dem ein motorisierter Arm die Sesamkörner in einem Bottich zu einer dicken, sehr schmackhaften Paste presste, die in Schraubgläser abgefüllt wurde. Diese Paste ergibt, unter kalte Nudeln gerührt, einen wahren Gaumenschmaus.

Ich betrachtete liebevoll die vielen Behälter mit Soßen und Gewürzen, die mir einst so fremd gewesen waren. Jetzt wusste ich sie einzuordnen: Sichuan-Pfefferkörner waren winzige getrocknete Beeren, die den Gerichten der gleichnamigen Provinz eine betäubende Schärfe verliehen. Der scharfe Geruch von Sternanis nahm Lamm- und Entenfleisch den strengen Eigengeschmack. Ich kaufte vakuumverpacktes, eingelegtes grünes Gemüse, um damit meine Fischsuppe und meine gebratenen grünen Bohnen zu würzen.

Neben den Gewürzhändlern mit ihren Soßen hatten die Fleischer ihre Stände, wo sie riesige Teile von Schweinen, Rindern und Lämmern kurzerhand aufhängten – ganze Brustkörbe, runde Hinterteile, die Beine inklusive der Hufe. Auf den Holztischen vor sich breiteten sie kleinere Mengen aus. Die Fleischportionen wurden schon immer am offenen Stand bei Zimmertemperatur verkauft. Eines Tages installierte jedoch eine Gruppe von Arbeitern Fleischkühltheken, wie man sie im Westen kennt – was allerdings nichts daran änderte, dass die Fleischer ohne Handschuhe arbeiteten und das Geld in ihre blutigen Hände nahmen.

»Du möchtest ein jin und fünfzig Gramm?«, kicherte mein Schweineverkäufer eines Tages. »Ich weiß nicht, ob ich so präzise schneiden kann. Wie wär's mit ein bisschen mehr? Das wäre doch nicht schlimm, oder?«

Manchmal war das nur ein Trick, mit dem die Fleischer versuchten, mehr zu verkaufen – sie behaupteten, dass sie das Gewicht nicht gut einschätzen konnten und schnitten dann natürlich mehr ab, als man haben wollte.

Er schnitt ein Stück Filet ab und wog es. »Genau ein jin!«, sagte er. (Und wenn ich ihm nicht glaubte, konnte ich das Fleisch zu einer anderen Waage bringen, die man aus Kontrollzwecken in einer Ecke aufgestellt hatte.) Er schnitt noch eine Scheibe ab und reichte mir alles in einer Plastiktüte. Ich ging weiter und hörte, wie eine andere Fleischerin eine alte Kundin begrüßte. »Hallo, du bist wieder in der Stadt? Du bist aber dünn geworden! Dein Gesicht ist so mager! Immer, wenn du ins Dorf fährst, kommst du viel dünner wieder zurück ...«

Vielleicht würde ich eines Tages die glitzernden Fußböden, die in Plastik eingeschweißte Hühnerbrust und die endlosen Gänge mit Tiefkühlkost der amerikanischen Supermärkte vermissen. Aber so weit war ich noch lange nicht.

Als ich Vorsitzende Wang fragte, ob sie die traditionellen Märkte oder die neuen Supermärkte bevorzugte, zuckte sie mit den Schultern. Sie kaufte mal da, mal da: Frisches Gemüse und Fleisch kaufte sie in der Markthalle, Nahrungsmittel wie

Mehl oder Reis schlicht da, wo es billiger war. Die funkelnden neuen Supermärkte waren in der Regel etwas teurer, aber dafür gab es dort hin und wieder Sonderangebote. Vorsitzende Wang durchkämmte gerne jeden einzelnen Gang auf der Suche nach einem Schnäppchen. Wenn dann zufällig gerade Toilettenpapier im Angebot war, konnte es vorkommen, dass sie in einem Schwung die komplette Menge für ein ganzes Jahr erstand.

Obwohl ich meine Streifzüge durch die Markthalle so genoss, fand Vorsitzende Wang, ich sei im Einkaufen noch immer eine Niete. Am Anfang jeder Kochstunde ging sie alles durch, was ich gekauft hatte, und fragte sämtliche Preise ab. Meine Antworten quittierte sie dann entweder mit einem zufriedenen Nicken oder mit einem Kichern. Manchmal warf sie einen Blick in meine Plastiktüte und sagte: »Ach, *die* Sorte Kohl haben Sie gekauft?« oder »Sie hätten nordchinesischen Tofu kaufen sollen, nicht südchinesischen!«

Vorsitzende Wang bot mir an, mir das richtige Einkaufen beizubringen. An einem kalten Freitag mitten im Winter trafen wir uns am Eingang zu dem Markt, auf dem sie seit zwanzig Jahren ihre Einkäufe erledigte und der sich in und um eine zugige Lagerhalle erstreckte. Auch dieser Markt sollte nur wenige Tage später für immer geschlossen werden, um Platz für weitere Wohnsilos zu machen. Einige Standplätze waren bereits verlassen.

Doch insgesamt war der Markt, trotz des absehbaren Endes, voller Leben. Er war größer als »mein« Markt, und es kauften nicht nur Privatleute, sondern auch viele Großkunden wie Restaurants hier ein. In der Fleischabteilung schlenderten die Käufer die Gänge auf und ab und begutachteten die Schweine- und Lammkörper, während die Fleischer um ihre Waren herumschlichen wie Löwen um die frisch erlegte Beute. Verkäufer in schwarzen Gummistiefeln und mit Klemmbrettern in der Hand zählten dicke Bündel Geldscheine. Restauranteinkäufer schoben Rollwagen vor sich her, auf denen gigantische, durchsichtige Plastiktüten lagerten, darin Wasser und – Fische. Trotz der Kälte tummelten sich auch an den Ständen um die Halle herum Kunden und Verkäufer und feilschten über das aufgetürmte Gemüse und Obst hinweg. Ich konnte mir gar nicht vorstellen, dass all diese Waren in wenigen Tagen einfach weg sein sollten.

Wir fingen beim Geflügel an. Der Fleischer sagte, die Hühner seien gegen Mitternacht geschlachtet worden. Normalerweise verkauften sie in erster Linie ganze Hühner – sie waren zwar gerupft, doch ihre Köpfe und ihre steifen, gerade ausgestreckten Füße waren mitsamt der Krallen noch dran –, und dann erst die Teile wie Schenkel, Flügel, Köpfe, Hälse, Füße. Das Brustfleisch ging stets zuletzt weg, weil es »nach nichts schmecke«.

»Man muss darauf achten, dass keine Spuren von Federn mehr dran sind«, erklärte Vorsitzende Wang und zeigte auf ein Stück Fleisch in der Auslage. »Und man sollte sich vergewissern, dass es nirgendwo gequetscht ist.«

»Wieso kosten die Hühner heute nur dreißig Cent pro jin?«, erkundigte sich eine andere Kundin. »Glaubst du vielleicht, dass sie Vogelgrippe haben?«

»Das kann gar nicht sein«, sagte Vorsitzende Wang. Sie hatte mir ihre Meinung zum Thema Vogelgrippe bereits in der Schule auseinandergesetzt: »Ich glaube nicht, dass wir uns nach SARS noch irgendwelche Sorgen in Bezug auf Krankheiten machen müssen. Von jetzt an werden die Politiker uns die Wahrheit sagen.« Ich hatte eine Augenbraue hochgezogen. Als die SARS-Epidemie 2003 Peking erreicht hatte, hatte die Regierung wochenlang gezögert, bevor sie den Ausbruch der Krankheit eingestand. Und jetzt hatte die Regierung die

Medien angewiesen, mit dem Thema Vogelgrippe vorsichtig umzugehen. Zwar hatten Lokalzeitungen von erkrankten Vögeln in den Randgebieten der Wüsten berichtet – nicht aber von den durch die Vogelgrippe verursachten Todesfällen unter der Bevölkerung.

Doch obwohl ich wusste, dass man der Politik nicht über den Weg trauen konnte, aß ich für mein Leben gern Huhn. Vor allem Hähnchen Gong Bao, Hühnerflügel jedweder Zubereitungsart und gedämpfte Hühnerfüße kantonesisch. Ich verdrängte jeden Gedanken an die Vogelgrippe und kaufte ein paar Hühnerteile. Dann gingen wir weiter.

Etwa die Hälfte des auf dem Markt angebotenen Fleisches war Schweinefleisch, da es in fast jedes chinesische Essen gehört. Rosa schimmerndes Filet, marmorierter Schweinebauch und rot glänzende Nieren lagen auf den Tischen aus. Die Schweineköpfe blickten erstaunlich friedlich drein – man hatte ihre Münder zu einem Lächeln geformt, das gerade Zahnreihen entblößte.

»Ist das deine Tochter?«, fragte einer der Verkäufer Vorsitzende Wang und warf mir einen Blick zu.

»Nein«, sagte sie. »Sie ist, äh, eine Freundin.«

Wir betrachteten einen Stand mit Innereien vom Rind. Die Sehnen waren weiß und hart wie getrocknete Luffaschwämme. Der Magen sah aus wie brauner Kunstrasen. Die Vorsitzende nahm ihn in die bloßen Hände und legte ihn wieder hin. Das schien niemanden weiter zu stören.

»Wenn man Rindfleisch kaufen will, sollte man möglichst früh hier sein, weil das als Allererstes weg ist«, riet mir Vorsitzende Wang. Der strenge Geruch von Hammelfleisch erfüllte die Markthalle. Hammel und Lamm gab es im Norden Chinas stets reichlich, weshalb es auch sehr preiswert war.

Die nächste Station war die Abteilung mit eingemachten Lebensmitteln, wo wir Bambusschösslinge begutachteten. Sie waren blassgelb und so dick, dass ich sie kaum mit der Hand umfassen konnte. Winter ist die Saison für die Schösslinge – im Frühling hat der Bambus bereits Blätter entwickelt, die man wie bei einer Artischocke entfernen muss, und dann sind sie längst nicht mehr so zart. Die Schösslinge haben einen feinen erdigen Geschmack und sind besonders köstlich, wenn man sie in einem Pfannengericht zu Schweinefleisch reicht. »Am besten immer breite, kurze Schösslinge aussuchen«, sagte Vorsitzende Wang. »Denn die Spitzen sind das Beste.«

In der Tofuabteilung entdeckte ich einen großen Plastikeimer voller Tofu, der seltsam rotbraun gefärbt war. »Das ist Bluttofu.« Vorsitzende Wang erklärte, dass es sich dabei um Tofu handelte, der mit Schweineblut vermischt war, um ihm einen besonderen Geschmack und eine besondere Textur zu verleihen. Ich erfuhr außerdem, dass Tofu aus dem Norden fest war und seine Form behielt, wenn man ihn in Würfel schnitt. Er eignete sich besonders gut für ein Gericht aus Sichuan namens Mapo-Tofu. Tofu aus dem Süden war hingegen traditionell seidenweich und gut zum Frittieren geeignet.

Vorsitzende Wang beobachtete aufmerksam die Preise. »Zucker ist teurer geworden. Wenn Zucker einmal teurer wird, wird er nie wieder billiger!« Eier waren an dem Tag hingegen besonders billig. »Die kosten heute fünfundzwanzig Cent pro *jin* – sonst verlangen sie schon mal dreißig Cent dafür.« Der Verkäufer legte die Eier in eine Plastiktüte. In China werden Eier nur selten in Kartons verkauft, und meistens einfach in Plastiktüten, wie alles andere auch. Anfangs hatte ich immer Angst, sie könnten mir kaputtgehen, aber mit der Zeit entspannte ich mich, denn sie gingen so gut wie nie kaputt.

Als wir die Obst- und Gemüseabteilung erreichten, holte Vorsitzende Wang eine kleine Federzugwaage hervor. »Den Verkäufern hier kann man einfach nicht vertrauen«, klärte sie mich auf. »Sehen Sie den Mann da drüben?« Sie richtete den Blick auf einen der Stände und kniff die Augen zusammen. »Der hat mir für ein jin Tomaten mal zu viel berechnet. Zu dem gehe ich nie wieder!«

Obwohl dies eine ihrer letzten Einkaufstouren auf dem Markt sein sollte, den sie immerhin seit über zwanzig Jahren frequentierte, wirkte Vorsitzende Wang keineswegs wehmütig oder traurig. Sie fragte stattdessen jeden einzelnen Verkäufer nach seinen Plänen für die Zukunft. Manche zuckten nur mit den Schultern, andere antworteten, sie wollten auf einem wenige Kilometer entfernten Markt einen neuen Stand aufbauen.

»Dann werde ich wohl auch dort einkaufen gehen müssen«, seufzte die Vorsitzende. »Ganz schön lästig, aber die kleine Radtour wird mir sicher guttun.«

Nach zwei Stunden in der bitteren Kälte lief mir die Nase. Vorsitzende Wang überraschte mich mit einer Einladung zum Mittagessen bei sich zu Hause. Ich ging gerne auf den Vorschlag ein und hoffte insgeheim, dass ich mich bei ihr würde aufwärmen können.

Frau Wang wohnte in einem der düsteren Wohnblocks aus den 1980er Jahren. Viele von ihnen wurden jetzt bereits wieder abgerissen, um moderneren Gebäuden Platz zu machen.

»Sie brauchen die Schuhe nicht auszuziehen«, sagte sie, als wir die Wohnung im ersten Stock betraten, und behielt untypischerweise auch selbst die Schuhe an. Die Wohnung bestand aus zwei Zimmern und einer Küche. Den Fußboden bedeckte billiges Linoleum, die Betonwände waren nackt – keine Tapete, keine Farbe. Den dunklen, muffigen Flur durchzog der Länge nach eine Wäscheleine.

Ihr Ehemann war ein magerer, leise sprechender Mann mit

weißem Haar und grauen Bartstoppeln. Zwar waren die beiden in etwa gleich groß, doch war Herr Wang um einiges zierlicher als seine grobknochige Frau. Vorsitzende Wang erzählte mir später einmal, dass sie immer etwa sieben Kilo schwerer gewesen sei als ihr Mann. Herr Wang führte mich in das sonnigere, angenehmere Zimmer. Es war das Ess-, Schlaf- und Empfangszimmer der Wangs. Ein französisches Bett, ein Kleiderschrank und ein Schreibtisch standen darin, und ich war mir nicht sicher, wo ich mich hinsetzen sollte.

»Setzen Sie sich aufs Bett«, wies er mich an und klopfte auf die Bettdecke. Er bestand darauf, dass ich dort warten sollte, während er seiner Frau dabei half, das Mittagessen zuzubereiten. Die Wangs hatten einen Sohn, der ein Jahr jünger war als ich und als Wachmann arbeitete. Mit seiner Freundin bewohnte er das andere Zimmer.

Als das Essen fertig war, schoben wir zwei Bänke nebeneinander, schmückten sie mit einem großen Platzdeckchen aus Plastik und bauten so einen provisorischen Esstisch. Wir kauerten auf niedrigen Hockern, während wir Tofu und pfannengerührte Pilze aßen. Außerdem bekamen wir jeder ein Spiegelei und eine Schale Reis. Mir fiel auf, dass Vorsitzende Wang für diese Gerichte sehr wenig Öl verwendet hatte – ganz im Gegensatz zu Küchenmeister Gao in der Kochschule.

»Kochen für den Hausgebrauch ist eben etwas ganz anderes als Kochen für ein Restaurant, wie wir es in der Schule unterrichten«, erklärte Vorsitzende Wang auf meine erstaunte Frage hin. »Ich verwende auch nicht so viel Glutamat, ich habe nur an die Pilze eine Prise gegeben.«

Es war schön, bei den Wangs zu essen. Die Sonne schien auf das Bett und die Zimmerpflanzen. Und von da an besuchte ich die Wangs regelmäßig. Sie ließen mich sogar in ihrer Küche kochen und brachten mir bei, wie man kochte wie sie für sich zu Hause. Es war das perfekte Gegengewicht zu den extravaganten und ambitionierten Restaurantgerichten, die man uns an der Schule lehrte.

Die Küche der Wangs war äußerst sparsam, fast provisorisch eingerichtet. Es gab darin so gut wie keine Arbeitsflächen. Wenn man Licht brauchte, zog man sich eine Glühbirne aus dem Flur an ihrem Kabel herein und hängte sie an die Wand. Unterhalb der Glühbirne befand sich ein niedriger Tisch. Der Gasherd, der mit einer hüfthohen Propangasflasche betrieben wurde, hatte zwei Brenner. Er stand in der Nähe des Fensters, das zum Schutz vor Gasvergiftungen stets geöffnet war. Im Flur standen zwei Kühlschränke: ein schickes neues Modell in Silber, das die Wangs sich zum chinesischen Neujahrsfest gekauft hatten, und eine kleine grüne Kiste, die sie bereits 1986 erstanden hatten – ihr erster Kühlschrank überhaupt. Sie brachten es nicht übers Herz, ihn wegzuwerfen. Daher benutzten sie ihn als Vorratskammer: Er war voller Gewürze, Obst und Trockenvorräte. Es war immer mehr als genug zu essen im Haus. Wie so viele andere Chinesen, die entbehrungsreiche Zeiten erlebt hatten, horteten auch die Wangs Nahrungsmittel, angefangen von kleinen Gewürzproben aus dem Restaurant bis hin zu Kekspackungen aus dem Supermarkt.

Zu Beginn meines Kurses an der Kochschule hatte ich gedacht, der Vorsitzenden Wang lästig zu sein. Doch jetzt, da ich sie zu Hause besuchte, schien sie fast ein wenig stolz darauf, mich zu unterrichten. »Die jungen Leute heutzutage wissen gar nicht mehr, wie man richtig kocht«, sagte sie bei einem Abendessen. Sie zeigte auf das Zimmer ihres Sohnes, in dem er mit seiner Freundin hauste. »Die beiden können überhaupt nicht kochen. Heutzutage besuchen die jungen Paare einfach abwechselnd die jeweiligen Eltern zum Abendessen. Die meisten haben nicht einmal mehr die geringsten Grundkenntnisse. Einfach traurig ist das.«

## PFANNENGERÜHRTE PILZE

125 g Shiitakepilze
125 g Enokipilze
125 g Austernseitlinge (alternativ Champignons)
1 EL Öl
1/2 Knoblauchzehe
1 EL Reiswein oder Sherry
2 TL Sojasoße
1/4 TL Salz

Den Knoblauch fein hacken. Die Stengel von den Pilzen entfernen, und die Pilze in 3 mm dicke Scheiben schneiden. Die bräunlichen Kanten der Enokipilze abschneiden und die Pilzbüschel vorsichtig aufteilen (nicht notwendigerweise, bis alle Pilze einzeln voneinander getrennt sind). Die Austernseitlinge in mundgerechte Stücke schneiden (Champignons vom Stiel befreien und in Scheiben schneiden).
Erst den Wok erhitzen, dann das Öl und gleich danach den Knoblauch hineingeben. Wenn der Knoblauch anfängt zu brutzeln, die Shiitakepilze und die Austernseitlinge (bzw. die Champignons) dazugeben und drei Minuten pfannenrühren. Reiswein oder Sherry zugießen, dann die Enokipilze unterrühren. Großzügig salzen und rühren, dann auf mittlere Hitze drosseln und noch fünf Minuten kochen lassen.

# 3

Meine privaten Kochstunden bei Wang hielten mich nicht davon ab, weiterhin den Unterricht an der Kochschule zu besuchen. Zwar verbreitete Lehrer Zhang eine Menge Unsinn, aber ich merkte, dass meine Sprachkenntnisse in Wort und Schrift von den Stunden profitierten. Und obwohl wir so gut wie nie selbst in der Schulküche tätig werden durften, wurde es nicht langweilig für mich, den Küchenmeistern bei ihren Zauberkunststücken zuzusehen. Außerdem machte es mir Spaß, mich am Ende jeder Kochstunde auf die Kostproben zu stürzen.

Jetzt war ich auch nicht mehr der exotische Vogel der Klasse. Selbst Tie Gang folgte mir nicht mehr nach jeder Kochstunde, sondern ignorierte mich, als er erst einmal begriffen hatte, dass seine Bemühungen erfolglos bleiben würden. Lehrer Zhangs Frotzeleien wurden weniger, und es schrieb sich noch eine weitere Frau an der Kochschule ein.

Eine meiner Privatstunden mit der Vorsitzenden Wang ging gerade zu Ende und meine Mitschüler hatten sich für unseren Praxisunterricht in der Küche versammelt, als eine Frau Mitte dreißig hereinplatzte. Sie hatte kurze, dauergewellte Haare und kaute auf einem Strohhalm herum, der in einer Flasche Joghurt steckte. Sie wurde uns als Frau Zhao vorgestellt. Ich lächelte ihr zu, doch sie schien das nicht zu bemerken.

Frau Zhao wanderte in der Küche herum und ließ keinen Zweifel daran, dass sie von Kochen nicht die leiseste Ahnung hatte und nur hier war, um ein bisschen Spaß zu haben.

»Vorsitzende Wang, ich glaube, ich werde es in dieser Klasse nicht leicht haben«, sagte Frau Zhao.

»Das ist nicht gesagt«, entgegnete Wang trocken.

Frau Zhao blieb neben mir stehen und sah mir dabei zu, wie ich Schweinefleisch schnitt. »Oh, besser als die könnte ich das aber schon!«, kommentierte sie und belästigte erneut Vorsitzende Wang mit einer Frage. »Kann ich am Unterricht teilnehmen, sobald ich das Schulgeld bezahlt habe?«, schnurrte sie. »Vorsitzende Wang, bitte geben Sie mir doch Ihre Telefonnummer. Ich darf Sie einmal anrufen? Wo kaufe ich denn am besten ein Messer? Meinen Sie, fünfundzwanzig Dollar reichen?«

»Vier bis fünf Dollar sind genug«, gab die Vorsitzende kurz zurück. Und von da an ignorierte sie Frau Zhao. Worauf diese sich unbeirrt einem meiner Mitschüler zuwandte und mit ihm unverblümt zu flirten begann.

Frau Zhao ging mir einfach auf die Nerven. Sie prahlte damit, Hausfrau zu sein – ein seltenes Phänomen in einem Land, in dem es sich nur die wenigsten Frauen leisten konnten, nicht zu arbeiten. Sie kam in ihrer schwarzen Limousine zur Schule und parkte den Wagen direkt neben den Fahrradständern. Sie regte sich darüber auf, wie viel Glutamat die Lehrer verwendeten. Trotzdem konnte ich nicht die Augen davor verschließen, dass ich mehr mit ihr gemein hatte als mit den anderen Schülern. Schließlich unterbrach auch ich den Lehrer oft mit Fragen. Und ich hatte meinen amerikanischen Pass in der Klasse herumgezeigt und mit meinem privilegierten Status angegeben. Und auch ich betrieb diesen Kochkurs eigentlich mehr als Hobby.

Aber ich war doch bestimmt nicht so eine Nervensäge. Ich bemühte mich nach besten Kräften, die Unterschiede zwischen meinen Mitschülern und mir zu kaschieren. Ich kam stets in alten Jeans und einer Fleecejacke zum Unterricht – es sei denn, ich hatte nach der Schule einen wichtigen Termin. Ein einziges Mal trug ich eine schicke Wildlederjacke. Und ja, gut, einmal hatte ich auch mein iBook mit in der Schule, weil ich es zur Reparatur bringen wollte. Aber alles in allem hielt ich den Ball flach. Und ich unternahm alles, um nicht mit Frau Zhao in Verbindung gebracht zu werden. Nach einiger Zeit versuchte sie allerdings, sich mit mir anzufreunden. Unangenehm berührt, lehnte ich ihre Einladungen zu sich nach Hause ab. Ich bat sie nicht um Hilfe beim Abschreiben von der Tafel. Und als sie mich anrief und fragte, ob ich ihr aus den USA irgendwelche Vitamine mitbringen könnte, sagte ich nur, dass das »sehr schwierig« werden könnte. Das war die gute chinesische Art, jemanden abblitzen zu lassen …

Nach etwa einem Monat an der Kochschule beschloss ich, genau wie der Rest meiner Klasse die staatliche Kochprüfung abzulegen. Damit hatte ich ein Ziel, auf das ich hinarbeiten konnte – eine intellektuelle Herausforderung, wie sie sich mir seit meiner Schulzeit nicht mehr geboten hatte. Zugegeben, es war der pure Stolz, der mich antrieb. Ich wollte beweisen, dass ich die Prüfung genau so gut ablegen konnte wie die anderen, obwohl Chinesisch nicht meine »Muttersprache« war, wie Lehrer Zhang gern wiederholte.

Der praktische Teil der Prüfung machte mir keine Sorgen. Ich hatte im Verlauf meiner Privatstunden die Zubereitung einer ganzen Reihe von Gerichten gemeistert. Einen Fisch in Ingwerbrühe dämpfen, grüne Bohnen mit Schweinehack ohne Öl braten, Tofu in einer scharfen Sichuan-Soße schmoren – das war alles kein Problem mehr für mich. Nein, was mir Sorgen bereitete, war der schriftliche Teil der Prüfung. Eigentlich sollte ja überprüft werden, wie viel die Schüler über die Grundlagen der chinesischen Kochkunst gelernt hatten, doch so, wie die Fragen in den Probeprüfungen formuliert waren, drängte sich mir der Verdacht auf, dass vielmehr abgefragt werden sollte, ob wir unsere Schulbücher bis ins letzte – und nicht selten verblüffende – Detail auswendig gelernt hatten. Eine typische Aufgabe war es, das fehlende Wort aus einem Lehrbuchsatz zu ergänzen:

*Eine Kakerlake* kann bei einer Umgebungstemperatur von -5°C ____ Minuten überleben.

a) 5
b) 10
c) 15
d) 30

Was mir nicht alles durch den Kopf ging bei meinem Versuch, mir die Antwort durch logisches Denken zu erschließen: Waren Kakerlaken nicht in der Lage, sogar einen Atomkrieg zu überleben? Dann konnte ihnen so ein bisschen Kälte doch bestimmt nichts anhaben. Wie viele Köche hatten wohl einen Nebenjob als Kammerjäger?

Ungeduldig schlug ich die Seite mit den Lösungen ganz hinten im Buch auf. Die richtige Antwort lautete: d. Die richtige Antwort hinten im Buch zu finden, war allerdings mein geringstes Problem. Als ich mich daranmachte, die Probeprüfungsbögen ernsthaft durchzuarbeiten, brauchte ich geschlagene zwei Stunden, um allein die ersten zwanzig Fragen zu verstehen – von ihrer Beantwortung mal ganz zu schweigen. Von da an hatte ich meine Schulbücher und Probeprüfungen immer und überall mit dabei, doch ich war zu frustriert, um es noch einmal allein zu versuchen. Also wandte ich mich an Vorsitzende Wang.

In den Wochen vor der Prüfung setzten wir uns an mehreren Nachmittagen zusammen an einen wackeligen Tisch, den sie mitten in der Schulküche aufgestellt hatte. Auf dem Tisch türmten sich Probeprüfungen und meine Lehrbücher. Wang brachte ihr kleines, betagtes Chinesisch-Wörterbuch mit, und ich war mit einem sehr großen und schweren Chinesisch-Englisch-Wörterbuch bewaffnet. Ich stolperte von einem Rätsel zum nächsten:

> Über welche der folgenden Eigenschaften verfügen Proteine nicht?
> a) Sie beugen Ödemen vor.
> b) Sie bilden Antikörper.
> c) Sie sind gut für Knochen und Zähne.
> d) Sie helfen dem Gehirn, normal und glücklich zu bleiben.

Es musste d sein. D klang einfach so absurd, dass es meiner Meinung nach die richtige Antwort sein musste.

»Falsch. C«, sagte Vorsitzende Wang.

»Hochinteressant. Ist mir noch nie aufgefallen, dass ich glücklicher bin, nachdem ich Proteine zu mir genommen habe.«

Sie ereiferte sich genau wie ich über meine falschen Antworten.

»Budaga!«, pflegte sie dann zu rufen – eine umgangssprachliche Äußerung für: »Das kann doch nicht wahr sein!«

Eine nicht unbeträchtliche Anzahl von Fragen drehte sich um Bandwürmer, Tod und Fäkalien. Ich lernte, dass der Genuss von mehr als drei Gramm eines chemischen Fleischzartmachers für Menschen tödlich ist. Ich lernte, dass man einen Aal am besten tötet, indem man ihn in kochendes Wasser wirft. Ich lernte, dass Menschen bereits über befallene Gegenstände (und nicht notwendigerweise über befallene Nahrung) einen Bandwurm bekommen können.

»Sind Bandwürmer denn in China immer noch ein Problem?«, fragte ich.

»Nein, jetzt nicht mehr«, sagte Wang. »Aber als wir Kinder waren. Ich glaube, es hatte damit zu tun, dass wir unser Gemüse mit Kot düngten. Heutzutage meint man, das sei nicht sauber, aber das Gemüse hat wirklich besser geschmeckt. Gurken schmecken heutzutage doch gar nicht mehr nach Gurke, weil nur noch chemische Düngemittel verwendet werden.«

Ich lernte die Fachausdrücke für die verschiedenen Teile vom Schwein, Rind und Lamm auswendig. Ich musste wissen, welche Teile fetthaltig waren und welche mager, welche zart waren und welche zäh, welche sehnig und welche nicht, welche viel Fleisch abgaben und welche viel Knochen. Ich lernte, welche Fleischteile sich am besten für Maultaschenfüllungen eigneten, welche für süß-saures Schweinefleisch und welche für die Herstellung von Brühe. In China unterteilt man ein Schwein in sechzehn Stücke – hierzu zählen auch der Schwanz, der Hals, der Kopf und verschiedene Teile des Hinterns, natürlich jedes mit einem eigenen Namen.

Frage Nr. 162 in einer der Probeprüfungen lautete:

> Das Aufschichten in mehreren Lagen wird bei Gerichten angewandt, deren Zutaten keine Knochen enthalten, die ___________oder knusprig sind.
>
> a) weich
> b) sehr weich
> c) renxing
> d) hart

Ich schlug *renxing* in meinem Wörterbuch nach. Es bedeutet: biegsam, aber stark, zäh.

»Aha«, sagte ich. »Menschen können auch *renxing* sein.«

Vorsitzende Wang gefiel mein Beispielsatz. »Ganz genau!

Wir können drei Tage hungern und trotzdem weiterleben. Menschen sind zäh. Wir können extrem harte Zeiten durchmachen und überleben.«

Der schriftliche Teil der Kochprüfung würde zeigen, wie *renxing* ich wirklich war. Er bestand aus hundert Fragen – ich musste jedoch nur sechzig davon richtig beantworten, um zu bestehen. Bei achtzig Fragen wurden vier mögliche Antworten vorgegeben, beim Rest drehte es sich nur um »falsch« oder »richtig«. Die Richtig-oder-falsch-Fragen waren kniffliger, als man meinen konnte. Vorsitzende Wang riet mir, einfach bei allen Richtig-oder-falsch-Fragen »falsch« anzukreuzen, um Zeit zu sparen. Ihrer Erfahrung nach war »falsch« häufiger die richtige Antwort. Und dann konnte ich mich auf die achtzig verbleibenden Fragen konzentrieren.

Offenbar stand mir die Mutlosigkeit ins Gesicht geschrieben.

»Jetzt machen Sie sich mal keine Sorgen! Ist ja nicht so, als würden Sie die Hochschulzulassungsprüfung ablegen wollen. Hauptsache, Sie erscheinen überhaupt zu der Prüfung.« Sie nahm eine selbstbewusste Haltung ein und klemmte sich lässig die Lehrbücher unter den Arm. »Natürlich nicht zu offensichtlich. Ein bisschen verstecken sollten Sie sie schon, damit sie Ihnen keiner von den anderen Prüflingen wegnimmt. Und während der Prüfung lassen Sie die Bücher einfach auf dem Boden oder auf Ihrem Schoß liegen.«

Es dauerte einen Moment, bis ich begriff, was sie mir da riet. Das konnte doch nicht ihr Ernst sein!

Doch sie skizzierte weiter das Szenario wie ein Bankräuber, der einen Beutezug plant: »Sie haben neunzig Minuten Zeit. Nach einer halben Stunde verlässt der Aufsichtsbeamte vom Arbeitsministerium den Raum und wird von zwei Lehrern abgelöst. Normalerweise ist einer der Lehrer von unserer Schule. Wenn die beiden plaudern, können Sie in Ruhe schummeln. Ich würde sagen, acht von zehn Lehrern lassen die Prüflinge abschreiben.«

Als sie meinen überraschten Blick sah, fügte sie hinzu: »Nicht, dass Spicken an sich in Ordnung wäre.« Aber die Schüler hätten nun mal in der Ellenbogengesellschaft des heutigen China keine andere Wahl, wenn sie weiterkommen wollten. Sie konnten es sich nicht leisten durchzufallen: Die Prüfungsgebühr betrug immerhin vierzig Dollar, bei einer Wiederholungsprüfung würden noch einmal zwölf Dollar fällig.

»Einige Schüler haben nie eine richtige Ausbildung genossen, darum sind sie im Grunde gezwungen, sich irgendwie durchzumogeln«, erklärte Wang. »Manche stammen aus bettelarmen Dörfern. Manche haben sogar noch in Höhlen gewohnt. Und manche haben einfach nicht genug Grips. Darum lassen wir sie abschreiben.«

Peking sei früher das Gelobte Land für Wanderarbeiter gewesen, fuhr Wang fort. »Anfang der Neunziger konnten Wanderarbeiter hier eine Menge Geld verdienen. Aber das hat sich geändert. Jetzt, wo sich alles irgendwie stabilisiert hat, bieten sich nicht mehr so viele Gelegenheiten. Es gelingt nicht jedem, eine Schale Reis zu finden. Heutzutage ist jeder ein Hühnerkopf und kaum noch einer ein Phönixschwanz.« Eine Schale Reis ist in China die Metapher für eine feste Arbeit, ein gesichertes Einkommen. Ein Hühnerkopf ist natürlich etwas Gewöhnliches, während ein Phönixschwanz ungemein selten und wertvoll ist.

»Einige der Schüler sind entlassene Arbeiter«, erklärte sie weiter. »Einige haben ihr ganzes Leben nichts anderes gemacht, als in einer Fabrik Ärmel anzunähen. Aber dann wurde ihre Fabrik geschlossen oder in den Süden verlegt. Darum bezahlt der Staat für ihre Umschulung. Sie sollen hier etwas Neues lernen, mit dem sie sich hinterher über Wasser halten können.«

Entlassene Arbeiter konnten sich aus einer Reihe von berufsbildenden Schulen die aussuchen, die ihnen am ehesten zusagte. Es gab alles – von Automechanik über Floristik bis hin zu Massage.

Wir wandten uns wieder den Vorbereitungsbögen zu. Ich beantwortete eine Frage nach der anderen falsch.

»Meinen Sie, ich habe überhaupt eine Chance, zu bestehen?«, fragte ich.

Wang dachte einen Moment nach. »Wie wär's, wenn Sie einen Strohmann anheuern? Sie gehen einfach zur Verwaltung und erzählen denen, dass Sie extrem viel arbeiten und dass Sie sich entlasten möchten, indem jemand anders für Sie die Prüfung ablegt.« Ich sollte also einen Profi engagieren. Korruption ist in Chinas Prüfungsindustrie so verbreitet, dass es ein Leichtes ist, so einen Strohmann zu finden.

Ich legte Wangs Vorschlag als ein ziemlich umständliches Nein aus. Ihrer Meinung nach hatte ich also nicht die geringste Chance, die Prüfung aus eigener Kraft zu bestehen …

Ich war wie besessen davon, endlich den perfekten Kreis hinzubekommen. Ich rollte das Nudelholz immer wieder über den Teig, doch meine Teigfladen für Maultaschen sahen aus wie Herzen, wie Australien oder wie diese Tintenkleckse, die einem beim Psychologen vorgelegt werden. Aber ein Kreis war mir noch nicht gelungen.

Ich war bei den Wangs, wo ich eine Lernpause einlegte und mich darin übte, Maultaschen zu machen. Dazu musste ich erst einmal lernen, die Teigfladen richtig hinzubekommen. Gekaufte Tiefkühlfladen kamen nämlich laut Wang nicht in Frage. Sie fing damit an, in einem großen Blechnapf Mehl mit Wasser zu vermischen.

Ich fragte, wie viel Wasser.

»Weiß ich nicht. Sie haben doch schon mal Nudeln gemacht,

oder? Gut, hierfür brauchen Sie mehr Wasser als für Nudelteig. Maultaschenteig ist weicher.«

Die Sonne ging unter, und da es in der Küche der Wangs keinen Strom gab, wurde es von Minute zu Minute schwieriger zu sehen, was wir eigentlich machten. Dann, endlich, als es fast stockdunkel war, kam Herr Wang mit der Glühbirne. Er wickelte das Kabel um einen Nagel in der Wand, den Strom bezog die Birne aus einer Steckdose im Flur. Die Glühbirne hing schlaff am Nagel und warf schwache Schatten in den kleinen Raum.

Vorsitzende Wang rollte einen Fladen und hielt ihn dann vor die Glühbirne. »Sehen Sie? Der ist richtig gut, weil keine dunklen Flecken zu sehen sind.« Das Licht fiel sanft durch den Teig wie durch einen Lampenschirm.

Die Wangs machten ein bis zwei Mal pro Woche chinesische Maultaschen. Eine Ladung Maultaschen reichte für mindestens zwei Mahlzeiten. »Von Maultaschen wird man richtig satt. Von Reis werde ich jedenfalls nicht satt«, sagte Herr Wang. »Wenn ich Reis gegessen habe, bekomme ich wenige Stunden später schon wieder Hunger.«

»Ich mache gerne Maultaschen – das ist nicht so arbeitsintensiv wie normales Kochen«, sagte Vorsitzende Wang. Da konnte ich ihr allerdings nicht ganz folgen: Teig kneten, Teig ausrollen, Füllung zubereiten, Maultaschen formen …

»Aber wäre es denn nicht viel einfacher, Maultaschen im Restaurant zu essen?«, fragte ich.

»Doch. Aber die sind nicht so lecker«, gestand Vorsitzende Wang. »Selbstgemachte Maultaschen schmecken einfach am besten.«

Ich sah ihr zu, wie sie Sojasoße in eine große Schüssel voller Schweinehack gab.

»Wie viel Sojasoße muss da rein?«, fragte ich.

»Kommt drauf an«, sagte sie. »Wenn man einen kräftigen Geschmack will, muss mehr dran. Wenn man den Sojasoßengeschmack nicht so gerne mag, tut man weniger dran. Aber als Faustregel gilt, dass die Mischung niemals schwarz werden darf. Dann wäre es eindeutig zu viel Sojasoße.«

Sie gab ein wenig Hühnerbrühe dazu und dann eine ordentliche Portion getrocknete Garnelen. Immer, wenn ich die Vorsitzende um eine Mengenangabe bat, um sie mir zu notieren, fiel ihre Antwort so vage aus.

»Das ist eben von Mensch zu Mensch verschieden. Es ist nun mal eine reine Geschmackssache«, war ihre Begründung.

Die einzige Zutat, mit der sie ein bisschen genauer umging, war Wasser: »Es kommt darauf an, wie viel Fleisch man verwendet. Die Fleischmischung muss schön elastisch werden.« Sie goss zunächst etwa eine halbe Reisschale Wasser in die Schüssel und später noch ein paar Tröpfchen. Immer, wenn sie mehr Flüssigkeit zuführte, rührte sie die Fleischmischung energisch mit ihren Stäbchen.

## TEIGFLADEN FÜR MAULTASCHEN (JIAOZI PI)

*(ergibt ca. 80 Fladen)*

400 g Mehl
450 ml Wasser

In einer großen Schüssel das Mehl mit 240 ml Wasser vermischen und dann mit den Händen verkneten. Langsam immer mehr Wasser zugeben (jeweils ca. 60 ml) und den Teig kräftig weiterkneten. Das Wasser muss immer ganz vom Teig aufgenommen worden sein, bevor neues Wasser hinzukommt. Wenn der Teig elastisch und weich und gleichzeitig weder zu trocken noch zu klebrig ist, mit dem Kneten auf-

hören. Den Teigklumpen aus der Schüssel nehmen, auf eine saubere Oberfläche legen und dort weitere 3-5 Minuten kneten. Mit einem feuchten Geschirrtuch bedecken und mindestens 10 Minuten ruhen lassen.
Den Teigklumpen in drei Teile schneiden. Jeden Teil zu einer langen Rolle von etwa 2 cm Durchmesser formen, dann in 2,5 cm lange Stücke zerschneiden. Die Teigstücke mit Mehl bestäuben und auf der Arbeitsfläche zu Kugeln rollen. Jede Kugel mit der Mitte der Handfläche platt drücken. Fladen und Arbeitsfläche mit Mehl bestäuben.
Einen Fladen nach dem anderen mit einem Nudelholz flach rollen. Hierzu in der Mitte des Fladens ansetzen und nach außen rollen, dann wieder zurück zur Mitte rollen. Den Teigfladen ein paar Grad drehen und das Rollen wiederholen. Diese Vorgehensweise fortsetzen, bis der Fladen einmal um 360° gedreht wurde. Der fertige Fladen sollte ganz flach und rund und ein bisschen größer als eine Handfläche sein. Die ersten Fladen werden sicher noch nicht kreisrund werden – aber in etwa ab dem zwanzigsten Versuch sollte etwas zumindest Kreisähnliches dabei herauskommen.
Die fertigen Fladen übereinanderstapeln und mit einem nassen Geschirrtuch abdecken, damit sie nicht austrocknen, bis alle Fladen gerollt sind. Dann sofort weiterverarbeiten.

## MIT SCHWEINEFLEISCH, FENCHEL UND SHIITAKE-PILZEN GEFÜLLTE MAULTASCHEN (ZHUROU HUIXIANG XIANGGU JIAOZI)

3 Eier
1–2 TL Öl
350 g feines Schweinehack (zwei Mal durch den

Fleischwolf gedreht)
120 ml Wasser
80 ml Sojasoße
1/2 TL Salz
1 EL Sesamöl
2 Knoblauchzehen
1 Stück Ingwer (ca. 3 cm)
1 Stück Lauch (ca. 2 cm)
1 Fenchelknolle
100 g Chinakohl
4 Shiitakepilze
80 Teigfladen für Maultaschen (siehe Rezept auf S. 80)

FÜLLUNG:
Knoblauch, Ingwer und Lauch fein hacken. Fenchel und Pilze klein würfeln. Chinakohl in schmale Streifen schneiden. Zwei Eier schlagen und im Wok oder einem kleinen Topf zu Rührei braten. Beiseitestellen. Das Schweinehack und das Wasser mit einem Paar Stäbchen oder einer Gabel kräftig in einer großen Schüssel mischen. Fünfzig Mal in die gleiche Richtung rühren. Das Hackfleisch soll eine teigähnliche Konsistenz bekommen. Das dritte Ei hineinschlagen und weitere zwanzig bis dreißig Mal rühren. Sojasoße, Salz und Sesamöl hinzugeben und wieder rühren. Knoblauch, Ingwer und Lauch zugeben und wieder kräftig rühren. Fenchel, Kohl, Pilze und zerkleinertes Rührei dazugeben und wieder gut mischen.

FORMEN DER MAULTASCHEN
Einen Maultaschenfladen auf die Handfläche legen. Einen Klecks der Füllung in der Mitte des Fladens plazieren. Den Fladen hälftig falten und die Teighälften in der Mitte des Halbrunds zusammendrücken. An einer Spitze beginnend

die Kanten kräuseln und zusammendrücken, bis die Füllung ganz eingeschlossen ist und die Maultasche die Form eines Halbmondes hat.

GAREN DER MAULTASCHEN
Während des Formens der Maultaschen einen großen Topf mit Wasser füllen und bei starker Hitze zum Kochen bringen. Jeweils 20 Maultaschen auf einmal ins kochende Wasser geben, warten, bis es wieder kocht, dann die Maultaschen drei Minuten kochen und herausnehmen. Sofort servieren!

Ich produzierte einen Fladen nach dem anderen, wild entschlossen, es endlich richtig zu machen. Das Ausrollen des Teiges wurde für mich zum Sinnbild für das Streben nach Perfektion, nach der genau richtigen Anzahl von Rollbewegungen mit dem exakt richtigen Druck. Ich konnte gar nicht mehr aufhören, ich war wie besessen. Je dünner der Teig wurde, desto mehr fühlte er sich wie weiches Leder an. Die Vorsitzende schnappte sich die von mir ausgerollten Fladen und formte binnen Sekunden Maultaschen daraus. Dann plauderte sie fröhlich auf mich ein, während ich nur mit halbem Ohr zuhörte und mich darauf konzentrierte, wieder einen einigermaßen akzeptablen Fladen auszurollen.

In der Schule war Vorsitzende Wang ziemlich zurückhaltend. Den größten Teil des praktischen Kochunterrichts über zog sie sich in das Hinterzimmer zurück, setzte sich an den Schreibtisch und las Romane. Sie war zu den Schülern zwar stets höflich und zuvorkommend, aber auch sehr förmlich. Zu Hause war sie deutlich entspannter. Da machte sie die Tür schon mal in ihren langen Lammwollunterhosen auf. Sie lächelte viel mehr und zeigte dabei ihre perfekten weißen

Zähne. Sie schimpfte über die korrupte Regierung. Sie tratschte über die anderen Lehrer an der Schule. Und nach und nach redete sie auch mehr über sich selbst.

Während wir die Maultaschen machten, erwähnte sie, dass sie vor kurzem sechzig geworden sei.

»Ach, hätte ich das doch bloß gewusst, dann hätte ich Sie eingeladen und wäre mit Ihnen essen gegangen«, sagte ich.

»Ich gehöre nicht zu denen, die ihre Geburtstage feiern. Aber ich habe mir ein Paar Ohrringe gekauft. Wollen Sie sie mal sehen?«

Sie verschwand im Schlafzimmer und kam mit einem Paar goldener Stecker wieder. Doch statt sie sich durch die Ohrläppchen zu stecken, hielt sie sie in der Hand und spielte mit ihnen.

»Ich mache mir nicht viel aus Geburtstagen«, sagte sie. »Ich will gar nicht so furchtbar alt werden. Seien wir doch mal ehrlich: Mit alten Leuten will doch niemand etwas zu tun haben.«

»Aber ist es denn nicht Teil der chinesischen Tradition, die Alten mit Respekt zu behandeln?«

»Ach, daran glauben die Leute doch nicht wirklich. Tatsache ist, dass niemand es mag, wenn die Menschen alt werden und einem zur Last fallen. Die Alten mögen es selbst nicht. Und niemand mag die Alten.«

Die Vorsitzende hatte oft pessimistische Ansichten, war schicksalsergeben. So glaubte sie zum Beispiel, dass die Gesellschaft immer mehr verkomme, je mehr China sich wirtschaftlich entwickele. Sie konnte sich jedenfalls nicht erinnern, dass in den 1950er Jahren jemand auf den Bürgersteig gespuckt hätte. Und vor den Wirtschaftsreformen standen die Leute im Bus noch auf, um ihren Platz einem älteren Menschen zu überlassen.

»So lange es Korruption gibt, werden die Menschen immer weniger höflich miteinander umgehen«, behauptete sie.

Als die Maultaschen gar waren, bauten Vorsitzende Wang und ich den provisorischen Esstisch im Flur gleich vor der Küche auf. Herr Wang holte sich einen Teller Maultaschen und zog sich damit ins Schlafzimmer zurück, wo ich bald darauf den Fernseher hörte. Ich tunkte die Maultaschen in ein kleines Schälchen mit Essig und Chili, bevor ich von ihnen abbiss. Sie glichen dampfenden Teigkissen, und der Geschmack war mir durchaus bekannt – aber diese Frische! Es war, als hätte ich mein Leben lang nur Ravioli aus der Dose gegessen und dann zum ersten Mal selbstgemachte, frische Ravioli probiert. Köstlich! Ich verputzte gleich ein ganzes Dutzend davon. Vorsitzende Wang verdrückte noch ein paar mehr. Dann ging sie in die Küche und füllte ihre Schale mit »Suppe« – dem Wasser, in dem wir die Maultaschen gekocht hatten.

An der Kochschule hatten wir gerade eine Unterrichtseinheit zu Restaurantmanagement und Buchhaltung angefangen. Während des Essens rechneten die Wangs und ich daher aus, wie viel eine Maultasche eigentlich kostete. Dabei legten wir die Preise zugrunde, die die Wangs für die Zutaten bezahlt hatten. Die zweiundneunzig Maultaschen waren aus Zutaten im Wert von drei Dollar entstanden – das bedeutete, dass eine Maultasche etwa drei Cent kostete. Eine Person isst geschätzte zwanzig Maultaschen: Das war eine komplette Mahlzeit für sechzig Cent!

»Und im Restaurant bezahlt man auch nicht viel mehr dafür«, lachte Vorsitzende Wang und zuckte dann mit den Schultern. »Ich mache sie trotzdem lieber selbst. Sie schmecken einfach besser, und zu Hause ist es sauberer als im Restaurant.«

Die Wangs nahmen sämtliche Mahlzeiten zu Hause ein. Ich fragte Vorsitzende Wang, wie viel Geld sie im Schnitt für eine selbstgekochte Mahlzeit ausgaben.

»Schwer zu sagen«, antwortete sie.

»Und wie viel wenden Sie im Monat für Lebensmittel auf?«

»Weiß ich nicht. Das ist jeden Monat unterschiedlich. Wollen Sie mal sehen?«

Sie schlurfte ins Schlafzimmer und kam mit einem kleinen blauen Notizbuch in der Hand wieder. Ganz oben auf jeder Seite stand der jeweilige Monat. Darunter war in Bleistift eine Reihe von Zahlen notiert. Vorsitzende Wang hatte alle Ausgaben sorgfältig festgehalten. Das gemeinsame Einkommen der Wangs, das sich aus dem Gehalt der Vorsitzenden an der Schule und den beiden Renten zusammensetzte, betrug fast vierhundert Dollar im Monat – damit gehörten die Wangs eindeutig zur chinesischen Mittelschicht. Ihre monatlichen Haushaltskosten betrugen zwischen hundertsiebzig und dreihundertfünfzig Dollar, den Löwenanteil davon machten Lebensmittel aus. Die Wangs gaben mehr für Lebensmittel aus, als die meisten Chinesen im Monat verdienten. Darüber hinaus hatten die Wangs nur in sehr bescheidenem Umfang laufende Kosten. Sie hatten ihre Wohnung seinerzeit bar bezahlt, mussten also weder Miete noch Raten zahlen. Da Wang größer und stämmiger war als die Durchschnittschinesin, nähte sie sich ihre Kleidung selber. Bis vor kurzem hatte sie sogar ihre Schuhe selbst angefertigt. Wenn ihr Fahrrad kaputt war, reparierte sie es auch eigenhändig. Die einzigen größeren Ausgaben fielen außer für Busfahrkarten für Strom und Wasser an.

»Haben Sie schon immer so genau Buch geführt?«, fragte ich.

»Nein. Früher, als ich nur fünf Dollar im Monat verdient habe, war das nicht nötig.« Sie meinte damit: vor den Wirtschaftsreformen. »Ich habe damit während der SARS-Epidemie angefangen. Aus Langeweile. Gab ja nichts zu tun.« Die Schule war – wie so viele andere Einrichtungen auch – während der Epidemie geschlossen worden. Die Vorsitzende hatte die Tage damit verbracht, die Gänge im Supermarkt auf und ab zu gehen und sich sämtliche Waren genau anzusehen. »Ich habe damals alles Mögliche ausprobiert. Und dann dachte ich, wenn ich jetzt schon Geld zum Fenster rauswerfe, sollte ich vielleicht besser kontrollieren, wie viel ich wofür ausgebe.«

Es war noch gar nicht so lange her, da hatten die Wangs beschlossen, mit dem Sparen aufzuhören und sich ein paar größere Anschaffungen zu leisten. Sie hatten dreihundertfünfzig Dollar für eine Digitalkamera auf den Tisch gelegt, dreihundert Dollar für den neuen Kühlschrank und achthundert Dollar für eine Reise für zwei Personen nach Hainan, die chinesische Urlaubsinsel im Südchinesischen Meer.

Außerdem hatte man ihnen neulich achtzig Dollar förmlich aus der Tasche gezogen, als Mr. Wang aufgrund diffuser Schmerzen in der Seite zum Arzt gegangen war. Der skrupellose Arzt hatte wohl schnelles Geld machen wollen. Er empfahl eine ganze Reihe unnötiger Untersuchungen, darunter eine Computertomographie und ein Röntgenbild sowie einen Haufen Tabletten.

Das Gesundheitssystem sei einfach schrecklich. Wang runzelte die Stirn. Kopfschüttelnd erklärte sie, dass in China offiziell jeder krankenversichert sei, doch die Selbstbeteiligungsgrenze liege bei immerhin hundertfünfzig Dollar im Jahr. Und die Leistungen würden schon bei fünfzigtausend Dollar im Jahr gedeckelt. China sei zwar offiziell noch ein sozialistisches Land, aber das alte Sozialsystem zeige immer deutlichere Risse, und darum sei China auf dem besten Wege, kapitalistischer zu werden als die USA.

»Wenn man Krebs hat, reichen fünfzigtausend Dollar einfach nicht aus. Das heißt, wenn man wirklich schwer krank wird, kann man sich gleich hinlegen und sterben. Jedenfalls geht man besser nicht ins Krankenhaus.«

Aber ich verstand immer noch nicht, weshalb sie kein Geld

sparen oder in Aktien investieren wollte. Letzteres war in der chinesischen Mittelschicht zu einem beliebten Zeitvertreib avanciert.

»Wir haben nicht viel Geld, darum wollen wir lieber das wenige genießen, was wir haben«, erklärte sie. »Unser Sohn braucht unser Geld nicht, er wird mal die Wohnung erben. Und wir haben in unserem Leben schon genug durchgemacht. Wir haben wirklich schlimme Zeiten erlebt. Vor dem Tod meiner Schwiegermutter und meiner Eltern haben wir zu sechst in dieser Wohnung gewohnt. Manchmal konnten wir uns aber nur fünf Eier leisten. Dann habe ich verzichtet. Ich habe es einfach nicht übers Herz gebracht, eins zu essen. Ich war ja sowieso kräftiger als alle anderen.«

Die Wangs lebten also in den Tag hinein. Zumal es ihrer Meinung nach keinen Sinn machte, Geld für den Krankheitsfall zurückzulegen. Lieber fuhren sie einmal im Jahr in den Urlaub und gaben den Rest ihres Geldes auf Wochenmärkten, in den gigantischen neuen Supermärkten und bei Straßenhändlern für Lebensmittel aus.

»Manche Menschen denken da ganz anders. Die gucken mich schon mal vorwurfsvoll an und sagen, es sei Verschwendung, so viel Geld für Essen auszugeben. Die kaufen sich lieber eine Vase, weil sie die ins Regal stellen und täglich bewundern können. Sie finden das gut, weil die Vase bleibt. Aber ich liebe Essen. Ich probiere immer wieder neue Sachen aus. Ich kaufe ein, worauf ich Lust habe«, schwärmte Wang.

Sie wies auf den dunklen, schmucklosen Flur, in dem lediglich ein Regal mit Vorräten stand – darin unter anderem eine Tüte löslicher Mandeltee, ein Laib Brot und eine Packung scharfer Sichuan-Kräcker.

»Die Sachen da machen mich glücklich«, sagte sie. »Wann ist man reich? Wenn man zu essen und zu trinken hat und sich frei bewegen kann. Das ist meine Definition von Reichtum.«

# 4

Vorsitzende Wang war sechzig. Kurz vor der Machtergreifung durch die Kommunisten war sie zur Welt gekommen und hatte die von Umbruch geprägten Zeiten unter Mao von Anfang bis Ende miterlebt. Sie war also Zeugin und unmittelbar Betroffene seiner Versuche gewesen, ein kommunistisches Utopia zu schaffen – und ich brannte darauf, von ihr etwas über diese Erfahrungen zu hören. Allerdings bot sich irgendwie nie der richtige Zeitpunkt, sie darauf anzusprechen. Überhaupt sprachen nur sehr wenige Chinesen offen über die Vergangenheit. Es schien, als wagten sie nicht einmal, daran zu denken. Ich wollte Vorsitzende Wang nicht verärgern, und die ausgeprägte Förmlichkeit des Verhältnisses zwischen Lehrer und Schüler in China machte es mir noch schwerer, Fragen zu stellen. Doch je mehr Maultaschen wir zusammen formten, desto vertrauter wurden wir miteinander. Es war, als besäße diese traditionelle, gemeinschaftliche Beschäftigung eine ganz eigene Kraft, die uns von den uns zugewiesenen Rollen befreite.

Eines Tages kam Vorsitzende Wang nachmittags zu mir nach Hause. Meine Küche war nicht viel größer als die der Wangs, aber durch die Kacheln an den Wänden, die Schränke und das Deckenlicht war sie deutlich moderner. Wir standen dicht beieinander und kneteten den Teig für Kürbis-Lamm-Maultaschen direkt auf der schwarzen Arbeitsfläche. Als ich den Kürbis schnitt und sie das Hackfleisch für die Füllung mischte, wagte ich die Frage, wie das Leben während der Kulturrevolution gewesen sei.

Sie antwortete schlicht: »Wir haben an der Revolution gearbeitet.«

»Was meinen Sie damit?«, fragte ich.

Sie zuckte mit den Schultern. »Gar nichts.«

Ich formulierte meine Frage neu: »Was genau haben Sie gemacht?«

»Ich habe revolutionäre Slogans auf Transparente geschrieben«, sagte sie, gab noch etwas Wasser zum Lammhack und rührte weiter. »Ich hatte gerade den Mittelschul-Abschluss gemacht, als die Revolution ausbrach. Damals wohnte ich noch im Internat der Schule, und keiner von uns durfte da weg. Wir mussten bleiben, wo wir waren, und ›revolutionieren‹. Hätte ich mich nach Hause geschlichen, ich wäre als Konterrevolutionär gebrandmarkt worden.«

Sie richtete den Blick zum Fenster und sah in die Ferne. »Es war eine sehr dunkle Zeit. Die Menschen waren grausam! Plötzlich haben die einen Lehrer den Schülern aufgetragen, die anderen Lehrer zu verprügeln, weil sie meinten, dass diese die Revolution nicht mit genügend Eifer betrieben. An manchen Schulen sind sogar Lehrer ums Leben gekommen.«

Sie hielt im Rühren inne. Ihre sonst so freundliche Stimme, die stets gleichmütig klang, bebte. »An meiner Schule war eine Lehrerin, die aus besserem Hause stammte. Ihre Eltern waren Intellektuelle. Sie hatte gerade ein Kind zur Welt gebracht und sollte daher in der Cafeteria eigentlich besseres Essen bekommen. Als die Roten Garden das sahen, nahmen sie es zum Anlass, sie zu bestrafen. Sie haben ihr einen yinyang-Kopf geschoren. Wissen Sie, was ein yinyang-Kopf ist?«

Ich verneinte.

Ihre Stimme wurde immer schriller. »Man rasierte ihr auf die eine Hälfte des Kopfes das Yinyang-Symbol! Und sie hängten ihr ein Schild um, auf dem ihre konterrevolutionären Verbrechen aufgelistet waren. Einige der Kinder – viele davon jünger als ich – wechselten sich damit ab, sie mit einem Gürtel zu schlagen. Sie stellten sie wiederholt an den Pranger.« Vorsitzende Wang sprach jetzt nicht mehr, sie schrie förmlich. In ihr sonst so ausdrucksloses Gesicht gruben sich tiefe Furchen, so aufgewühlt war sie. Ich war unsicher, wie ich reagieren sollte, und hörte auf, den Kürbis zu schneiden. Beunruhigt überlegte ich, was wohl wäre, wenn die Nachbarn sie hören konnten? Mein Verstand sagte mir natürlich, dass die Vorsitzende nichts zu befürchten hatte, wenn sie sich in meinen vier Wänden privat äußerte. Und doch litt selbst ich bereits an dieser milden Form von Paranoia, mit der das Leben in einem autoritären Staat einen unwillkürlich infizierte – auch wenn der autoritäre Staat Reformen durchführte, sich veränderte. War man erst einmal davon befallen, traute man sich nicht mehr an heikle Themen heran, so sehr hielt einen die Angst in Schach.

Doch Vorsitzende Wang war nicht mehr zu halten. »Ich hätte Mitglied der Roten Garden werden können, wenn ich gewollt hätte«, sagte sie. »Meine Herkunft passte ihnen gut. Aber ich konnte einfach nicht tun, was die anderen taten. Ich habe also versucht, mich ruhig zu verhalten. Wenn alle einen Schritt nach rechts gingen, ging ich auch einen Schritt nach rechts. Wenn alle einen Schritt nach links gingen, tat ich das auch. Ich wollte Ärztin werden. Ich hatte bereits einen Studienplatz ergattert und hätte im folgenden Jahr mit dem Studium beginnen sollen. Doch dann kam die Revolution, und sämtliche Schulen und Universitäten wurden geschlossen. Damit hatte sich das Thema Studium für mich erledigt.«

Ernüchtert fuhr sie fort: »China hat zwei Generationen verloren. Die Menschen der Generation vor mir wurden verfolgt, soweit sie Wissenschaftler oder Intellektuelle waren. Und meine Generation hat gar nicht erst eine ordentliche Ausbildung machen dürfen.«

Vorsitzende Wang gehörte eigentlich zu den Menschen,

die von Maos Reformen hätten profitieren sollen. Sie stammte aus einer nicht-intellektuellen Familie, die keinerlei Verbindung zur früheren nationalistischen Regierung gehabt hatte. Ihre Eltern waren Arbeiter gewesen, gehörten also der »richtigen« Klasse an, der die Kommunisten ja eigentlich helfen wollten. Doch statt heute als Ärztin zu praktizieren, verrichtete sie in einer heruntergekommenen Kochschule jene niederen Arbeiten, für die selbst die Köche sich zu schade waren.

Ich hätte mir gewünscht, dass sie weitererzählte, aber wir waren wohl beide zu aufgewühlt. Ein ausgesprochen chinesischer Instinkt in mir setzte sich durch. Statt weitere Fragen zu stellen, sagte ich: »Na, dann wollen wir mal den Kürbis raspeln.«

## MAULTASCHEN-FÜLLUNG AUS LAMM UND KÜRBIS (YANGROU NANGUA JIAOZI)

300 g feines Lammhack (zwei Mal durch den Fleischwolf gedreht)
120 ml Wasser
80 ml Sojasoße
1 Ei
1/2 TL Salz
1 EL Sesamöl
1 Knoblauchzehe
2 cm Lauch
1 cm Ingwer
ca. 300 g Kürbis (Butternuss- oder Hokkaido-Kürbis, Dickinson-Feldkürbis)

Knoblauch, Lauch und Ingwer fein hacken. Den Kürbis schälen und das Fleisch reiben.
Lammfleisch und Wasser in einer Schüssel vermengen – dazu mit einer Gabel oder mit den Stäbchen fünfzig Mal in die gleiche Richtung rühren. Sojasoße dazugeben und weitere fünfzig Mal rühren. Ei, Salz, Sesamöl, Knoblauch, Lauch und Ingwer unterrühren. Zuletzt den Kürbis hinzugeben und noch zehn Mal rühren. Wie im Rezept auf S. 82 beschrieben die Maultaschen damit füllen und garen.

An jenem Tag in meiner Küche sprachen wir nicht mehr über die Vergangenheit, aber das sollte sich nur als eine Pause herausstellen. Als wir uns das nächste Mal trafen, knüpfte Vorsitzende Wang genau da an, wo sie zuvor stehengeblieben war, und von da an gab es kein Halten mehr. Ich konnte nicht aufhören, Fragen zu stellen, und sie konnte nicht aufhören, sich zu erinnern. Es war, als hätte eine Staumauer einen Riss bekommen – einen Riss, der nicht gekittet werden konnte. Ihre Geschichte sickerte hervor, ein Erlebnis nach dem anderen, jedes Mal, wenn wir uns zum Kochen oder Lernen trafen.

Der Winter neigte sich dem Ende zu, es wurde Frühling, und die Temperatur im Hausflur der Wangs war nun im Mai fast erträglich. In wenigen Tagen sollte das Drachenboot-Festival stattfinden, das traditionell am fünften Tag des fünften Monats des chinesischen Kalenders gefeiert wurde. Als ich bei den Wangs klopfte, machte mir die Vorsitzende in dünner Hose und mit BH auf. So einen BH hatte ich noch nie gesehen. Er war eine wenig zierliche Mischung aus einer Weste und einem Mieder, mit schulterbreiten Trägern und einer Knopfreihe vorne zwischen den Brüsten. Mir war bis dahin noch nie aufgefallen, dass Wang eine so üppige Oberweite hatte.

»Ni hao«, begrüßte sie mich und schloss die Tür hinter mir.

Wir stellten uns in die Küche und machten zongzi, ein traditionelles Drachenboot-Gericht. Wir formten Schilfblätter zu Kegeln, füllten sie mit Klebreis und Rosinen, falteten die Blattspitzen noch einmal, um den Kegel zu schließen, und banden die Päckchen dann mit Bindfaden zusammen wie kleine Geschenke. Zum Schluss baumelten Dutzende kleiner grüner Pakete, die sich der Form nach zwischen einem Kegel und einer Pyramide bewegten, an Bindfäden in der Küche. Die Vorsitzende füllte einen Wok mit Wasser, öffnete das Ventil an der Gasflasche und entzündete den Gasherd.

Beim Drachenboot-Fest gedenken die Chinesen eines Gelehrten aus dem Altertum. Dieser Qu Yuan war ein aufrichtiger Mann. Er war von korrupten Beamten der Qing-Dynastie verfolgt worden und beging schließlich Selbstmord, indem er von einer Brücke sprang und ertrank. Um die Fische davon abzuhalten, sich an Qus Leichnam gütlich zu tun, warfen die Dorfbewohner ihnen Reis als Futter ins Wasser. Der Reis wurde in der späteren Tradition durch Reisklöße ersetzt, da diese leichter ins Wasser zu werfen waren. Und irgendwann fingen die Reiswerfer an, die zongzi selbst zu essen.

»Werfen die Menschen am Drachenboot-Fest denn auch heute noch zongzi ins Wasser?«, fragte ich.

»Nein, der Gelehrte ist bereits seit zweitausend Jahren tot.«

»Ich meine doch nur symbolisch. Aus Spaß.«

Sie musterte mich aus zusammengekniffenen Augen. »Warum sollte jemand etwas so Leckeres wie zongzi aus Spaß wegwerfen?«

Nachdem wir die Reispäckchen ins kochende Wasser gegeben hatten, fragte Vorsitzende Wang mich, ob sie mir etwas aus der Vergangenheit zeigen sollte. Sie ging in das Zimmer ihres Sohnes, durchwühlte einen Schrank voller Gerümpel und holte ein Mobile in Regenbogenfarben heraus. An den Fäden hingen gewundene Pyramiden, die aussahen wie zongzi.

»Das habe ich noch in der Schule gemacht«, erzählte sie und hielt das Mobile hoch. »Als wir nicht viel anderes zu tun hatten.«

Wangs Vater hatte als junger Mann auf einem englischen Schiff gearbeitet, das zwischen Asien und Europa verkehrte. »Ich weiß noch, wie er mir über Städte wie Marseille erzählt hat«, sagte die Vorsitzende. »Er hat fließend Englisch gesprochen, aber lesen konnte er kein Wort.«

Nachdem ihr Vater geheiratet hatte, war er Fahrradmechaniker geworden, Wangs Mutter blieb Hausfrau. Wangs Mutter war 1912 zur Welt gekommen, ein Jahr nach dem Sturz der Qing-Dynastie. Die jahrtausendealte Herrschaft der Kaiser war beendet. Nun mussten Frauen sich nicht mehr die Füße einbinden oder sich als Konkubinen verdingen. An eine geregelte Ausbildung für eine Frau war jedoch nicht zu denken. »Meine Mutter konnte nicht lesen. Nach der Befreiung führte Mao eine sogenannte ›Kampagne zur Beseitigung des Analphabetismus‹ ein. Die Leute kamen zu den Analphabeten nach Hause und brachten Frauen wie meiner Mutter bei, ihren Namen zu schreiben und einige grundlegende Zeichen zu lesen.« Das sei eine von Maos guten Taten gewesen, fügte Wang hinzu.

Wangs Mutter brachte als Erstes einen Jungen zur Welt und einige Jahre später Wang selbst. Im Gespräch erinnerte Wang sich an etwas, womit sie sich als Kinder während der Kampagne des »Großen Sprungs nach vorn« oft die Zeit vertrieben hatten: Es nannte sich »Eisen und Stahl suchen«. In den späten 1950er Jahren hatte der Große Vorsitzende eine Steigerung der chinesischen Stahlproduktion angeordnet, zu der die gesamte Bevölkerung ihren Beitrag leisten sollte. Also durchkämmten Wang und ihre Mitschüler nach der Schule die unbefestigten Straßen der Gegend auf der Suche nach rostigen Nägeln und Stahlteilen. »Wer am meisten Stahl und Eisen gefunden hatte, wurde von den Lehrern über den grünen Klee gelobt – und das war uns Ansporn genug, um am nächsten Tag wieder loszuziehen und noch mehr zu suchen.« Eisenwoks wurden konfisziert und eingeschmolzen – die Menschen wurden zum Essen in Gemeinschaftskantinen geschickt. Diese Kantinen hielten sich in Peking nur ein bis zwei Wochen, erzählte Wang, und trotzdem ging der Wahnsinn mit der Eisensammelei weiter. Mitten auf dem Schulgelände grub man sogar eine riesige Grube, um eventuell vorhandenes Eisen zu schürfen. Es wurde nicht viel Eisen in dieser Grube gefunden, aber die Schulkinder hatten einen Riesenspaß dabei, in ihr herumzutoben.

»Wir hatten keine richtigen Spielsachen«, erzählte Wang. »Wir hatten Gummibänder. Wir haben aus den Gelenkknochen von Schafen Würfel gemacht. Und wir haben uns aus Papier Spielzeug gebastelt.«

Wang erinnerte sich auch daran, wie sie auf den Pekinger Stadtmauern gespielt hatten. »Die Stadtmauern markierten die Grenzen der Stadt. Da haben immer die Opiumsüchtigen herumgelungert.«

Wang zeigte mir Bilder von sich als junges Mädchen: Sie trug eine dicke Brille, die Haare in zwei Zöpfen und eine wattierte Jacke. Es überraschte mich, sie so rund und wohlgenährt zu sehen, nachdem ich so viel über den Hunger im China der frühen 1960er Jahre gehört hatte. Wang erklärte, Peking habe von der Hungertragödie so gut wie nichts mitbekommen, die Hauptstadt sei bevorzugt versorgt worden.

»Ich hatte Glück. Unsere Familie hatte nie Schwierigkeiten, Essen zu organisieren«, sagte sie und räumte ein, dass sie damit eher die Ausnahme gewesen waren. Das Problem sei nicht die Menge, sondern die Qualität der Nahrung gewesen. In ihrer Jugend habe es reichlich Nudeln und Gemüse gegeben, aber Fleisch sei ein Luxusgut gewesen.

Den offiziellen Beginn der Kulturrevolution hatte Mao 1966 mit einer Reihe von Demonstrationen auf dem Tiananmen, dem Platz des Himmlischen Friedens, eingeläutet. Wang hatte sich unter die Hunderttausenden von Studenten gemischt, die bei jenen Kundgebungen mit ihrem persönlichen Exemplar der Mao-Bibel gewinkt hatten.

»Ich war damals neunzehn. Ich war richtig aufgeregt, aber später ging mir dann auf, dass die Aufregung nicht aus mir heraus kam, sondern dass mich die Massen damit angesteckt hatten«, sagte sie. »Alle um mich herum waren so bewegt, dass ich es am Ende auch war.«

Obwohl Wang es geschafft hatte, sich von den brutalen Übergriffen der Rotgardisten fernzuhalten, so war sie doch gezwungen gewesen, mit dem nötigen revolutionären Eifer an gewissen Veranstaltungen teilzunehmen. Westliche Tänze waren generell verboten gewesen, aber eine Zeitlang waren drei Mal täglich vor den Mahlzeiten revolutionäre Tänze geübt worden. Wang machte sie mir eines Tages nach dem Essen in meiner Wohnung vor: Sie tat, als hielte sie eine Mao-Bibel in der einen Hand, und schwang Arme und Beine in ruckartigen, roboterähnlichen Bewegungen herum. Sie versuchte, dabei keine Miene zu verziehen, brach dann aber in schallendes Gelächter aus.

»Ich hätte nie gedacht, dass ich mal über unsere Geschichte lachen können würde«, sagte Vorsitzende Wang. »Damals fanden wir das alles jedenfalls gar nicht witzig, obwohl es ja vollkommen absurd war. Wir waren wie die Roboter.« Sie verbesserte sich: »Nein, eigentlich war es schlicht wie in einem Tollhaus.«

Im Sommer 1967, als China im totalen Chaos versank, reiste Vorsitzende Wang mit anderen Rotgardisten durch China – um die Kulturrevolution in den entlegensten Winkeln Chinas voranzutreiben. Die Regierung hatte verfügt, dass Studenten gratis mit dem Zug fahren durften. Vorsitzende Wang und ihre drei besten Freundinnen waren weniger am eigentlichen Missionieren interessiert als vielmehr an der kostenlosen Zugfahrt. Also machten sie sich auf den Weg zum Bahnhof.

»Man ging an den Schalter und bat um eine Fahrkarte zu irgendeinem Ort. Wenn es dorthin keine Karten mehr gab, bat man einfach um Fahrkarten zu einem anderen Ziel.« So fuhren sie zu einigen Städten westlich von Peking, unter anderem nach Xi'an, der ersten Hauptstadt des Kaiserreiches, wo sieben Jahre später die Terrakotta-Armee entdeckt werden sollte. Wenn ein Zug im Bahnhof hielt, kletterten die Studenten durch die Fenster hinein und hinaus, so voll waren die Waggons. »Wenn man einen Stehplatz hatte und nur kurz den einen Fuß hob, war im nächsten Moment kein Platz mehr, um den Fuß wieder abzustellen.« Nach einigen Wochen ließ der Spaß nach. In keinem der Züge zurück nach Peking war mehr Platz, und eins der Mädchen war krank geworden. Schließlich fanden die Freundinnen einen Beamten, der ihnen half, einen Brief zu fälschen, mit dem sie einen Platz nach Peking ergatterten.

Nach zwei Jahren des totalen Chaos beendete Mao die Bewegung. Die meisten Schulen blieben aber immer noch geschlossen, und Millionen von jungen Städtern – unter ihnen Wang – wurden aufs Land geschickt, um zusammen mit den Bauern körperliche Arbeit zu verrichten. Die Studenten durften immerhin einen Wunsch äußern, wohin sie geschickt werden wollten. Vorsitzende Wang wollte nicht nach Norden in die Mandschurei, weil es ihr da zu kalt war. Pferde und Schafe hüten in der Inneren Mongolei sprach sie auch nicht so an. Yunnan im äußersten Südwesten Chinas war mehrere Tagesreisen von Peking entfernt, darum beschloss sie, sich einer Zugladung junger Menschen nach Shanxi anzuschließen, einer armen Provinz westlich von Peking. Ich staunte, wie wohlwollend sie von jener Zeit redete, in der sie auf dem Feld geschuftet hatte – es klang fast, als habe es sich dabei um eine Art ausgedehntes Sommerlager gehandelt.

»Wir waren dreißig Leute in meiner Produktionsbrigade, und die Einheimischen bauten uns zwei Häuserreihen. Wir teilten uns jeweils zu dritt ein Zimmer. Wir pflanzten Weizen, Gerste, Baumwolle, Hirse und Sorghum an. Der Boden in Shanxi war nicht besonders gut. Es war Lössboden, und wir waren auf einem Bergplateau, darum konnten wir keinen Reis anbauen. Damals habe ich zwei Jahre lang keinen Reis gegessen. Hirse mochte ich nicht so recht – mir wird heute noch schlecht beim bloßen Gedanken an Hirse. Wir haben sehr viel Wotou gegessen.« Wotou sind kegelförmige, gedämpfte Maisbrötchen. Jahre später dämpfte Vorsitzende Wang immer noch hin und wieder eine Portion jenes ländlichen Grundnahrungsmittels – der alten Zeiten wegen. »Unsere Mahlzeiten waren ganz schlicht«, seufzte sie sehnsüchtig.

»Aber wir hatten auch sehr viel zu tun. Wir haben immer zu zweit gearbeitet. Zuerst wurde gesät. Dann, wenn die Saat keimte, mussten wir pikieren, weil die Keimlinge manchmal zu dicht beieinanderstanden. Der eine schob die Erde mit der Hacke zur Seite, der andere bückte sich und rückte die Keimlinge zurecht. Dann schob derjenige mit der Hacke die Erde wieder zurück. Und wenn wir nicht pflanzten, schaufelten wir Gräben, bauten Kohle ab oder holten Wasser vom Brunnen. Wir haben Straßen gebaut, und wir sangen dabei die Lieder der Kulturrevolution.«

Sie gab mir eine Kostprobe:

»Der Große Mao führt uns siegreich voran,
Frühling, Sommer, Herbst und Winter …«

Sie hielt inne. »Oh. Den Rest habe ich wohl vergessen. Die Dorfbewohner waren sehr nett zu uns. Weil wir aus Peking kamen, glaubten sie, dass wir Mao persönlich kannten, und …«

Die Studenten wurden für die Arbeit nicht bezahlt – sie bekamen Arbeitspunkte. Männer bekamen zehn Punkte am Tag, Frauen acht. Einmal im Jahr, wenn alle Baumwolle, der Weizen und das andere Getreide verkauft waren, teilten die Dorfbewohner ihren Gewinn mit der Produktionsbrigade.

»Es zeigte sich, dass ein Punkt ungefähr einem fen entsprach. Ich habe also ungefähr so viel verdient, dass ich mir pro Tag eine Briefmarke leisten konnte!«

Nach dem ersten Jahr schuldete Wang ihrer Brigade zweieinhalb Dollar, weil sie mehr aß, als ihr zugestanden hätte. »Ich konnte vier Wotou am Tag essen. Ich war stärker als die meisten anderen Frauen, und ich arbeitete härter.« Im nächsten Jahr verdiente sie genug, um ihre Schulden zu begleichen und zweieinhalb Dollar übrig zu haben.

Nach zwei Jahren in der Landwirtschaft nahm einer der Arbeitsgruppenführer sie eines Tages zur Seite und bat sie, ihre Eltern und sich selbst zu beurteilen. »Ich erzählte ihm, dass mein Vater Fahrradmechaniker war. Ich sagte nicht, ob er ein guter oder schlechter Arbeiter war. Ich sagte: ›Wenn du mehr über meinen Charakter wissen willst, musst du nur meine Genossen fragen. Ich kann mich nicht selbst beurteilen.‹ Ich hatte keine Ahnung, weshalb er mir diese Fragen stellte.« Einen Monat später gratulierte ihr der Arbeitsgruppenleiter. Man würde sie zu einer nahegelegenen Kupfermine schicken, wo sie bei einem Ingenieur in die Lehre gehen sollte. Wang freute sich, sie hatte die körperliche Arbeit satt. Andere Mitglieder ihrer Brigade wurden auch fortdelegiert – manche zu einem Kamerahersteller, andere in eine Düngerfabrik. Eine Handvoll blieb in dem Dorf, manche heirateten später einen der Ortsansässigen.

Die Kupfermine, zu der Wang geschickt wurde, hätte Ingenieure gebraucht. Doch da die Universitäten geschlossen waren, mussten neue in der Praxis ausgebildet werden. Wang verdiente während ihrer Lehrzeit zwei Dollar im Monat. Im Jahr darauf wurde sie befördert und bekam eine Vollzeitstelle als Ingenieurin mit einem Gehalt von fünf Dollar im Monat.

»Ich habe in dem einen Jahr alles gelernt. Meine Aufgabe bestand darin, in dem Kraftwerk, das die Mine mit Strom versorgte, die Filteranlagen zu überwachen. Die Kohle kam auf Transportbändern an und wurde im Kraftwerk in Strom umgewandelt. Ich musste dafür sorgen, dass die Stromversorgung stabil blieb. Wir mussten ständig die Messgeräte überprüfen und sicherstellen, dass die Nadeln genau in die Mitte zeigten.«

Sechs Stunden am Tag hatte sie nichts anderes getan, als den Blick durch einen Raum voller Messuhren schweifen zu lassen. »Wenn die Nadeln plötzlich ausschlugen, mussten wir die Qualität der Kohle prüfen und die Geräte entsprechend justieren. Das war ziemlich stressig. Hätte etwas nicht richtig funktioniert, wären sämtliche Maschinen in der Mine zum Stillstand gekommen. Die Minenarbeiter hätten kein Licht mehr gehabt. Das hätte lebensgefährlich werden können.«

Wang hatte damals im Kraftwerk eine Assistentin, eine junge Frau aus der Nähe von Peking. Sie war jedoch schwanger geworden.

»Man hatte sie oft mit einem jungen Mann aus ihrer Heimatstadt gesehen«, sagte Wang. »Wir hatten unser Zimmer aufgrund der Schichteinteilung jeweils etwa eine Stunde am Tag ganz für uns. In der Zeit muss sie schwanger geworden sein.«

Niemandem war der immer dicker werdende Bauch der Assistentin aufgefallen, weil es tiefer Winter war und alle dicke Kleidung trugen. Eines Tages, als sie gerade im Schlafraum war, setzten die Wehen ein. Sie brachte das Kind ganz allein zur Welt. »Dann hat sie es erstickt und in eine Kiste unter ihr Bett gepackt.«

Als die Leiche entdeckt wurde, diskutierten die Leiter des Werks, wie die Frau zu bestrafen sei. Doch weil ihr Vater gute Verbindungen zur Partei hatte, wurde von einer Strafe abgesehen. Allerdings wollte von da an niemand mit ihr arbeiten, ihr Ruf war ruiniert. Nur Wang hatte Mitleid mit ihr und teilte das Mädchen für ihre eigene Schicht ein.

»Sie war ja kein schlechter Mensch. Sie war jung und stand unter enormem Druck«, erklärte Vorsitzende Wang sanft. »Später hat sie den Mann dann geheiratet, und sie haben noch ein Kind bekommen.«

Kurze Zeit nachdem Vorsitzende Wang die junge Frau zu ihrer Assistentin gemacht hatte, blieb ein ungewöhnlich großes Stück Kohle im Trichter stecken. Die Assistentin versuchte, es mit einem Stock hineinzudrücken. Der Stock brach in der Mitte durch und die Maschine stand still. Wang schaffte es gerade noch rechtzeitig, sämtliche Maschinen anzuhalten. Als das Gerät repariert war, tauchte der Chef auf und erkundigte sich, was passiert sei. Vorsitzende Wang wusste, dass ihre Assistentin schon genug Ärger gehabt hatte und nahm die Schuld auf sich. Der Chef ahnte wohl, dass es in Wirklichkeit an der Assistentin gelegen hatte, trug aber der Vorsitzenden auf, eine Selbstkritik zu schreiben. Damit ließ er die Sache auf sich beruhen.

## GEDÄMPFTE MAISKUCHEN (WOTOU)

450 g Maismehl
1/2 TL Backpulver
45 g brauner Zucker
480 ml Wasser oder Milch

Maismehl, Backpulver und Zucker in eine Schüssel geben. Wasser oder Milch hinzufügen und einen glatten Teig herstellen. Etwa pingpongballgroße Portionen abteilen, zu Kegeln formen und auf einen Dampfeinsatz setzen. Etwa 20 Minuten über kochendem Wasser im Dampf garen.

Sieben Jahre nachdem man Vorsitzende Wang nach Shanxi geschickt hatte, bot sich ihr eine Möglichkeit, nach Peking zurückzukehren. Sie hatte eine offizielle Hintertür namens kuntui entdeckt: Bei familiären Schwierigkeiten bekam man nämlich die Erlaubnis, seinen Posten auf dem Lande zu verlassen.

»Meine Eltern waren alt. Mein Bruder war nicht in Peking und konnte sich daher nicht um sie kümmern«, sagte sie. »Deshalb haben sie mir gestattet zurückzukehren.«

Man versetzte sie an die Fahrradfabrik, in der ihr Vater arbeitete. Zwölf Millionen junge Menschen hatte man seinerzeit aus den Städten aufs Land geschickt, und Vorsitzende Wang gehörte zu den Ersten, die in ihre Heimatstadt zurückkehren durften.

Kurze Zeit nach ihrer Rückkehr fing Wang an, sich Gedanken über das Heiraten zu machen. Sie war Anfang dreißig.

Während der Kulturrevolution, als sie so weit weg von zu Hause war und so viel Revolutionsarbeit zu leisten hatte, war sie kaum zum Nachdenken gekommen. Doch jetzt, da sie wieder in Peking war und die Wirren der Revolution abflauten, konnte sie ihr Leben in die eigenen Hände nehmen.

Ein Mitarbeiter in der Fahrradfabrik wollte sie mit einem Mann verkuppeln, der ebenfalls Wang hieß. Er war Grundschullehrer, und Wangs Mitarbeiter war mit einem seiner Schüler verwandt. Wangs Kollege war aufrichtig und direkt: Er erzählte ihr gleich, dass der Mann nicht viel Geld habe, aber grundanständig sei. Ob sie sich mit ihm treffen wolle?

»Und, wie war dein erster Eindruck von ihm?«, fragte ich sie eines Nachmittags bei ihr zu Hause. Wang hatte den Fuß in Gips und saß auf ihrem Bett. Sie war ein paar Tage zuvor auf dem Nachhauseweg von der Arbeit auf dem frisch asphaltierten Bürgersteig direkt vor dem Haus gestolpert. Herr Wang, ihr pflichtbewusster Ehemann, war an ihrer Stelle in der Kochschule aufgetaucht, um sie zu vertreten. Jetzt brachte ich ihr eine Portion Zhajiang-Nudeln, die ich bei mir zu Hause für sie gemacht hatte.

Mr. Wang sei damals für sie hai xing gewesen, gestand sie mir, also »nicht schlecht«. Das war der gleiche Ausdruck, mit dem sie meine Kochkünste bewertete. »Liebe auf den ersten Blick war es nicht.«

Als ich bei anderer Gelegenheit einmal ihr Fotoalbum durchgesehen hatte, war mir ein Foto vom jungen, gutaussehenden Herrn Wang aufgefallen, wie er in einem Boot auf einem der Pekinger Seen saß. Und ich hatte sie gefragt, weshalb sie so unromantisch von ihm spreche.

»Weil die Zeiten unromantisch waren! Wir hatten gerade die Kulturrevolution hinter uns gebracht. Wir waren ganz normale Leute. Da war klein Platz für Romantik.«

Die Eltern von Herrn Wangs Schüler arrangierten in ihrer

eigenen Wohnung ein erstes Treffen der beiden, bei dem die Eltern, der Schüler, Herr Wang und Vorsitzende Wang alle betreten in einem Zimmer saßen. »Wir konnten ja nicht viel sagen. Er erzählte mir, dass er nicht viele familiäre Pflichten hätte. Er lebte zwar mit seiner Mutter zusammen, aber sein Vater sei bereits verstorben. Ich erzählte ihm, dass meine Eltern beide noch lebten und ich mit ihnen zusammenwohnte.«

Die Eltern des Schülers witzelten, dass die beiden schon von daher füreinander bestimmt seien, weil sie beide Wang hießen. »›Vor fünfhundert Jahren wart ihr mal eine Familie. Und jetzt solltet ihr wieder eine werden.‹«

Die beiden verabredeten sich für die kommende Woche. Sie wollten sich um halb acht abends in einem Park treffen. Vorsitzende Wang war pünktlich da, aber Herr Wang war nicht in Sicht. Sie wartete. Es war drei Minuten vor acht, als er endlich auftauchte. Sie war außer sich vor Wut, wandte sich ab und machte sich auf den Weg nach Hause. Er ging ihr nach und entschuldigte sich bei ihr. Er erklärte, ein Kind an seiner Schule habe sich verletzt, und es habe so lange gedauert, die Eltern des Schülers zu finden. Er habe natürlich bei dem Kind bleiben müssen, bis die Eltern da waren. Ob sie ihm verzeihen könne? Da es kalt geworden war, lieh er ihr seine wattierte Baumwolljacke, und sie gestattete ihm, sie nach Hause zu begleiten. Sie verabredeten sich wiederum für die folgende Woche.

»Und jetzt rate mal, was beim nächsten Mal passiert ist! Er kam schon wieder zu spät!«, echauffierte sie sich. »›Aber dieses Mal bin ich nur zehn Minuten zu spät‹, waren seine ersten Worte. ›Ich bin nun mal ein langsamer Mensch. Das ist meine größte Schwäche.‹«

Und zum Glück hatte er nicht viele Schwächen. Er war ein ruhiger und ausgeglichener Mensch, rauchte und trank nicht. Abgesehen von seiner Unpünktlichkeit gab es jedoch noch einen Punkt, der ihr damals an ihm nicht gefallen hatte, und das war sein Alter – Herr Wang war sechs Jahre älter als sie und damit ein Jahr älter als ihr großer Bruder. In einer Gesellschaft, in der die Geburtenfolge und das Alter großen Einfluss auf die hierarchischen Strukturen von Beziehungen hatten, bedeutete das ein echtes Dilemma. Es war nicht klar, wer wem untergeordnet sein würde.

»Die Frage war, wie er meinen Bruder anreden sollte«, erklärte Vorsitzende Wang. »Mit ›großer Bruder‹ oder mit ›kleiner Bruder‹?«

Drei Monate nach ihrem ersten Treffen, im Dezember 1978, machte Herr Wang ihr einen Heiratsantrag. »Wie wär's?«, fragte er. »Wenn wir jetzt heiraten, können wir uns noch vor Ende des Jahres um Möbel bewerben. Warten wir, dauert es vielleicht noch ein ganzes Jahr, bis wir unsere Möbel bekommen.«

In ihrem Alter mussten sie nicht mehr die Eltern um Erlaubnis fragen – zumal sie wussten, dass ihre Eltern nur froh sein würden, dass ihre Kinder endlich heirateten. Herr Wang kaufte zehn *jin* Lammfleisch in dünnen Scheiben, und die beiden Familien feierten die Verlobung bei einer Runde mongolischem Feuertopf. Wenige Tage später wurden sie auf dem Gelände der Schule, an der Herr Wang arbeitete, im Beisein seiner Kollegen getraut. Gleich im Anschluss kehrte Herr Wang ins Klassenzimmer zurück, um weiter zu unterrichten, und Vorsitzende Wang fuhr zurück zu ihrer Arbeit in der Fahrradfabrik.

## PEKINGER ZHAJIANG-NUDELN (ZHAJIANG MIAN)

250 g Schweinebauch
1 Stück Lauch (ca. 2 cm)
1 Stück Ingwer (ca. 2 cm)

1 Knoblauchzehe
150 g gelbe Bohnenpaste (am besten von Liubiju)
120 ml Wasser
60 ml Sojasoße
1/2 Gurke
1/2 Bund Petersilie
Frische oder getrocknete chinesische Nudeln

Schweinebauch in 1 bis 1,5 cm große Würfel schneiden. Lauch und Ingwer fein hacken. Gurke reiben. Petersilie fein hacken.
Die Schweinebauchwürfel im Wok bei starker Hitze unter Rühren auslassen – zum Anbraten ist weiter kein Öl notwendig. Lauch, Ingwer und Knoblauch hinzugeben. Weiter unter Rühren braten, bis das Fleisch schön braun ist. Dann den Wok vom Feuer nehmen und den Inhalt in eine Schüssel geben.
In einer anderen Schüssel die Bohnenpaste mit dem Wasser verrühren, bis die Paste sich aufgelöst hat.
Einen sauberen Wok bei mittlerer Hitze auf den Herd stellen und die Bohnenpastensoße hineingeben. Kochen, bis die Soße dick und klebrig wird, und dabei ständig mit einer Kelle oder einem Pfannenwender dafür sorgen, dass sie nicht anbrennt. Die Wärmezufuhr reduzieren und etwa 10 Minuten weiterrühren, bis die Mischung glänzt und karamellisiert ist. Die Sojasoße hineinrühren und noch ein bis zwei Minuten kochen. – Bis zu diesem Punkt kann die Soße übrigens bereits vorab vorbereitet werden. Die Soße kann heiß oder kalt serviert werden und hält sich im Kühlschrank etwa zwei Wochen.
Nudeln kochen, abtropfen lassen, mit der Soße vermengen und mit der geriebenen Gurke und der Petersilie garnieren.

# 5

Am Ende meiner letzten theoretischen Privatstunde vor der Kochprüfung lächelte Vorsitzende Wang mich durch ihre dicken Brillengläser zuversichtlich an.

»Du schaffst das schon«, sagte sie.

Nach Dutzenden von Stunden, in denen sie mir alles von Konservierungsmethoden bis hin zu Dämpftechniken eingetrichtert hatte, freute ich mich sehr darüber, dass sie offenbar an mich glaubte. Ich war richtig gerührt. Bis sie weitersprach: »Wenn du während der Prüfung Schwierigkeiten hast, bittest du einfach deine Mitschüler um Hilfe.« Oder unsere Rektorin Zhang, die am Ort der Prüfung sein würde, um sicherzustellen, dass alles »glattlief«. Vorsitzende Wang versicherte mir, dass sie alle über meine »Situation« informiert hatte.

Ich seufzte. Vielleicht sollte ich wirklich einfach schummeln, überlegte ich. Das erwartete ja sowieso jeder von mir. Mein Streben nach Ehrlichkeit fing an, anstrengend zu werden. Aber wozu sollte ich dann die Prüfung überhaupt ablegen? Ich brauchte das Zeugnis ja nicht aus dem gleichen Grund wie die anderen Prüflinge – für mich hing nicht die ganze Existenz davon ab. Ich brauchte, nein, ich wollte den Respekt von Wang und allen anderen. Und den würde ich nur bekommen, wenn ich die Prüfung ganz allein schaffte.

Die Prüfung sollte über zwei Tage verteilt stattfinden, am ersten der schriftliche Teil und eine Woche später der praktische. Ursprünglich war die schriftliche Prüfung für einen Mittwoch anberaumt gewesen, aber dann wurde sie auf Sonntag verlegt. Etwa eine Woche vorher erfuhren wir dann, dass der Termin auf den kommenden Freitag verschoben war.

Am Donnerstag rief ich in der Kochschule an, um sicherzugehen, dass ich jetzt vom richtigen Termin ausging. Ja, sagte Rektorin Zhang und klang dabei unbeteiligt und genervt.

»Und können Sie mir bitte auch den Prüfungsort bestätigen?«

»Steht der nicht auf der Rückseite Ihres Anmeldeformulars?«

»Doch, aber ich möchte gerne sicher sein, dass ich ganz genau verstanden habe, wo das ist. Liegt das auf der West- oder auf der Ostseite der Straße?«

»Weiß ich nicht. Warum gehen Sie nicht heute mal hin und sehen es sich an? Ach, übrigens, der praktische Teil der Prüfung findet übermorgen statt.«

Ich protestierte. Zwei Tage Vorbereitungszeit seien nicht genug. Und wann sie uns das eigentlich hatten mitteilen wollen?

»Ich teile es Ihnen jetzt mit.«

»Aber doch nur, weil ich Sie angerufen habe! Wann hätte ich das denn erfahren, wenn ich nicht angerufen hätte?«

»Ich werde die anderen Schüler jetzt anrufen«, sagte sie kühl.

Ich wusste, dass jeder andere Schüler diese Nachricht einfach so hingenommen, der Rektorin gedankt und sich verabschiedet hätte. Ich wusste, dass sie durch meine Beharrlichkeit das Gesicht verlor, aber ich machte trotzdem weiter: »Das geht nicht. Ich kann die praktische Prüfung nicht so kurzfristig ablegen. Wie sollen wir uns denn in weniger als achtundvierzig Stunden vorbereiten?«

Rektorin Zhang gab nach, sprach aber immer noch mit eisiger Stimme. »In Ordnung. Ich werde für Sie eine Ausnahme machen. Sie können die praktische Prüfung nächste Woche ablegen.«

Nun hatte ich zwar bekommen, was ich wollte, aber ich war

nicht froh darüber, wieder einmal bewiesen zu haben, dass ich ein Sonderfall war.

Ich heuerte keinen Strohmann an, und ich schmuggelte auch keine Lehrbücher mit in den Prüfungsraum. Ich erwartete keine Hilfe von meinen Mitschülern oder Rektorin Zhang. Doch als ich das Prüfungszentrum erreichte, in dem ich den schriftlichen Teil der »Staatlichen Kochprüfung für Fortgeschrittene« ablegen sollte, wusste ich, dass dies eine wirklich einmalige Erfahrung werden würde.

Rektorin Zhang stand vor dem Zentrum. Mit ihrem blassen Gesicht und dem faltigen Hals erinnerte sie an eine Eidechse. Grußlos begleitete sie mich die Eingangstreppe hinauf. Die Atmosphäre zwischen uns war nach dem Telefonat am Tag zuvor noch immer angespannt.

An der Eingangstür wartete die Aufsicht bereits, lässig in Jeans gekleidet, eine farblose Frau ungefähr in meinem Alter.

»Hier ist unser Sonderfall«, sagte die Rektorin. »Würden Sie ihr bitte helfen?«

Ich wollte gewiss nicht schummeln, erklärte ich der Frau, aber ich müsse offiziell um Erlaubnis bitten, mein Chinesisch-Englisch-Wörterbuch benutzen zu dürfen.

»Das dürfen Sie gerne«, entschied sie, als wir das zugige Auditorium mit den hohen Decken betraten. »Aber Täuschungsversuche werden nicht toleriert«, fügte sie betont streng hinzu und ließ den Blick durch den Raum schweifen. »Nicht einmal Ausländer dürfen bei uns schummeln!«

Mir fiel ein amtlich aussehender Mann mit einem Stapel Papier unterm Arm auf, der ganz in unserer Nähe stand – ein Vertreter des Arbeitsministeriums, schätzte ich, genau wie Wang es vorausgesagt hatte.

Haufenweise Schüler von Koch- und anderen berufsbildenden Schulen warteten an ihren Tischen auf den Beginn der

Prüfung. Meine Mitschüler saßen dicht beieinander – mehrere von ihnen in einer Reihe nebeneinander – und noch mal so viele nebeneinander in der Reihe dahinter. Ich setzte mich zwar in ihre Nähe, aber nicht direkt zu ihnen. Ich ließ etwas Abstand.

»Ich war schon um halb acht hier«, erzählte der eine.

»Ich war um acht hier«, sagte Frau Zhao.

Ich war um halb neun da gewesen, wie man es mir gesagt hatte. Die Prüfung sollte um neun beginnen. Als jemand, der ständig zu allem eher zu spät kam, erstaunte es mich immer wieder, wie früh sich die Chinesen zu ihren Terminen einfanden. Wenn man allerdings bedachte, wie oft der Prüfungstermin verschoben worden war, muss es wohl angemessene Vorsicht gewesen sein: Meine Mitschüler waren stets auf alles gefasst. Während ich versuchte, die letzten Antworten auswendig zu lernen, kam die Rektorin vorbei, um uns gut zuzureden. »Denkt dran, einander zu helfen«, zirpte sie. »Ach ja, und übrigens ist der praktische Teil der Prüfung auf morgen vorverlegt worden.« Also hatte sie die anderen doch nicht am Tag vorher noch angerufen.

Meine Mitschüler nickten. Sie zeigten keine Spur von Überraschung oder Verärgerung.

»Ich glaube, ich werde mit dem Auto hinfahren«, sagte Frau Zhao. »Möchte jemand von euch mitfahren?«

Um Punkt neun Uhr baute sich die Aufsichtsbeamtin vor uns auf und verkündete, dass wir neunzig Minuten Zeit hätten für den Test. Wir konnten frühestens um halb zehn abgeben. Mit halbem Blick auf den Vertreter des Arbeitsministeriums fügte sie hinzu: »Und keine Täuschungsversuche.« Dann wurden die Prüfungsbögen ausgeteilt. Sie waren auf dünnes, breites Papier gedruckt und erinnerten an kleine Zeitungen.

Die ersten Fragen konnte ich ohne Probleme beantworten. Dann spürte ich, dass mir jemand über die Schulter sah.

»Wie läuft es bei Ihnen?«, flüsterte die Rektorin mir praktisch direkt ins Ohr. Der Mann vom Arbeitsministerium war nirgends zu sehen.

»Gut«, gab ich knapp zurück. Sie blieb noch ein, zwei Minuten hinter mir stehen und las meine Antworten. Ich konnte mich kaum noch konzentrieren.

Wenige Minuten später kam die Aufsichtsbeamtin vorbei. »Brauchen Sie Hilfe?«, fragte sie. »Sie können jeden hier fragen, wenn Sie Hilfe brauchen.«

Als ich achtundvierzig Fragen beantwortet hatte, las ich sie mir alle noch einmal durch und war mir ziemlich sicher, dass ich alles richtig hatte. Bei den »Richtig-oder-falsch-Fragen« kreuzte ich überall »falsch« an, wie Vorsitzende Wang es mir empfohlen hatte. Um mich herum entwickelte sich das Szenario genau wie Wang vorhergesagt hatte: Die Aufsichtsbeamtin und die Rektorin plauderten angeregt im hinteren Teil des Raumes. Lehrbücher wurden offen auf unbesetzte Stühle gelegt. Die Prüflinge quasselten unverhohlen miteinander und machten sich nicht einmal die Mühe zu flüstern.

»Nummer sechsundneunzig?«

»Falsch.«

»Neunundneunzig?«

»Falsch.«

»Hundert?«

»Falsch.«

»Super«, sagte Frau Zhao. »Ich lade euch alle zum Mittagessen ein. Wollen wir los?«

Meine Mitschüler standen alle gleichzeitig auf und verließen fünfzehn Minuten vor Prüfungsende in einem Pulk den Saal.

Rektorin Zhang kam noch einmal bei mir vorbei.

»Ich habe doch noch fünf Minuten, oder?«, fragte ich.

»Ja, ja, lassen Sie sich Zeit.«

Die anderen Prüflinge verließen ebenfalls gruppenweise den Raum. Und schließlich ging auch die Rektorin. Ich blieb ganz alleine mit der Aufsichtsbeamtin zurück. Endlich war Ruhe.

Ich schlug noch ein paar Wörter nach, damit ich die letzten Fragen beantworten konnte, überflog dann meine Prüfungsbögen, um sicherzustellen, dass ich alle Fragen beantwortet hatte, und gab dann ab. Ich hatte fünf Minuten überzogen, aber das interessierte die Aufsichtsbeamtin anscheinend gar nicht. Das Ergebnis würde in ein paar Wochen vorliegen, sagte sie.

»Bekomme ich die korrigierten Prüfungsbögen wieder?«, fragte ich.

»Nein. Wenn sie erst mal bei den Korrektoren gelandet sind, werden Sie sie nie wiedersehen.«

»Aber ich wüsste so gerne, welche Fragen ich richtig und welche ich falsch beantwortet habe.«

»Tut mir leid, wir geben die Bögen nicht zurück. So sind nun mal die Regeln.«

Ich beschloss, mich zusammenzureißen und den praktischen Teil der Prüfung mit meinen Mitschülern am nächsten Tag abzulegen. Ich wollte es endlich hinter mich bringen – und ich wollte Rektorin Zhang keinen weiteren Grund liefern, mich wie einen »Sonderfall« zu behandeln.

Vorsitzende Wang war die Prüfungsanweisungen mehrfach mit uns durchgegangen: Wir sollten ein Messer mitbringen sowie die Rohzutaten, die wir für vier Gerichte brauchten. Wir mussten alle die gleiche Vorspeise zubereiten: eine kalte Platte mit hauchdünnen Fleischscheiben und Gemüse. Das Gemüse für dieses Gericht sollten wir zu Hause vorbereiten, da es im Voraus blanchiert und gewürzt werden musste. Die einzige Auflage für das zweite Gericht war, dass es feinste Fleischstreifen enthalten musste. Was die letzten beiden Gerichte betraf, konnten wir uns einfach etwas aus unserem Praxisunterricht aussuchen. Ein Küchenmeister vom ehrwürdigen Hotel Qianmen würde uns beim Kochen beobachten und bewerten. Vorsitzende Wang empfahl uns, Standardgerichte auszusuchen und die Zubereitungsmethoden, die wir im Unterricht gesehen hatten, so genau wie möglich nachzuahmen. Wir würden keine Sonderpunkte für Kreativität oder für die eigene Interpretation eines Gerichts bekommen.

Ich quälte mich an jenem Morgen noch vor sieben Uhr aus dem Bett und bereitete mit verquollenen Augen das Gemüse vor. Ich schnitt mir die Fingernägel, packte die Zutaten zusammen, die ich am Abend zuvor eingekauft hatte, und verließ das Haus. Auf dem Weg zur Schule besorgte ich auf dem Markt noch schnell die letzten Kleinigkeiten. Doch als ich an der Schule ankam, fiel mir auf, dass ich vergessen hatte, das Gemüse für die kalte Vorspeise mit Sesamöl zu würzen.

»Kann ich das hier noch nachholen?«, fragte ich Vorsitzende Wang.

»Keine Zeit«, sagte sie. Aber der Prüfer würde von den kalten Gerichten ohnehin keine Kostprobe riskieren, erklärte sie. Schließlich hatten die Prüflinge so wenig Erfahrung, dass er auf keinen Fall irgendetwas aus ihrer Produktion probieren würde, das nicht bei großer Hitze zubereitet worden war. Sinn und Zweck des kalten Gerichtes war es, die Schneide- und Fingerfertigkeit eines Kochs zu zeigen – und nicht, ein wohlschmeckendes Gericht aus beim Delikatessenhändler gekauftem Fleisch und fadem Gemüse herzustellen.

In Restaurants bestellte ich nie kalte Platten, weil sie geschmacklich so uninteressant waren und mich an langweilige Bankette erinnerten, an denen niemand teilnehmen wollte. Die einzige Herausforderung bei der Prüfung bestand also darin, alles so dünn wie möglich zu schneiden und die Scheiben ansprechend um einen mit Currypulver bestäubten Blumenkohl zu arrangieren.

Es zeigte sich, dass meine Mitschüler die Anweisung, das Gemüse für die kalte Vorspeise zu Hause vorzubereiten, gleichzeitig als Erlaubnis, auch alles andere zu Hause vorzubereiten, ausgelegt hatten. Plastiktüten und Tupperwaredosen voll Gemüse und in feinste Streifen geschnittenem Fleisch wurden aus den Rucksäcken geholt. Doch damit nicht genug: Als meine Mitschüler sich in der Schulküche einrichteten, fiel mir auf, dass sie Zutaten aus den gleichen Behältern nahmen. Auch Vorsitzende Wang bemerkte das. »Ist das nicht gegen die Regeln?« Erst später erkannte sie jedoch, wie weit die Verschwörung meiner Mitschüler tatsächlich ging: Für sechs Dollar pro Nase hatten sie einen der Mitschüler dazu angeheuert, sämtliche Zutaten für alle einzukaufen und vorzubereiten.

Wang sah zu ihnen hinüber und seufzte. »Ihr seid doch alle Betrüger«, sagte sie laut. »Ihr versucht, mich auszutricksen. Glaubt bloß nicht, dass ich das nicht weiß.«

Doch sie klang eher resigniert als verärgert – und abgesehen von einem verschmitzten Lächeln hier und da ignorierten die Männer sie und machten mit ihrer Scharade weiter.

Mir fiel ein Fischschwanz auf, der aus einer Plastiktüte herausragte, die einer meiner Mitschüler auf meinem Arbeitsplatz abgelegt hatte. Ich warf einen Blick hinein und sah einen kompletten Fisch mit herrlich knusprig frittierter Kruste.

»Das habe ich gestern Abend zu Hause gemacht«, erklärte der Schüler mir stolz. »Um heute Vormittag Zeit zu sparen.« Er ließ den Fisch in einen Wok mit heißem Öl gleiten, um ihn aufzuwärmen. Dann ließ er ihn abtropfen und steckte ihm zur Dekoration eine Mohrrübe ins Maul.

Vorsitzende Wang herrschte die Klasse an: »Eins möchte ich doch mal bitte wissen: Habt ihr alle überhaupt vor, selbst zu kochen? Oder wird einer von euch für alle kochen?« Aber wir wussten natürlich nur zu gut, dass sie es gar nicht so ernst meinte.

Mit einer Plastiktüte in der Hand kam sie zu mir. »Du hast dein Schweinefleisch noch nicht geschnitten, oder? Dann nimm das hier. Das sind die Reste von den anderen.«

»Schon in Ordnung«, sagte ich. »Ich schneide meins selbst.«

Vorsitzende Wang beobachtete mich dabei, wie ich mein Schweinefleisch schnitt. Ich drückte das Filet fest auf das Schneidebrett und schob mein Messer nur wenige Millimeter über dem Brett waagerecht durch das Fleisch.

Sie nickte anerkennend. Endlich hatte sie es kapiert. »Du stellst dich selbst auf die Probe. Prima. Dir ist es egal, ob du durchfällst oder bestehst – du willst es dir beweisen.«

Dann kam der Prüfer. Er verbrachte die meiste Zeit im Hinterzimmer, wo er sich Kostproben unserer Kochkünste servieren ließ. Frau Zhao kam herein, in den Händen nichts als ihre Autoschlüssel. Ihre dreijährige Tochter watschelte in einem rosafarbenen Overall hinter ihr her, näherte sich auf weniger als dreißig Zentimeter der riesigen Herdflamme und stürzte sich auf eine der sorgfältig arrangierten kalten Platten.

»Nein! Nicht anfassen!«, rief Frau Zhao. Sie lachte, als ihre Tochter zurückschreckte. »Eigentlich isst meine Tochter ja gar nicht alles. Sie ist ziemlich wählerisch.«

»Das konnten wir uns in unserer Kindheit bestimmt nicht leisten!«, warf Rektorin Zhang ein, die sich zu uns gesellt hatte, um uns beim Kochen zuzusehen und sich einen Teller mit Essen für ihre Mittagspause zusammenzustellen.

Die Prüfungszeit war etwa zur Hälfte abgelaufen, da spülte Frau Zhao ein paar Teller, schnappte sich ihre Tochter und verabschiedete sich.

»Wo gehst du hin?«, fragte ich erstaunt.

»Ich habe noch einen Geschäftstermin. Die beiden kochen für mich fertig«, teilte sie mir locker-flockig mit und deutete auf zwei junge Männer am Herd. Von seinem Posten im Hinterzimmer aus beobachtete der Prüfer offenbar unbeeindruckt, wie sie den Raum verließ.

Ich wartete, bis meine Mitschüler mit ihrer Gemeinschaftskocherei fertig waren. Dann stellte ich mich an den Herd. Ich versammelte die Schüsseln mit meinen soeben frisch vorbereiteten Zutaten um mich: Schweinefleischstreifen mit Fischduft, pfannengerührte grüne Bohnen nach Sichuan-Art sowie süß-saures Schweinefleisch, das in China eher scharf und knusprig ist als süß und klebrig. Ich hatte jedes dieser Gerichte bereits mehrfach alleine zubereitet und war mir eigentlich ganz sicher, dass ich sie gut hinkriegen würde. Trotzdem war ich nervös. Die ausgelassene Stimmung in der Küche war abgeebbt, und der Prüfer wartete nur noch auf meine Kostproben.

»Hast du an den Zucker gedacht? Warte, bis das Öl richtig heiß ist. Hast du Glutamat reingetan?«, fragte Vorsitzende Wang nach. Sie sah mir beim Kochen zu und ging mir hin und wieder zur Hand. Ich beschloss, sie gewähren zu lassen. Ihre Hilfe abzulehnen hätte zu viel Aufwand bedeutet. Ich schüttelte den Wok und gab etwas Glutamat hinein, obwohl ich mir fest vorgenommen hatte, keins zu verwenden, und zankte mich mit ihr um den Essig und die Sojasoße. Obwohl Vorsitzende Wang mir geholfen hatte, war zum Schluss zu wenig Soße an meinen Schweinefleischstreifen mit Fischduft.

»Er wird dir Punkte abziehen, wenn das Fleisch nicht in ein paar Minuten vor rotem Öl trieft«, sagte die Vorsitzende. Das konnte einem auch nur in China passieren, dass man Punktabzug bekam, weil ein Essen nicht fettig genug war.

Ich kostete meine Bohnen, als ich sie aus dem Wok nahm, und verteilte noch eine Prise Salz darauf, bevor Vorsitzende

Wang sie zum Prüfer schickte. Während ich mich der Zubereitung des süß-sauren Schweinefleischs widmete, tauchte der Prüfer aus dem Hinterzimmer auf, baute sich nur wenige Meter von mir entfernt mit vor der Brust verschränkten Armen auf und sah mir beim Arbeiten zu. Prompt brannten mir der Knoblauch und der Lauch an – und die Paprika und die Ananasstücke gab ich auch zu spät dazu. Als ich den Wok vom Feuer nahm, lächelte er, winkte und ging.

»Er wollte nicht mal mehr mein süß-saures Schweinefleisch probieren«, jammerte ich, als ich meine Sachen zusammenpackte. Ich hatte jetzt Essen für mehrere Tage.

»Er meint, dass du besser kochen kannst als die anderen«, sagte Vorsitzende Wang. »Er glaubt an dich.«

Der Prüfer hatte ihr unter der Hand einige der Prüfungsergebnisse mitgeteilt: Auf die kalte Vorspeise hatte ich die volle Punktzahl – hundert – erhalten. Seiner Meinung nach war ich den anderen in Sachen Schneidetechnik deutlich überlegen. Vorsitzende Wang war sich ganz sicher, dass ich die praktische Prüfung bestanden hatte. Was den schriftlichen Teil anging, so würden wir erst Gewissheit haben, wenn das Arbeitsministerium die Ergebnisse bekanntgab.

## GRÜNE BOHNEN NACH SICHUAN-ART (GANSHOU BIANDOU)

450 g grüne Bohnen
1 l Pflanzenöl zum Frittieren
1 EL Pflanzenöl
125 g Schweinehack
1 Stück Lauch (ca. 2 cm)
1 Stück Ingwer (ca. 2 cm)

200 g eingelegtes Sichuan-Gemüse *(chuandong cai)*
2 TL Reiswein oder Sherry
2 TL Sojasoße
1/4 TL Salz
1 TL Zucker
1 EL Wasser

Lauch und Ingwer fein hacken. Gemüse abspülen und hacken. Bohnen waschen und putzen (beide Enden abschneiden und eventuelle Längsfäden entfernen).
Den Liter Öl in einen Wok geben – der Wok sollte über die Hälfte mit Öl gefüllt sein. Bei großer Hitze ca. fünf Minuten erwärmen (bis eine hineingeworfene Bohne sofort anfängt zu brutzeln). Die grünen Bohnen frittieren, bis kleine weiße Blasen von ihrer Haut aufsteigen (ca. drei Minuten). Dann aus dem Öl nehmen und abtropfen lassen.
Einen sauberen Wok stark erhitzen, den EL Öl hineingeben. Das Schweinefleisch hinzufügen und eine Minute pfannenrühren. Nach und nach und stets mit einer Minute Pause die anderen Zutaten einrühren: Lauch und Ingwer. Gemüse. Reiswein oder Sherry. Sojasoße. Zucker und Salz. Bohnen. Mit Wasser ablöschen und eine Minute bei geringer Hitze köcheln lassen. Heiß servieren.

## ECHTES SÜSS-SAURES SCHWEINEFLEISCH (GULAO ROU)

450 g Schweinefilet
210 g Speisestärke
1 TL Speisestärke
180 ml Wasser

1 l Sojaöl oder anderes geschmacksneutrales Öl zum Frittieren
60 ml Ketchup
60 ml chinesischer Reisessig
1 EL Zucker
1/4 TL Salz
1 Stück Lauch (ca. 2 cm)
3 Knoblauchzehen
100 g frische Ananas
1 grüne Paprika

Lauch und Knoblauch fein hacken. Ananas würfeln. Paprika in Rechtecke (2,5 cm) schneiden. Das Fleisch in Würfel schneiden (2,5 cm).
In einer kleinen Schale zwei Drittel der Speisestärke (140 g) mit zwei Dritteln (120 ml) des Wassers zu einer cremigen Paste vermischen. Die restliche Stärke in eine andere Schale geben. Die Fleischwürfel zuerst in der Paste wenden, dann in der trockenen Stärke.
Das Öl in einem Wok stark erhitzen (bis ein hineingegebener Schweinefleischwürfel sofort anfängt zu brutzeln). Alle Fleischwürfel hineingeben und frittieren, bis sie goldbraun sind. Mit einem Schaumlöffel herausnehmen und auf Küchenkrepp abtropfen lassen. Etwa drei bis vier Minuten abkühlen lassen (in der Zwischenzeit ggf. die Herdflamme reduzieren), dann wiederum bei großer Hitze noch eine Minute frittieren. Aus dem Öl nehmen und wieder abtropfen lassen.
Ketchup, Essig, Zucker und Salz in einer kleinen Schüssel vermischen. Den 1 TL Stärke in 60 ml Wasser auflösen. Beide Schüsseln direkt neben den Herd stellen.
2 EL des Frittieröls bei mittlerer Hitze in einen sauberen Wok geben. Lauch und Knoblauch darin anbraten, bis sie duften, dann die Ketchup-Mischung hinzugeben und eine Minu-

te köcheln lassen. Die aufgelöste Stärke hineingießen und unter Rühren eine Minute kochen, bis die Masse eindickt. Dann die Fleischwürfel, Ananasstücke und grüne Paprika unterheben, bis alles mit Soße bedeckt ist. Sofort servieren.

Einen Monat später erhielt ich per SMS mein Prüfungsergebnis: Ich solle am Freitag in die Hualian-Kochschule kommen, um mir die Urkunde abzuholen. Kein Glückwunsch, nichts. Aber ich jubelte trotzdem: Ich hatte bestanden, ohne zu schummeln!

Die Urkunde lag in einem blauen Heft, auf dessen Vorderseite in goldener Schrift »Volksrepublik China« und »Berufsberechtigungsurkunde« stand. In das Innere des Heftes hatte man mein Passfoto geklebt, und auf der nächsten Seite stand, dass ich die Prüfung zum staatlich geprüften Koch bestanden hatte. Ich hatte vierundneunzig Punkte im praktischen Teil der Prüfung bekommen und zweiundsiebzig im schriftlichen – zwölf Punkte mehr, als ich gebraucht hätte, um überhaupt zu bestehen. Die Seite trug einen roten Stempel der Regierung, und die offizielle Bewertung lautete: »DEN ANFORDERUNGEN ENTSPROCHEN.«

Vorsitzende Wang klang stolz, als ich ihr von meinen Ergebnissen berichtete. »Du hast viel Energie in diese Prüfung investiert. Die Rektorin war auch ganz beeindruckt von dir. Du hattest im Vergleich zu den anderen einen deutlichen Nachteil, aber dein Ergebnis ist sogar besser als das von einigen der anderen!«

Als ich meinen ausländischen Freunden davon erzählte, fragten sie mich, was ich mit der Zulassung machen wollte. »Willst du jetzt etwa irgendwo in einer Küche arbeiten?«, witzelte einer von ihnen.

Ich hatte eine vage Vorstellung davon, wie es in einer professionellen chinesischen Küche zuging. Ich wusste, dass Köche oft bis zu vierzehn Stunden am Tag unter armseligen Bedingungen und für einen lächerlichen Lohn schuften mussten. Ich wusste, dass man Frauen von vornherein abriet, diesen Beruf zu ergreifen. Als ich diese Idee einmal mit Wang besprochen hatte, warnte sie mich, dass die Koch-Urkunde der Hualian-Kochschule mich nicht in angemessener Weise auf die wirkliche Arbeit als Koch vorbereiten könnte.

»Ja, aber wozu sind wir denn dann hier?«, hatte ich gefragt. »Ist es denn nicht Sinn und Zweck dieser Schule, uns auf diesen Beruf vorzubereiten?«

»Die meisten Schüler, die später einmal Gourmet-Koch werden wollen, arbeiten ihr ganzes Leben darauf hin«, erklärte sie. »Sie gehen schon als Teenager nicht auf allgemein bildende, sondern beruflich ausgerichtete Schulen und danach auf Fachoberschulen, die sich auf den Beruf des Kochs spezialisiert haben. Sie sind sozusagen die offizielle Armee. Und wir sind so etwas wie die Guerilla. Die ersten Monate muss man als Tellerwäscher arbeiten. Dann darf man Fisch abschuppen und Gemüse waschen. Und nach ein paar Jahren steigt man vielleicht noch ein bisschen weiter auf – aber ein richtiger Koch wird man nie!«

Ich wusste, dass es nicht einfach werden würde, aber es reizte mich immer noch zu lernen, wie die Profis kochten. Ich wollte mir irgendwie Zugang zu einer chinesischen Küche verschaffen, und ich hoffte, dass meine Kochurkunde die Eintrittskarte sein würde.

Kurz nachdem ich die Urkunde erhalten hatte, lud ich Wang und ein Dutzend meiner ausländischen Freunde zu einer Maultaschenparty zu mir nach Hause ein. Wang sagte mir zu, etwas früher zu kommen, um mir bei den Vorbereitungen zu helfen. Um kurz nach sieben stand sie tadellos zurechtgemacht in einem mit Blumen bedruckten qipao, dem chinesischen Traditionskleid mit schmaler Passform und hohem Kragen, vor meiner Tür. Sie hatte den qipao – wie alle anderen Kleider, die sie trug – selbst genäht. Das Kleid war ein himmelweiter Unterschied zu dem blauen Arbeitskittel, den sie immer in der Schulküche getragen hatte, und ich machte ihr ein dickes Kompliment.

»Du siehst aber auch ganz nett aus«, erwiderte sie. Sie sagte, sie habe mich zuvor noch nie so feminin gekleidet gesehen. Wir lächelten einander an. Dann fragte sie, für wann ich die anderen Gäste eingeladen hatte.

»Für acht Uhr?«, japste sie. »Aber du hast ja noch nicht mal den Teig geknetet! Und die Füllung ist auch noch nicht fertig!«

Wenn Chinesen für acht Uhr zu einer Party eingeladen werden, kommen sie spätestens um Viertel vor acht. Komme man später – so ihre Auffassung –, würde man den Beginn des Festes aufhalten. »Ganz ruhig«, sagte ich. »Ausländer kommen nicht pünktlich zu Partys.«

Aber Vorsitzende Wang ließ sich nicht beschwichtigen. »Du hast vielleicht Nerven! Ich an deiner Stelle hätte schon mittags mit den Vorbereitungen angefangen! Aber gut, ich hätte auch nicht den Mumm, überhaupt zehn Leute zum Maultaschenessen zu mir einzuladen. Ist dir eigentlich klar, wie viele Maultaschen du machen musst?«

Ausländer könnten nicht so viele Maultaschen essen wie Chinesen, versicherte ich ihr. Und Ausländern würde es – selbst wenn sie pünktlich kamen – nichts ausmachen, später zu essen.

Um acht fragte sie nervös, wo meine Gäste blieben. Der erste kam um Viertel nach acht. Um neun, als sich eine weitere Handvoll eingefunden hatte, entspannte sie sich etwas. Wir waren auch gut vorangekommen: Wir hatten eine große Schüssel Schweinefleisch-Fenchel-Füllung gemacht, und auf dem Tisch stapelten sich die frischen Teigfladen und warteten nur darauf, gefüllt und geformt und in den Wok mit kochendem Wasser gelegt zu werden.

Das Beste an einer Maultaschenparty ist sowieso, dass die Gäste die meiste Arbeit selbst machen. Eine bunte Schar aus Amerikanern und Briten sowie einem einzelnen Kanadier teilte die Aufgaben unter sich auf, und im Handumdrehen waren mehrere hundert Fladen ausgerollt, zu Maultaschen geformt, gekocht und verspeist. Wir ließen uns spontan dazu hinreißen, mit vereinten Kräften den aus meinem iPod tönenden Boy George beim Singen von »Karma Chameleon« zu unterstützen, und als Rob Base »It Takes Two« rappte, bot uns einer der Gäste Tanzbewegungen dar, die wir seit der Mittelstufe nicht mehr gesehen hatten.

Vorsitzende Wang tanzte und sang nicht mit, aber es sah ganz so aus, als genieße sie es, mit meinen Freunden zusammen zu sein. Während ich in der Küche noch mehr Teigfladen ausrollte, hörte ich, wie sie sich angeregt unterhielt.

»O nein«, sagte sie, »ich habe schon so viele verschiedene Jobs gehabt. Während der Kulturrevolution wurde ich nach Shanxi geschickt …«

Doch da erklangen die ersten Takte von Kanye Wests »Gold Digger«, und ich verzichtete auf den Rest der langen Geschichte, die mir inzwischen so vertraut war.

# Beilage Nummer eins: GLUTAMAT

Eine der Lehrerinnen an der Hualian-Kochschule referierte über »Glutamat«, gerade so, als würde sie über Salz, Essig oder Zucker reden. Glutamat war in meinem Lehrbuch auf der Seite mit den Gewürzen gleich zwischen Sojasoße und Austernsoße aufgelistet. Die Lehrerin las also vollkommen selbstverständlich die Definition laut vor: »Der Geschmacksverstärker Mononatriumglutamat, landläufig Glutamat genannt, ist ein ganz normales, alltägliches Gewürz. Es ist geruchlos und im Handel in Kristall- oder Pulverform erhältlich.«

»Aber ist Glutamat denn nicht gesundheitsschädlich?«, unterbrach ich sie.

Die Lehrerin wischte meinen Einwand mit einer Handbewegung weg und fuhr fort: »Glutamat kommt in salzigen Gerichten zur Anwendung, jedoch nicht zusammen mit süßen und sauren Zutaten. Man sollte es dem Gericht beimengen, kurz bevor man es aus dem Wok nimmt, bei etwas unter hundert Grad. Ein Erhitzen über hundert Grad würde zu einem leicht ranzigen Geschmack führen.«

In der Schulküche stand direkt neben dem Herd zwischen den Behältern mit Chiliöl und gemahlenem Pfeffer eine offene Dose mit dem Pulver – schneeweiß wie die Unschuld –, und meine Lehrer bedienten sich großzügig. Wenn man von ihren Würzgewohnheiten auf chinesisches Essen generell schließen wollte, musste ich in den vielen Jahren, in denen ich in chinesischen Restaurants gegessen hatte, unwissentlich bereits eimerweise von diesem Geschmacksverstärker zu mir genommen haben – allerdings ohne hinterher unter den dem Glutamat zugeschriebenen Folgeerscheinungen wie Kopfschmerzen und Herzrasen zu leiden. Seit ich nach China gezogen war, hatte ich mir über diese besondere Substanz, trotz ihrer Allgegenwart, wenig Gedanken gemacht. Ich selbst verwendete kein Glutamat, aber nicht, weil ich mich vor einer allergischen Reaktion fürchtete. Ich fand es schlicht überflüssig und außerdem bekam das Essen davon einen salzigen, leicht chemischen Beigeschmack. Ich hatte mit meinen Freunden als Versuchskaninchen Geschmackstests durchgeführt, und in der Regel konnten sie Glutamat nicht von Salz unterscheiden.

Doch als ich das Kochdiplom in der Tasche hatte, wollte ich der Sache auf den Grund gehen. Wie konnte es sein, dass ich in dem Glauben aufgewachsen war, Glutamat sei gesundheitsschädlich, wenn über eine Milliarde Chinesen keinerlei Bedenken hegten?

Ich beschloss, die Henan Lotus Flower Gourmet Powder Factory zu besuchen – einen der größten chinesischen Hersteller von Mononatriumglutamat –, um dort mehr über die Substanz zu erfahren. Ich bestieg am späten Abend in Peking einen Nachtzug, und als ich am nächsten Morgen aufwachte, sausten vor dem Fenster im Wechsel landwirtschaftliche Nutzflächen und Fabriken vorbei. Mittags erreichte der Zug eine Kleinstadt namens Xiangcheng in der zentralchinesischen Provinz Henan. Diese Region gilt als die Wiege der chinesischen Zivilisation, hat aber in moderner Zeit ein wenig den Anschluss verpasst und ist nun vergleichsweise arm. Für seine Küche war diese Provinz jedenfalls nicht bekannt – und dadurch bot sie sich, fand ich, ja fast schon als Standort für die Geschmacksverstärker herstellende Industrie an.

Ich musste mir einen weißen Schutzanzug überziehen und eine weiße Kopfbedeckung mit Krempe im Nacken aufsetzen, dann in Plastiküberzüge für die Schuhe schlüpfen, bevor mich ein Firmenvertreter durch die Fabrik führte. Dort verschwanden die Tische förmlich unter weißen Bergen von Glutamat. Gruppen von vier bis fünf Arbeitern verpackten hier wie am Fließband das weiße Pulver: Sie schaufelten es in Plastiktüten, wogen sie und schichteten die Tüten dann in Kisten, die in den Nahen Osten, nach Afrika und Amerika verschickt werden sollten. Lotus Flower exportierte zu dem Zeitpunkt 1.700 Tonnen Glutamat im Jahr allein nach Amerika. »Manche Amerikaner meinen, dass Glutamat nicht gut ist«, hatte mir der Sprecher des Unternehmens am Abend zuvor bei einem äußerst schmackhaften Abendessen verraten. »Aber dafür verwenden sie ganz schön viel davon …«

Für die meisten Menschen ist Mononatriumglutamat ein Zusatzstoff in asiatischen Speisen, doch in Wirklichkeit versehen auch große amerikanische Lebensmittelkonzerne wie z. B. Campbell's – in Deutschland als Erasco bekannt – oder Lay's – in Deutschland von Heinz Ketchup vertrieben – ihre Suppen und Kartoffelchips mit Glutamat, um ihnen einen intensiveren, kräftigeren Geschmack zu geben. Die Substanz kommt in ihrer natürlichen Form aber auch in fast allen Lebensmitteln auf der ganzen Welt vor – einschließlich Parmesankäse, Tomaten und gepökeltem Schinken.

Ich steckte meine Hände in einen der weißen Haufen. Die Kristalle fühlten sich an wie grober, warmer Sand. Ich roch an ihnen: nichts. Später, als ich allein war, leckte ich sie mir vom Finger – sie schmeckten ranzig und salzig. Doch wenn sich die Kristallkörnchen bei der richtigen Temperatur im Wok mit den anderen Zutaten verbinden, bringen sie einen Geschmack hervor, der in China xian genannt wird.

Die eigentliche Herstellung des Glutamats durfte ich mir nicht ansehen, aber der Lotus-Flower-Mensch erklärte sie mir: Hauptbestandteil des Lotus-Flower-Glutamats war Weizen. Glutamat kann aus jeder Art von Speisestärke (also auch aus

Mais, Rüben und Süßkartoffeln) gewonnen werden. Die Stärke wird erhitzt, bis sie schmilzt und zu Zucker wird. Dann geben Chemiker Ammoniak hinzu und lassen die Mischung mehrere Stunden fermentieren. Die fermentierte Brühe wird sterilisiert und dann zentrifugiert, um Fremdmaterial zu entfernen. Nach einigen weiteren chemischen Prozessen – unter anderem wird Natriumhydroxid beigemengt – wird die Lösung reduziert und bei sechzig Grad in einem Vakuum konzentriert, bevor sie wieder abgekühlt wird und auskristallisiert. Die Kristalle werden abermals zentrifugiert. Und wenn sie dann ganz trocken sind, steht dem Wok-Zauber nichts mehr im Wege.

Der geradezu süchtig machende Geschmack einiger Sorten Kartoffelchips gehört in China zu den Grundgeschmacksrichtungen – genau wie süß und salzig. Während seiner Demonstrationen an der Hualian-Kochschule hatte Küchenmeister Gao oft direkt neben die Rezepte auch Notizen zur jeweiligen Geschmacksnote an die Tafel geschrieben. Manchmal notierte er, dass ein Gericht »von tiefdunkler Farbe und mit süß-saurem Geschmack« sein sollte oder »durchsichtig-hell und mit xian-Geschmack«. Direkt übersetzt heißt xian »frisch«, aber in diesem Zusammenhang bedeutet es etwas Unübersetzbares, das viele Jahre mit Begriffen wie »köstlich« und »schmackhaft« übertragen wurde. In den letzten Jahren haben die Köche der westlichen Welt das japanische Wort »umami« übernommen, um den Geschmack zu benennen. Jahrhundertelang hatten die Chinesen Zutaten mit einem hohen natürlichen Glutamat-Gehalt verwendet, um ihren Gerichten das gewisse xian-Etwas zu verleihen. Zu diesen Zutaten gehören Sojasoße, getrockneter Fisch und Seetang.

Die Wissenschaftler seinerzeit wussten nicht, warum Sojasoße oder Seetang so xian schmeckten, bis es 1907 einem japanischen Chemiker namens Ikeda Kikunae gelang, aus in heißem Wasser eingeweichtem Seetang Glutaminsäure zu gewinnen. Er stellte fest, dass die Glutaminsäure die geschmacksverstärkende Komponente des Seetangs war – die chemische Verbindung von xian in seiner Reinform. Der Glutaminsäure wurde Natrium zugesetzt, um den Eigengeschmack zu verstärken. Schon 1908 begann eine japanische Firma namens Ajinomoto, die Substanz kommerziell zu gewinnen, aufzubereiten und anzubieten. Ajinomoto pries Glutamat den japanischen Hausfrauen gegenüber als eine zeitsparende Form, das Abendessen zu würzen. Sobald die Firma das amerikanische und europäische Patent erworben hatte, verlegte sie die Produktion ins Ausland. In China – einem Land, das den xian-Geschmack liebte – verkaufte sich der Geschmacksverstärker unter dem Namen weizisu ausgesprochen gut.

Doch es wurmte die Chinesen, dass sich ausgerechnet ein japanisches Produkt so gut verkaufte. Bis zum Anfang des zwanzigsten Jahrhunderts hatten diverse mächtige Nationen – darunter die USA, Großbritannien, Frankreich und Japan – im ganzen Land Häfen errichtet und Konzessionen etabliert – was die Fremdenfeindlichkeit der Chinesen verstärkte. China warf Japan vor, den chinesischen Markt mit Glutamat zu überschwemmen, und organisierte wenig erfolgreiche weizisu-Boykotte.

In Shanghai – wo die Gegenwart ausländischer Mächte besonders intensiv zu spüren war – machte sich ein Apotheker namens Wu Yunchu daran, mit dem weizisu herumzuspielen. Es gelang ihm, die chemischen Prozesse rückwärts nachzuvollziehen und anschließend einen Shanghaier Sojasoßenverkäufer davon zu überzeugen, fünftausend Dollar in eine Fabrik zu investieren, die sein Glutamat herstellen sollte. Sie nannten die Fabrik Tian Chu, Himmlische Küche, und änderten den Produktnamen zu weijing, das Wesen des Geschmacks.

Verkäufer eingelegten Gemüses setzten es ihren Produkten zu, boten auf ihrem Weg durch die Gassen von Shanghai von ihren Verkaufskarren aus gratis Kostproben an und drängten die Shanghaier Bürger, »chinesisch zu kaufen«. 1929 produzierte Tian Chu bereits über sechzig Tonnen Glutamat im Jahr, und weniger als zehn Jahre später hatte sich die Produktion fast vervierfacht. Wu und andere chinesische Hersteller verdrängten Ajinomoto schließlich weitestgehend vom chinesischen Markt.

Ajinomoto richtete daraufhin seinen Fokus auf Amerika. Von Mitte der 1930er bis 1941 exportierte die japanische Firma mehr Glutamat in die USA als jedes andere Land. Campbell's Soup Company und das amerikanische Militär gehörten zu Ajinomotos besten Kunden. In China stieg Wu zu einer Art Nationalheld auf, weil er die Japaner in diesem Bereich der Wirtschaft in die Knie gezwungen hatte. Tian Chu konnte seinen Einfluss weit über die Grenzen Chinas hinaus erweitern, und die Fabrik exportierte immer mehr nach Südostasien. Etwa zu der Zeit, als die Kommunisten an die Macht kamen, wurde Wus Glutamat auf einer internationalen Messe in den USA mit Preisen ausgezeichnet, und Wu fasste den Plan, sein Produkt nun im großen Stil in den Westen zu verkaufen.

Doch Wus hehre Pläne, Küchenschränke in der ganzen Welt mit seinem Glutamat zu bestücken, wurden durch die Machtübernahme der Kommunisten im Jahre 1949 durchkreuzt und zunichtegemacht. Wu befand sich gerade in den USA. Noch bei seiner Rückkehr wurde er von Premierminister Zhou Enlai ausgesprochen herzlich begrüßt und stolz der »Glutamat-König« genannt. Doch schon bald übernahmen die Kommunisten seine Fabriken, und Wu starb wenig später im Jahr 1953.

In den direkt auf die Gründung des kommunistischen China folgenden Jahrzehnten kam dem Glutamat keine besonders große Bedeutung bei. Nachdem Tian Chu verstaatlicht worden war, wurde die Glutamat-Produktion gedrosselt. Die Herstellung anderer Chemikalien stand im Vordergrund. 1965 betrug Chinas Anteil an der weltweiten Glutamat-Produktion nur noch vier Prozent. In den 1980ern und 1990ern stieg nach den Reformen die Produktion dann wieder sprunghaft an. Anfang des 21. Jahrhunderts betrug Chinas Anteil an der weltweiten Glutamat-Produktion bereits wieder über siebzig Prozent.

Erst ein Ende der 1960er Jahre im *New England Journal of Medicine* veröffentlichter Leserbrief eines chinesischen Arztes löste in den USA die Kontroverse zum Thema Glutamat aus. »Ich lebe nun seit einigen Jahren in diesem Land, und immer, wenn ich hier chinesisch essen war – insbesondere in Restaurants, die nordchinesisches Essen servieren –, leide ich hinterher an einem Syndrom«, schrieb Robert Ho Man Kwok in der Aprilausgabe 1968. Der Brief trug die Überschrift »Chinarestaurant-Syndrom«, und kurz nach seinem Erscheinen begannen Menschen in ganz Amerika, über die gleichen Symptome wie Kwok zu klagen: Brennen im Nacken, Taubheitsgefühl und Herzrasen. Daraufhin fütterten Wissenschaftler im Labor Mäuse mit Unmengen von Glutamat. Wenige Jahre später erschien ein Bericht, in dem Glutamat mit Gehirnschäden in Zusammenhang gebracht wurde und auf dessen Grundlage die amerikanische Gesundheitsbehörde die Empfehlung aussprach, Babynahrung kein Glutamat zuzusetzen.

Und obwohl diese Anordnung immer noch gilt, wurden nie weitere Vorschriften erlassen. Eine 1987 von der UN vorgelegte Studie kam zu dem Ergebnis, dass Glutamat für die Allgemeinbevölkerung vollkommen harmlos sei und darum den gleichen Status wie Salz und Essig erhalten sollte. Die amerikanische Bundesbehörde zur Überwachung von Nahrungs- und Arzneimitteln hat 1995 eine Studie durchgeführt, die praktisch zu dem gleichen Ergebnis kam, allerdings mit dem Unterschied, dass ein geringer Prozentsatz allergisch veranlagter Menschen – wie zum Beispiel Asthmapatienten – kurzfristige Nebenwirkungen verspüren könnte.

Angesichts der Vielzahl von Zusatzstoffen in industriell hergestellten Lebensmitteln konnte ich die heftigen ablehnenden Reaktionen ausgerechnet dem Glutamat gegenüber nie ganz nachvollziehen. Doch die Ansichten zu Glutamat scheinen eng mit der Geschichte verknüpft zu sein. Einige Historiker haben die These aufgestellt, der Grund der Ablehnung von Glutamat seit den 1960ern bis weit in die 1980er Jahre hinein sei darin zu suchen, dass eine breite Bewegung sich für die Reduzierung von chemischen Stoffen in Nahrungsmitteln einsetzte. Und die Tatsache, dass Glutamat im Bewusstsein der Amerikaner etwas »Ausländisches« war, trug sicher auch nicht zu seiner Popularität bei. China erholte sich zur gleichen Zeit von einer der größten Hungersnöte der Geschichte, und die Kulturrevolution kam gerade erst in Gang. Die Chinesen hatten wirklich andere Sorgen als die, ob ihnen die Wantan-Suppe in ihrem Lieblingsrestaurant Kopfschmerzen verursachte – zumal sich damals die wenigsten überhaupt leisten konnten, essen zu gehen.

Heute rührt sich auch unter Chinesen ein gewisses Misstrauen gegenüber Glutamat. Der Wohlstand wächst und mit ihm die Sorge um die Sicherheit von Lebensmitteln, und einige Chinesen vermeiden den Gebrauch von Zusatzstoffen wie Glutamat. Einige meiner chinesischen Freunde sind so verunsichert über die Wirkung von Glutamat, dass sie stattdessen Hühnerbrühe verwenden – die, wie den meisten leider nicht bekannt ist, ebenfalls Glutamat enthält … Auf der anderen

Seite der Welt lockert sich die Haltung der westlichen Konsumenten gegenüber Glutamat gerade wieder, Köche in der ganzen Welt fangen an, das Konzept von xian zu begreifen, und der Glutamatkonsum steigt weltweit.

Nur wenige Häuserblocks von der Henan Lotus Flower Gourmet Powder Company entfernt gratulierte ein rotes Plakat der Fabrik zur Produktion von mehr als dreihunderttausend Tonnen Glutamat im Jahr – nahezu einem Viertel der gesamtchinesischen Produktion. »Wir haben es fast geschafft, aber eben nur fast«, erzählte Haihua, die mich für das Unternehmen durch die Stadt führte. Haihua – ihr Name bedeutete »Blume des Meeres« – hatte erst vor kurzem ihr Studium abgeschlossen und war nun der ganze Stolz ihrer Eltern, weil sie beim größten Arbeitgeber der Gegend untergekommen war. Wir saßen als Einzige in einem für zwanzig Fahrgäste ausgelegten Minibus, als wir an dem Plakat vorbeifuhren.

Die Tour im Minibus führte zu den Orten all der guten Taten, die Lotus Flower für die Stadt vollbracht hatte. Lotus Flower mit seinen zehntausend Angestellten war der größte Arbeitgeber in dieser ländlichen und strukturschwachen Region. Anzeichen des neuen Wohlstandes, den die Fabrik gebracht hatte, waren überall zu finden: Im Stadtzentrum praktizierte man in einem nagelneuen Studio Yoga und ging in das ebenso neue Kino, um sich die Filmhits aus Hollywood anzusehen. Ältere Bürger schlenderten über den neu gepflasterten Platz, und als wir in die nächste Straße einbogen, wurde gerade eine ganze Reihe alter Häuser abgerissen. Eine vom Bauunternehmer aufgestellte Info-Tafel pries das neue Einkaufszentrum, das dort errichtet werden sollte. Diese Art der Stadtentwicklung konnte man überall in China beobachten.

Nachdem wir zur Fabrik zurückgekehrt waren, konnte ich mich in einem großen Konferenzraum, in dem Lotus-Flower-

Glutamat-Verpackungen mit englischer, chinesischer und arabischer Beschriftung ausgestellt waren, mit einem Vertreter der Chefetage des Unternehmens unterhalten. Lotus Flower hatte von der Kritik gehört, die in den USA an Glutamat geübt wurde, und sich entsprechend vorbereitet. »Dort, wo man weijing unterstellt, negative Auswirkungen auf die Menschen zu haben, ist, glaube ich, weijing gar nicht das eigentliche Problem. Das Problem sind die Menschen«, erklärte mir Mr. Liu. Und lieferte auch gleich ein Vergleichsbeispiel: Diabetiker können keinen Zucker essen. Ist darum der Zucker schädlich? Natürlich nicht. »Ich für meinen Teil kann keine Chilischoten essen. Sind mir einfach zu scharf. Aber sind sie deshalb auch für alle anderen Menschen schlecht?«

Vor meinem Besuch dort, als ich gerade begonnen hatte zu glauben, dass Glutamat in Wirklichkeit gar nicht gesundheitsschädlich ist, war mir jedoch zu Ohren gekommen, dass die Produktion von Glutamat womöglich umweltschädlich sei – was indirekt natürlich auch bedeutete, dass es gesundheitsschädlich war. Als ich einem befreundeten Reporter beim *Wall Street Journal* von meinem bevorstehenden Besuch bei Lotus Flower erzählte, berichtete er mir, ausländischen Journalisten sei der Zutritt dort untersagt worden, nachdem die *New York Times* einen Artikel darüber veröffentlicht hatte, wie stark das Unternehmen den nahegelegenen Fluss verunreinigte. Umweltschützer vermuteten, dass das verschmutzte Wasser Krebs verursachte, und Lotus Flower hatte jeglichen Kommentar verweigert. Einem staatlichen Untersuchungsbericht zufolge hatte die Fabrik täglich 124.000 Tonnen Abwasser ungereinigt durch geheime Rohre in das städtische Abwassersystem geleitet und damit die Schadstoffbelastung fast vervierfacht.

»Trink auf keinen Fall Leitungswasser, wenn du da bist!«, hatte mein Freund mich gewarnt, bevor er ungläubig gefragt hatte: »Wie bist du denn überhaupt an eine Besuchserlaubnis herangekommen?«

Das war seltsamerweise ganz einfach gewesen. Ich hatte dem Unternehmen ein Fax geschickt, in dem ich mich als chinesisch-amerikanische Autorin und Köchin vorstellte. Ich hatte erwähnt, dass ich gerade die staatliche Kochprüfung bestanden hatte und gerne in den USA für Glutamat »Propaganda machen« wolle. Schon am nächsten Morgen hatte Herr Liu mich angerufen und gefragt, wann ich kommen wollte.

Mir wurde schnell klar, dass die Verschmutzung der Stadt durch die Glutamat-Fabrik mindestens genau so ausgeprägt war wie der neue Wohlstand. Aus einem Schornsteintrio gleich hinter dem zum Unternehmen gehörigen Hotel stiegen Rauchsäulen auf. Die Luft roch nach Kohle, und der Himmel war grau. »Jetzt, da die Regierung das Augenmerk immer mehr auf Umweltverschmutzung richtet, sind viele Fabriken aus den Städten heraus in ländlichere Gebiete gezogen«, erklärte Wang Jiaqin, die Vizepräsidentin des chinesischen Interessenverbandes der Fermentierindustrie. Die immer noch in Shanghai existierende Tian-Chu-Fabrik war dazu übergegangen, weniger umweltverschmutzende Substanzen herzustellen, die Produktion von Glutamat sei nun in Fabriken auf dem Lande umgezogen, erzählte Wang mir. Ich war neugierig und wollte mehr über die Umweltschäden herausfinden, also rief ich einen Umweltaktivisten vor Ort an, dessen Telefonnummer mir über einen Freund zugespielt worden war. Nach einem glutamatreichen Abendessen mit einigen Unternehmensvertretern hatte ich mich in mein Hotelzimmer zurückgezogen – eine riesige Suite mit Bidet im Badezimmer. Den sehr beflissenen Unternehmensvertretern zufolge war dies das einzige Zimmer, das für eine Journalistin geeignet war.

»Ein Treffen mit Ihnen wäre mit großen Unannehmlichkeiten verbunden«, sagte der Umweltschützer steif. Er klang sehr weit weg, und es war ein Knistern in der Leitung.

Ich erklärte, dass ich Gast der Fabrik sei und ich mich gerne mit ihm zu einem formlosen Gespräch treffen würde.

»Das geht trotzdem nicht«, sagte er. »Sie können sich den Fluss ja selbst ansehen. Er ist ganz in der Nähe Ihres Hotels.«

»Wie wäre es denn, wenn wir uns morgen träfen, nur ganz kurz?«, schlug ich vor.

»Sie brauchen eine offizielle Erlaubnis von der Regierung, um ein Interview mit mir zu führen. Außerdem arbeite ich gar nicht mehr an der Sache. Also, ich meine, ich arbeite natürlich immer noch für den Umweltschutz. Das ist natürlich wichtig. Aber wir arbeiten nicht mehr an dem Projekt.«

Ich war verwirrt. Von welchem Projekt sprach er? Davon hatte ich doch gar nichts gesagt. Na, jedenfalls kam ich offenbar so nicht weiter. »Gut. Was sagen Sie dazu, wenn ich Sie morgen noch mal anrufe?«

»Gute Idee, tun Sie das«, dröhnte eine tiefe Stimme aus dem Hörer. Das war nicht der Umweltschützer. Dann wurde aufgelegt.

Ich saß mutterseelenallein in der riesigen Suite und wartete nur darauf, dass jeden Moment die Polizei hereingestürmt kam. Gleichzeitig verspürte ich zu meinem Ärger immer größeren Durst. Ich hatte den Wasserspender in meiner Suite von Anfang an mit größtem Misstrauen beäugt – doch jetzt stürzte ich einen Becher Lotus-Flower-Wasser nach dem anderen hinunter. Der Durst kam bestimmt vom Glutamat. Vielleicht wurde ich vom Glutamat ja auch noch paranoid! Als ich gerade den fünften Becher potentiell karzinogenen Wassers trank, erhielt ich eine SMS von meinem Freund beim *Wall Street Journal:* »Kein Leitungswasser trinken!«

Zu spät. Man würde mich festnehmen und deportieren und in nicht allzu ferner Zukunft würde ich an Krebs erkranken und sterben. Als ich hämmernde Kopfschmerzen bekam, fragte ich mich, ob das wohl auch ein Glutamat-Symptom war. Ich ging ins Bett und wickelte mich ganz fest in die Decke. Ich versuchte, meine Paranoia und meinen Durst zu ignorieren. Ich wälzte mich hin und her und war mir todsicher, dass ich eine weitere Nebenwirkung von Glutamat entdeckt hatte: Schlaflosigkeit. Vielleicht schlief ich einfach nur deswegen nicht so gut, weil ich mehrfach aufstehen und auf die Toilette gehen musste. Aber es war doch viel bequemer, dem Glutamat die Schuld an allem zu geben.

Am nächsten Tag, nach der Fabrikbesichtigung und einem weiteren äußerst schmackhaften Mittagessen, schlug einer der Unternehmensvertreter vor, ich solle mich in meinem Hotelzimmer ausruhen. Ich nahm den Vorschlag sofort an, doch sobald ich alleine war, machte ich mich stattdessen auf den Weg zum Fluss. Am Fluss waren wir auf unserer Minibus-Sightseeingtour nämlich nicht vorbeigekommen. Als ich das Gewässer erreichte, verstand ich auch, warum. Eine unasphaltierte, schlammige Straße trennte das steile Flussufer von unzähligen Baracken. Die Bewohner dieses Slums hatten an diesem verregneten Tag Schirme aufgespannt, unter denen sie nahe am Flussufer hockten. Sie sahen den Fischern dabei zu, wie sie ihre Netze auswarfen. Die Netze wurden so weit wie möglich hinausgeschickt und dann ans Ufer zurückgezogen. Schwarzer, schlickartiger Schlamm tropfte von den Netzen. In gerade einmal jedem dritten bis vierten Netz zappelten ein, zwei kleine Fische, kaum größer als Makrelen. Stromaufwärts sah man die rauchenden Schornsteine der Glutamatfabrik. Als ich nach Peking zurückkehrte, fand ich heraus, dass bei der Herstellung von Glutamat Ammoniumstickstoff freigesetzt wird, eine Substanz, die in hoher Konzentration giftig ist. Doch in dem Moment, als ich am Fluss stand, war es auch ohne dieses Wissen vollkommen augenfällig, dass solche Fabriken nicht gut für die Umwelt sind.

Ich fragte die Menschen, ob man in dem Wasser schwimmen könne.

»Natürlich«, sagte einer von ihnen – als sei das eine ganz alberne Frage von mir. Natürlich konnten sie darin schwimmen. Sie konnten auch fischen und baden. Sie konnten tun und lassen, was sie wollten. Sie dachten überhaupt nicht schlecht über Lotus Flower. »Eine sehr berühmte Marke«, sagte einer von ihnen stolz.

Ich überlegte, wie ich ihnen erklären konnte, dass die Fabrik womöglich schlecht für ihre Gesundheit war, aber ich gab auf. Es wäre vergebliche Liebesmüh gewesen – fast so, als wollte man den Menschen im Westen erklären, dass Glutamat womöglich gar nicht gesundheitsschädlich ist.

Blume des Meeres brachte mich am Nachmittag des gleichen Tages zum Bahnhof. Als wir uns voneinander verabschiedeten, überreichte sie mir eine schwere Geschenktüte mit einer neuen Produktreihe: Ginkgo Grün Glutamat. Ich kämpfte mich mit dem Glutamat-Gepäck zu meinem Abteil durch. Als ich in Peking ausstieg, vergaß ich allerdings, es mitzunehmen. Als ich das nächste Mal in einem Restaurant aß, fand ich, dass das Essen seltsam fad schmeckte. Ich winkte die Kellnerin herbei und fragte sie, ob in diesem Restaurant Glutamat verwendet würde. »Selbstverständlich nicht«, entrüstete sie sich empört.

# Teil II

# NUDELPRAKTIKANTIN

# 6

Kochendes Wasser spritzte mir auf den Handrücken, verbrühte mich. Dampf stieg mir ins Gesicht und öffnete sämtliche Poren. Mit einem gewissen Unbehagen starrte ich in den riesigen Wok und atmete tief durch. Mit einem Nudelmesser, das wie eine überdimensionale Rasierklinge aussah, versuchte ich, den gut zwei Kilo schweren Teigklumpen in lange Bänder zu schneiden, der auf einem Brett auf meinem linken Unterarm ruhte. Daoxiao Mian, mit dem Messer geschnittene Nudeln, sind eine Spezialität aus Shanxi, der Heimatprovinz von Küchenmeister Zhang. Wenn er sie machte, waren sie akkurat geschnitten und sahen richtig elegant aus, fast wie Luftschlangen. Sie glitten nahezu laut- und spritzerlos in den Wok – wie goldverdächtige Turmspringer bei der Olympiade. Meine ähnelten eher in die Länge gezogenen Kaugummis: viel zu dick und im falschen Winkel abgeschnitten. Sie machten eine Bauchlandung in den Wok wie pummelige Kinder im städtischen Schwimmbad. Mit jedem Spritzer des kochenden Wassers klagten die Nudelgötter mich an.

Mein Kochdiplom, von dem ich mir erhofft hatte, dass es meine Eintrittskarte für die Welt der Profis in der kulinarischen Szene Pekings sein würde, erwies sich als Lachnummer. Jeder potentielle Arbeitgeber bog sich mit dem Papier in der Hand vor Gelächter. Meine Kochschule brachte eigentlich verhältnismäßig viele ihrer ehemaligen Schüler in Restaurantjobs unter, aber eine Ausländerin mit einem Kochdiplom war nun mal etwas anderes. Warum sollte ein Ausländer einen so gering geschätzten Beruf ergreifen wollen, einen Beruf, der weniger Ansehen genoss als der des Automechanikers?

Vorsitzende Wang arbeitete sich durch die Restaurant-Datenbank der Schule, fand aber nichts für mich. »Tut mir leid«, sagte sie. »Es glaubt einfach keiner, dass ein Ausländer in einer Küche arbeiten kann.« Ich dachte, die Kochlehrer der Schule könnten mich vielleicht an eines der Hotelrestaurants vermitteln, in denen sie selbst arbeiteten, aber staatseigene Hotels waren nun einmal per se nicht sonderlich ausländerfreundlich. Küchenmeister Gao wies mich sofort ab, als ich ihn fragte, ob ich ihn mal bei der Arbeit besuchen dürfte. »Auf gar keinen Fall«, sagte er. »Wir lassen nämlich keine Ausländer in die Küche. Nie.« Ähnlich glücklos war ich mit der Eigentümerin einer Kette von Sichuan-Restaurants, mit der eine Freundin mich bekannt gemacht hatte. Als ich sie fragte, ob ich mir mal eine ihrer Küchen ansehen dürfe, tat sie, als würde sie in den Untiefen ihrer monströsen gelben Handtasche nach ihren Vitaminpillen suchen, die sie zum Essen einnehmen musste.

Schließlich landete ich per Ausschlussprinzip in Küchenmeister Zhangs Nudelbude in einer bescheidenen Ansammlung von Essbuden im südöstlichen Teil Pekings. In der Gegend gab es jede Menge Möbelhäuser und Baumärkte, deren Zielgruppe die beständig wachsende Mittelschicht war. Die Essbuden reihten sich in bunter Mischung aneinander, ihnen gegenüber war eine Gruppe von Tischen mit Plastikstühlen angeordnet. Zhangs Stand befand sich in der Mitte, direkt unter einem Schild, auf dem ECHTE SHANXI SNACKS stand. Die weiß geflieste Küche war in etwa so groß wie ein begehbarer Kleiderschrank und verfügte über einen Herd, eine Arbeitsfläche aus rostfreiem Stahl, ein Spülbecken und einen gebrauchten, olivgrünen Kühlschrank, den Zhang für dreißig Dollar erworben hatte. Es war der Sommer 2006, und eigentlich war es viel zu heiß, um in einer fensterlosen Küche zu kochen.

Man kann nicht behaupten, dass Zhang mich gebeten hätte,

für ihn zu arbeiten – er ließ es zu. An dem Tag, an dem ich hereinschneite und fragte, ob ich bei ihm in die Lehre gehen könnte, schabte er gerade wie ein Wahnsinniger Nudeln aus einem riesigen Klumpen Teig, der auf einem Holzbrett lag, das er wie eine Geige vor sich hielt. Er schwitzte so stark, dass sein weißes Hemd praktisch durchsichtig war. Die Bestellungen kamen so schnell herein, dass er den Überblick darüber verloren hatte, wie viele Portionen er eigentlich machen wollte.

»Sind die Nudeln bald fertig?«, brüllte einer der Gäste, dem eine Kippe aus dem Mund hing. Er war nicht der einzige unwirsche und hungrige Kunde. Dann kamen noch zwei Männer mittleren Alters an den Tresen. Einer von ihnen trug eine Bauchtasche, der andere Kniestrümpfe, aus deren Bund er ein Feuerzeug holte und damit herumfummelte, während er wartete. Mitten in diesem Chaos erzählte ich Küchenmeister Zhang, dass ich Nudelkoch werden wollte. Und er hatte weder Zeit noch Kraft, sich zu wehren.

Küchenmeister Zhang hatte große, ausdrucksstarke Augen und abstehende Ohren, was ihm eine aufmerksame Haltung verlieh. Er war gerade einundvierzig geworden, doch er wirkte jünger. Das kam wahrscheinlich von seiner schweißtreibenden Arbeit und seiner übereifrigen Art. Er trug eine Halskette mit einem Jade-Buddha. Durch die schmutzig-weiße Schürze, die er sich umband, erschien er noch schmaler. Doch seine schlanken, muskulösen Arme, auf denen die Adern deutlich hervortraten, verliehen ihm einen maskulinen Anstrich. Vorsitzende Wang hatte mir Einblick in das Leben der chinesischen Mittelschicht in der Stadt gewährt – durch Küchenmeister Zhang lernte ich eine ganz neue Schicht kennen, nämlich die der von der Hand in den Mund lebenden Wanderarbeiter, die keine Zeit hatten, sich über soziale Missstände oder die Bestechung durch Regierungsbeamte zu beklagen. Die meisten von ihnen arbeiteten sieben Tage pro Woche für einen Hungerlohn, von dem sie so viel wie möglich abknapsten und ihren Familien auf dem Land schickten, in der Hoffnung, dass ihre Kinder es einmal besser haben würden als sie selbst.

Küchenmeister Zhang zahlte 250 Dollar Pacht pro Monat. Er musste etwa 600 Portionen Nudeln im Monat verkaufen, um seine Kosten zu decken. Die einzige Vollzeit-Angestellte war seine Nichte. Sie stand an dem Tresen in dem schmalen Gang vor der Küchenzeile, nahm die Bestellungen entgegen und brüllte sie ihm zu. Zhang nannte sie Haizi. Das war nicht ihr richtiger Name, es bedeutete einfach »Kind«. Denn obwohl sie schon zwanzig war, sah sie mit ihrem pausbackigen Gesicht und dem struppigen Pony, der ihr in die Augen hing, tatsächlich noch aus wie ein Kind. Wenn das Essen fertig war, zahlten die Kunden – meist Verkäufer aus den umliegenden Möbelhäusern – bei ihr und nahmen ihre Schale mit zu einem der langen Tische. Chinesische Essgassen gehören zu den wenigen Orten, an denen man Chinesen alleine essen sehen kann. Die meisten anderen Lokale dienen dem Essen wie dem geselligen Beisammensein gleichermaßen.

In der gesamten Imbissstraße waren zwei ayis angestellt. Ayi heißt eigentlich »Tante«, ist aber auch der Ausdruck für eine bezahlte Hilfskraft. Die ayis wischten den Boden, räumten die Tische ab und halfen, wenn Zhang in der Küche zu viel zu tun hatte. Tante Xu mit ihrem langen Gesicht ließ ständig den gelangweilten Blick durch den Raum schweifen. Sie erinnerte mich an die wichtigtuerischen, freiwilligen Ehrenamtlichen der Partei, die den ganzen Tag nichts anderes taten, als vor meinem Wohnhaus herumzusitzen und zu beobachten, wer wann wo ein und aus ging. Solche Leute gab es überall in China. Da war mir Tante Feng mit ihrem engelhaften Gesicht und der fröhlichen Stimme doch viel lieber.

»Du bist aus Amerika?«, fragte sie mich mit weit aufgerissenen Augen wenige Tage, nachdem ich bei Zhang angefangen hatte. »Eine entfernte Verwandte von mir ist da mal gewesen. Sie hat gesagt, das Land ist sehr sauber. Sie hat gesagt, da kann man drei Tage lang das gleiche weiße Hemd anziehen, ohne dass es schmutzig wird!«

Für die Verpächter, zwei Brüder mit dem Nachnamen Han, war ich eine Ausnahmeerscheinung. Sie vertrödelten einen Großteil ihrer Zeit damit, in der Imbissstraße Fliegen zu klatschen – und hin und wieder hielten sie dann inne und starrten mich vollkommen perplex an. »Du kannst Englisch und Chinesisch«, sagte der ältere der beiden Brüder eines Tages. »Du scheinst gebildet zu sein. Warum suchst du dir keinen Bürojob?«

Doch wenn sich die Stände mit Menschen füllten, die schnell Mittag essen wollten, verpuffte mein Ausnahmestatus ganz schnell. Dann war ich einfach nur ein Paar Hände, das Schalen mit warmem Essen servierte.

Durch China verläuft eine inoffizielle Nudel-Reis-Linie, die das Land genau so zerschneidet, wie die Mason-Dixon-Linie einst Amerika aufteilte. Da meine Eltern südchinesischen Traditionen verhaftet waren, wuchs ich mit Reis auf. Meine Mutter kochte nur selten Nudeln, und wenn, dann handelte es sich um die beim chinesischen Lebensmittelhändler gekauften dünnen, getrockneten Eier- oder Reisnudeln, die sie entweder im Wok briet oder in den Hot Pot warf.

In Peking und dem übrigen Norden Chinas aber sind kräftige Weizennudeln ein Grundnahrungsmittel, das in großen Schüsseln mal als Suppe und mal mit einer dicken Soße aus Tomaten, Fleisch oder Sojabohnen gereicht wird. Mir waren sie damals zu nahrhaft – ganz gleich, wie gewissenhaft ich auch schlürfte und kaute, ich bekam maximal eine halbe Schüssel herunter, dann gab ich regelmäßig auf. Echte Pekinger dagegen – wie Vorsitzende Wang und ihr Mann – beklagten, dass sie von Reis nicht satt würden. Da musste schon eine Schale Nudeln her.

Ich muss gestehen, dass Nudeln mehr Sexappeal haben. Eine Schale Reis ist nahrhaft – aber langweilig. Es gibt nur wenige unterschiedliche Sorten, und die passen immer zu allem. Wie ein weißes T-Shirt. Nudeln gibt es in zahllosen Formen und Größen. Extrem anspruchsvolle Esser legen Wert auf handgezogene Nudeln, die dünner sind als Engelshaar-Spaghetti. Etwas weniger wählerische Esser geben sich mit mian pian zufrieden – flachen Pastastücken, die einfach von einem Stück Teig abgerissen werden. Reis kochen ist einfach – man füllt die Körner in einen Reiskocher, gibt Wasser hinzu und wartet auf das Lämpchen, das einem verrät, dass der Reis gar ist. Doch selbst die einfachsten Nudeln erfordern einen gewissen Einsatz: Arme, Handgelenke und Finger müssen zusammenarbeiten, um richtig zu kneten, zu drehen, zu drücken, zu ziehen – da tropft einem schon mal der Schweiß von der Stirn.

Es gibt unzählige verschiedene Teigvarianten. Zwar ist weißes Mehl als Grundzutat sehr verbreitet, doch können Nudeln aus praktisch jedem Getreide hergestellt werden, das fein gemahlen werden kann – von Mais über Buchweizen bis hin zu Hirse. Sie können warm oder kalt serviert werden. Kalte Nudeln – insbesondere mit Sesam-Erdnuss-Soße – haben einfach einen ganz besonderen Reiz, den kalter Reis niemals haben wird.

Mein Aha-Erlebnis in Sachen Nudeln hatte ich im Nordwesten Chinas, als ich auf der Seidenstraße unterwegs war, die einst Rom mit China verband. Es kündigte sich bereits auf dem Flug nach Lanzhou, der öden, etwa 1.600 km westlich von Peking gelegenen Hauptstadt der nördlichen Provinz Gansu, an. Lanzhou steht in dem Ruf, eine der am stärksten verschmutzten Städte der Welt zu sein. Als das Flugzeug den Landeanflug begann, verkündete die Flugbegleiterin, wir würden in Kürze in »der Stadt der berühmten handgezogenen Rindfleischnudeln« landen.

Das weckte meine Neugier. Ich war kaum aus dem Flugzeug ausgestiegen, da kletterte ich auch schon in ein Taxi und bat den Fahrer, mich zu dem Restaurant zu fahren, das die besten handgezogenen Rindfleischnudeln der Stadt macht. Er lud mich vor einem Lokal namens Mazilu ab – einem riesigen Speisesaal mit hohen Decken, langen Tischen und Bänken. Es war schon mal zwei Uhr nachmittags, aber das Restaurant wollte gerade für den Rest des Tages schließen. Die dort servierten Nudeln isst man nämlich ausschließlich zum Frühstück oder zum Mittagessen.

Die Frau an der Kasse nahm meine drei yuan (40 US-Cents) entgegen und reichte mir ein Stück Papier und Holzstäbchen. In der offenen Küche falteten und zogen ein Dutzend Männer den Nudelteig. Sie bewegten ihre Hände hoch und runter und von der Mitte zur Seite, als würden sie Akkordeon spielen. Waren die Nudeln dünn genug, schnitten sie sie mit einer schnellen Handbewegung ab und warfen sie in einen großen Topf mit kochendem Wasser. Nach einem kurzen Bad ließ man sie abtropfen, dann gaben sie die Nudeln in eine Schüssel mit Rinderbrühe und verteilten einen Spritzer Chilisoße sowie kleine Stücke Rindfleisch darauf.

Ich konnte es kaum abwarten, die Nudeln zu kosten, und pustete ungeduldig. Ich riskierte einen winzigen, dampfenden Bissen und verbrannte mir die Zunge. Trotzdem wusste ich sofort, dass ich vor der besten Schale Nudeln saß, die ich je gegessen hatte. Sie waren dünn und bissfest, die Brühe war mild mit einer leichten Schärfe. Die Schärfe stammte von Chili und Koriander, und ich konnte herausschmecken, dass sie durch Erdnuss und Sesam abgemildert worden war.

Meine Nudelbegeisterung war jedoch noch steigerungsfähig. Als ich meine Reise entlang der Seidenstraße Richtung Westen fortsetzte, lernte ich in Xining, einer Stadt einige hundert Kilometer westlich von Lanzhou, sogenannte mian pian kennen: flachgerollter und in briefmarkengroße Stücke zerrissener Nudelteig, der mit Kürbis, Tomaten, Zwiebeln und Lammfleisch pfannengerührt wird. Die Konsistenz der mian pian war weich, aber noch al dente. Die Soße aus Tomaten, Zucker und Essig war gleichermaßen süß und sauer. Ich verließ Xining mit einem angenehm gefüllten, kugelrunden Buddha-Bauch, was mein Glück war, denn in Tibet – meiner nächsten Station – war ich von den Tempeln und den Menschen doch deutlich mehr beeindruckt als vom getrockneten Yak-Fleisch mit Gerstenpaste.

Ich besaß also einen gehörigen Respekt vor Nudeln, als ich in Zhangs Nudelbude anfing. Die Vorstellung, den Teig selbst zu bearbeiten, ängstigte mich ein wenig, genau wie der Umstand, in einem mir unbekannten Stadtteil Pekings zu arbeiten, der irgendwie unkonventionell und deutlich industriell geprägt war. An der Kochschule war mir immerhin das Gesamtkonzept vertraut gewesen: Die Nudelbude bedeutete dagegen das echte, rauhe Leben, und es gab keinerlei beruhigende Überschneidungen mit irgendetwas, was ich je zuvor unternommen hatte.

## NUDELN NACH NORDWESTCHINESISCHER ART (LA TIAO ZI)

450 g chinesische Nudeln (am besten frische, aber getrocknete tun es auch)
2 EL Öl

1 mittelgroße Zwiebel
3 Knoblauchzehen
225 g Rinderfilet
3 Tomaten
4–5 Blätter Chinakohl
1 grüne Paprika
120 ml Ketchup (am besten von Lee Kum Kee)
120 ml Wasser
1/2 TL Salz
2 EL schwarzer chinesischer Essig

Zwiebel schälen und würfeln. Knoblauch fein hacken. Rinderfilet in dünne Scheiben schneiden. Tomaten würfeln. Chinakohl grob schneiden. Paprika würfeln.
Einen Topf mit Wasser für die Nudeln zum Kochen bringen. Die Nudeln ins kochende Wasser geben, bis sie weich sind (bei frischen Nudeln dauert das etwa drei Minuten). Abtropfen lassen.
Das Öl in den Wok geben und bei großer Hitze erwärmen. Zwiebel und Knoblauch etwa eine Minute darin anbraten. Die Rinderfiletscheiben hinzugeben und unter Rühren braten, bis das Fleisch anfängt, gleichmäßig braun zu werden. Dann die Tomaten, den Kohl und die Paprika hinzufügen und weitere drei bis vier Minuten unter Rühren braten. Ketchup, Wasser und Salz dazutun und auf mittlere Hitze drosseln. Sobald die Masse anfängt zu kochen, den Essig hinzugeben. Weitere zwei Minuten unter Rühren braten, dann über die heißen Nudeln geben und servieren.

»Und, wie soll dein Restaurant mal aussehen?«, fragte Zhang mich bereits kurze Zeit nachdem ich mit meinem Praktikum bei ihm begonnen hatte. Er hatte, wie ich jetzt wusste, seine Nudelbude erst wenige Wochen zuvor eröffnet.

Ich war ganz durcheinander. Wieso dachte er, dass ich ein Restaurant eröffnen wollte? Im anschließenden Gespräch kam heraus, dass er angenommen hatte, ich wollte in seiner Küche arbeiten, um seine geheimen Tricks und Rezepte zu lernen und diese dann später in einem Restaurant anwenden zu können, das ich in Amerika eröffnen wollte. Es machte ihm nichts aus. Warum sonst sollte eine Ausländerin in seiner Küche schuften wollen?

Ich war aber viel zu unbeholfen, als dass ich kulinarische Spionage hätte betreiben können. Gleich an einem meiner ersten Tage bei Zhang fiel mir ein Porzellanlöffel herunter und zersprang in tausend Stücke. Dann klappte ich die Platte des Tresens hoch und wollte sie gerade ganz lässig auf der anderen Seite herunterklappen lassen, als mir in letzter Sekunde auffiel, dass sie dann einen Stapel Teller zerdeppern würde, der auf dem Tresen stand. Ich fing die Platte noch rechtzeitig auf. Außerdem war ich vollkommen auf meine Pflichten konzentriert, erst recht wenn die Mittagsgäste anfingen, herbeizuströmen. Ich wurde mit so vielen Schalen mit Nudeln bombardiert, denen ich noch die richtige Soße und Garnierung verpassen musste, dass ich froh war, wenn ich mir dabei nicht einen Knoten in die Arme machte. Obwohl Zhang im Akkord arbeitete, behandelte er jede Portion Nudeln mit kunsthandwerklichem Stolz. Er betrachtete das Essen nicht als Fließbandware. Ihm schien gar nicht bewusst zu sein, dass seine Kunden nur wenig Zeit hatten und sich auch mit Fertignudeln zufriedengegeben hätten. Viele von ihnen warteten ungeduldig auf ihre Nudeln, und es kam immer wieder vor, dass einzelne Kunden ihre Bestellung wieder rückgängig machten und zum Nachbarstand mit Gerichten aus Sichuan abwanderten. Ich wies Zhang darauf hin. Solange wir nur zu zweit in der Küche waren, konnten wir die vielen Bestellungen schlicht nicht schaffen.

»Du könntest dir doch vielleicht eine Nudelmaschine anschaffen«, schlug ich eines Tages zaghaft vor. So ein Gerät kostete nicht mehr als fünfzehn Dollar und war in Restaurants gang und gäbe.

»Mit der Maschine gemachte Nudeln schmecken nicht so gut wie handgemachte!«, gab er beleidigt zurück.

Wenn ich die Nudelbude um drei Uhr nachmittags verließ, war ich so kaputt, dass ich mich lediglich nach Hause schleppen, duschen und ins Bett fallen konnte. Gegen sechs Uhr abends wachte ich wieder auf und dachte sofort an Zhang, der um die Uhrzeit bereits seinen täglichen Einkauf auf dem Markt hinter sich hatte und wahrscheinlich Gemüse wusch und den Fußboden schrubbte, bevor er seine Bude schloss. Dann ging er nach Hause, fiel in einen tiefen Schlaf und stand am nächsten Morgen auf, um sich der immer gleichen Routine zu stellen.

Die Nudelbude war jeden Tag geöffnet, auch an Wochenenden und Feiertagen. Zhangs Tagesablauf war jeden Tag der gleiche – oft wusste er deshalb gar nicht, welchen Wochentag wir gerade hatten.

»Ist heute Montag?«, fragte er dann schon mal an einem Mittwoch.

Bis dahin hatte ich immer geglaubt, man würde nur dann vergessen, welcher Tag welcher war, wenn man Urlaub und weder einen festen Zeitplan noch wirklich Wichtiges zu tun hatte. Mir war nie in den Sinn gekommen, dass man sein Zeitgefühl auch deshalb verlieren könnte, weil man ohne Unterlass tagein, tagaus das Gleiche tat.

# 7

Tagsüber schuftete ich in einer schmuddeligen Nudelbude – abends dinierte ich in den angesagtesten Restaurants. Ich hatte gerade die Redaktion für die Restaurantseiten der englischen Ausgabe von *TimeOut Beijing* übernommen. Die Zeitschrift war schon einige Jahre auf Mandarin erschienen, doch 2005 war die ausländische Gemeinde groß genug, um eine etwas frechere englische Ausgabe herauszubringen, die Pekings wachsende internationale Szene bedienen sollte.

Es war mein erster Job als professionelle Autorin von Texten zum Thema Essen. Ich musste Restaurantkritiken sowie Beiträge über aktuelle Trends schreiben und mich dazu in Pekings florierende Restaurantszene stürzen. Die neuen, ehrgeizigen Projekte der Restaurantbetreiber hatten nichts mehr mit den langweilig eingerichteten staatseigenen Gaststätten von früher zu tun. So kam ich in einem mich an ein Mausoleum erinnernden, rundherum verglasten Restaurant im Pekinger Umland in den Genuss von mit grünem Tee und Wasabi gewürzten Garnelen. Direkt über einem wummernden Nachtclub saß ich einmal in einem mit zeitgenössischer chinesischer Kunst dekorierten Restaurant, das das chinesische Äquivalent zu Soul Food, der traditionellen Küche der Afroamerikaner im Süden der USA, servierte: zarte Schweinerippen mit Kartoffelbrei, beides tatsächlich Spezialitäten der ländlich geprägten südwestlichen Provinz Guizhou.

Die Vielfalt des Essens in Peking war schier unfassbar. Immerhin zählte Peking zu den am schnellsten wachsenden Hauptstädten der Welt, und das Angebot an Restaurants war mindestens ebenso vielfältig wie in New York – es gab alles von persisch über karibisch bis hin zu uigurisch. In der chinesischen Hauptstadt gab es zu dem Zeitpunkt mehr als 40.000 Restaurants. Hunderte von Lokalen öffneten – und schlossen – jeden Monat. Der Redaktionsjob lieferte mir einen perfekten Vorwand, um die boomende kulinarische Szene zu entdecken.

Die Herausgeberin der Zeitschrift hieß Hong Hang und war die Tochter von Maos Englischlehrer. Sie strebte an, Chinas Oprah Winfrey mit eigener Talkshow und mehreren von ihr kontrollierten Zeitschriften zu werden. Sie war weithin bekannt, und wenn ich meine Visitenkarte zückte, zollte man mir Respekt. Trotzdem war das Konzept der Restaurantkritik in China noch neu, und die Chinesen fanden meine Methoden, gelinde gesagt, eigenartig. Ich hielt mich ganz an die traditionelle Vorgehensweise amerikanischer Journalisten und tauchte unangekündigt in den Restaurants auf. Wenn ich einen Tisch reservieren musste, tat ich das unter dem Namen »Lin«, was nicht ganz erfunden war, da Lin die erste Hälfte meines Vornamens bildet. Ich bezahlte die Rechnung stets in bar – das Geld bekam ich später von *TimeOut* wieder.

»Das ist ja interessant«, kommentierte eine chinesische Freundin, als ich ihr das Prozedere beschrieb. »Das heißt, du gehst einfach in das Restaurant wie ein ganz normaler, x-beliebiger Gast.« Sie schwieg nachdenklich. Dann sagte sie: »In China macht man das aber anders.«

Chinesische Medien bezahlen ihre Journalisten nicht sonderlich üppig. Um ihr Einkommen aufzubessern, nehmen die Journalisten von den Restaurantbesitzern oft hongbao an, rote Umschläge mit Geldgeschenken darin. Als Gegenleistung schreiben sie dann positive Kritiken. Ich war anfangs noch ziemlich naiv und eher schockiert als beleidigt, als ich zum ersten Mal die Pressemappe eines Restaurants öffnete und einen roten Umschlag mit fünfundzwanzig Dollar darin fand. Alteingesessene Journalisten verrieten mir, dass man ihnen schon bis zu hundert Dollar Bestechungsgeld zugeschoben hatte.

Den Menschen waren *guanxi,* Beziehungen, wichtiger als Aufrichtigkeit, und die chinesischen Medien sahen über diese Praktiken einfach hinweg. Sie erwarteten, dass ihre Journalisten gratis essen durften, und die besonders cleveren Restaurantbesitzer freundeten sich mit Herausgebern und Redakteuren an, so dass sie nicht selten eine Kritik über ihr Lokal sogar selbst überarbeiten konnten, bevor sie erschien. Eigentlich waren die Kritiken tatsächlich nichts anderes als Reklame, für die die Wirte zahlten – aber das hätte natürlich niemand zugegeben.

Ich war einmal mit einem Pekinger Restaurantkritiker im Din Tai Fung essen, einem teuren Restaurant, dessen Spezialität Maultaschen Shanghaier Art waren. Wir sprachen über seine Methoden, und da fragte ich ihn direkt, ob das Annehmen von Bestechungsgeldern und kostenlosen Mahlzeiten seine Berichterstattung nicht beinflusse. »Die Sache ist doch ganz einfach«, sagte er kopfschüttelnd. »Ich lüge nie. Ich schreibe nur über das gute Essen. Über das schlechte schreibe ich nicht.«

»Und was ist, wenn in einem Restaurant kein Gericht gut ist?«

»Dann schreibe ich über die Atmosphäre.«

»Und was ist, wenn auch die Atmosphäre nicht gut ist?«

Das verschlug ihm für einen Moment die Sprache. Dann hellte sich sein Gesicht auf. »Normalerweise ist die Atmosphäre umso besser, je schlechter das Essen ist.«

Seiner Meinung nach war *TimeOut* ganz schön naiv, für mein Essen zu bezahlen. Was wir denn damit beweisen wollten?

Als wir uns zu diesem Essen verabredeten, hatte ich darauf bestanden, für uns beide zu bezahlen. »Sicher?«, hakte er nach. »Es ist eigentlich nicht üblich, dass die Frau den Mann einlädt.« Doch als der Kellner ihm die Rechnung brachte (weil er ja der Mann war), deutete er dann doch auf mich und sagte: »Sie zahlt.«

Als ich ihn fragte, ob er mir irgendwie zu einem Praktikum in einer Restaurantküche verhelfen könnte, war er offenkundig verwirrt. »Ich dachte, das mit dem Schreiben läuft ganz gut? Warum willst du denn jetzt in einem Restaurant arbeiten?« Als ich ihm erklärte, dass ich bereit sei, ganz ohne Bezahlung zu arbeiten, weil ich gerne neue Erfahrungen sammeln wollte, fing er schallend an zu lachen. »So etwas habe ich ja noch nie gehört! Ich kann dich jedem Restaurantbesitzer der Stadt vorstellen, wenn du willst. Aber in einem Restaurant arbeiten? Das kann nicht dein Ernst sein!«

Mein Erfolg als Restaurantkritikerin schien mit meiner wachsenden Bereitschaft zusammenzuhängen, exotische Gerichte auszuprobieren. Ich hatte es aufgegeben, meine Freunde zu fragen, welches die exotischsten Gerichte gewesen seien, die sie je gegessen hatten, nachdem eine Freundin mir von einem pfannengerührten Essen mit einer unidentifizierbaren Fleischsorte berichtet hatte, das ihre Mutter ihr einmal aufgetischt hatte. »Das ist Lamm«, hatte ihre Mutter zunächst behauptet. Doch als meine Freundin aufgegessen hatte, räumte sie ein, dass es sich um eine menschliche Plazenta gehandelt hatte. Viele Chinesen schätzen den hohen Nährstoffgehalt eines Mutterkuchens (und auch in anderen Kulturen, wie zum Beispiel in Frankreich, ist das so). Ich als Amerikanerin war von solchen Geschichten regelrecht entsetzt. Als ich jedoch meinen anfänglichen Ekel überwunden hatte, musste ich mir eingestehen, dass die Einstellung der Chinesen zum Essen einer gewissen Anmut nicht entbehrte. Beim Essen war nichts selbstverständlich, und es wurde nichts weggeworfen. Vor nicht allzu langer Zeit wäre in China ein wählerischer Esser schlicht verhungert. Und wenn man prinzipiell Fleisch aß, wo wollte man dann die Grenze ziehen?

Mein neuer Job stellte meine Einstellung dem Fleischverzehr gegenüber in vieler Hinsicht auf die Probe. Im Jahr des Hundes (2006) hatte *TimeOut* die glorreiche Idee, mich über Hunde-Eintopf schreiben zu lassen. Über hundert Restaurants in Peking servierten immer noch Hundefleisch, obwohl Tierschützer forderten, dies zumindest für die Dauer der Olympischen Spiele zu untersagen, für die Zeit, in der Peking im internationalen Rampenlicht stehen würde.

Ich hatte meine Freundin Xin, die Plazenta-Esserin, eingeladen mitzukommen. Sie wartete vor dem Restaurant auf mich, in dem offenbar jede Menge los war. Wir setzten uns, und als der dampfende Eintopf vor uns hingestellt wurde, stürzte Xin sich sofort darauf. Ich zögerte und versuchte krampfhaft, mich zu überwinden.

»Komm schon, wer A sagt, muss auch B sagen«, gängelte Xin mich wie eine Mutter ihr Kind. Hundefleisch, rief sie mir in Erinnerung, war angeblich gut für den Kreislauf. Ich trank erst mal ein Glas Bier. Dann riss ich mich zusammen und nahm meine Schale, die Xin mit Fleisch und Brühe gefüllt hatte. Ich trank einen Schluck. Deftig und mild. Ich tunkte ein Stück Fleisch in Chilisoße. Das Fleisch sah aus – und schmeckte – wie sehniges Lammfleisch.

Xin griff den Vergleich auf und fragte, wieso ich ohne Probleme das Fleisch eines blökenden Schafbabys essen könne, aber nicht das eines knurrenden Köters vom Lande?

»Nun, weil die meisten Amerikaner eine ganz besondere Verbindung zu Hunden haben«, erklärte ich. »Wir halten sie uns als Haustiere.« Auch immer mehr Chinesen begeisterten sich für Hunde und schafften sie sich als Haustiere an. Da sei so eine Reaktion doch ganz natürlich.

»Wieso? Wir essen doch nicht unsere eigenen Hunde«, sagte sie.

Damit hatte sie die Sache auf den Punkt gebracht, und irgendwo hatte sie wohl nicht ganz unrecht. Schließlich kannte ich ja auch Besitzer von Ziervögeln, die Huhn aßen. (Übrigens stellte ich im Rahmen meiner exotischen Essabenteuer fest, dass das gängige Vorurteil, alles Exotische »schmeckt wie Huhn« nicht wahr ist.) Und doch war meine persönliche Toleranzgrenze erreicht, als der Inhaber mir mitteilte, dass die Hunde im Alter von vier Monaten geschlachtet würden, um wirklich zartes Fleisch zu bekommen. Ich hatte Hundewelpen gegessen. Auf dem Nachhauseweg bekam ich einen Migräneanfall – das Karma schlug zurück.

Einige Monate später, während der Aufnahmen für eine CBS-News-Fernsehreportage über das Essen an Straßenständen in China, überredete mich jemand, einen gebratenen Skorpion am Spieß zu essen. Doch das war noch nicht die härteste Herausforderung: Ich sollte eine Kritik über ein Restaurant namens »Stark im Topf« schreiben, das sich auf die Zubereitung von männlichen Tiergenitalien spezialisiert hatte. Die Chinesen glaubten nämlich, dass der Verzehr dieser Intimteile potenzsteigernde Wirkung hat. Es gibt da diese Redensart auf Mandarin: »Chi shenme, bu shenme« – iss, was du reparieren musst.

Das erste Hindernis: Ich musste eine geeignete Begleitung finden. Das war bisher nie ein Problem gewesen. »Habe auswärts Termine«, logen einige, während die Ehrlichen reflexartig »Das ist ja ekelhaft!« riefen. Nur Jimmy, einer meiner chinesischen Freunde, war mutig genug. Er war ein hohes Tier in der Werbebranche, er war verheiratet – und er gab zu, in Sachen körperlicher Liebe ein wenig Unterstützung brauchen zu können. »Wir Männer stehen beruflich derart unter Druck, dass es uns schwerfällt, auch zu Hause noch

Höchstleistungen zu bringen«, erklärte er. »Wann soll ich dich abholen?«

Das Restaurant lag nur einen Häuserblock – wenn auch einen sehr langen Pekinger Häuserblock – von meiner Wohnung entfernt, und doch war es mir vorher noch nie aufgefallen. Die Fassade war unscheinbar, und die Fenster waren getönt, so dass man von außen nicht sehen konnte, was drinnen vor sich ging – wie bei einem Pornokino. Man betrat eine kleine Eingangshalle, an die sich ein Flur anschloss, der zu einer Reihe von Separées führte. Eine Frau in schwarzem Nadelstreifenkostüm führte uns in einen Raum, in dem ein runder Tisch mit einer Drehplatte darauf stand. Ich war ganz froh über das diskrete Setting, das uns Anonymität sichern würde.

Ich hatte in letzter Minute zwei weitere Freunde überreden können, uns zu begleiten: Victor, einen chinesischen Doktoranden an der Pekinger Uni, der einfach nur neugierig war und zusehen wollte – beim Gedanken daran, das Geschlechtsteil eines Tieres zu essen, drehte sich ihm der Magen genauso um wie mir. Und Jon, einen Amerikaner, der seit acht Jahren in China lebte und mit einer befreundeten Chinesin verheiratet war. Er war aus reiner Abenteuerlust mit von der Partie. »Jetzt lebe ich schon so lange hier – wird wohl langsam Zeit, dass ich das mal ausprobiere«, sagte er.

Der Geschäftsführer stellte uns die Frau im Nadelstreifenkostüm als Frau Zhao vor. Sie trug das Haar mit bunten Farbsträhnen in einem Pferdeschwanz und sah kaum wie achtzehn aus, aber das Kostüm verlieh ihr natürlich einen Hauch von Professionalität.

»Und wo ist die Ernährungsberaterin?«, fragte Jimmy. Als wir den Tisch reservierten, war uns gesagt worden, während des Essens würde uns eine Ernährungsberaterin zur Seite stehen.

»Frau Zhao ist unsere Ernährungsberaterin«, antwortete der Geschäftsführer.

»Sind Sie zertifiziert?«, fragte ich.

»Aber ja – sie genügt voll und ganz unseren Standards«, antwortete der Geschäftsführer, bevor Frau Zhao etwas sagen konnte.

Frau Zhao hatte eine kurze Ansprache vorbereitet. »Schon von alters her verehren die Menschen bian«, hob sie an und benutzte dabei die korrekte Bezeichnung für das männliche Genital. Nicht nur Männer profitierten vom Verzehr von bian, versicherte sie. Bian sei gut für jedermanns Haut. Vielleicht war Frau Zhaos seidige Haut ja das Ergebnis der hier servierten Speisen, dachte ich. Ich war jedenfalls beeindruckt von der langen Liste der edlen Geschlechtsteilspender auf der Speisekarte – das Restaurant bot die Reproduktionsorgane von unter anderem Pferd, Hirsch, Schaf und Schlange an. Frau Zhao zeigte uns den bian einer kanadischen Robbe. Das kleine, schrumpelige Glied war zusammen mit dem Paar Hoden der teuerste Posten auf der Speisekarte: vierhundert Dollar.

Pflichtschuldigst schrieb ich alles fein säuberlich auf. Mir grauste vor dem Moment, in dem ich den Stift weglegen und die Stäbchen in die Hand nehmen musste.

Ich wusste nicht recht, ob ich es beruhigend oder beunruhigend finden sollte, dass der erste, aus Rinder-bian zubereitete Gang aussah wie eine ganz normale Vorspeise. Der bian war in lange, dünne Scheibchen geschnitten, die auch von jedem anderen Teil des Bullen hätten stammen können. Mit Zwiebelstreifen, Paprika und Essig vermengt waren sie zwar etwas zäh, aber durchaus genießbar.

Mit dem Tischgespräch ging es wie mit dem Essen unaufhaltsam bergab. Der nächste Gang war eine Mischung verschiedener bian, die in einer Brühe zusammen mit Schildkröte, Rinderknochen, Hirschgeweih und Ginseng gekocht waren, alles Zutaten, die zur Potenzsteigerung verwendet werden – hier in Form einer Suppe gereicht, da Suppen den Status von Stärkungsmitteln hatten. Eine solche Bandbreite von Zutaten war dem Gericht nicht zuträglich, und auch die Gewürze konnten den Arzneigeschmack nicht kaschieren. Ich gewann den Eindruck, dass solche Suppen den Chinesen einzig und allein dazu dienten, bei wichtigen Geschäftsessen auf kostspielige Weise Eindruck zu schinden. Das Fleisch war jedenfalls durch die Bank zäh bis gummiartig. Sollte ich jemals wieder dazu genötigt werden, Geschlechtsteile von Tieren zu essen, dann würde ich mich für Esel entscheiden – der Eselbian schien mir immer noch der mildeste und zarteste von allen zu sein.

Frau Zhao merkte an, dass bian in der chinesischen Ernährungslehre als »warmes« Essen galt. Dies bedeutete, dass man es am besten im Winter aß. Verzehrte man zu viel davon, konnte das den huoqi – die innere Wärme – bis hin zum Nasenbluten steigern. »Ich würde daher davon abraten, häufiger als einmal pro Woche bian zu essen«, erklärte sie.

Ich wollte gerade von den Hammelhoden abbeißen, als Frau Zhao aufquietschte: »Nein! Die sind nur für Männer! Wenn Frauen Hoden essen, bekommen sie einen Schnurrbart!«

Victor, dem die Vielfalt der Fleischsorten nicht geheuer gewesen war, hatte uns nach nur einem Bissen Rinderhodenstreifen verlassen. Jimmy und Jon dagegen schien es richtig zu schmecken. Sie aßen noch lange, nachdem ich fertig war, und spülten das Essen mit reichlich Bier herunter.

»Stimmt es eigentlich, dass Ausländer größere bian haben als Chinesen?«, hörte ich Jimmy sich vertrauensvoll an Jon wenden. Ob seine neue Kühnheit Folge des Biers oder des exotischen Essens war, konnte ich nicht mit Sicherheit sagen.

# 8

Ich hatte Küchenmeister Zhang etwa ein halbes Jahr bevor ich bei ihm als Nudellehrling anheuerte, kennengelernt. Er hatte damals einen Nudelladen ganz in der Nähe. Mir fiel auf, wie er sich von ein paar Gästen verabschiedete: »Wenn Sie Ideen oder Vorschläge haben, sagen Sie es mir doch bitte«, sagte er, während er sie zur Tür brachte. In einem Land, in dem die Menschen meist versuchten, es sich so einfach wie möglich zu machen, fand ich es erfrischend, dass es jemanden gab, der offenbar Interesse daran hatte, gutes Essen für zufriedene Gäste zu machen.

Zhang stammte aus Shanxi, jener armen, staubigen Provinz, in die man Vorsitzende Wang während der Kulturrevolution geschickt hatte. Seine Eltern hatten fünf Söhne und eine Tochter, doch da sie zu arm waren, um alle sechs Kinder großzuziehen, hatten sie zwei von ihnen weggegeben. Das Los traf Zhang – er war der vierte Sohn, und die Vier ist in China eine Unglückszahl – und seine Schwester (sie war ein Mädchen, und das ist in China ein Unglück). Sie wurden, als Zhang noch ein Kleinkind und seine Schwester bereits zwölf war, einer kinderlosen Tante und ihrem Mann überlassen, die dreißig Kilometer entfernt wohnten.

»Die beiden konnten nicht einmal lesen«, erzählte Zhang. »Sie waren arme, einfache Schafbauern.« Seine Adoptivmutter starb, als er fünf war. Wenige Jahre später heiratete seine Schwester und zog aus. Von da an waren Zhang und sein Onkel allein. »Für mich war er mein richtiger Vater«, sagte Zhang. »Ich war ihm sehr eng verbunden.«

Zhang war während der Kulturrevolution noch ein Kind

gewesen, aber er erinnerte sich an die Gemeinschaftsküchen, die die Regierung ins Leben gerufen hatte. »Wenn die örtlichen Regierungsbeamten Rauch aus deinem Schornstein steigen sahen, bekamst du mächtigen Ärger. Dann nahmen sie dir sämtliche Kochutensilien weg und hängten dir ein Schild um den Hals. Und dann trommelten sie die ganze Stadt zusammen und prangerten dich an.«

Als die Kulturrevolution endlich endete, stieg der Lebensstandard auf dem Lande. Die Regierung teilte jedem Haushalt Lebensmittel zu, und weil im Haushalt seines Onkels nur zwei Personen lebten, hatten Zhang und er immer genug zu essen. »Wir bekamen jeden Monat aber nur eine geringe Menge Fleisch«, erinnerte Zhang sich. Daher waren Daoxiao Mian, jene Nudeln, die er später herstellen sollte, um sich damit seinen Lebensunterhalt zu verdienen, ein großer Bestandteil ihrer Ernährung. »Damals haben wir aber nicht Weizenmehl verwendet. Wir benutzten die Getreidearten, die wir selbst anbauten, und das war alles von Hirse bis Buchweizen.«

Als Zhang zum Teenager heranwuchs, war sein Onkel bereits über sechzig und bekam gesundheitliche Probleme. Zhang übernahm die Verantwortung auf dem kleinen Hof. Er ging also nicht nur zur Schule, sondern züchtete nebenbei auch Schweine, kochte und kümmerte sich um die Schafe. »Ich musste in den Bergen Kräuter sammeln, um mir den Schulunterricht leisten zu können. Als Kind besaß ich rein gar nichts. Ich musste alles selber machen. Ich wusste, dass ich nicht zu Hause herumsitzen und darauf warten konnte, dass mir etwas Gutes widerfahren würde.«

Da er so viele Verpflichtungen hatte, vernachlässigte er die Schule und war erst mit der neunten Klasse fertig, als er siebzehn war. Er wollte gerne weiter zur Schule gehen, aber dafür hatte sein Onkel kein Geld. Der Onkel erwartete sowieso, dass Zhang ebenfalls Bauer werden würde.

Doch China war bereits auf dem Weg, sich mit rasender Geschwindigkeit von einer Agrar- in eine Industriegesellschaft zu verwandeln. Die Wirtschaftsreformen der frühen 1980er Jahre hatten eingesetzt, und das Land öffnete sich dem Rest der Welt. Zhang sah darin seine Chance, aus den alten Traditionen auszubrechen. In der Nähe seines Dorfes hatte ein Kokswerk eröffnet, das die steigende Nachfrage nach Koks als Treibstoff und in der Stahlproduktion befriedigen sollte. Doch das Werk stellte nur Menschen ein, die über das entsprechende »Vitamin B« verfügten. Zhang beschloss, dem für das Werk zuständigen Parteisekretär der Kommunistischen Partei einen Brief zu schreiben, in dem er seine bitterarme Kindheit sowie seinen brennenden Wunsch schilderte, im Leben vorwärtszukommen. Der Parteisekretär war von dem Brief bewegt und stellte Zhang als seinen Bürogehilfen ein.

Das war zwar nicht der tollste Job, aber immerhin eine großartige Chance für ein Kind ungebildeter Bauern. Zhang bekam dafür fünf Dollar im Monat. Er verliebte sich in eine Kollegin und heiratete sie mit vierundzwanzig. Ein Jahr nach der Hochzeit bekamen die beiden eine Tochter. Die Regierung hatte gerade die Ein-Kind-Politik eingeführt, doch auf dem Land sah man die Sache nicht ganz so eng. Bauernpaare, deren erstes Kind ein Mädchen war, durften nach vier Jahren noch ein Kind bekommen. Kaum war die Wartezeit herum, brachte Zhangs Frau einen Sohn zur Welt. Im Gegensatz zu den meisten anderen Menschen auf dem Lande fand Zhang nicht, dass Jungen mehr wert seien als Mädchen. »Das zweite Kind bekamen wir nur meinem Vater zuliebe«, sagte er und bezog sich dabei auf seinen Onkel, der ihn so liebevoll aufgezogen hatte. Die Geburt des Sohnes konnten sie jedoch nicht aus vollem Herzen feiern, denn nur kurze Zeit später starb Zhangs Adoptivvater-Onkel.

Zhang war in dem Koksunternehmen aufgestiegen, und Mitte der 1990er Jahre verdiente er als leitender Angestellter sechzig Dollar im Monat. Doch nun, da die Last von ihm genommen war, seinen alten kranken Vater/Onkel versorgen zu müssen, wollte Zhang endlich anderswo Karriere machen. Peking war natürlich die erste Wahl: Die größte Stadt der Region lag nur eine Tagesreise mit dem Zug entfernt. Zhang hatte eine Tante in Peking, die ihm helfen konnte, Arbeit zu finden. Seine Frau blieb auf dem Land und kümmerte sich um die Tochter und den neugeborenen Sohn.

Zhang war 1997 nach Peking gekommen. Die Chancen, eine feste Anstellung zu finden, standen schlecht. Viele Wanderarbeiter landeten auf dem Bau oder verrichteten andere körperliche Arbeit, doch Zhang wollte einen qualifizierteren Job. Seine Tante brachte ihn in einem Sichuan-Restaurant unter. Zhang hatte zwar nie zuvor in einem Restaurant gearbeitet, aber er wollte es mit dem Kochen versuchen. Er war dreißig und hatte das Gefühl, zu alt zu sein, um noch etwas Neues zu lernen. »Wir müssen schließlich alle essen, also dachte ich, in dem Bereich würde ich wohl immer Arbeit finden«, erzählte er mir.

In dem Sichuan-Restaurant wusch er mehrere Monate lang Gemüse, bis das Yushan, ein erfolgreiches staatseigenes Restaurant in der Nähe des Himmelstempels, ihn als Koch einstellte. Dort blieb er acht Jahre. Er verdiente genauso viel wie im Kohlewerk in Shanxi. Dabei war das Kochen im Restaurant nicht vergleichbar mit dem Kochen zu Hause. »In Shanxi habe ich immer nur ganz schlichte Gerichte gekocht. Wir aßen, um satt zu werden. Nudeln zum Beispiel oder gedämpftes Brot mit eingelegtem Gemüse. Erst in Peking begriff ich, dass es auf den Geschmack ankommt«, sagte er. Im Restaurant machte er die Bekanntschaft von Austernsoße, Ketchup, Sichuan-Pfefferkörnern, Zitronen und chinesischer Grillsoße. »Ich musste erst mal die vielen Namen für das Gemüse und die Gerichte lernen. Am schwierigsten fand ich den Umgang mit dem Wok. Und ich hatte keine Ahnung, wie man etwas einlegt. Oder was es mit guoyou auf sich hatte.« Guoyou bezeichnet das scharfe Anbraten von Fleisch, bei dem sich die Fleischporen schließen, so dass es saftig bleibt.

»Ich musste ja alles von Grund auf lernen, darum konnte ich nicht mehr Geld verlangen«, sagte er. »Aber ich dachte, dass meine Aufstiegsmöglichkeiten auf lange Sicht besser sein würden.« Immerhin umfasste der Job freie Kost und Logis, so dass Zhang im Prinzip sein gesamtes Gehalt an die Familie schicken konnte. »Ein paar Dollar behielt ich – für Zigaretten«, erinnerte er sich.

Da Zhang seine Karriere als Koch erst so spät im Leben in Angriff genommen hatte, lernte er unter einem gleichaltrigen Meister, und zwar die Dinge, die ich an der Kochschule beigebracht bekommen hatte: wie man schnitt, wie man mit dem Messer und wie man mit dem Wok umging. Zhang stieg im Yushan immer weiter auf, bis er schließlich Chefkoch war. Sein Tagesablauf war jeden Tag derselbe: Um neun Uhr aufstehen, eine Stunde später bereits Vorbereitungen für den Andrang zum Mittagessen treffen. Nachmittags hatte er zwei Stunden Pause, dann stand er wieder bis neun Uhr abends in der heißen, dunstigen Küche. Er hatte nur zwei, drei Tage im Monat frei und verließ nur selten das Restaurant. Während seine Kollegen nach der Arbeit spielten, tranken oder Fernsehen guckten, saß er häufig allein in einer Ecke des Speiseraums und las Romane oder schrieb Tagebuch – oft bis in die frühen Morgenstunden.

Ich hatte des Öfteren im Yushan gegessen, während Zhang dort arbeitete, allerdings kannte ich ihn damals noch nicht. Ich hatte mich mit einer der Kellnerinnen angefreundet und sie hin und wieder besucht. Der Speiseraum war mit kunstvollen Drachen aus unechtem Gold dekoriert und verfügte über spanische Wände, die zur Bewirtung einer größeren Gesellschaft weggeklappt werden konnten. Es war eines der Restaurants, in dem sämtliche mit dem Essen verbundenen Geräusche (Tischgespräche, gegen Porzellan klirrende Stäbchen und Löffel, das Rufen nach der Kellnerin) von den Wänden widerhallten und im Raum kreuz und quer Echos erzeugten. Diese chaotische Atmosphäre nennt man in China *renao* – und die Chinesen lieben es. Yushan war eines der wenigen noch verbliebenen staatseigenen Restaurants – die meisten anderen Lokale waren längst in Privatunternehmen umgewandelt worden. Die Lage des Restaurants – gegenüber dem nördlichen Eingang zum Himmelstempel – garantierte den Zustrom vieler Touristen. Die Kommunistische Partei nutzte ihre Verbindungen zum Amt für Tourismus und sorgte dafür, dass ganze Busladungen von Reisenden dort abgeladen wurden. Ein kleiner Souvenirladen in der Nähe der im ersten Stock gelegenen Eingangshalle bot Schnickschnack an wie bestickte seidene Handytaschen und Plüsch-Pandabären.

Die Küche des Yushan war auch auf Reisende aus dem Rest der Welt eingestellt. Im Gegensatz zu den meisten anderen Restaurants in Peking, die sich in der Regel auf eine bestimmte Regionalküche spezialisierten, bemühte das Yushan sich, alle Grundküchen abzudecken. Die Köche zerlegten gebratene Peking-Enten, während die Kellnerinnen Mapo-Tofu servierten. Die Gäste aßen zum Abendessen Dim-Sum-ähnliche Snacks, wie sie einst den königlichen Mitgliedern der Qing-Dynastie kredenzt worden waren und die zu einem Standardangebot in Touristen-Restaurants avanciert waren. Auch einige wenige exotische Gerichte zierten die Speisekarte, das teuerste kostete fünfzehn Dollar: Kamelfüße.

Die Kellnerin, mit der ich mich angefreundet hatte, war 2003 mit einem Dutzend Klassenkameradinnen von der Berufsschule in Sichuan nach Peking gekommen. Sie hieß Qin.

Die jungen Frauen hatten sich auf die Arbeit in der Gastronomie spezialisiert, und die Schule hatte ihnen allen nach Abschluss der Ausbildung ein Praktikum in Peking besorgt. Wie sich zeigen sollte, war das Praktikum jedoch nichts anderes als ein Job als Kellnerin im Yushan, mit dem einzigen Unterschied, dass der Geschäftsführer jeden Morgen ihre Namen aufrief, um sicherzustellen, dass noch alle Mädchen da waren. Die Eltern der Mädchen, in der Regel arme Bauern, waren froh, ihre Töchter in die Großstadt schicken zu können. So mussten sie einen Mund weniger stopfen und bekamen obendrein noch jeden Monat Geld geschickt (nachdem die Schule eine Praktikumsgebühr von sechs Dollar pro Monat für sich abgezogen hatte). Die Kellnerinnen verdienten etwa hundert Dollar im Monat, je nachdem, wie großzügig der Chef war. Lief das Geschäft gut, bekamen sie etwas mehr, aber im Winter, wenn die Touristen ausblieben, wurde ihr Gehalt auch schon mal um zehn Prozent reduziert. Die Mädchen sollten eigentlich zwei freie Tage im Monat haben, doch während der großen Ferien mussten sie oft wochenlang ganz ohne Freizeit auskommen.

Die Kellnerinnen waren in einem engen, muffigen Alkoven gleich hinter der Küche untergebracht, der von Leuchtstoffröhren erhellt wurde. Jeder war eins der an der Wand stehenden Etagenbetten zugeteilt. Die einzige Tür führte in die Küche. Hätte es mitten in der Nacht gebrannt – die jungen Frauen wären mit hoher Wahrscheinlichkeit umgekommen. Trotz der Trostlosigkeit des Schlafraums verwandelte er sich Nacht für Nacht nach dem Ende der Spätschicht in den Schauplatz ausgelassener Pyjama-Partys: Die Frauen hüpften auf den Betten herum, sangen chinesische Poplieder und knabberten Kartoffelchips.

Als ich Qin kennenlernte, war sie achtzehn und hatte bereits zwei Jahre in Peking gelebt. Obwohl ich wusste, dass sie und die anderen Kellnerinnen ihr eigenes Geld verdienten und sogar ihre Familien unterstützten, fiel es mir schwer, sie als Erwachsene zu sehen. Sie wirkten so naiv und behütet. Qin war die Jüngste. Wenn sie nach Feierabend die Kellnerinnen-Uniform – ein rotes, mit Goldfäden besticktes Kleid – an den Nagel gehängt und sich abgeschminkt hatte, machte sie sich einen seitlichen Pferdeschwanz und schlüpfte in Jeans und ein weißes Kapuzen-T-Shirt. Dann sah sie plötzlich aus wie eine Mittelstufenschülerin. Kein Wunder also, dass ihre Kolleginnen sie meimei nannten, »kleine Schwester«. Doch für ihre ein Meter fünfzig trat sie recht selbstsicher auf.

»Es gibt Leute, die uns Sichuanesen ›Ratten‹ nennen, weil wir klein, clever und manchmal auch listig sind«, klärte sie mich mit einem schelmischen Lächeln auf.

Eines Tages war Qin offensichtlich gedrückter Stimmung. »Bevor ich hierherkam, dachte ich, Peking sei die aufregendste Stadt der Welt. Ich hatte so viel über die Geschichte und Kultur Pekings gehört. Ich sah Mao Zedong und die Massen auf dem Platz des Himmlischen Friedens förmlich vor mir. Peking war für mich der ultimativ interessanteste Ort überhaupt. Anders als Sichuan eben. Viel weiter entwickelt. Aber als ich dieses Jahr in Sichuan war, wollte ich gar nicht wieder zurück nach Peking. Mir war aufgefallen, dass sich auch in Sichuan die Dinge zum Besseren entwickelten.«

Dann schaltete sie wieder um auf mädchenhaft und schmetterte eine Zeile eines berühmten chinesischen Liedes: »Die chinesische Mauer ist laaaaaang!«

Jeden Morgen überprüfte Qin die Länge ihrer Fingernägel, da die Mädchen für zu lange Fingernägel bestraft wurden. Ihr und noch ein paar anderen Kellnerinnen war schon einmal etwas vom Lohn abgezogen worden, nachdem sie sich Ohrlöcher hatten stechen lassen – obwohl niemand ihnen jemals gesagt hatte, dass das verboten war. Als ein japanischer Gast ihr einmal fünf Dollar Trinkgeld gab, kannte sie die Regeln und hielt sich daran: Sie übergab ihrem Chef die Hälfte.

»Die Japaner sind sehr höflich und freundlich«, sagte Qin. Das hatte sie überrascht. In der Schule hatte man ihnen beigebracht, Japaner seien grausam. In den Lehrbüchern wurde beschrieben, wie die Japaner beim Massaker von Nanjing 1937 schätzungsweise 300.000 Chinesen abgeschlachtet hatten, und viele Chinesen nährten eine heftige Abneigung Japanern gegenüber. Die Kellnerinnen hatten jedoch so wenig Zeit außerhalb des Restaurants verbracht, dass sich ihre Weltläufigkeit auf die Erfahrungen mit ausländischen Restaurantgästen beschränkte. »Amerikaner mögen alles, was süß-sauer ist«, erzählte sie mir.

Qin bediente am liebsten ausländische Gäste. Chinesen bringen Kellnerinnen nämlich nicht viel Respekt entgegen. Das lässt sich unter anderem daran ablesen, dass ein anderes Wort für Kellnerin – xiaojie – auch ein Euphemismus für »Prostituierte« ist. In letzter Zeit setzt sich als Bezeichnung für Servicepersonal immer mehr das geschlechtsneutrale fuwu yuan durch, was wörtlich übersetzt »Hilfsperson« heißt. Aber viel höflicher als xiaojie ist dieser Begriff auch nicht. Chinesische Gäste kommandieren die fuwu yuan herum wie Untergebene und sagen kaum jemals »bitte« oder »danke«.

Qins beste Freundinnen im Restaurant waren die Cai-Drillinge. Zu ihnen war der Chef besonders freundlich, weil er glaubte, dass dieses Hostessen-Trio mit den langen, gewellten Haaren, das Gäste stets mit Grübchen in den Wangen anlächelte, umsatzsteigernd wirkte. »In Sichuan waren wir die beliebtesten Mädchen in unserer Jahrgangsstufe«, sagte Qin. »Wir waren unzertrennlich. Wir haben immer zusammen gegessen.«

Laoda war die Älteste der Drillinge. Wörtlich übersetzt bedeutete ihr Name »alt-groß«, was ich kurios fand, da sie weder alt noch groß war. Aber sie war neugierig. Sie löcherte mich konstant mit Fragen: Wie viel Miete ich zahlte? Wie viel ich verdiente? Sie erzählte mir, dass ihre Eltern, die bereits ein Kind gehabt hatten, für die Geburt der drei Mädchen gleich dreifach zur Kasse gebeten worden waren. Die Geldstrafe hatte die gesamte Familie sehr belastet, weil die Eltern arme Bauern waren. »Wie sehen Bauernhöfe in Amerika aus?«, wollte sie wissen.

Hier geriet ich in Erklärungsnot – mein letzter Besuch auf einem Bauernhof in Amerika lag schon eine Ewigkeit zurück. Er musste irgendwann im Rahmen eines Ausflugs der ersten Klasse stattgefunden haben.

Qin und ihre Kolleginnen hatten sich alle Handys angeschafft und speicherten eifrig meine Nummer. Als ich eines Tages Laodas Telefonbuch durchsah, stellte ich fest, dass sie über fünfhundert Nummern gespeichert hatte. Sie hatte jede Nummer eingegeben, die ihr über den Weg gelaufen war, selbst die von Werbeplakaten und aus Zeitungen.

»Für alle Fälle«, sagte sie und lächelte so breit, dass ihre Zähne blitzten. »Ist doch praktisch, falls ich mal jemanden anrufen muss.«

Gelegentlich bekam ich mal eine SMS von Qin oder den Drillingen. »Wann kommst du mal wieder vorbei?«, fragten sie. Das Restaurant war nicht gerade um die Ecke, aber ich bemühte mich, sie zumindest alle zwei Monate zu besuchen. Manchmal tauchte ich einfach unangekündigt nach der Spätschicht auf – sie waren immer zu Hause. Keine der Kellnerinnen ging nach der Arbeit aus. Sie duschten hinter einem Laken in der Küche. Manchmal sahen sie auf einem kleinen Schwarzweißfernseher fern, der neben dem Nachtwächter aufgebaut war. Und ihre Betten übten stets eine große Anziehungskraft auf sie aus – schließlich waren die Mädchen den ganzen Tag auf den Beinen.

An einem stürmischen Nachmittag im März erhielt ich eine SMS von Qin, in der sie mir mitteilte, dass sie eine neue Telefonnummer habe. Ich schenkte dem weiter keine Beachtung, da Chinesen generell keine besonders loyalen Telefonkunden sind. Sie wechseln ständig den Anbieter, um noch ein bisschen Geld zu sparen.

Ich schrieb ihr zurück, dass ich am gleichen Abend ins Restaurant kommen wollte und dass wir uns dann ja sehen würden.

Sie antwortete, dass sie nicht im Restaurant sein würde.

Nicht im Restaurant? Wo sie denn dann sein würde?

Sie informierte mich, dass sie gekündigt habe und aus dem Alkoven ausgezogen sei. Sie wollte einem Freund helfen, der gerade einen eigenen Nudelladen aufgemacht hatte. Wir verabredeten uns für den nächsten Tag.

Ich machte Qins zierliche Figur in einem Gewühl von Menschen direkt vor den automatischen Schiebetüren zu einem riesigen neuen Supermarkt aus: Sie hatte die Kapuze ihres weißen Daunenmantels auf dem Kopf und hüpfte auf und ab, um sich warm zu halten.

Ying, eine andere Kellnerin aus dem Yushan, war auch da. Sie hatte ebenfalls gekündigt, erzählte mir Qin auf dem Weg zu dem Nudelladen ihres Freundes nur eine Straße weiter.

»Wir haben von Monat zu Monat weniger Geld bekommen. Selbst in den Monaten, in denen im Restaurant gut zu tun war, bekamen wir nur noch sechzig bis siebzig Dollar. Das war einfach zu wenig. Davon konnten wir nicht leben«, erzählte Qin. Die Lohnkürzungen hatten zu einer wahren Mitarbeiter-Flucht geführt.

Qin schaltete um auf Kellnerin, kaum dass wir das Nudelrestaurant betraten. »Hier, setz dich«, sagte sie. »Stell deine Tasche ab. Was möchtest du essen?« Sie schenkte mir eine

Tasse dampfenden Tee ein. Als die nächsten Gäste das Lokal betraten, begrüßte Qin sie auf die gleiche zuvorkommende Weise. Zwar steckte sie nicht mehr in ihrem roten Kleid mit Goldstickerei, aber sie war auch in ganz normalen Jeans eine glänzende Kellnerin.

Als Qin mir gesimst hatte, dass sie in diesem Nudelladen arbeiten würde, hatte sie gleich erwähnt, dass der Freund, dem der Laden gehörte, ihr wahrscheinlich nicht einmal einen bescheidenen Lohn würde zahlen können. Sie wusste nicht recht, was sie tun oder wohin sie gehen sollte. Es war ihr erster Tag ganz alleine im echten Leben. Aber nervös war sie anscheinend nicht.

Während Qin sich um die Gäste kümmerte, stand Ying in der Tür zur Küche und umarmte einen pickelgesichtigen Mann mit stacheligem braunem Haar. Ich wusste, dass die Kellnerinnen alt genug waren, um einen Freund zu haben, aber es brachte mich trotzdem ein wenig aus dem Konzept, weil es das erste Mal überhaupt war, dass ich sah, wie eins der Mädchen mit einem Angehörigen des anderen Geschlechts Zärtlichkeiten austauschte.

Die Nudelbude war im Grunde nicht mehr als eine Bretterbude. Dach und Wände aus Wellplastik sowie eine Schiebetür konnten das Innere nicht warm halten. Aber man konnte sehen, dass der Besitzer sich bemüht hatte, eine angenehme Atmosphäre zu schaffen. Im Essbereich standen sechs saubere Tische mit Hockern, und über den Fernseher in der Ecke flimmerten alberne Seifenopern. Auf einer riesigen laminierten Speisekarte an der Wand stand geschrieben: »Frisch zubereitete Nudeln im Topf«, und der Laden war picobello sauber.

Entspannt und zuversichtlich lächelnd stellte Küchenmeister Zhang einen dampfenden Topf Nudeln vor mir ab. Ganz vorsichtig, als sei er aus feinstem Porzellan und nicht aus Ton. Er hatte die Nudeln mit Schweinerippen, Seetang und Pilzen gekocht – die perfekte Mahlzeit an einem so kalten und stürmischen Tag. Und obwohl es tiefer Winter war, schmeckte alles, was ich aus der Schale fischte, als komme es direkt und frisch von einem Sommermarkt. Ich gab noch einen Spritzer Essig und Chiliöl hinzu und verputzte dann die gesamte Portion. Bei Zhang kostete eine solche Portion achtzig Cent, das war etwa das Doppelte von dem, was eine Schale Nudeln sonst kostete, aber Zhang vertraute darauf, dass die anwachsende Mittelschicht bereit sein würde, mehr zu bezahlen, wenn sie dafür die entsprechende Qualität vorgesetzt bekam.

Während Zhang in der Küche rotierte, erzählte mir Qin schnell das Wichtigste über seinen Werdegang: Er stammte ebenfalls aus Shanxi und hatte bis vor ein paar Wochen auch im Yushan gearbeitet. Das hier war sein erstes eigenes Restaurant, darum hatte er kein Geld, um eine Kellnerin zu bezahlen. Aber sie und Ying halfen ihm gerne aus, auch ohne Bezahlung. Im Yushan hatten die Mädchen ihn oft nach Feierabend aufgesucht, und er war für sie zu einer Art Berater geworden. Im Gegensatz zu den anderen Köchen, die ihre gesamte Freizeit mit Mahjong-Spielen verbrachten, erteilte Zhang gerne Ratschläge oder hörte einfach nur zu.

Während ich seine Nudeln schlürfte, schrieb der Küchenmeister mir einen Zettel, auf dem er kurz erklärte, er plane, eine ganze Kette von Nudelläden zu eröffnen, und ob ich ihm dabei helfen könne, für sein Vorhaben Reklame zu machen. Qin hatte ihm erzählt, dass ich Restaurantkritikerin sei und für eine Zeitschrift arbeitete. Ich versprach ihm, ich würde mein Bestes tun, obwohl ich bereits wusste, dass sein Laden im Vergleich zu den üblichen von Ausländern frequentierten Lokalen sowohl von der Lage als auch sonst zu abseitig war, um in TimeOut vorgestellt zu werden.

Zhang hatte einen achtundzwanzigjährigen Kollegen davon überzeugen können, sein Geschäftspartner zu werden. Er hatte Ersparnisse und konnte sich von ein paar Freunden etwas Geld leihen, so dass er insgesamt über fünftausend Dollar Startkapital verfügte. Er war bei einem Freund eingezogen, bei dem er mietfrei wohnen konnte. Nun musste er mit dem Fahrrad durch ihm völlig unbekannte Straßen fahren, um zu seinem Laden zu kommen, und hatte keine Ahnung, ob er je genug verdienen würde, um seine Kosten zu decken. Nach zehn Jahren in einer Fabrik und acht Jahren in einem staatseigenen Restaurant war Zhang endlich sein eigener Chef.

Als ich die Nudeln aufgegessen hatte und bezahlen wollte, nahm Zhang mein Geld nicht an. Ich dachte, er wollte einfach nur höflich sein, darum legte ich einen Zehn-yuan-Schein (etwa 1,20 Dollar) auf den Tisch. Aber er nahm ihn und steckte ihn mir in die Tasche. Als ich ihm abermals Geld anbot, baute er sich mit geschwollener Brust vor mir auf, als wollte er sagen: »Ich lasse Sie hier nicht raus, wenn Sie bezahlen wollen.« Was mir zunächst wie eine zuvorkommende Geste vorkam, fühlte sich plötzlich fast feindselig an. Mir wurde klar, dass es hier nicht um Gastfreundlichkeit ging, sondern um Stolz.

»Machen Sie sich keine Sorgen. Seien Sie nicht einfach nur höflich.« Er sah mich finster an. »Sie sollen kein Mitleid mit mir haben, nur weil ich vom Land komme.«

Zhangs Nudelladen hielt sich dort, wo ich das erste Mal seine Nudeln aß, gerade mal zwei Monate. Als ich das nächste Mal bei ihm essen wollte, hatte er sein Geschäft einige Kilometer weiter in die Schnellimbissstraße verlegt, wo ich später seine Praktikantin wurde. Die Pacht war dort günstiger. In der Budengasse aßen die Angestellten des prächtigen neuen Möbelimperiums, das wohlhabende Pekinger auf der Suche nach Springbrunnen, Palmen und Sofas durchstöberten. Die Angestellten wollten schnell und billig zu Mittag essen, darum verschlankte Zhang seine Speisekarte und senkte die Preise.

Zhang erzählte mir, dass sein voriger Laden sich nicht hatte halten können, weil sein Partner völlig überraschend beschlossen hatte, zu heiraten und in sein Heimatdorf zurückzukehren. Doch eines Tages, nachdem wir schon eine ganze Weile zusammen gearbeitet hatten, sagte er: »Ich werde dir jetzt was erzählen, auch wenn ich das Gesicht verliere.« Beschämt räumte er ein: »Unser erster Laden ging zugrunde, weil wir Qualitätsprobleme hatten. Mein Partner war schlampig. Er hat die Nudeln nicht gut geschnitten. Weil sie ihm egal waren. Und um das Gemüse hat er sich auch nicht ordentlich gekümmert. Einmal hat er sogar vergammeltes Gemüse serviert.« Zhang und sein Partner waren darüber in Streit geraten, und Zhang hatte beschlossen, dass er mit so jemandem nicht zusammenarbeiten konnte.

Zhang zündete so gut wie jeden Morgen ein Räucherstäbchen an und stellte es vor einem kleinen goldfarbenen Buddha auf, der unter dem Verkaufstresen versteckt war. Der Rauch stieg stundenlang träge von dort auf. Vor der kleinen Statue lagen drei Äpfel als Opfergabe. Das war alles ganz neu in einem Land, dessen Staatsreligion der Atheismus war. Zhang war etwa zu dem Zeitpunkt Buddhist geworden, als er beim Yushan kündigte und sein eigenes Geschäft eröffnete. Zwar war der Buddhismus traditionell die Religion vieler Chinesen, doch er war verboten worden, als die Kommunisten an die Macht kamen. In den letzten zwanzig Jahren hatte die Regierung den Menschen erneut gestattet, ihren Buddhismus zu praktizieren – und außer dem Buddhismus auch Taoismus, Islam, Protestantismus und Katholizismus (obwohl der Vatikan die Kommunisten immer noch nicht als die rechtmäßige Regierung Chinas anerkannt hatte). Doch die Kommunisten überwachten die Kirchen und Tempel aufmerksam.

Zhang pflegte in einen Tempel in der Nähe des Yushan zu gehen, der während der Kulturrevolution stark beschädigt und nun wieder hergerichtet worden war. Er sagte den Mönchen, dass er zum Buddhismus konvertieren wolle. Die Mönche vollzogen eine Zeremonie mit ihm, bei der er Räucherstäbchen verbrannte, während er sich vor einer Buddhastatue verneigte. Als die Zeremonie vorbei war, spendete er dem Tempel zwölf Dollar, und die Mönche gaben ihm ein kleines Heft, das ihn als einen treuen und gläubigen Buddhisten auswies.

Zhang meinte, es sei gut fürs Geschäft, Buddhist zu sein – zumindest konnte es nicht schaden, Buddha um ein bisschen Schützenhilfe zu bitten. Er folgte einer ähnlichen Philosophie, als er während der Verhandlungen mit seinem Pächter und seinen Zulieferern seinen Namen von Zhang Aifeng in Zhang Miao änderte. Im Schriftzeichen seines ursprünglichen Vornamens fehlte das Symbol für Wasser. Wasser gehört aber zu den fünf Grundelementen, und darum war sein ursprünglicher Name nicht ausgeglichen und brachte potentiell Pech.

Außerdem, fügte Zhang hinzu, habe ihm die neue Religion eine ungekannte Ruhe geschenkt. Er sei nicht mehr so ungestüm wie zuvor. Das konnte ich daran sehen, wie er mit seiner einzigen Angestellten, seiner Nichte Haizi, umging. Sie sah zwar niedlich und unschuldig aus, aber sie hatte es faustdick hinter den Ohren. Während sie Bestellungen entgegennahm, stibitzte sie immer wieder hier und da einen Bissen von dem Essen, das Zhang für die Gäste zubereitete. Und sie fand es lustig, jene Essensreste in den Abfall zu befördern, die Zhang eigentlich selbst hatte essen wollen. Sie verfügte über eine an Hyperaktivität grenzende Energie, die mich völlig fertig machte. Eines Morgens stieß sie einen markerschütternden Schrei aus, während sie mit der Zeitung herumwedelte.

Zhang und ich standen in der Küche und sahen erschreckt auf.

»Was ist?«, fragte er.

»Guckt euch das an!«, keuchte sie und kam in die Küche gerannt. Sie zeigte auf ein Foto von siamesischen Zwillingen. »Ich habe noch nie ein Baby mit zwei Köpfen gesehen!«

Doch das Ärgerlichste war, dass sie ihrem Job offenbar nicht gewachsen war. Die Bestellungen, die sie an Zhang weitergab, waren oft genug verwirrend.

»Drei Mal Daoxiao Mian! Einmal vegetarisch! Keine Petersilie!«

Meinte sie damit insgesamt drei oder vier Portionen? Alle ohne Petersilie? Wir hatten keine Ahnung. Nichts wurde aufgeschrieben. Die Bestellungen kamen nämlich viel zu schnell herein, als dass Zeit zum Aufschreiben gewesen wäre. Zhang und ich versuchten vergebens, den Überblick zu behalten, während wir mit zahllosen heiß dampfenden Schüsseln jonglierten. Es passierte jeden Tag mehrfach, dass Kunden Nudeln zurückgehen ließen, die sie nicht bestellt hatten.

Immer, wenn das passierte, warf ich Haizi einen verärgerten Blick zu, doch Zhang sah es ihr in der Regel nach und machte einfach eine neue Portion. Doch selbst er verlor ab und an seine Zen-Beherrschung. »HAIIIIZZZZZIIIII!«, schrie er dann. Doch die laut brummende, enorme Dunstabzugshaube sog auch diesen Schrei in sich auf. Haizi nahm weiter Bestellungen entgegen und steckte weiter Geld in ihre Schürzentasche.

Während der ersten Tage meines Praktikums wollte Zhang mich nicht ans Mehl heranlassen. »Du bist vielleicht nicht stark genug, um zu kneten«, warnte er mich, als wir eines Morgens in der Küche standen und die Zutaten vorbereiteten. Haizi reckte den Kopf über den Tresen und drückte sich etwas direkter aus: »Das ist Männerarbeit.«

Das Mehl, das in einem Papiersack gegen die Küchenwand gelehnt stand, war also tabu für mich. Ich ging davon aus, dass es Zhang nach der schlechten Erfahrung, die er mit seinem Expartner gemacht hatte, schwerfiel, in Sachen Nudelteig kneten und Nudeln schneiden wieder Zutrauen zu jemandem zu fassen. Also lernte ich einfach alles andere. Erst schnitt ich die Garnierungen, dann wusch ich ab. Dann nahm ich mich der Eier an. Zhang kochte nämlich immer gleich als Erstes morgens mehrere Dutzend Eier zusammen mit Teeblättern in einem großen Topf. Die ohnehin hellbraunen Eierschalen färbten sich dabei so dunkel wie Melasse. Schälte man die Eier, legte man beigefarben marmoriertes Eiweiß frei, und das Ei hatte einen rauchigen Geschmack angenommen, der nichts mehr mit dem leicht schwefeligen Geruch von hartgekochten Eiern zu tun hatte. Diese Eier eigneten sich hervorragend als Frühstück zum Mitnehmen, und viele der Kunden, die bereits am Vormittag vorbeikamen, kauften eben schnell zwei Tee-Eier, um die Zeit bis zum Mittagessen zu überbrücken.

Ich lernte, wie man Appetithäppchen machte. Im Gegensatz zu den Appetithäppchen, die man in einem typischen chinesischen Restaurant in Amerika bekam – frittiert und zusammen mit schweren Dips –, waren Zhangs Appetithäppchen gesund, schlicht und lecker. Pai Huanggua – zerdrückte Gurken – war eine meiner Lieblingsvorspeisen. Der Name dieses Gerichts beschrieb die Zubereitungsmethode. In China sind Gurken spindeldürr und haben höckerige Warzen. Zhang schnitt sie in zweieinhalb Zentimeter lange Stücke und schlug dann mit der flachen Seite seines Küchenbeils darauf, so dass die Stücke in noch viel kleinere Teile zerfielen. Er warf sie in eine Schale und vermengte sie mit Knoblauch, Sojaöl, Sesamöl und Essig aus seiner Heimatprovinz Shanxi.

Die gleichen Gewürze fanden sich auch in Zhangs Liangban Doufu Si – kalter Tofustreifensalat. Die langen Bänder getrockneten Tofus haben eine elastische, kauintensive Textur, die an al dente gekochte Nudeln erinnert. Um dem Gericht den besonderen Pfiff zu verleihen, briet Zhang kurz ein paar Sichuan-Pfefferkörner, Knoblauch und Chilischoten in Öl an, damit das Öl diese Aromen annahm. Kurz bevor das Bratgut anbrannte, nahm er den Wok vom Feuer und goss das Öl durch ein Sieb. Das Öl roch so wunderbar – ich fand, den Duft hätte man glatt in Flaschen abfüllen und als Parfum verkaufen können.

## TEE-EIER
## (CHAYE DAN)

6 Eier
1/4 TL Salz
1/4 TL Hühnerbrühe
4–5 Gewürznelken
3 Sternanis
1 Stange Lauch
2 dünne Scheiben Ingwer
2 TL lose Jasminteeblätter

Den weißen Teil des Lauchs in 2,5 cm breite Stücke schneiden, den Rest entsorgen.
Die Eier in einen Topf mit kaltem Wasser legen. Den Topf für fünf Minuten bei mittlerer Hitze auf den Herd stellen. Die Eier aus dem Wasser nehmen und vorsichtig gegen eine harte Oberfläche klopfen, so dass die Schale zwar bricht, sich aber nicht öffnet. Die Eier wieder ins Wasser legen und Salz, Hühnerbrühe, Nelken, Sternanis, Lauch, Ingwer und Tee hinzufügen. Bei mittlerer Hitze 20–25 Minuten kochen. Dann die Eier noch etwa 10–15 Minuten im heißen Sud belassen.

Wenn man die Eier schält, kommt ein interessantes Marmormuster zum Vorschein!

## ZERDRÜCKTE GURKEN (PAI HUANGGUA)

2 Gurken
4 Knoblauchzehen
1 EL Sesamöl
2 TL schwarzer chinesischer Essig
1/4 TL Salz

Knoblauch fein hacken. Die Gurken in 2,5 cm dicke Scheiben schneiden und auf ein Brett legen. Mit der flachen Seite des Küchenbeils ein bis zwei Mal kräftig darauf hauen, so dass die Gurkenscheiben in viele kleine Stücke zerfallen. In eine Schüssel geben und mit Knoblauch, Sesamöl, Essig und Salz vermengen. Mindestens 15 Minuten ziehen lassen (gerne auch mehrere Stunden oder über Nacht).

## SALAT MIT GETROCKNETEN TOFUSTREIFEN (LIANGBAN DOUFU SI)

60 ml Öl
4 getrocknete rote Chilischoten
1 Stange Lauch
2 dünne, daumengroße Scheiben Ingwer
4 Knoblauchzehen
5 ganze Sichuan-Pfefferkörner, getrocknet

350 g getrocknete Tofustreifen
1/2 Paprika
1/2 mittelgroße Möhre
1 Stengel Petersilie
1/4 TL Salz
1/4 TL gemahlener weißer Pfeffer
1 TL schwarzer chinesischer Essig
1 TL Sesamöl

Den weißen Teil des Lauchs in 2,5 cm breite Stücke schneiden, den Rest entsorgen. Tofu in schmale Streifen schneiden. Paprika und Möhre würfeln. Petersilie grob hacken.
Das Öl in einem Wok zwei bis drei Minuten bei großer Hitze erwärmen, dann die getrockneten Chilischoten, den Lauch, Ingwer, zwei Knoblauchzehen und Pfefferkörner darin anbraten. Wenn das Öl sehr heiß ist, aber noch nicht qualmt, den Wok vom Herd nehmen und das Öl filtern.
In einer Schüssel den Tofu, die Paprika und die Möhre vermischen. Die beiden übrig gebliebenen Knoblauchzehen fein hacken und zusammen mit der Petersilie über das Gemüse mit dem Tofu streuen. Das gewürzte Öl darüber gießen und alles vermengen. Mit Salz, Pfeffer, Essig und Sesamöl abschmecken und sofort servieren.

Mein größtes Problem während meines Praktikums bei Zhang war jedoch, wie ich jeden Tag dorthin kommen sollte. Peking ist eine Stadt mit gigantischen Ausmaßen. Ich wohnte innerhalb der alten Stadtmauern, Zhangs Nudelbude lag im äußersten Südosten. Ich konnte entweder mit U-Bahn und Bus fahren, das kostete sechzig Cent und dauerte eine Stunde. Oder ich konnte mit dem Taxi fahren, das kostete mich dann zwar vier Dollar, dauerte aber auch nur zwanzig Minuten. Ich konnte mir das Taxi leisten, das war nicht das Problem. Der Punkt war, dass ich mich geschämt hätte, mit dem Taxi vor Zhangs Nudelbude vorzufahren, mit der er am Tag oft weniger Gewinn erwirtschaftete, als mich das Taxi kostete. Die Essstand-Tanten verdienten zweieinhalb Dollar am Tag. Unsere finanzielle Situation war so grundverschieden, dass ich unwillkürlich log, wenn die Sprache auf meine täglichen Ausgaben, meine Miete und mein Einkommen kam.

Morgens lag ich regelmäßig todmüde im Bett und hatte kaum die Energie, meinen Wecker zum Schweigen zu bringen. Ich versuchte, mich mental auf die überfüllte U-Bahn und den Bus vorzubereiten. Doch da ich normalerweise immer zu spät dran war, sprang ich dann doch meist in ein Taxi. Weil es mir peinlich war, mich für viel Geld zur unbezahlten Arbeit kutschieren zu lassen, ließ ich mich stets etwa hundert Meter von der Nudelbude entfernt absetzen und ging den Rest zu Fuß.

»Wow«, sagte Tante Feng dann oft kopfschüttelnd. »Dass du extra ganz von Dongzhimen hierherkommst. Wie lange brauchst du mit dem Bus? Du bist wirklich wahnsinnig engagiert.« Ich nickte dann bloß und senkte beschämt den Kopf. Meine Scham wurde als Bescheidenheit interpretiert, so dass mein Status in der Nudelbude bald dem einer Heiligen gleichkam.

Doch dann überlegte ich mir einen Kompromiss: Morgens fuhr ich mit dem Taxi zur Arbeit. Glücklicherweise war die Strecke von meiner Wohnung zur Nudelbude – im Gegensatz zu den meisten anderen Strecken in Peking, auf denen der Verkehr um die Zeit quasi stillstand – frei, und die Fahrt war recht angenehm. Nachmittags bestieg ich den rumpelnden Bus. Eine halbe Stunde später wechselte ich in die U-Bahn, kurz darauf musste ich noch einmal umsteigen. Den Abschluss bildete ein zehnminütiger Fußmarsch …

Weil die Taxis in Peking so billig waren, hatte ich mich bis dahin nur wenig mit dem öffentlichen Verkehrssystem befasst. Durch die Fahrten mit Bus und U-Bahn lernte ich ganz neue Seiten an der Hauptstadt kennen. So stellte ich zum Beispiel fest, dass Busse in Peking nicht nur der Beförderung von Menschen dienten, sondern auch der von größeren Gegenständen. Einmal, als die Bustüren sich an einer Haltestelle öffneten, stieg ein halbes Dutzend Arbeiter ein, von denen jeder einen Zwanzig-Kilo-Sack Mehl schleppte. Ein anderes Mal saß auf dem mittleren Sitz der Rückbank ein Typ, der ein drei Meter langes Werbeschild festhielt, das sich in den Mittelgang vor ihm erstreckte. Auf dem Schild waren lächelnde Models zu sehen, die sich Augentropfen verabreichten. Immer, wenn der Bus hielt, schwenkte er das Schild hin und her wie eine Tür, damit die Leute ein- und aussteigen konnten.

Männer in schäbigen Anzügen, die wirkten, als kämen sie direkt vom Land, starrten ehrfürchtig aus dem Fenster auf die vielen Kräne und Hochhäuser. Vor der U-Bahn-Station saß ein Bettler, der so fürchterlich versehrt war, dass ich wegsehen musste – und doch verfolgte mich der Anblick seiner rot verquollenen Augen. Eines Tages, als ich gerade von der Bushaltestelle zur U-Bahn-Station ging, überquerte vor mir eine Frau die Straße, die ich zwar kannte, mit der ich mich aber nicht gerne unterhalten wollte. Ich hatte bereits mehrfach unangenehme Begegnungen mit ihr gehabt – und es war mir auch ein wenig peinlich, wie ich aussah. Ich hatte meine Küchen-Arbeitsklamotten an: eine schmuddelige Jogginghose, ein beschmiertes T-Shirt und schmutzige Turnschuhe. Zum Glück ging sie an mir vorbei – sie hatte mich in den Sachen nicht erkannt.

Ich lebte ein Doppelleben. Und ich hatte Spaß daran.

# 9

Nach einer kleinen Ewigkeit gestattete Küchenmeister Zhang mir endlich, den Nudelteig zu kneten. Da ich von Wang bereits viel über Maultaschen-Teig gelernt hatte, ging ich davon aus, dass es für mich eine leichte Übung sein würde.

Mit einer Reisschale schaufelte Zhang das Mehl in eine große Metallschüssel. Diese Schüssel hielt er unter den Wasserhahn und drehte ihn auf. (Nach meinen privaten Kochstunden mit Vorsitzende Wang wusste ich bereits, dass es zwecklos sein würde, ihn nach dem genauen Verhältnis von Mehl zu Wasser zu fragen.) Dann stellte er die Schüssel ab und trat einen Schritt zurück. In dem Moment, in dem ich meine Hände in der Schüssel versenkte, verließ mich der Mut. Die Teigmasse war nicht nur viel größer als alles, was ich je mit Wang geknetet hatte, sie war auch deutlich zäher, weil verhältnismäßig weniger Wasser darin war. Das Kneten erforderte daher vollen Körpereinsatz – doch ich biss die Zähne zusammen.

Zunächst musste ich dafür sorgen, dass alles schön zusammenklebte. Ich hatte Zhang so oft dabei beobachtet, und bei ihm hatte es so künstlerisch und leicht ausgesehen: Er führte seine Hände knapp unter der Oberfläche in kreisenden Bewegungen durch das Mehl. Der Teig fing an, erst kleine, dann immer größere Klumpen zu bilden. Zhang hatte immer eine Schüssel mit warmem Wasser in der Nähe, damit er nach Bedarf tröpfchenweise Flüssigkeit hinzufügen konnte. Wenn der Teig sich schließlich in einen großen Klumpen verwandelt hatte, legte er ihn auf eine saubere Arbeitsfläche. Und hier kamen die Muskeln erst richtig ins Spiel – er drückte den Teig mit den Handflächen, wobei er sich auf die Fußballen stellte, um sein ganzes Gewicht einbringen zu können. Wenn er fertig war, bedeckte er die Teigklumpen, die jeweils etwa so viel wogen wie ein neugeborenes Baby, mit einem feuchten Tuch und ließ sie auf der Arbeitsfläche ruhen. Ohne feuchtes Tuch wäre der Teig binnen weniger Minuten eingetrocknet. Ja, Nudeln sind ganz schön empfindlich.

Ich teilte meinen Teigklumpen in mehrere kleinere Klumpen auf, um mir das Kneten zu erleichtern. Trotzdem gelang es mir nicht, den Teig durchzuarbeiten, ohne dass er mir ständig an den Fingern klebte. Bei meinen ersten Versuchen waren meine Hände am Schluss über und über mit dieser klebrigen weißen Masse überzogen, und ich pulte den Rest des Tages jedes Mal, wenn es gerade etwas ruhiger war, an meinen Händen herum. Im Laufe der Zeit lernte ich, mir während des Knetens trockenes Mehl auf die Hände zu streuen, so dass meine Hände nach dem Kneten bald genauso sauber waren wie vorher. Ich machte Fortschritte.

Doch selbst als ich das Kneten des Teiges endlich beherrschte, wollte Zhang mich die Nudeln nicht schneiden lassen. Tagelang dachte ich über seine Weigerung nach, bis mir aufging, dass er es mir nicht etwa nicht zutraute. Nein, ihm war es schlicht zu unangenehm und er fühlte sich buhao yisi: Er hatte ein schlechtes Gewissen, einen Gast die härteste Arbeit in der Küche machen zu lassen. Immer wieder sagte er mir, ich solle xiuxi yi hui'r – mich eine Weile ausruhen. »Setz dich doch ein bisschen an einen der Tische«, schlug er dann vor. »Ich mache dir was zu essen.« Eines Tages nach dem Mittagsansturm filetierte er einen ganzen Karpfen und schnitt ihn in hauchdünne Scheiben – genau wie der Koch an der Kochschule es vorgemacht hatte. Er gab etwas Sojaöl in den heißen Wok, und das restliche Wasser darin knisterte. Während Zhang darauf wartete, dass das Wasser verdampfte, nahm er eine Handvoll geschnittenen Lauch, Ingwer, Knoblauch und eingelegtes Gemüse und hielt es über den Herd. Regungslos stand er da und lauschte den Geräuschen des Wok. Kaum war das Wasser verdampft und der Wok verstummt, warf er die Zutaten hinein und löste damit ein lautes Geprassel und köstliche Gerüche aus. Die Fischscheiben landeten zischend im Wok und wurden unter Rühren angebraten.

Zhang hatte erwähnt, dass er Angst habe, das ewige Nudelschneiden würde sich negativ auf seine Gourmet-Kochkünste auswirken, aber da brauchte er sich wirklich keine Sorgen zu machen: Er war immer noch ein wahrer Meister am Wok. Der Fisch war zart und die scharf-saure Brühe, in der er ihn geschmort hatte, hätte auch über eine Portion Reis gegossen eine Mahlzeit für sich sein können.

Ich fragte Zhang, was er anstrengender fand, seine eigene Nudelbude zu haben oder im Yushan zu arbeiten.

»Na ja, im Yushan waren wir zwanzig Köche und konnten zweitausend Mittagessensgäste bedienen«, sagte er. »Das heißt, wir haben jeder etwa hundert Gäste bekocht. Und die Auswahl an Gerichten war viel größer.« Dann fügte er hinzu: »Ich hätte schon viel früher im Yushan aufhören und mich selbständig machen sollen. Dann wäre ich jetzt reich.«

»Aber es ist doch noch nicht zu spät«, sagte ich.

»Inzwischen sind viel zu viele von uns hier«, sagte er und wiederholte damit einen Kommentar von meiner Freundin Wang über die Wanderarbeiter in Peking. Früher hatte die Regierung die Anzahl der Wanderarbeiter pro Stadt begrenzt. Doch aufgrund der rasanten Entwicklung der Städte waren diese immer mehr auf die Arbeitskraft von Wanderarbeitern angewiesen (die wenigsten Stadtbewohner waren bereit, körperliche Arbeit zu verrichten). Daher hatte die Regierung den Versuch aufgegeben, den Zustrom aus den ländlichen Gebieten einzudämmen.

Haizi langweilte unser Gerede. »Kommt, wir trinken was!«,

rief sie. Sie gab gern damit an, dass sie im Sommer »gelernt« habe zu trinken.

Also holte Zhang den baijiu, einen chinesischen Kornschnaps, und ein paar Flaschen Bier, und wir stießen auf unsere harte Arbeit an.

## SUPPE MIT FISCH UND EINGELEGTEM GEMÜSE (SUAN TANG YU)

35 g Speisestärke
25 g Mehl
450 g Karpfenfilet
1/4 TL Salz
1/2 TL Hühnerbrühe, 60 ml Reiswein oder Sherry
60 ml Öl
2 EL Öl
100 g sauer eingelegtes Gemüse
1 Stück Lauch (ca. 2 cm)
1 Stück Ingwer (ca. 6 cm)
3 Knoblauchzehen
1 l Wasser
60 ml weißer Essig
4 ganze, getrocknete Sichuan-Pfefferkörner
4 getrocknete Chilischoten

Den Karpfen in hauchdünne Scheiben schneiden. Das saure Gemüse klein hacken. Lauch, Ingwer und Knoblauch fein hacken, Chilischoten grob schneiden.
Stärke und Mehl in einer Schüssel vermischen. In einer anderen Schüssel den Fisch mit dem Salz, 1/4 TL Brühe und 2 EL Reiswein oder Sherry vermengen. Stärke und Mehl

dazugeben und dafür sorgen, dass die Fischfilets gleichmäßig damit bedeckt werden.
Den Wok bei großer Hitze auf den Herd stellen, 60 ml Öl hineingeben und zwei bis drei Minuten erhitzen. Das eingelegte Gemüse, den Großteil des Lauchs und des Ingwers sowie den Knoblauch unter Rühren anbraten. Mit dem restlichen Reiswein oder Sherry verrühren, dann mit Wasser und der restlichen Brühe ablöschen. Wenn die Suppe kocht, die Fischfilets einzeln flach in den Wok legen. Weitere drei bis vier Minuten bei großer Hitze kochen und dann den weißen Essig dazugeben. Hitzezufuhr reduzieren und drei bis vier Minuten köcheln lassen. Die Suppe in eine Schale gießen und mit Pfefferkörnern, Chilischoten und dem Rest des Ingwers und des Lauchs garnieren. 2 EL Öl im Wok erhitzen und dann direkt auf die Garnierung in die Suppe träufeln. Sofort servieren.

Ich hatte gerade einen Monat bei Zhang gearbeitet, als seine Frau und sein Sohn nach Peking kamen. Es war das erste Mal, seit Zhang in die Hauptstadt gezogen war. Seine Tochter war zu Hause geblieben, sie musste fürs Abitur lernen. Es war schön, die beiden mit in der Nudelbude zu haben. Seine Frau nahm die Bestellungen entgegen, und auf einmal lief alles viel besser. Yao hatte einen breiten Kiefer, einen großen Mund und dunkle Haut. Sie sprach leise und mit einem Dialekteinschlag, der es mir schwer machte, ihr Mandarin zu verstehen. Ihre burschikose Art vermittelte mir einen Eindruck davon, wie Zhang vielleicht gewesen war, bevor Peking seine rauhen Provinzkanten abgeschliffen hatte.

Der neunjährige Shiqiang war nur wenige Zentimeter kleiner als sein Vater und definitiv reifer als seine zwanzigjährige

Cousine. Zhang nannte ihn erzi, Sohn. Sie hatten beide den gleichen kürbisförmigen Kopf, äußerst ausdrucksvolle Augen und Segelohren. Jedoch waren Erzis Wangen rund und drall, Zhangs dagegen kantig. Erzi bekam auch eine Aufgabe: Er sollte kochendes Wasser für Tee besorgen, und zwar in großen Thermoskannen. Er brachte den Arbeitern im Möbelhaus ihre Nudeln und kaufte seinem Vater im nahegelegenen Tabakladen Zigaretten. Sonst saß er in der Nudelbude am Tisch und steckte die Nase in seine Schulbücher. Er schien Angst vor der Küche zu haben.

»Kannst du Nudeln machen?«, fragte ich ihn eines Tages, als er mal zaghaft hereinsah.

»Nein«, sagte er und rannte zurück zu seinem Schulbuch.

»Ich will das nicht. Er soll nicht Koch werden. Er soll studieren!«, erklärte Zhang mir.

Manchmal setzte ich mich zu Erzi und las die Texte in seinem Chinesisch-Buch mit ihm zusammen laut vor. Nun hatte ich schon so viele Jahre Mandarin gelernt, aber ich las immer noch nicht schneller als ein junger Schüler.

»Im Anfang waren Himmel und Erde«, lasen wir synchron vor. »Und das All war ein großes huntun.«

Ich stockte. »Ein großes Wantan?«

»Nein, das Wort bedeutet ›Durcheinander‹. Es klingt nur wie Wantan«, erklärte Erzi.

Ich hatte ganz offensichtlich zu viel Zeit mit Nudeln verbracht.

Ich wusste, dass der Tag, an dem ich Nudeln würde schneiden dürfen, in greifbare Nähe rückte, als Zhang mir zeigte, wie man die Soßen dazu machte. Als Erstes war meine Lieblingssoße, die leckere Schweinefleischsoße dran, die überraschend einfach zuzubereiten war. Zunächst erhitzte Zhang Zucker und Öl in einem Wok. Dann gab er Schweinefleischwürfel in den Wok und ließ sie den süßen Geschmack annehmen. Als Nächstes fügte er Sojasoße hinzu, und jedes Mal, wenn durch das heftige Rühren Flüssigkeit über den Wokrand schwappte, zischte und brutzelte es auch unter dem Wok. Dann löschte er mit Wasser ab und ließ die Soße den Vormittag über einkochen. Die Auberginensoße war genauso einfach zuzubereiten. Zhang verwendete eine runde Auberginensorte mit fleischigem Geschmack – ganz anders als die faden, länglichen Exemplare, die ich aus Amerika kannte.

## KARAMELLISIERTE SCHWEINEFLEISCHSOSSE (ZHU ROU LU)

450 g Schweinebauch
60 ml Öl
50 g Zucker
60 ml Sojasoße
2 EL Sojasoße
1 l Wasser
1/2 TL Salz
1 Stange Lauch
2–3 dünne Scheiben Ingwer, daumengroß
4 Sternanis
2 Lorbeerblätter
1 EL Hühnerbrühe
2 ganze, getrocknete Chilischoten

Den Schweinebauch in Würfel schneiden. Den weißen Teil des Lauchs in 2,5 cm breite Stücke schneiden.
Einen Wok zur Hälfte mit Wasser füllen und zum Kochen bringen. Die Schweinebauchwürfel hineingeben und etwa

zwei Minuten blanchieren. Wasser abgießen und Wok zur Seite stellen.
Öl und Zucker zusammen in einen Wok geben und unter ständigem Rühren stark erhitzen, bis die Mischung anfängt zu karamellisieren. Erst die Schweinefleischwürfel hinzugeben, dann 2 EL Sojasoße und jeweils zwei bis drei Minuten rühren, bis die Fleischwürfel gut mit der Karamellmasse umhüllt sind. Mit dem Wasser und 60 ml Sojasoße ablöschen, außerdem Salz, Lauch, Ingwer, Sternanis, Lorbeerblätter, Hühnerbrühe und Chilischoten hinzufügen. Eine halbe bis eine Stunde köcheln lassen und zu chinesischen Nudeln servieren.

## AUBERGINENSOSSE (QIEZI LU)

60 ml Öl
1 Stück Lauch (ca. 2 cm)
1 Stück Ingwer (ca. 2 cm)
2 Knoblauchzehen
1 große runde Aubergine
1 grüne Chilischote
1 Kartoffel
1 Tomate
120 ml Sojasoße
240 ml Wasser
1/2 TL Hühnerbrühe
1/2 TL Salz

Lauch, Ingwer und Knoblauch fein hacken. Aubergine, Kartoffel und Tomate in Würfel schneiden.
Öl in den Wok geben und bei großer Hitze ca. eine Minute

erhitzen. Lauch, Ingwer und Knoblauch hinzufügen und eine Minute rühren, bis alles gut mit Öl benetzt ist. Die Auberginenwürfel dazugeben und zwei Minuten rühren, bis auch sie vollständig mit Öl umhüllt sind (evtl. mehr Öl hinzufügen). Die Chilischoten, Kartoffeln- und Tomatenwürfel hinzugeben und eine Minute rühren. Mit Sojasoße und Wasser ablöschen, auf mittlere Hitze umschalten und zwei bis drei Minuten köcheln lassen. Mit Salz und Brühe abschmecken, weitere zwei Minuten köcheln lassen. Sofort servieren.

Und siehe da: Wenige Tage später, der Mittagessensansturm war gerade überstanden, fragte Zhang mich, ob ich mal versuchen wollte, Nudeln zu schneiden. Er reichte mir den Teig und das Messer und murmelte dabei das Mantra, das er später stets wiederholte, wenn ich Nudeln schnitt: »Das Messer verlässt niemals den Teig – der Teig verlässt niemals das Messer.« Ich nahm das Brett mit dem Teig und setzte es knapp unter meiner Schulter an wie eine Geige. Als Zhang hinausging, um zu rauchen, schlich Tante Xu sich in die Küche, um zuzusehen. »Nein, du machst das falsch! Du schneidest sie nicht richtig!«, jaulte sie und wollte sich auf den Teig stürzen. Doch ich ließ ihn nicht los. Ich würde doch nicht die eine Chance, auf die ich so lange gewartet hatte, einfach so vertun. Das Schneiden erinnerte mich an meine ersten Gehversuche mit einem Küchenbeil: Mir fehlte der Rhythmus. Nach etwa einem Dutzend synkopischer Schneidebewegungen, interpunktiert vom Platschen des kochenden Wassers, fand ich endlich einen Winkel, von dem aus die Teigbänder lautlos in den Topf rutschten.

Ich stellte das Brett ab. Mein linker Arm zitterte vor Überanstrengung, mein rechter Arm war ganz steif von den monotonen Bewegungen. Ich hatte geschlagene, schmerzhafte drei Minuten gebraucht, um eine Portion Nudeln herzustellen. Ich nahm das Brett noch einmal hoch und versuchte es erneut. Nach fünf Drei-Minuten-Intervallen, die mich an die Sit-up-Qualen im Sportunterricht in der Oberstufe erinnerten, hatte ich fünf Portionen Nudeln produziert – im Wert von insgesamt zwei Dollar.

»Nicht schlecht«, sagte Zhang, als er wiederkam.

Tante Xu lachte falsch. »Ja, nicht schlecht, was?«

Ich war nicht hoffnungslos, aber ich war auch keine Überfliegerin. Doch ich war fleißig. Die sich ständig wiederholende Schneidebewegung ähnelte einer Rückhand im Tennis, bloß ohne die Ausschwungphase. Ich spielte ganz annehmbar Tennis, mir mangelte es dabei jedoch an Willenskraft. Mit den Nudeln war es genau umgekehrt: Ich hatte einen eisernen Willen, war aber leider kein Naturtalent.

Ich empfand es als Qual, das zu essen, was ich fabriziert hatte. Die Nudeln sollten Biss haben, sie sollten gerade Stränge sein, in die man hineinbiss und auf denen man herumkaute. Meine Nudeln waren überhaupt nicht einheitlich beschaffen. Manche Bänder waren dick und roh und gummiartig, andere waren sehnig und schmeckten fad und labberig. Eine Portion meiner Nudeln zu essen war, als genehmige man sich eine halb verbrannte, halb rohe Pizza.

Nudeln konnten sogar anbrennen, wenn man sie zu lange kochte. Das lernte ich eines Tages, als Zhang seine Nase in den Wok hielt. Mit einem Schaumlöffel fischte er ein paar Bänder heraus. »Riech mal«, sagte er. Die Nudeln verströmten einen kohleähnlichen Geruch.

Ich war fest entschlossen, die Nudelschneiderei bis zur Perfektion zu beherrschen, und schnitt jeden Tag, was das Zeug hielt. Zhangs Ermahnungen, es nicht zu übertreiben, schlug ich in den Wind. Zwei Wochen später verstand ich, wieso ich auf seinen Rat hätte hören sollen: Mein rechter Ellbogen und Unterarm taten rund um die Uhr weh – der Schmerz zog bis in meinen Mittel- und Ringfinger. Ich konnte mein Handgelenk nur unter Schmerzen bewegen. Ein Freund bezeichnete die Erscheinung meiner Tennis-Analogie folgend als »Nudelarm«.

Neben den traditionellen geschnittenen Nudeln gab es bei Zhang auch noch zwei andere Varianten: Katzenohren (Mao Erduo) und handgerollte Nudeln (Shougan Mian). Er bot mir an, mir zu zeigen, wie man sie machte, und obwohl ich den Verdacht hatte, dass er das nur tat, um mir eine Verschnaufpause vom Nudelschneiden zu verschaffen, freute ich mich, noch etwas dazuzulernen.

Zhang benutzte für alle Nudeln den gleichen Teig. Um Katzenohren zu machen, rollte er den Teig etwa einen Zentimeter dick aus und schnitt ihn dann in winzige Stücke, kaum größer als einen Radierer am Ende eines Bleistiftes. Dann drückte er die Teigstückchen mit dem Daumen platt und bewegte den Daumen etwas hin und her. So verwandelte der Teig sich wie von Zauberhand in ovale Muscheln, die große Ähnlichkeit mit italienischen Orechiette hatten.

Der Trick mit den handgerollten Nudeln war, den Teig ganz lang und hauchdünn auszurollen. Zhang benutzte dafür ein Nudelholz, das er während des Ausrollens und Drückens immer wieder mit Mehl bestäubte, damit es nicht am Teig festklebte. Wenn der Teig dann dünner und weicher als Zeitungspapier war, ließ er von ihm ab und drehte und schwenkte das Nudelholz so, dass der Teig sich in mehreren Lagen übereinanderlegte. Mit einem Messer schnitt er dann den gefalteten Teig in lange, dünne Nudeln.

Sowohl die Katzenohren als auch die handgerollten Nudeln waren weniger arbeitsaufwendig als die mit den Messer geschnittenen, aber Zhang verlangte für die geschnittenen Nudeln zwölf Cent weniger als für die beiden anderen Sorten. Das hatte wohl sentimentale Gründe – die geschnittenen Nudeln waren seine Lieblingssorte, weil sie ihn an seine Wurzeln erinnerten. Ich hatte den Verdacht, dass es ihn stolz machte, mit einem Klumpen Teig in der Hand am Wok zu stehen und zu schwitzen. Und auch ich war dabei, diesem leicht perversen Vergnügen zu verfallen.

## ZHANGS NUDELN

400 g Mehl
350 ml Wasser

Das Mehl in eine große Schüssel geben. 240 ml Wasser dazugeben und Mehl und Wasser mit den Händen vermischen. Langsam mehr Wasser hinzufügen, aber nicht mehr als 60 ml auf einmal, dabei immer weiter gründlich kneten, damit das Wasser gleichmäßig aufgenommen wird. Wenn der Teig elastisch wird und weder fest noch trocken ist (etwas härter als Maultaschen-Teig), aus der Schüssel nehmen und auf einer sauberen Arbeitsfläche drei bis fünf Minuten kräftig durchkneten. Mit einem feuchten Tuch bedecken und mindestens 10 Minuten ruhen lassen.

## GESCHNITTENE NUDELN (DAOXIAO MIAN)

Für die Herstellung dieser Nudeln braucht man ein gebogenes Spezialmesser. (Ich habe diese daoxiao mian dao genannten

Messer außerhalb Chinas leider noch nicht finden können.) Den Teig kräftig durchkneten und zu einem ca. 20 x 10 x 7 cm großen Laib mit runden Kanten formen. In einem Topf Wasser zum Kochen bringen. Direkt vor dem Topf stehend das Nudelmesser in die dominante Hand nehmen und den Teigklumpen senkrecht mit der anderen Hand halten, ihn dabei mit der Handfläche unterstützen. Die Klinge in einem 45°-Winkel zum Teig ansetzen, längs durch den Teig ziehen und dabei eine nicht zu dicke Scheibe abschneiden. Rechtshänder fangen auf der rechten Seite des Klumpens an, Linkshänder auf der linken. Nach jedem vertikalen Schnitt das Messer ein Stückchen weiter über den Teig schieben und den Vorgang wiederholen – wie beim Karottenreiben. Für eine Portion braucht man etwa 50 Stränge. Diese werden drei Minuten gekocht, dann lässt man sie abtropfen und serviert sie umgehend mit einer Soße.

## KATZENOHRENNUDELN (MAO ERDUO)

Den Teig mit einem Nudelholz gut einen halben Zentimeter dick ausrollen. Dann in knapp einen Zentimeter breite Streifen schneiden und jeden Streifen in knapp einen Zentimeter lange Stücke. Den Teig mit Mehl bestäuben. Mit dem Daumen die Teigstücke platt drücken, indem man den Daumen hin- und herrollt, so dass muschelförmige Nudeln daraus werden. Diese dann drei Minuten kochen, abtropfen lassen und sofort mit Soße servieren.

## HANDGEROLLTE NUDELN (SHOUGAN MIAN)

Arbeitsfläche mit Mehl bestäuben und den Teig darauf zu einer langen, dünnen Bahn ausrollen, die nicht breiter ist als das dünne Ende des chinesischen Nudelholzes. Dabei hin und wieder mit Mehl bestäuben. Wenn der Teig einen guten halben Zentimeter dick ist, das nächstliegende Ende der Teigbahn so dünn wie Zeitungspapier rollen, großzügig mit Mehl bestäuben und um das Nudelholz wickeln. Den Teig weiter auf diese Weise ausrollen und immer wieder mit Mehl bestäuben und um das Nudelholz wickeln. Wenn der gesamte Teig um das Nudelholz gewickelt ist, ihn wieder abrollen und sich dabei in Falten von 8 cm Breite legen lassen. Den Teig quer in ca. 3 mm breite Streifen schneiden. Drei Minuten kochen, abtropfen lassen und sofort mit einer Soße servieren.

Ganz unabhängig von den Fortschritten, die ich in Sachen Nudelherstellung machte, entwickelte ich im Handumdrehen die Gesinnung eines typischen chinesischen Kochs. Eines Tages, mitten in der geschäftigsten Mittagszeit, beschwerte eine Frau sich über ihre Nudeln.

»Da ist ein Haar drin!«, rief sie und knallte ihre Schale auf den Tresen.

Zhang eilte zu ihr. Das Haar war lang und kräftig, meinem nicht ganz unähnlich. Zhang entschuldigte sich und versprach ihr, sofort eine neue Portion für sie zu machen.

Ich war eher empört als peinlich berührt. Wie viele Haare ich in all den Jahren in China schon in meinem Essen gefunden hatte! Beim ersten Mal war ich noch regelrecht entsetzt gewesen. Dann ärgerte ich mich nur noch. Bis ich schließlich an dem Punkt angelangt war, wo ich das Haar einfach herausfischte oder drum herum aß.

»Die hat vielleicht Nerven!«, beklagte ich mich, als Zhang zurück in die Küche kam. Wir standen da und vergossen literweise Schweiß, und sie bezahlte gerade mal vierzig Cent für ihr Mittagessen. Und abgesehen davon, war es ja bloß ein Haar von mir.

Bevor Zhang seine Nudelbude eröffnet hatte, betrieb eine Familie aus der Küstenprovinz Fujian dort ein Fisch- und Meeresfrüchtelokal. Sie mussten schließen, nachdem der Vater alle Ersparnisse verspielt hatte. Die Familie verschwand, ohne die Pachtrückstände, die Gasrechnung, den Koch und ihre Lieferanten zu bezahlen.

»Nicht mal das Zeitungsabo haben sie bezahlt«, erzählte Tante Feng eines Vormittags.

»Ach, wirklich?«, fragte eine Kundin, die auf ihre Nudeln wartete. »Wir haben da früher jeden Tag gegessen.«

»War das Essen gut?«, fragte ich.

»Nun ja, wie soll ich sagen? Es ging schnell. Ist doch sowieso alles mehr oder weniger das Gleiche.« Sie zuckte mit den Schultern: Wir redeten hier von einem Schnellimbiss. Da erwartete doch niemand Gourmet-Essen, oder? Direkt neben Zhangs Nudelbude boten drei Geschwister aus Sichuan pfannengerührte Gerichte an und hatten damit gut zu tun. Die restlichen Stände waren leer. Ganz gleich, für wie gut ich Zhangs Nudeln hielt: In dieser Umgebung würden sie nie die Wertschätzung erfahren, die sie verdienten.

Ein paar Wochen später kündigte Tante Feng und nahm Arbeit in einer Medikamentenfabrik an. Ein stummer Mittfünfziger übernahm ihren Job. Mit seinen zerzausten Haaren und dem armeegrünen Kampfanzug schien er vollkommen fehl am Platz – als hätte er gerade noch gegen die kommunistische Revolution gekämpft und sei nun durch einen Zeittunnel in der Gegenwart gelandet. Er bestellte bei Zhang und den Geschwistern aus Sichuan heiße Suppe und setzte sich mit einer Zeitung in den ehemaligen Fischstand der Familie aus Fujian. Doch statt die Zeitung zu lesen, trommelte er mit den Fingern auf dem Tresen herum und starrte Löcher in die Luft.

Die Han-Brüder beschlossen, dass sie nicht länger auf neue Pächter warten konnten, und eröffneten selbst ein Lokal. Sie engagierten zwei Köche, hängten eine riesige rote Speisekarte an die Wand und stellten sich selbst hinter den Tresen.

»Wird das Einfluss auf deinen Umsatz haben?«, fragte ich Zhang.

Er zuckte mit den Schultern. »Glaube ich nicht. Ihr Angebot ähnelt eher dem der Sichuanesen nebenan. Die meisten Leute wissen schon, wenn sie hereinkommen, was sie essen wollen. Wenn sie Nudeln wollen, kommen sie zu mir. Wenn sie Reis und Pfannengerührtes wollen, gehen sie zu den anderen.«

Die Geschwister aus Sichuan machten keinen Hehl aus ihrer Verärgerung. Die Frau, die den Stand führte, grüßte mich morgens nicht mehr. Und als die Schlangen vor ihrem Stand kürzer und bei den Han-Brüdern länger wurden, wurde sie noch giftiger. Ihre strahlend gelbe Schürze stand in scharfem Kontrast zu ihren dunklen Knopfaugen, die sie zusammenkniff, wenn sie zu den anderen Ständen hinübersah.

»Die Frau hat ein suzhi-Problem«, sagte Zhang. Das war eine Beleidigung – und meine chinesische Lieblings-Redensart. Das Wort suzhi bedeutet »Qualität«, und immer, wenn jemand es auf einen Menschen anwendete, stellte ich mir vor, dass dieser Mensch gerade wie ein fehlerhaftes Produkt von einem chinesischen Fließband rollte.

In diesem Fall hatte ich jedoch stark den Eindruck, dass beide Seiten ein suzhi-Problem hatten. Die Han-Brüder hatten schließlich einfach die Speisekarte der Sichuanesen kopiert. Dann fingen die Sichuanesen an, bei den Han-Brüdern Geschirr zu klauen. Die Brüder – die, wie den Sichuanesen offenbar entfallen war, ihnen den Stand verpachtet hatten – forderten dann die Pacht vor dem üblichen Stichtag. Die Sichuanesen ärgerten sich darüber, dass Zhang sich aus allem heraushielt, und beschlossen, sich dafür an ihm zu rächen, indem sie seine Nudeln nachmachten.

»Die sollen doch tun und lassen, was sie wollen.« Zhang blieb ganz ruhig. »Ich lasse mich nicht provozieren.«

Eines Tages kam es zu einer lautstarken Auseinandersetzung zwischen den Sichuanesen und den Hans. Die Han-Brüder forderten die Sichuanesen auf, ihre Sachen zu packen und zu verschwinden. Als ich am nächsten Morgen wiederkam, war ihr Stand leer. Der jüngere der Han-Brüder besah sich, was die Geschwister hinterlassen hatten.

»Sie waren mit der Pacht im Verzug«, erklärte er, als er den Reiskocher aus der nackten Küche entfernte.

Nachdem ich drei Monate lang jede Woche zwei, drei Tage bei Zhang gearbeitet hatte, konnte ich endlich vernünftige Nudeln machen.

Zhang überließ mir die zweite Hälfte der Mittagsschicht. Er zündete sich eine Zigarette an und sah mir zu.

»Jetzt hast du den Dreh raus«, kommentierte er, ohne eine Spur überrascht zu klingen.

Und er hatte recht. Ich führte die Bewegungen jetzt schnell und geschickt aus. Ich schnitt automatisch und gleichmäßig in einem 45°-Winkel – als steuere mich ein Autopilot. Das Nudelmesser blieb nicht mehr mitten auf dem Brett stecken. Die Nudeln sahen nicht mehr aus, als habe man sie mit einer Machete zurechtgehackt – sie glichen vielmehr feinen Bändern. Ich schnitt Nudeln für eine Portion, pausierte kurz und machte mich dann an die nächste Portion. Ich schaffte jetzt drei Portionen in drei Minuten. Ich würde nie so schnell werden wie Zhang, aber ich war schnell genug für einen langsamen, steten Strom von Gästen.

Schweiß stand mir auf der Stirn, als die Mittagessenszeit vorbei war. Ich war viel zu müde, um meinen Erfolg zu bejubeln, aber ich war so zufrieden und stolz wie noch nie zuvor. Etwas, das ich mit meinen Händen hergestellt hatte, wurde gekauft und gegessen. Ich war eine Nudelköchin.

# 10

Als ich sämtliche Gerichte von der Speisekarte der Nudelbude zubereiten konnte, wurde es Zeit, etwas Neues auszuprobieren.

Am liebsten wollte ich ein authentisches Pekinger Restaurant ausfindig machen, aber die Hauptstadt hatte nie wirklich eine eigene Küche hervorgebracht – sie verfügte lediglich über einige wenige regionale Spezialitäten wie die Peking-Ente, Zhajiang-Nudeln und den verdächtig ausländisch klingenden mongolischen Feuertopf. Durch den ständigen Zustrom von Menschen aus anderen Regionen und aufgrund des wenig anbaufreundlichen Klimas konsumierte man in Peking – eben einer Metropole wie New York oder London – schlicht das Beste aus anderen Regionen. Maultaschen waren aber durchaus eine Pekinger Spezialität, auch wenn nur noch wenige Menschen (Vorsitzende Wang ausgenommen) sich die Mühe machten, sie selbst zuzubereiten. Doch die Pekinger wollten sie immer noch essen, und darum war Xian'r Lao Man so erfolgreich.

Xian'r Lao Man war ein Maultaschen-Restaurant und lag nur fünf Minuten mit dem Fahrrad von meiner Wohnung entfernt. Es war ein zweistöckiges Lokal, das schlicht mit Tischen und Stühlen im Stil der Ming-Dynastie eingerichtet war. Schwarzweiße Fotografien von Peking zierten die Wände, und statt der sonst üblichen Neonbeleuchtung hatte man hier weiches Licht installiert. Während der Mittags- und Abendessenszeit glich das Restaurant einem überfüllten New Yorker Lokal: Ältere Paare aßen direkt gegenüber von ganzen Cliquen in Hip-Hop-Hosen, mit dick umrandeten Brillen und abstrakt bedruckten T-Shirts. Die Kellnerinnen händigten Papierspeisekarten und Bleistifte aus, und die Gäste kreuzten an, was sie essen wollten. Die Leute standen am Eingang Schlange und warteten auf einen freien Tisch.

Bei den Maultaschen handelte es sich um eine modernere Version der Teigtaschen, die die Pekinger Bürger zu ärmeren Zeiten selbst herzustellen pflegten. Man konnte zwischen sechzig verschiedenen Füllungen wählen. Meine Lieblingsfüllung war Kohl mit Erdnüssen (die Erdnüsse sorgten für ein angenehmes Kaugefühl), Schwein mit Mais (Mais finde ich immer gut) und Garnelen mit japanischem Tofu (der hat eine samtweiche, puddingartige Textur). Das Restaurant bot auch chinesische Salate an, die nichts mit dem zu tun hatten, was man im Westen unter dem Namen »chinesischer Hühnersalat« kaufen kann. Karotten, Kohl, Bohnenkeimlinge und getrocknete Tofustreifen wurden einfach mit Essig, Zucker und einem Hauch Sesamöl vermischt.

## DONGBEI-SALAT (DONGBEI DAPAN CAI)

1/2 Kopf Weißkohl
1 mittelgroße Gurke
1 Möhre
1/4 Tasse geröstete Erdnüsse (geschält)
1 große Handvoll Bohnensprossen
115 g getrocknete Tofustreifen
2 TL schwarzer chinesischer Essig
2 TL Öl mit Laucharoma
1/4 TL Salz
1 TL Kristallzucker

Den Kohl in schmale Streifen schneiden. Gurke und Möhre erst in dünne Scheiben, dann in Stifte schneiden. Alle Zutaten in einer Schüssel vermengen und sofort servieren.

Die Besitzerin war die Freundin eines Freundes. Chefin Sun trug zu ihrem fein geschnittenen, schmalen Gesicht eine Pixie-Frisur. Sie puderte sich das Gesicht ganz weiß und umrahmte sich die Lippen gerne mit einem grellroten Lipliner. Obwohl sie bereits zweiundvierzig war, kleidete sie sich, als sei sie zwanzig Jahre jünger. Mal schlenderte sie in T-Shirt und hautengen Jeansshorts in die Küche und zählte ein dickes Bündel Hundert-yuan-Scheine, eine Zigarette zwischen den Lippen. Mal tobte sie in einem blauen Babydoll-Kleid und Leggings im Restaurant herum. Es überraschte mich nicht, als sie mir erzählte, sie sei ursprünglich Kosmetikerin gewesen.

Davon war sie aber irgendwann abgekommen, und sie wurde Immobilienmaklerin. Eines Tages hatte sie beim Durchgehen ihrer Objekte eines entdeckt, das wie geschaffen war für ihr eigenes Restaurant. Wie so viele Chinesen machten auch sie und ihr Mann, ein Grafiker, gerne Geschäfte in Restaurants, und beide hatten von Kindesbeinen an davon geträumt, mal ein Maultaschen-Lokal zu eröffnen. Also hatte sie ihren Mann gebeten, es für sie zu entwerfen. Drei Jahre zuvor erst hatten sie es eröffnet, und trotz des beinharten Wettbewerbs in einer vor Restaurants wimmelnden Großstadt bekamen sie sofort großen Zulauf.

»Das Geheimnis unseres Erfolges ist, dass wir günstig sind«, sagte Chefin Sun. Auf der Karte fand man nichts, was teurer war als vierundfünfzig yuan (fünf Dollar). »Unsere Konkurrenten müssen mehr verlangen, weil sie ihre Pacht zahlen müssen. Uns aber gehört das Gebäude hier.«

Chefin Sun und ihr Mann hatten zwei erwachsene Kinder, siebzehn und einundzwanzig. Zwei Jahre zuvor war sie noch einmal schwanger geworden, ganz dreist entschlossen, wieder gegen die Ein-Kind-Politik zu verstoßen. Genau genommen musste man ja keine Strafe zahlen, wenn man mehr als ein Kind bekam – das Kind erhielt nur keinen Ausweis, und der war nun einmal nötig, um zur Schule gehen und später arbeiten zu können. Diesen Ausweis konnte man jedoch kaufen – gegen Zahlung einer ziemlich hohen Gebühr, die zwischen wenigen hundert bis tausend Dollar liegen konnte. Wie so viele andere Eltern auch, wollte Chefin Sun diese Gebühr erst dann zahlen, wenn ihre Tochter ins schulpflichtige Alter kam. Manchmal brachte sie das identitätslose Mädchen mit ins Restaurant, setzte sich mit ihm in eine Ecke und spielte mit ihm. »Seit der dritten Geburt habe ich einfach nicht mehr so viel Energie wie früher«, gurrte Chefin Sun eines Abends, als sie allein ins Lokal kam. Ich hatte mit ihr zu Abend gegessen, wobei wir mehrfach vom Klingeln ihres Handys gestört worden waren oder sie völlig unvermittelt aufgesprungen und in die Küche gerannt war. Sie legte so viel Energie an den Tag wie jemand, der mehrere Kannen starken grünen Tee getrunken hatte. Ich versuchte, mir vorzustellen, wie sie vor dem dritten Kind gewesen war.

Als es zwischendurch mal ruhiger war und sie wieder mit mir am Tisch saß, tauschten wir Tratsch über unsere gemeinsamen Freunde aus, ein ausländisches Paar, das ganz in der Nähe wohnte und mehrmals in der Woche im Xian'r Lao Man aß.

»Hach, man merkt ihnen einfach an, wie gut sie miteinander auskommen«, seufzte Chefin Sun. »Ausländische Männer sind einfach viel romantischer als chinesische. Ja, gut, mein Mann und ich reden ständig miteinander, aber wir reden ja nur übers Geschäft. Chinesische Männer reden überhaupt nicht über sich selbst. Und kommandieren ihre Frauen bloß herum.«

Ich wandte ein, dass ganz bestimmt nicht alle ausländischen Männer romantisch seien. Und ich versicherte ihr, dass amerikanische Frauen sich reihenweise über ihre Ehemänner beklagten.

Ob ich einen laogong habe, einen Ehemann? »Nein«, antwortete ich, »aber ich habe seit kurzem einen Freund.«

»Ist er Ausländer?«

Ja, sagte ich, er sei Amerikaner.

Sie kniff die Augen zusammen. »Ist er romantisch?«

Craig war nun zufällig ein hoffnungsloser Romantiker, das musste ich einräumen. Sie lächelte zufrieden. Das bestätigte sie nur: Alle Ausländer waren Romantiker. Und aufgeregt fügte sie hinzu: »Ihr solltet wirklich möglichst bald Kinder bekommen! Je länger ihr damit wartet, desto schwieriger wird es.«

»Aber man übernimmt auch eine große Verantwortung«, entgegnete ich. »Und außerdem«, fügte ich hinzu, »sind wir ja noch nicht lange zusammen.«

»Warum machst du es nicht einfach? Würde das deinen laogong nicht glücklich machen?« Wie viele andere Frauen auch, benutzte Chefin Sun das Wort für Ehemann auch in der Bedeutung »fester Freund«. Ich fand das beunruhigend. »Du kannst das Baby dann doch einfach deiner Mutter geben.« Chefin Suns Mutter kümmerte sich oft um Suns dritte Tochter. Viele chinesische Großeltern sprangen auf diese Weise ein. Und warum auch nicht? Schließlich mussten die Eltern Geld verdienen, und die Großeltern hatten nicht viel zu tun.

Chefin Sun hielt sich eigentlich gar nicht so viel im Restaurant auf. Sie wirbelte hin und wieder durch die Küche und blieb manchmal auch kurz stehen, um schnell ein paar Maultaschen zu formen, nur so zum Spaß. Ansonsten überließ sie die Führung im Maultaschen-Bereich ganz und gar Schwester Cao, einer kleinen Frau, deren Arme vom jahrelangen Maultaschen-Herstellen so dick wie Baumstämme geworden waren.

Das Kommando über die schweren Woks hatten Männer, aber die Maultaschen-Produktion war komplett in Frauenhand. Die Damen waren zwischen zwanzig und vierzig und standen Ellbogen an Ellbogen. Sie rollten die Fladen und führten die Bestellungen aus, die ihnen zu den absoluten Stoßzeiten mittags und abends im Sekundentakt zugerufen wurden. An einem ganz normalen Tag wurden fünfundzwanzig Kilo Schweinehack und hundertfünfundzwanzig Kilo Mehl verbraucht. Eine der Maultaschen-Damen gab jeden Morgen Schweinehack in eine riesige Schüssel, die den gleichen Umfang wie ein Lkw-Reifen hatte. Dann steckte sie die Hand in die Schüssel und rührte damit wie mit dem Quirl eines Handmixers im Hackfleisch herum, bis dieses die Konsistenz und die Farbe von Gänseleberpastete angenommen hatte. Dieses Schweinefleisch war nicht der Hauptbestandteil der Maultaschen-Füllungen – es diente vielmehr als Kleister, der die überwiegend aus Gemüse bestehenden Füllungen zusammenhalten sollte. Ich erinnerte mich daran, wie entsetzt Vorsitzende Wang reagiert hatte, als sie sah, wie viel Fleisch ich in meine Maultaschen tat. Ich hatte gegen einen althergebrachten Brauch verstoßen: Fleisch war in China traditionsgemäß kein Hauptgericht, es wurde lediglich benutzt, um den Geschmack und die Textur von Gemüse zu verbessern, das die eigentliche Hauptrolle in der Ernährung spielte. Und obwohl der Fleischkonsum in China beträchtlich gestiegen war, hatte sich der Inhalt der Maultaschen nicht geändert. Er war gewissermaßen ein Relikt der Vorzeit.

Ich betrachtete mich zu dem Zeitpunkt bereits als einen absoluten Teig-Profi – schließlich hatte ich mit Vorsitzende

Wang Maultaschen gemacht und mit Küchenmeister Zhang Nudeln. Doch jeden Tag mit hundertfünfundzwanzig Kilo Mehl zu arbeiten war dann doch noch mal was anderes. Das Mehl war teuer, Marke Snow Flower. Es wurde zuerst mit Wasser vermischt, dann in einer Knetmaschine durchgewalkt und dann eine halbe Stunde beiseitegestellt, damit es xing konnte, also aufwachen. Dann wurde der Teig in mehrere Klumpen geteilt, und diese Klumpen wurden in kleinere Stücke geschnitten, die zu schlangenähnlichen Seilen gerollt wurden, wie ich es von Vorsitzende Wang gelernt hatte. Doch statt den Teig dann noch einmal zu schneiden, trennten die Frauen kleine Teile mit den Fingern ab und rollten sie zu Kugeln – größer als eine Kaugummikugel, kleiner als ein Tischtennisball. Während der Mittagszeit arbeiteten sie sich durch fünfzehn Teigklumpen. Aus jedem Teigklumpen wurden hundertfünfzig Kugeln. Das heißt, aus jedem Teigklumpen wurden zweitausendzweihundertfünfzig Maultaschen-Fladen.

»Warum benutzt ihr kein Messer?«, fragte ich.

»Wenn man das erst mal richtig gut kann, sind die Finger schneller und zuverlässiger als ein Messer«, erklärte eine von ihnen. »Der Daumen sagt einem dann schon, wie viel Teig abgetrennt werden muss.«

Ich versuchte, auf meinen Daumen zu hören, doch die Teigstücke, die ich abtrennte, waren weiter alle unterschiedlich groß. Also befasste ich mich damit, die Maultaschen-Fladen auszurollen. Die Expertin neben mir rollte immer gleich zwei auf einmal aus. Jedes Mal, wenn sie das Nudelholz mit den Handflächen über die Fladen schob, drehte sie die Fladen blitzschnell mit den Händen ein wenig weiter. In der Zeit, in der ich einen Fladen fertigstellte, produzierte sie vier. Wenn sie die Fladen einmal ganz um sich selbst gedreht hatte, warf sie sie wie eine Frisbeescheibe auf die fertigen Fladen, die sich auf der Arbeitsfläche stapelten.

Da ich hinsichtlich der Geschwindigkeit nicht mit meiner Nachbarin konkurrieren konnte, konzentrierte ich mich darauf, meine Fladen runder zu machen als ihre.

Dann kreischte meine Nachbarin zur anderen Seite: »Sie macht das ganz falsch!«

Alle maultaschenformenden Hände hielten inne, und aller Augen richteten sich auf meinen Fladen, der offenbar gegen eine Qualitätsregel verstieß.

Was, um alles in der Welt, konnte mit meinen perfekt kreisrunden Fladen nicht in Ordnung sein?

Meine Nachbarin legte sich meinen Fladen auf die Hand und hielt ihn mir direkt vor die Nase.

»Siehst du?« Sie zeigte auf die Mitte des Fladens. Da war der Fladen ein wenig dicker als am Rand. Bei genauer Betrachtung sah er aus wie eine fliegende Untertasse.

Als der Mittagessensansturm nachließ, machten sich die Maultaschen-Frauen daran, die Füllungen für die Abendschicht vorzubereiten. Sie bewaffneten sich mit einem Messer in jeder Hand und hackten riesige Haufen Selleriestangen in atemberaubendem Tempo winzig klein. Der schwere Geruch des Selleries wurde vom Lakritzgeruch des Fenchels verdrängt. Das Restaurant stellte seine eigene Wurst her. Hierzu stopfte man die Fleischmasse mit Hilfe einer Karotte durch den als Trichter dienenden, abgeschnittenen oberen Teil einer Plastik-Colaflasche in den Schweinedarm.

Während die Damen sich ganz all jenen monotonen, anstrengenden Arbeitsgängen widmeten, sah ich mich in der Küche um und dachte: Wo sind denn bloß Bosch, Kenwood & Co.? Hatten die nicht schon Maschinen erfunden, die uns diese Arbeit abnahmen? Stattdessen schwangen und rührten unzählige Arme und Hände, bewegten sich wie Hebel und Motoren und schoben die Speisen das menschliche Fließband hinunter. Ich befand mich in einer Maultaschen-Fabrik.

In dieser Fabrik war keine Zeit für die Sorte fürsorglicher Tricks und Kniffe, die ich bei Wang gelernt hatte. Die Maultaschen dieser Massenproduktion mussten innerhalb weniger Sekunden gefüllt, geformt und verschlossen werden. Schwester Cao beobachtete mich äußerst aufmerksam, als ich mich am Formen und Verschließen versuchte. Es ging ihr gegen den Strich, einen Gast in der Küche zu haben – und noch dazu einen ungeschickten. Ihr Blick verfinsterte sich, als meine Maultaschen aufrissen und ihr Innenleben verschütteten – fast wie verwundete Soldaten auf dem Schlachtfeld.

Eines Tages hielt sie es nicht mehr aus und schob mich beiseite. »Du machst das nicht so wie wir«, teilte sie mir frostig mit und machte da weiter, wo sie mich unterbrochen hatte.

Sie legte sich einen Maultaschen-Fladen auf die Handfläche. Mit einem Holzstäbchen plazierte sie einen Klecks Füllung darauf. Dann faltete sie den Fladen zu einem Halbmond, wobei sie mit Daumen und Zeigefinger gleich die Kanten zusammendrückte. Als sie die Hand wieder öffnete, glich die Maultasche einem Tischtennisball mit Flügeln.

»Alles läuft nach einem ganz bestimmten Muster ab«, stellte sie sachlich fest. Meine missglückten Maultaschen blieben auf einem Tablett auf der Arbeitsfläche stehen und schienen mich zu verhöhnen.

Dann hatte ich eine Idee: Statt mich an Maultaschen zu üben, die die Küche verlassen und die Öffentlichkeit in Angst und Schrecken versetzen würden, beschloss ich, einen Haufen Maultaschen zu bezahlen und sie für mich selbst zu machen. Dagegen konnte selbst Schwester Cao nichts einwenden.

Das Füllen, Formen und Verschließen der Teigtaschen hatte etwas Meditatives an sich – und langsam, aber sicher gelang es mir immer besser. Irgendwann war ich sogar so weit, dass ich wieder mithören konnte, worüber die anderen sich unterhielten. So bekam ich ein Gespräch zwischen zwei der Maultaschen-Damen in den Dreißigern mit, die offenbar beide ihre Kleinstadt verlassen hatten, um nach Peking zu kommen.

»Euer Land ist einfach zu klein«, sagte die eine, sie stammte aus der nahegelegenen Provinz Hebei. Mit der Schminke um die Augen sah sie aus wie ein Waschbär. »Da, wo ich herkomme, bekommt jede Familie sieben Hektar.«

»Wir bekommen drei Hektar«, entgegnete die Untersetzte mit dem herzförmigen Gesicht. Sie stammte aus der westlichen Wüstenprovinz Gansu.

»Unser Hof ist sehr groß«, sagte die Frau aus Hebei.

»Unser Hof ist komplett betoniert«, sagte die Frau aus Gansu.

»Wir bauen Weintrauben, Dattelpflaumen, Baumwolle und Blumen an.«

»Wir bauen keine Blumen an. Dazu ist unser Land zu klein.«

»Die Gegenden, aus denen wir stammen, sind wirklich sehr verschieden.«

»Neulich haben sie eine Autobahn gebaut und uns noch mehr Land weggenommen.«

»Wenn kein Land mehr da ist, muss man die Heimat verlassen und woanders arbeiten.«

»Darum ziehen so viele Menschen in die Städte, um Handel zu treiben.«

»Aber das Gehirn kommt nie zur Ruhe, wenn man ständig etwas verkauft.«

»Ich handele gerne. Ich habe früher mal Hüte und Schuhe verkauft.«

Maultaschen-Frauen rangierten in der Restaurant-Hierarchie normalerweise ganz weit unten – einen Tick über den Tellerwäschern und einen Tick unter den Kellnerinnen. Chefin Sun gab ihnen die üblichen zwei Tage im Monat frei, zahlte jeder von ihnen hundert Dollar im Monat und gewährte ihnen freie Kost und Logis. Sie fand sich offenbar richtig großzügig. »Wieso sollte ich ihnen nicht ein bisschen mehr als üblich bieten und sie damit glücklich und zufrieden machen?«, sagte sie. Aber der Lohn war trotzdem jämmerlich, und Chefin Sun knauserte im Gegenzug mit anderen Dingen. Zum Mittagessen bekamen die Angestellten zum Beispiel Reis, Tofu und Kohl, der schon zu alt war, um ihn im Restaurant zu servieren. Es gab nur selten Fleisch, und von den Maultaschen, die sie herstellten, durften sie nicht kosten. Die Dumpling-Frauen kamen überall her, nur nicht aus Peking: von den nördlichen Küstengebieten bis zu den Wüsten im Landesinneren. Die meisten Pekinger weigerten sich, einen so wenig angesehenen Job wie diesen anzunehmen – in ihren Augen war das Arbeit für Wanderarbeiter. Die Chefs stellten nicht deswegen Menschen so unterschiedlicher Herkunft ein, weil sie besonders weltoffen waren. Nein, ein Chef in Peking wollte schlicht möglichst keine Angestellten, die sich einander zugehörig fühlten – denn das würde ja nur dazu führen, dass sie sich zusammenrotteten und sich beschwerten, wenn ihnen etwas nicht passte.

Eines Tages stürmte Chefin Sun in die Maultaschen-Küche. Es dauerte zu lange, bis die Maultaschen serviert wurden – an einem Tisch hatten die Gäste bereits eine Stunde lang gewartet. Einige Maultaschen waren aufgerissen. An einem anderen Tisch wurden fünf Maultaschen zu wenig serviert.

»Wer ist die aus Gansu?«, schrie Chefin Sun.

Die untersetzte Frau aus Gansu, die gerade ein Tablett abwusch, hob die Hand.

Chefin Sun beschimpfte sie aufs übelste.

»Wieso geben Sie mir die Schuld?«, fragte die Frau aus Gansu.

»Es kann nur deine Schuld sein, weil du aus Gansu kommst und die Leute aus Gansu kein Mandarin sprechen!«

Schwester Cao räusperte sich. »Sie ist nicht das Problem. Sondern die beiden da drüben.« Sie zeigte auf zwei Frauen.

Und obwohl Schwester Cao auf zwei Frauen gedeutet hatte, die nicht einmal in meiner Nähe standen, wurde ich das beklemmende Gefühl nicht los, dass es meine Schuld war. Schließlich quoll die Füllung immer noch aus jeder zweiten Maultasche, die ich fabrizierte.

Es war nicht so einfach, die Frauen aus der Maultaschen-Küche näher kennenzulernen, weil alles immer im Akkord ablief. Doch die Frau aus Hebei mit dem Waschbären-Make-up hob sich von den anderen ab. Sie starrte oft verträumt Löcher in die Luft, während sie Maultaschen-Fladen ausrollte. Manchmal, wenn ich aufsah, ertappte ich sie dabei, wie sie mich musterte. Wenn sich unsere Blicke begegneten, lächelte sie scheu und sah weg.

Hu Guirong hatte lange, krause Haare und schmale Lippen. Bei näherer Betrachtung fiel mir auf, dass ihr Waschbären-Look aus mehreren Lagen Wimperntusche und dunklem Lidschatten bestand. Sie war bestimmt einmal eine hübsche junge Frau gewesen, doch die Jahre hatten ihre Spuren auf ihrem Gesicht hinterlassen. Während wir so dastanden und ausrollten und formten, stellte ich ihr eines Tages die üblichen Fragen, die man Fremden eben so stellt, da ich nicht sicher war, wie ich sonst das Eis brechen sollte. Ob sie verheiratet war? Ob sie Kinder habe?

Sie wandte den Blick ab und antwortete dann etwas gequält: »Ich habe geheiratet. Ich habe ein Kind.« Dann senkte sie den Kopf und schwieg. »Ich erzähl dir ein anderes Mal davon.«

Dann, einige Tage später, sagte sie leise: »Ich habe gehört, du kommst aus Amerika. Bist du gläubige Christin?«

Ich erklärte ihr, dass ich zwar nicht religiös sei, aber dafür einige meiner Verwandten.

Wir machten mehrere Bestellungen fertig, dann flüsterte sie: »Ich bin Christin. Aber die Chefin gibt uns sonntags nicht frei, das heißt, ich kann nicht in die Kirche gehen.«

Später fragte sie mich, ob ich schon mal in Taiwan gewesen sei. Ich erzählte ihr, dass ich viele taiwanesische Verwandte habe und dass es mir ein Anliegen war, meine Großeltern in Taipei wenigstens einmal im Jahr zu besuchen. »Wirklich?«, sagte sie. »Da wollte ich schon immer mal hin.«

Unsere Gespräche waren meistens nur recht kurze, von Unterbrechungen begleitete Wortwechsel. Eine von uns sagte etwas. Dann hagelte es neue Bestellungen. Während der nächsten Flaute wechselten wir wieder ein paar Worte. Zwei Fragen, zwei Antworten, drei Portionen Maultaschen, ein Nachsatz, ein neues Thema. Während die anderen alle Maultaschen formen und dabei plaudern konnten, musste ich immer noch meine ganze Aufmerksamkeit auf die Arbeit meiner Hände richten.

Nach mehreren Tagen mit solch verstümmelten Gesprächen folgte mir Hu am Ende der Mittagsschicht aus dem Restaurant.

»Ich wollte dir erklären, warum ich dir nicht mehr über meine Familie erzählt habe«, sagte sie. »Es ist nämlich so, dass ich mich habe scheiden lassen. Mein Mann war Polizist und nie zu Hause. Er hat mich betrogen, und das konnte ich nicht mehr ertragen. Als ich mich scheiden ließ, musste ich ausziehen, und er bekam das Sorgerecht für unseren Sohn. Also bin ich ganz weggezogen. Das weiß hier niemand.«

Zwar war eine Scheidung etwas, das auch in China immer häufiger vorkam, doch in einer Gesellschaft, in der die Familie mehr galt als der Einzelne, wurden Geschiedene häufig stigmatisiert, insbesondere geschiedene Frauen. Im Falle einer Scheidung war es in China üblich, dass der Mann das Sorgerecht für die Kinder erhielt.

»Mehrere meiner Freunde sind geschieden«, sagte ich. »Ich finde das nicht schlimm.«

Als wir an eine Kreuzung kamen, schwiegen wir betreten.

»Das ist alles, was ich dir heute sagen wollte«, teilte Hu mir mit. Wir verabschiedeten uns, und ich bog ab, um nach Hause zu gehen. Hu drehte sich um und ging zurück zum Restaurant, wo in Kürze die Abendschicht begann.

Ich blieb nicht lange in dem Maultaschen-Lokal – die Monotonie der Arbeit deprimierte mich. Hu blieb auch nicht viel länger.

»Ich werde nie wieder in einem Restaurant arbeiten«, erzählte sie mir, kurz nachdem sie gekündigt hatte. »Die Arbeit ist hart. Zwei freie Tage im Monat sind nicht genug. Alle sind austauschbar. Ständig kommen neue Leute und andere verschwinden. Mir ist das zu kapitalistisch.«

Unser Kontakt wurde sehr unregelmäßig. Sie hatte kein Handy und war laufend auf Reisen. Sie sagte, sie müsse geschäftlich in den Süden, verriet aber nicht mehr. Ich hatte ihr aber meine Telefonnummer gegeben, und hin und wieder rief sie an und fragte, ob ich mich noch an sie erinnere.

Monate später, an Heiligabend, trafen Hu und ich uns an der Chongwenmen-Kirche mitten in Peking. Vor dem Gebäude hatte sich eine vierhundert Meter lange Schlange gebildet – alles chinesische Christen, die darauf warteten, dass die Besucher des vohergehenden Gottesdienstes die Kirche verließen. Hu hatte bereits an einem früheren Gottesdienst teilgenommen, und wir hatten beide keine große Lust, in der Kälte zu stehen und zu frieren. Wir suchten Zuflucht in einem kleinen Imbiss, der nordchinesische Snacks anbot, und ich bestellte zwei roujiamo. Die frisch gebackenen Brötchen waren noch warm und wurden mit einer Mischung aus Schweinehack, scharfer grüner Paprika und Koriander gefüllt.

Ich äußerte mein Erstaunen darüber, wie viele Chinesen

angestanden hatten, um in die Kirche zu gehen. »Für die Menschen hier ist das Ausüben ihrer Religion keine Selbstverständlichkeit«, erklärte Hu. Sie trug eine bauschige grüne Jacke und eine schwarze Baseballkappe. Sie hatte Wimperntusche aufgetragen, aber keinen Lidschatten. Sie sah mit weniger Make-up viel hübscher aus.

Als wir uns setzten, erzählte Hu mir ihre Geschichte: Sie war 2001 Christin geworden, nachdem sie ihre Heimatstadt verlassen und sich in der Südküstenprovinz Fujian niedergelassen hatte. Dort machte sie die Bekanntschaft einer Christin, die für sie bald wie eine große Schwester war.

»Früher war ich Buddhistin. Ich bin schon immer etwas spirituell veranlagt gewesen. Mir gefiel das Christentum, weil es mir moderner erschien als der Buddhismus.« Dies entsprach ganz typischem chinesischem Denken: Westliche Dinge und Bräuche wurden für fortschrittlich gehalten – chinesische für altmodisch.

In Fujian entdeckte Hu nicht nur das Christentum, sondern auch, wie viele Möglichkeiten die Welt außerhalb Chinas bot. Fujian war eine Hochburg des Menschenschmuggels, und Hu hatte diverse »Schlangenköpfe« getroffen, die ihr versprachen, eine Scheinheirat mit einem Mann aus Taiwan zu arrangieren, durch die sie ein Visum für die Inselrepublik bekommen würde.

»Ich hatte gehört, Taiwan sei sehr modern und fortschrittlich und dass man dort sechstausend Hongkong-Dollar im Monat verdienen könne«, berichtete sie. »Ich wollte irgendwohin, wo man freier ist als in China.«

Hu wollte auch ihrer Vergangenheit entkommen. Ihr Exmann reduzierte ständig die Zeiten, in denen sie mit ihrem Sohn telefonieren durfte. Und nachdem er wieder geheiratet hatte, verbot seine neue Frau dem Sohn ganz, mit Hu zu sprechen. 2003 bezahlte sie einem Schlangenkopf sechseinhalbtausend Dollar, um eine Heirat mit einem fünfzigjährigen taiwanesischen Bauern zu arrangieren. Das Geld hatte sie als Obstverkäuferin in Fujian zusammengespart. »Er war sehr *tu*«, beschrieb Hu den Bauern, ungehobelt also. »Wir telefonierten miteinander, und ich konnte seinen Dialekt kaum verstehen. Aber das war mir egal.«

Nachdem sie das Geld bezahlt hatte, informierte der Schlangenkopf sie darüber, dass die Vermittlung leider missglückt sei. Und dass im Falle einer missglückten Scheinheirat kein Geld zurückerstattet würde. Ich verkniff mir einige Anmerkungen zu gewissen Details, die mir gleich faul vorgekommen waren. Ich erzählte ihr nicht, dass Taiwan seine eigene Währung hat und dass es daher seltsam war, dass der Schlangenkopf von Gehältern in Hongkong-Dollar geredet hatte. Ich erzählte ihr nicht, dass mir in Taiwan noch niemand begegnet war, der kein verständliches Mandarin sprechen konnte. Ich wies sie nicht darauf hin, dass es schlicht töricht war, jemanden im Voraus für seine Dienste zu bezahlen. Hu hätte sich über meinen nachträglichen Rat sicher nicht gefreut.

Sie war noch ein zweites Mal über den Tisch gezogen worden, und auch noch ein drittes Mal. Der zweite Mann war angeblich ein Krüppel, der eine Frau brauchte, die ihn pflegen konnte. Der dritte Mann war fettleibig – sie war ihm in einem Hotel begegnet, bevor auch diese Vermittlung fehlschlug. Insgesamt hatte sie fünfundzwanzigtausend Dollar in den Sand gesetzt.

»Darum bin ich wieder in den Süden gefahren, nachdem ich im Xian'r Lao Man aufgehört hatte«, sagte sie. »Ich wollte versuchen, wenigstens einen Teil meines Geldes wiederzubekommen. Aber mir wurde gesagt, das sei unmöglich.« Hu hatte keinerlei rechtliche Handhabe und darum nun die Hoffnung aufgegeben, jemals nach Übersee zu kommen.

Nach der Quasi-Fabrikarbeit im Xian'r Lao Man freute ich mich am Ende des Sommers ganz besonders darauf, Zhang in seinem kleinen Laden zu besuchen. Zwar unterschied sich seine Arbeit nicht wirklich von der Arbeit in der Maultaschen-Fabrik, aber in Sachen Menschlichkeit übertraf er sie allemal – und wenigstens war Zhang sein eigener Chef.

Haizi arbeitete nicht mehr bei ihm. Die Dinge hatten sich im Laufe des Sommers immer mehr zugespitzt, und schließlich war Zhang mit seiner Geduld angesichts ihrer Unfähigkeit am Ende gewesen. Oft sei sie mitten im größten Trubel in der dunstigen Küche in Tränen ausgebrochen. Zhangs Frau und Sohn wollten auch bald wieder abreisen, damit Yao sich um ihre Tochter kümmern konnte. Außerdem mochte seine Frau Peking nicht. Sie fand es dort zu dreckig, und der Raum, in dem sie untergebracht waren, war ihr zu stickig, als dass sie darin schlafen konnte. »Die Wände sind heiß – sogar nachts«, klagte sie.

»Wirst du deinen Mann denn nicht vermissen?«, fragte ich.

Yao kicherte wie ein Schulmädchen, das man über den heimlichen Schwarm ausfragte. Dann zuckte sie mit den Schultern. »Wir sind das ja gewöhnt. Wir sind schon so lange verheiratet. Ich habe Zhang kennengelernt, als ich achtzehn war, geheiratet haben wir, als ich einundzwanzig war, und das erste Kind habe ich mit zweiundzwanzig bekommen.« Sie hatte Zhang dazu ermuntert, sein berufliches Glück in der Hauptstadt zu suchen und das Geld, das er verdiente, nach Hause zu schicken. Es gebe auf dem Lande schließlich nicht genügend Möglichkeiten, »sich zu entwickeln«.

Ihre unromantische Einstellung überraschte mich nicht. Abgesehen von ein paar kurzen Heimaturlauben in Shanxi hatte das Paar die letzten acht Jahre getrennt verbracht, und ich konnte nicht viel Herzenswärme und Zärtlichkeit zwischen ihnen ausmachen. Wahrscheinlich war das in gewisser

Weise der Grund dafür, dass ihre Ehe überhaupt so lange gehalten hatte. Zhang redete an einem Tag in der Küche manchmal mehr mit mir als mit seiner Frau, und das schien ihr gar nichts auszumachen. Seine Ansicht zum Thema Ehe hatte er mir gegenüber bereits zu einem früheren Zeitpunkt geäußert: »Heiraten hat überhaupt keine Vorteile. Macht nur Scherereien«, hatte er gesagt. Und mir dann geraten: »Lass es besser bleiben.«

Zhangs einzige Sorge im Zusammenhang mit der bevorstehenden Abreise seiner Frau war, dass sie ihm dann nicht mehr in der Nudelbude würde helfen können. Er überlegte, ob er sich überhaupt weiter in der Kantine abrackern sollte. Der Laden warf gerade einmal so viel ab, dass die Kosten gedeckt waren, und in wenigen Tagen war die Pacht, die er für drei Monate im Voraus zahlen musste, fällig. Ihm lagen zwei Arbeitsangebote von Restaurants vor. Wenn er eine feste Stelle annehmen würde, könnte er das Geld, das er sonst in die Pacht für die Nudelküche stecken würde, in die Bildung seiner Tochter investieren.

Aber es war noch etwas anderes für ihn im Gespräch. Der Alte Wang, der mit Zhang im Yushan gearbeitet hatte, wollte mit ihm zusammen ein Restaurant eröffnen. Der Alte Wang war etwas über vierzig und hatte ein klassisches Pekinger Gesicht: breite Stirn und große Augen. Die Haare trug er millimeterkurz, und gebaut war er wie ein Footballspieler. Er hatte sich über zwanzig Jahre hinweg im Yushan nach oben gearbeitet und den Laden dann – genau wie Zhang und Qin – verlassen, als neue Geschäftsführer kamen. Im Gegensatz zu Zhang und Qin hatte er jedoch schon lange genug gearbeitet, um jetzt eine Rente ausbezahlt zu bekommen.

Eines Morgens stand Zhang an den Tresen seines Nudelladens gelehnt und studierte eine Anzeigenzeitung, als Alter Wang sich an einen der Tische setzte.

»Was meinst du, wie groß das Ding hier ist?«, fragte Alter Wang und ließ den Blick durch die Kantine schweifen.

Zhang schätzte sie auf dreihundert Quadratmeter. Das war für ihr Vorhaben zu groß, da waren sie sich einig. Zhang zeigte auf eine winzige Anzeige vor sich. »Hier ist was mit fünfundfünfzig Quadratmetern.«

Zhang ging in die Küche, um nach dem Herd zu sehen. »Er hat keine Ahnung von Geschäften«, gestand mir Alter Wang. »Er denkt nicht langfristig genug. Er konzentriert sich immer nur auf die Kosten, die er hier und jetzt hat, und will die dann decken können oder ein bisschen mehr verdienen.« Er seufzte. »Dabei sind seine Nudeln fantastisch. Peking wartet nur auf sie.«

Zhang kam zurück und schrieb ein paar Telefonnummern aus der Zeitung ab. Er reichte sie Wang, der seine Sonnenbrille aufsetzte und verschwand.

»Der Alte Wang ist sehr klug«, kommentierte Zhang bewundernd, als der Pekinger davonradelte. »Das passte denen im Yushan nicht. Darum haben sie ihm gekündigt. Aber das war nicht weiter schlimm. Wang wollte sowieso nicht mehr für die Kommunistische Partei arbeiten.«

»Vertraust du ihm?«, fragte ich.

»Darauf kommt es nicht an. Ich bin ein Wanderarbeiter. So lange er mir vertraut, ist alles in Ordnung.«

Zhang fügte noch hinzu, dass Alter Wang ihm seinerzeit tausendzweihundert Dollar geliehen hatte, um seinen ersten Laden aufzumachen. Es ist zwar in China durchaus üblich, sich von Freunden und Verwandten Geld zu leihen, da Banken nur selten kleine Geschäftskredite vergeben, aber es überraschte Zhang dennoch, dass Alter Wang ihm half. Schließlich war er ja bloß ein Wanderarbeiter. »Ich fragte ihn, ob er keine Angst habe, dass ich mich mit dem Geld aus dem Staub mache. Doch er antwortete nur, er wisse, dass er mir vertrauen könne.«

Zhang betonte seinen Status als Bürger zweiter Klasse so oft, dass ich an eine Fahrt mit dem Taxi denken musste. Sie hatte mich durch eine heruntergekommene alte Straße namens Linke Friedensstraße geführt. Dort türmte sich der Müll in allen Ecken. Plakate an Geschäftsfassaden warben für Fernseher, Handys und sexuelle Dienstleistungen, für die man jederzeit eine der in hautengen Fummeln steckenden Frauen anheuern konnte, die in rosa erleuchteten Räumen herumsaßen, die hier in China gerne als Friseursalon bezeichnet wurden.

»Sehen Sie sich das nur mal an«, hatte der Taxifahrer gebrummt. »Alles Wanderarbeiter. Sehen Sie nur mal, wie schlimm es hier aussieht.«

»Haben Sie etwas gegen Wanderarbeiter?«, fragte ich ihn. Pekinger geben den Wanderarbeitern häufig die Schuld an Kleinkriminalität und anderen gesellschaftlichen Problemen.

»Nein, gar nicht«, sagte er. »Ihr suzhi lässt nur sehr zu wünschen übrig.« Da war es wieder, dieses Wort. Im gleichen Moment scherte ein Fahrrad direkt vor seinem Wagen aus. Er stieg auf die Bremse und hupte – sehr lange und sehr laut. »Sehen Sie sich das an. Ein Wanderarbeiter«, sagte er verächtlich und schüttelte den Kopf.

Zhang unternahm also den dritten Versuch innerhalb eines Jahres, ein eigenes Restaurant zu eröffnen, während sich die neunzehnjährige Qin einfach nur anstrengte, sich irgendwie über Wasser zu halten. Sie war jetzt ganz allein, abgesehen von den Freundinnen, mit denen sie im Yushan gearbeitet hatte. Sie war übersichuanesische Kanäle an einen Job als Kellnerin in einem kantonesischen Restaurant am anderen Ende der Stadt gekommen. Dort verdiente sie wieder einmal hundert Dollar im Monat.

Ich brachte ihr eine chinesische Nummer der *Elle* mit.

»Madang-na«, las sie den Namen der Frau auf der Titelseite laut vor. Sie hatte noch nie von Madonna gehört. Und von Britney Spears auch nicht. Sie mochte chinesische Popstars und spuckte eine ganze Reihe von Namen aus, die mir genauso fremd waren wie ihr die von Madonna und Britney Spears.

»Lass uns essen gehen!«, sagte sie. Sie führte mich zu einem kleinen Restaurant, das Hausmannskost aus Hunan servierte, und bestellte ein Gericht namens Maoxue Wang, was in etwa »Katzenblutprämie« heißt. Gott sei Dank handelte es sich weder um Katzenfleisch noch -blut, sondern um eine Mischung verschiedener Tierteile, darunter Innereien vom Schwein und vom Rind, sowie Pilze in einer würzigen, roten Soße. Die Innereien verliehen dem Gericht einen kräftigen, deftigen Geschmack, den wir etwas abmilderten, indem wir Reis dazu aßen. Die Gedärme schmeckten leicht ranzig, aber insgesamt mochte ich das Schweineblut und die Pilze mehr, als ich erwartet hatte.

Ich fragte Qin, ob die Umstellung hart gewesen sei.

»Ich wusste, dass sich schon irgendetwas ergeben würde«, sagte sie fröhlich. »Ich bin ziemlich anpassungsfähig. Und ich habe vom ersten Tag an gut geschlafen.«

Doch im Laufe der Mahlzeit gewann ich immer mehr den Eindruck, dass Qin nicht ganz so zuversichtlich war, wie sie tat. Sie wollte genug Geld sparen, um sich zur Fremdenführerin ausbilden zu lassen, aber wirklich sicher war sie sich nicht. Sie wusste nicht, ob sie in dem kantonesischen Restaurant bleiben wollte, nur, was blieb ihr anderes übrig? Ihr angespanntes Verhältnis zum Yushan versperrte ihr die Rückkehr dorthin, und nach Sichuan wollte sie auch nicht zurück, weil man da noch weniger verdiente als in Peking. Sie überlegte, nach Shenzhen zu gehen. Qins Mutter war, als Qin elf war, von Sichuan weggezogen und arbeitete seither in der rasant wachsenden Metropole im Süden.

Als wir mit dem Essen fertig waren, schob Qin der Kellnerin Geld zu, bevor ich auch nur daran gedacht hatte, mein Portemonnaie anzurühren. Mir war das unangenehm, und ich jagte Qin durchs Restaurant im Versuch, ihr einen Geldschein zuzustecken. Qin kicherte und lief vor mir weg, als spielten wir Fangen.

»Du kannst das nächste Mal bezahlen«, sagte sie.

Wir hatten noch Zeit, bis Qins Abendschicht im Restaurant begann, darum gingen wir noch kurz zu ihr. Sie hatte sich in einem Gästehaus für einen Dollar pro Nacht ein Bett gemietet. Ihr Zimmer war im Keller, man musste eine halbe Treppe hinuntergehen, die in einen schmalen, schwach erleuchteten Flur führte. Es war dunkel und feucht im Keller, die Türen zu den Zimmern standen alle offen. Links sah ich eine Frau mit einem Baby im Arm, rechts einige Männer, die in einem verrauchten, fensterlosen Zimmer herumlungerten. In Qins Zimmer standen vier Stockbetten. Drei Frauen machten ein Nickerchen, ein kleiner Fernseher lief. Qin kannte keine ihrer Mitbewohnerinnen.

Doch selbst in dieser trostlosen Umgebung wirkte sie fröhlich.

Zwei Wochen später bekam ich eine SMS von Qin. »Hallo«, schrieb sie. »Ich bin auf dem Weg nach Shenzhen. Wenn ich Zeit habe, komme ich dich mal in Peking besuchen. Oder besuch du mich doch mal in Shenzhen.« Ich war zufällig gerade auf dem Weg zu einer Hochzeit in Hongkong, nur einen Katzensprung von Shenzhen entfernt. Ich beschloss, mich gleich am nächsten Tag in den Zug zu setzen und Qin zu besuchen.

Shenzhen hatte sich enorm verändert, seit ich vor einigen Jahren das letzte Mal dort gewesen war. Ich hatte aggressive Schlepper, schmutzige Straßen und hässliche Wolkenkratzer erwartet. Doch kaum hatte ich Einreise und Zoll hinter mich gebracht, befand ich mich erstaunlicherweise auf einer nagelneuen, von glitzernden Gebäuden gesäumten Promenade vor einem gepflegten Eingang zu einer neuen U-Bahn und einer gigantischen Reklamewand, auf der für Yahoo! geworben wurde.

Qin und ich trafen uns vor einem schicken Hotel. Sie war noch keine vierundzwanzig Stunden in Shenzhen und steckte in Jeans, Rollkragenpulli und einem Sweatshirt – viel zu warm für das subtropische Klima. Das Haar klemmte in einer Bananenspange, und als sie mich sah, beschleunigte sich das Klicken ihrer schwarzen Absätze auf dem Asphalt.

Qin erzählte mir, sie habe ganz plötzlich beschlossen, Peking zu verlassen. Der neue Job sei einfach zu anstrengend gewesen, und sie habe sich ohne ihre Klassenkameradinnen sehr einsam gefühlt. Außerdem habe Zhu in Shenzhen auf sie gewartet – sie zeigte auf einen blassen, pummeligen jungen Mann mit extrem kurzen Haaren, der jetzt in Begleitung eines anderen Mannes auf uns zukam. Zhu und Qin kannten sich aus der Mittelstufe, und ihre Eltern waren auch befreundet. Zhu war zwei Jahre beim Militär gewesen, in dieser Zeit war er in Xinjiang stationiert gewesen, einer Provinz im äußersten Nordwesten, fast schon in Zentralasien. Xinjiangs überwiegend muslimische Bevölkerung wehrt sich gegen die chinesische Herrschaft. Nach seiner Entlassung war Zhu wieder nach Shenzhen gezogen, und als Qin vor einem Monat anlässlich des chinesischen Neujahrsfests nach Hause gefahren war, waren sie sich wieder über den Weg gelaufen.

»Ist er dein Freund?«, fragte ich Qin leise.

Sie zögerte einen Moment, dann sagte sie: »Er muss erst mal beweisen, dass er für mich sorgen kann.«

Zhus Freund stammte ebenfalls aus Sichuan und hieß Kleiner Fu. Die beiden fuhren ein paar Stunden am Tag Lkw – sie brachten die in den Shenzhener Fabriken hergestellten Computerteile, Handtaschen und Kleidung zu den Logistikzentren. Die beiden wohnten am Rand von Shenzhen und kannten sich im Stadtzentrum, wo wir uns trafen, kaum aus. Wir standen eine Weile unentschlossen vor dem Hotel herum.

»Was macht ihr denn sonst so, wenn ihr euch amüsieren wollt?«, fragte ich schließlich.

»Wir suchen uns ein Zimmer und singen«, antwortete Zhu. Er meinte Karaoke.

Wir beschlossen, uns ein Taxi zu nehmen und zur Unterkunft von Zhu und Kleiner Fu zu fahren. Je weiter wir uns vom Stadtzentrum entfernten, desto grauer, billiger und trister wurden die Gebäude. Wir bogen auf die Lotus Road ab, die von Schlaglöchern, Pfützen und Müll übersät war. Benommen wirkende Frauen liefen in bauschigen Miniröcken, Stiefeln und zu großen Nylonstrumpfhosen durch die Gegend. Hinter der glänzenden Fassade, die Shenzhen an der Grenze hatte errichten lassen, lebte die Stadt, an die ich mich erinnerte, weiter.

Wir gingen in ein Restaurant, wo Qin sämtliche Teller mit heißem Tee abwusch, bevor sie uns Essen darauf häufen ließ. Sie bestellte sich ihr Leibgericht, Katzenblutprämie, und ließ die beiden Männer mitessen. Ich bestellte ein paar Körbe Dim Sum. Kaum hatten wir angefangen zu essen, begann Qin ihren Zhu aufzuziehen. Auf chinesische Art.

»Er ist so fett.«

»So fett ist er doch gar nicht«, sagte ich. »Jedenfalls nicht für amerikanische Verhältnisse.«

»Hat in Amerika jeder eine Knarre?«, fragte Zhu. Ich verneinte, und dann hatte er noch jede Menge andere Fragen. Gab es in Amerika so etwas wie Rassismus? Wie war das Wetter in Amerika? Trugen die Männer da Jeans? Stimmte es, dass die Männer da alle Locken hatten?

Ich antwortete, dass nicht alle Männer Locken hatten, und fragte, wieso ihn das nur bezüglich der Männer interessierte.

»Na ja, du hast keine Locken, das kann ich ja sehen«, sagte er und schwieg kurz. »Ich habe gehört, dass die Männer da wild sind.«

»Wild?«

»Ja, klar, immer kampfbereit.«

Und es sprudelte weiter aus ihm hervor: »Ich habe gehört, dass man in Amerika als Tellerwäscher viel Geld verdienen kann. Wie viel kostet eine Schale Reisbrei in Amerika? Drei Dollar? Wirklich? In China kriegt man für das Geld zwanzig Schalen …«

Ich musste noch am gleichen Nachmittag wieder zurück nach Hongkong, um von dort nach Peking zu fliegen. Ich machte mir Sorgen um Qin. Sie hatte noch nicht einmal ihrer Mutter Bescheid gegeben, dass sie in dieser fremden Stadt im Süden angekommen war. Und Qin war tatsächlich zum ersten Mal in Shenzhen, hatte ihre Mutter dort nie besucht. Die zerstreute Familie kam einmal im Jahr zum chinesischen Neujahrsfest in der Heimatstadt in der Provinz Sichuan im Landesinneren zusammen. Qin hatte dieses Jahr über zweihundert Dollar für Geschenke für Freunde, Nachbarn und Verwandte in Sichuan ausgegeben – für Zigaretten, Alkohol, Süßigkeiten und Vitamine. Ihr Erspartes war fast weg. »Ich werde meiner Mutter erzählen, dass ich hier bin, wenn sich alles ein bisschen stabilisiert hat. Sie fände es bestimmt nicht gut, dass ich gekündigt habe, um hier mit einem Jungen zusammen zu sein.« Der Gedanke beunruhigte mich allerdings auch. Zhu schien ein netter Kerl zu sein, und Qin versicherte mir, dass Zhu ihr dabei helfen würde, eine gute Arbeit zu finden. »Er wird nicht zulassen, dass ich in einer Fabrik arbeite«, sagte sie. »Er hat jede Menge Verbindungen.« Ich machte mir Sorgen wegen der vielen abrupten Veränderungen in ihrem Leben. Was, wenn sie jetzt auch noch schwanger würde?

Kurz bevor wir uns voneinander verabschiedet hatten, war Zhu kurzfristig außer Hörweite gewesen, und da war ich mit der Tür ins Haus gefallen: »Benutzt ihr denn Kondome?«

»Was meinst du?« Qin sah wirklich verwirrt aus. Dann errötete sie. »O nein. Wir machen es nicht. Wir wollen erst herausfinden, was für eine Art von Beziehung wir haben.«

Ich räusperte mich. »Na ja, aber falls ihr euch entscheiden solltet, miteinander zu schlafen, dann benutzt bitte ein Kondom, ja?« Das war das erste Mal in meinem Leben, dass ich jemandem einen solchen Vortrag gehalten hatte. Und dann auch noch auf Chinesisch.

Doch es war nicht so einfach für Qin, in Shenzhen einen Job in einem Restaurant zu finden. Die meisten Arbeitgeber verlangten nämlich von neuen Angestellten eine Kaution, um sicherzustellen, dass die Neuen nicht von heute auf morgen wieder verschwanden. Qin hatte kein Geld.

Eines Tages bekam ich eine SMS mit einer Telefonnummer von ihr. »Frag nach Nummer zwei«, schrieb sie. Als ich bei der Nummer anrief, meldete sich ein Herrensalon. Qin verdiente hundertzwanzig Dollar im Monat damit, dass sie Männern die Haare wusch. Sie fing um drei Uhr nachmittags an und hatte sicher erst Feierabend, wenn ich schon längst im Bett lag, sagte sie. Es war sehr laut in dem Laden, im Hintergrund konnte ich jemand auf Sichuanesisch herumbrüllen hören.

»Möchtest du zurück nach Peking?«, fragte ich.

»Ja, aber im Moment fehlt mir das Geld dazu«, sagte sie. Sie erwähnte, dass sie und Zhu sich gestritten hatten. »Ständig kritisiert er mich, dabei bereite ich ihm sogar immer sein Bad vor«, sagte sie. »Aber wenigstens schlägt er mich nicht.«

Bevor wir auflegten, sagte sie noch: »Pass auf dich auf.« Mir fiel nichts Besseres ein, als ihr genau das Gleiche mit auf den Weg zu geben.

Kurz bevor Zhangs Frau und sein Sohn Richtung Shanxi abreisten, besuchte ich die Familie zu Hause im Xiao-Wu-Ji-Distrikt am südöstlichen Stadtrand Pekings. Von dort brauchte die Familie eine halbe Stunde, um mit dem Fahrrad zum Nudelladen zu kommen.

Zhang konnte mir nicht seine genaue Adresse nennen, weil es keine gab. Als ich bei der Brücke ankam, an der wir uns treffen wollten, kam mir die Gegend dunkel und öde vor, von Zhang weit und breit keine Spur. An einer Bushaltestelle lungerten ein paar Leute herum. Der Taxifahrer war so freundlich, mich in seinem Taxi auf Zhang warten zu lassen.

»Eine sehr unordentliche Gegend«, kommentierte der Fahrer. »Zu viele Wanderarbeiter. Seien Sie vorsichtig. Kennen Sie denjenigen, mit dem Sie verabredet sind?«

Kurze Zeit später tauchte Zhang auf seinem Fahrrad auf. Er dankte dem Taxifahrer dafür, dass er mit mir gewartet hatte. Als das Taxi davonbrauste, klopfte Zhang auf den Gepäckträger. »Kannst du dich hier draufsetzen? Zu Fuß ist es zu weit«, sagte er.

Ich klemmte mich im Damensitz hinten auf sein Fahrrad. Je schneller Zhang fuhr, desto mehr bemühte ich mich, durch Balancieren der Beine auf der einen und Ausgleichen mit Kopf und Rumpf auf der anderen Seite das Gleichgewicht zu halten. Wir fuhren durch eine recht belebte Gegend. An im Freien stehenden Billardtischen standen willige Spieler Schlange. Vor den Restaurants waren Plastikmöbel aufgestellt worden, an denen die Gäste Essen jeder Geschmacksrichtung genossen: KLEINE SICHUAN-SNACKS, SPEZIALITÄTEN AUS HARBIN und SHANXI-MAULTASCHEN stand auf den Schildern an den Fassaden.

»Hast du das gesehen?«, fragte Zhang, kaum dass wir am letzten Schild vorbei waren. »Da ist ganz schön viel los. Shanxi-Küche ist in Peking echt gefragt.«

Ich verkrampfte mich etwas, als wir in eine dunkle, breite Straße einbogen. Zhang fuhr eigentlich recht sicher, aber trotzdem waren mir die großen blauen Laster, die heranbrausten, schalteten und mit einem knappen Meter Abstand an uns vorbeidonnerten, nicht geheuer. Ich hielt mich an Zhangs Taille fest. Wir kamen an ein paar Lagerhallen vorbei, auf denen BEIJING MARINE SHIPPING CO. stand. Zhang erklärte mir, dort würden importierte Waren inspiziert, bevor sie in den Rest des Landes verschickt wurden.

Wir bogen auf eine unbefestigte Straße ab. Es ging noch eine Minute durch vollkommene Dunkelheit, dann erkannte ich ganz schwach Lichter. Sie stammten von einem langen, schmalen Gebäude, das in mehrere Notunterkünfte aufgeteilt worden war und das mich an Lagerhallen in den USA erinnerte. Zhangs Frau trat aus einer der Unterkünfte, die kaum größer als eine Garage waren, heraus. Statt eines Garagentors hatte jede Einheit eine Tür und ein Fenster.

Drinnen erleuchtete eine Glühbirne den Raum, in dem sich ein Kohleofen, ein Waschbecken und ein hartes Doppelbett befanden. Offenbar schliefen sie zu dritt darin. Zhang hatte einen winzigen persönlichen Akzent gesetzt und ein gerahmtes Foto der Göttin der Barmherzigkeit aufgehängt. Das Foto hatte ein Freund von ihm gemacht. Yao hatte sich zu Recht beklagt: Es war wirklich heiß in dem Raum, und das, obwohl die Luft draußen sich schon deutlich abgekühlt hatte. Jetzt konnte ich besser verstehen, warum die ganze Familie immer bis spät abends in der Kantine herumhing, statt nach Hause zu fahren. In der Kantine war es deutlich angenehmer als »zu Hause«.

Zhang zündete eine Mückenspirale an. Sie wussten nicht,

wer ihre Nachbarn waren, erklärte er, denn genau wie sie selbst, waren auch alle anderen hier nur Wanderarbeiter auf der Durchreise. Sie blieben ein paar Wochen oder Monate, dann brachen sie die Zelte wieder ab und arbeiteten woanders.

Zhangs Frau legte sich aufs Bett und schloss die Augen. »Sie hat Probleme mit den Beinen«, sagte Zhang. »Wenn Yao zu lange steht, schwellen ihr die Beine an. Da stimmt was nicht mit ihrem *qi.*«

Erzi saß am anderen Ende des Bettes und baute das Schachbrett seines Vaters auf. Ich spielte ein bisschen mit ihm.

Wenige Tage später packten Zhangs Frau und sein Sohn ihre Sachen und fuhren zurück nach Shanxi.

Das nächste Mal besuchte ich Zhang an seinem hundertsten und letzten Tag in der Nudelbude. Er wusste noch nicht recht, was er nun tun sollte, aber er fand es sinnlos, ein Geschäft weiterzuführen, das immer nur gerade die Kosten deckte.

Genau wie Zhang und Qin war auch ich gerade im Aufbruch. In wenigen Wochen wollte ich mich auf den Weg nach Shanghai machen, um dort ein Praktikum bei einem angesehenen Restaurant zu machen. Das Restaurant lag am Bund, der berühmten Uferpromenade Shanghais. Als ich Zhang erzählte, dass ein Abendessen dort locker hundert Dollar pro Person kosten konnte, lachte er nur und fragte: »Wen wollen die denn da übers Ohr hauen? Reiche Chinesen oder Ausländer?«

Er war fast fertig damit, die Küche sauber zu machen. Der Kühlschrank war leer, und es standen nur noch wenige jin Mehl herum.

»Heute ist Ihre letzte Gelegenheit, meine Nudeln zu essen«, erklärte Zhang jedem der zur Mittagszeit auftauchenden Stammkunden. Er reichte einer Frau, die jeden Tag die gleiche grüne Gartenschürze trug, eine Portion Nudeln mit Tomaten-Ei-Soße.

»Wo werden Sie hingehen?«, fragte sie.

»Keine Ahnung. Möchten Sie die Nudeln hier essen oder mitnehmen? Wie gesagt, heute ist der letzte Tag – da können Sie sie doch gut hier essen.«

Sie nahm die Schale und setzte sich an einen der Tische.

»Wenn es Ihnen nicht salzig genug ist, kann ich gerne noch ein bisschen Soße dazugeben«, rief Zhang, doch die Frau war in eine Art schlürfenden Trancezustand verfallen.

Ein anderer Stammgast bestellte »das Übliche«, eine Portion messergeschnittene Nudeln mit Schweinefleischsoße. Ich bot Zhang an, die Nudeln zu schneiden, aber das wollte er nicht. »Für diesen Herrn müssen die Nudeln ganz besonders dünn sein. Er hat gesundheitliche Probleme«, erklärte Zhang und zeigte auf seinen Magen.

Gegen Ende des Ansturms zur Mittagszeit setzte Zhang sich auf einen Hocker hinter dem Tresen, um seine Füße zu entlasten. In den schwarzen Leinenschuhen wurden sie ja nicht besonders gut gestützt. Zhang hatte dunkle Ringe unter den Augen. Die Venen an seinen knochigen Armen und Händen waren hervorgetreten. Seine Handgelenke waren geschwollen.

»Ich bereue nichts«, sagte er. »Die Zeit ist wie im Flug vergangen.«

Er beschloss, einen weiteren Versuch zu unternehmen. Er wollte ein neues Objekt finden, vielleicht zusammen mit dem Alten Wang, vielleicht auch alleine. Er war fest entschlossen, es dieses Mal zu schaffen. Aber ganz gleich, was passierte – er würde niemals ins Yushan zurückkehren. »Warum sollte ich für die Kommunistische Partei arbeiten? Da arbeite ich doch lieber für mich selbst.«

Als die letzten Gäste fertig waren und an den Tresen kamen,

um zu bezahlen, lächelte Zhang wie eine stolze Mutter: »Na, alles schön aufgegessen?«, fragte er. Er zählte das Geld, machte das Licht in der Küche aus und holte sich eine Portion Nudeln. Er setzte sich an den Tisch, beugte sich über die Schale und schlürfte, bis sie leer war.

# Beilage Nummer zwei:
# DIE REISERNTE

Die Karstberge um das Dorf Ping'an sind berühmt für ihre an einen Drachenrücken erinnernden schroffen Höcker. Vor einigen hundert Jahren haben Reisbauern hier lange, schmale Reisterrassen in die steilen Abhänge getrieben und so eine Landschaft geschaffen, die an eine vielschichtige, formenreiche Torte erinnert. Ich war im Herbst dort, als die langen, grünen Reisstengel sich golden verfärbten. Der Reis war fast reif und konnte bald geschnitten und getrocknet werden.

Ich wollte im Süden Chinas dabei helfen, Reis zu ernten, jenes Grundnahrungsmittel, jene Konstante in meinem Leben seit Kindertagen. Außerdem hoffte ich, inmitten der sattgrünen Terrassen in der recht unterentwickelten Provinz Guangxi Atem holen zu können nach den vielen Monaten im versmogten Peking, bevor ich mich der wahnwitzigen Geschäftigkeit Shanghais aussetzte. Ich war in den Touristenort Guilin geflogen und von dort mit einem Bus über unzählige Haarnadelkurven in die Berge hinaufgefahren, begleitet von aus Lautsprechern wummernder Technomusik. Die letzten anderthalb Kilometer musste ich zu Fuß gehen, so dass ich meine Entscheidung für meinen Koffer und gegen meinen Rucksack schnell bereute. Aber als ich in Peking packte, war mir entfallen, dass nach Ping'an keine Straßen führen.

Da es keine Straßen gab, konnte man das schwere Gerät, mit dem überall sonst in China seit etwa zwanzig Jahren Reis geerntet wurde, nicht hierherbringen. In Ping'an droschen die Reisbauern noch mit der Hand – so, wie sie es seit siebenhundert Jahren tun. Tagelang bewunderte ich die Reisterrassen vom Fenster meines Zimmers im Gästehaus. Erst hatte Regen den Beginn der Ernte verzögert – sturzbachartige Wolkenbrüche im Wechsel mit leichten Schauern. Dann befahl die Regierung den Bauern, noch zu warten, bis ein wichtiger Gast – Lien Chan, der Vorsitzende der nationalistischen Partei Taiwans – seinen Besuch dort beendet hatte. Ping'an hatte sich in den letzten Jahren zu einer Touristenattraktion entwickelt, war aber wenig sehenswert, wenn die Reishalme im Herbst erst einmal abgemäht waren. Im Frühjahr, wenn die Felder wieder unter Wasser gesetzt wurden und ihre glatten Oberflächen das Gebirge in ein spiegelndes Mosaik verwandelten, gewann es seinen Zauber zurück.

Also warteten die Bauern und tranken, sahen fern und spielten Mahjong. Ich wartete mit ihnen. Das frühmorgendliche Krähen der Hähne löste im Erdgeschoss meines Gästehauses (das nicht nur »Bed & Breakfast«, sondern auch Mittag- und Abendessen anbot, wie es in China auf dem Land üblich ist) regen Betrieb aus. Tante Liao, die Inhaberin, sprach dann wie ein Maschinengewehr mit einem Verwandten. Onkel Liao fing an, direkt unter meinem Fenster Bambus zu sägen. Ich lag faul im Bett im zweiten Stock und lauschte. Ich hatte kein Tagwerk, dem ich nachgehen musste – kein Fahrrad, keinen Markt, keine Küche. Ich hatte frei.

»Langweilen Sie sich nicht?«, fragte Kleine Su, eine der Hilfskräfte des Gästehauses, mich jeden Tag. Nein, ich langweilte mich nicht. Es war wunderschön, den Blick auf die endlosen Treppen von Reisterrassen an den Berghängen zu richten, vor denen die grünen und gelben Halme förmlich glühten, und die entfernteren, umnebelten Gipfel kaum vom grauen Himmel unterscheiden zu können.

Am fünften Tag meines Aufenthalts stattete der wichtige Gast dem Dorf seinen Besuch ab, und am sechsten war es zwar bedeckt, aber es regnete nicht mehr. Die Ernte konnte beginnen.

Ich konnte es gar nicht abwarten, mich in die Reisfelder zu

begeben, aber Onkel und Tante Liao nötigten mich zunächst zu einem ausgiebigen Frühstück mit ihren Verwandten. Wir hockten auf Schemeln um einen großen runden Holztisch, und der Bauer zu meiner Rechten bot mir etwas zu trinken an. Sein Gesicht und sein rechtes Triefauge waren schon ganz rot vom Alkohol. In dieser Gegend wurden Bier und baijiu zu jeder Mahlzeit getrunken, auch zum Frühstück. Mein rechter Tischnachbar lobte die positiven Eigenschaften des frisch destillierten Pflaumen-baijiu, doch ich hielt mich an mein Bier und ließ die Bauern ihre Tassen füllen und damit anstoßen. Dann nahmen wir alle unsere Stäbchen zur Hand und bedienten uns aus dem Topf, der auf einer elektrischen Kochplatte in der Mitte des Tischs stand. Die Zutaten änderten sich zwar von Tag zu Tag, doch die Art der Zubereitung war in diesem Dorf immer die gleiche und ähnelte der eines Fondues. Heute schwammen in dem Eintopf fermentierter Tofu, getrockneter Fisch und Chilischoten. Die Dorfbewohner kauten auf den Feststoffen herum und schlürften zwischendurch etwas Suppe direkt aus der Schale. Es dauerte eine Weile, aber schließlich gewöhnte ich mich an den fermentierten Tofu, der eine elastisch-feste Konsistenz hatte und mich mit seinem strengen, reifen Geschmack an alten Blauschimmelkäse erinnerte. Mir kam der Gedanke, dass ich das bäuerlich-chinesische Äquivalent zu Wein und Käse zu mir nahm: baijiu und stinkenden Tofu. Da keine Gräten auf dem Tisch herumlagen, die normalerweise einfach ausgespuckt und liegen gelassen werden, kombinierte ich, dass man die Fische, kaum größer als Sardellen, komplett verzehrte.

Mit roten Wangen und leicht benommen vom Bier folgte ich Onkel Liao in die Reisfelder, vorbei an endlosen Reihen von Halmen. Um nicht mit den Füßen im Schlammwasser zu versinken, marschierten wir auf einer etwa einen halben Meter hohen Steinmauer, die die Terrasse abgrenzte. Oder, genauer gesagt, Onkel Liao marschierte, und ich taumelte unsicher über diesen steinernen Schwebebalken.

Wir blieben an einem Reisfeld stehen, das etwas weniger unter Wasser stand als die anderen. Die Reishalme wuchsen in Büscheln, die mir bis zur Taille reichten und in deren sich gelb färbenden Spitzen die Reiskörner steckten. Onkel Liaos Schwester und Schwager hatten sich bereits gebückt und ihre Sicheln gezückt. Sie umfassten einen Büschel Halme und schnitten ihn mit einer behenden Hackbewegung ab. Onkel Liao reichte mir eine Sichel. Sie kam mir genauso schwer und unhandlich vor wie seinerzeit das Küchenbeil. Ich versuchte, es den anderen nachzumachen: Ich hockte mich ins Reisfeld, so dass die Halme mich wie ein Dschungel umgaben. Ich packte ein Büschel Halme, schwang meine Sichel und erwartete, das Büschel würde sich ohne weitere Anstrengung lösen. Doch die Sichel blieb stecken, und ich musste erst Sägebewegungen damit machen, bevor ich sie wieder frei hatte. Außerdem pieksten mich die Halme immer wieder ins Auge.

»Möchten Sie dreschen?«, fragte Onkel Liao kopfschüttelnd. Er hatte es ohnehin nie kapiert, wieso ich unbedingt bei der Ernte mithelfen wollte. Aber er war so freundlich gewesen, mich bei sich unterzubringen.

Die Halme wurden zum Trocknen über die Steinmauern gehängt und am nächsten Tag eingesammelt. Die Bauern schoben eine Holzkiste von der Größe eines Müllcontainers durch eine bereits abgeerntete Reihe. Onkel Liaos Schwester, die etwa einen Meter fünfzig groß war und nicht mehr als fünfzig Kilo wog, schnappte sich ein Bündel Halme, holte damit aus wie mit einem Baseballschläger und schmetterte es dann gegen die Innenseite der Kiste. Zwei dieser Schläge genügten, dann hatte sich die Ausbeute der Halme in das Innere der Kiste ergossen: diverse Käferarten und noch in ihrer braunen Hülse steckende Reiskörner.

Onkel Liaos Schwager sah mir zu. »Nicht schlecht«, sagte er.

»Aber Sie sind viel schneller«, sagte ich.

»Aber nicht so schnell wie eine Maschine!«

Onkel Liao erzählte mir, ein durchschnittlicher Bauer könne hundertfünfzig Kilo Reis am Tag dreschen – das war genug Reis für einen Menschen für ein ganzes Jahr. In weniger als einer halben Stunde hatten wir vier die große Kiste zur Hälfte gefüllt. Wir waren von einer Unmenge Spreu umgeben, die es mehr in sich hatte als frisch gemähtes Gras. Ich fing an zu niesen. Meine Kehle juckte. Mein Kopf brummte noch von dem Alkohol, den ich zum Frühstück getrunken hatte. Die Bauern lachten.

»Wir reagieren alle ein bisschen allergisch«, sagte Onkel Liao. Und er wusste auch, was man dagegen tun konnte: »Schweineblut mit Rinderblut vermischen und kleine Kuchen daraus machen.«

Ich wandte mich wieder dem Abhacken der Halme zu und mühte mich mit großem Eifer, bis ich das Ende eines bestimmt hundert Meter langen Reisfelds erreichte. Ich fühlte mich unglaublich gut! Bis ich aufsah und Dutzende weiterer Felder sah, auf denen sich die Halme gen Himmel reckten … Her mit dem Schnaps, dachte ich nur.

Onkel Liao und sein Schwager gingen den ganzen Nachmittag zwischen den Feldern und dem Dorf hin und her und schleppten fünfzig Kilo schwere Säcke mit gedroschenem Reis. Am nächsten Tag wurde der Reis – da es nicht regnete – auf einer Betonfläche zum Trocknen ausgebreitet. Dann wurde er zum Gemischtwarenladen gebracht und in den Trichter eines länglichen, vorsintflutlichen Apparates geschüttet, der die Hülsen ausspuckte und die entspelzten Reiskörner über eine Schüttrinne in einen Sack leitete.

Die Reisernte war für Ping'an schon immer sehr wichtig

gewesen. Früher hatten die Dorfbewohner vom Reis gelebt – er diente als Nahrungsmittel und als Ware. Reis war ihre Existenzgrundlage gewesen. Die Dorfbewohner ernährten sich damals hauptsächlich von mit Kürbis und Taro, also Wasserwurzel, gedämpftem Reis. Reis war auch ihre Währung: Liaos Söhne hatten jeweils dreieinhalb Kilo Reis pro Woche zur Schule getragen, um damit einen Teil ihres Schulgeldes zu bezahlen. Doch die Bedeutung dieser Feldfrucht hatte sich im vergangenen Jahrzehnt verändert. Heute dienten die Reisterrassen eher als Kulisse einer viel wichtigeren Industrie: des Tourismus'. Die Liaos kümmerten sich mehr um ihr Gästehaus und ihr Restaurant als um ihre Felder, für deren Pflege sie arme Bauern aus den Nachbardörfern bezahlten. Die Liaos und andere Bauern aus Ping'an hatten auch schon mal die Ernte um ganze zwei Wochen verschoben, damit im Oktober anreisende Touristen die Felder noch im sehenswerten Zustand bewundern konnten. Denn die meisten Chinesen hatten in der ersten Oktoberwoche frei, zum Gedenken an die Gründung der Volksrepublik, und viele von ihnen feierten den Jahrestag in einer durchweg kapitalistischen und konsumorientierten Weise: Sie verreisten und gaben kräftig Geld aus. Einige von ihnen fanden auch nach Ping'an.

Onkel Liao hatte als Reisbauer gearbeitet, seit er mit der Mittelschule fertig war. In den 1980er Jahren hatte er das Dorf verlassen, um zwischen Hunan, Guangdong und der Insel Hainan vor der Südküste Chinas als Teehändler zu arbeiten. Im Jahr 2000 erreichte ihn die Nachricht, dass sein Haus und zwanzig weitere Holzbauten in seinem Dorf abgebrannt waren. Er kehrte nach Ping'an zurück, stellte fest, dass die Gegend touristisch erschlossen wurde, und baute sein Haus als Gästehaus wieder auf.

Jetzt war Onkel Liao über vierzig, doch er hatte ein jungenhaftes Gesicht, und die Baseballkappe und die T-Shirts, die er meist trug, ließen ihn jünger aussehen. Wenn er seinem Tagwerk nachging, sah man einen leichten Buckel. Dann erinnerte er mich an einen Teenager, der nur schnell noch seine Pflichten im Haushalt erfüllen will. Liaos Söhne, beide über zwanzig, lebten zwar noch zu Hause, halfen aber weder im Gästehaus noch auf den Reisfeldern. Tante Liao erklärte, sie und ihr Mann wollten die Kinder nicht mit zu vielen Pflichten belasten, da sie Angst hatten, die Jungen könnten sonst in die Stadt ziehen.

Tante Liao war eine hübsche Frau mit einem breiten Lächeln, die ihr langes, struppiges Haar zu einem Zopf geflochten trug. Wie so gut wie alle Frauen im Dorf war auch sie nicht größer als einen Meter fünfzig und gab mir mit meinen einen Meter sechzig das Gefühl, ein Riese zu sein. Im Gegensatz zu den anderen Frauen hatte sie den Brauch aufgegeben, die traditionelle, turbanähnliche Kopfbedeckung zu tragen, aber sie kleidete sich noch traditionsgemäß in geblümte Hemden und schwarze Hosen mit blauen Borten.

Die Dorfbewohner in Ping'an gehören einer ethnischen Minderheit an, den Zhuang, die durch die Berge über Jahrhunderte von der Außenwelt isoliert gewesen waren. Abgesehen von ihrem ausgefallenen Kopfschmuck und ihrem Kleinwuchs unterschieden sie sich in meinen Augen nicht wesentlich von den Han-Chinesen, die mit einem Anteil von neunzig Prozent an der Gesamtbevölkerung die größte Volksgruppe Chinas darstellen. Die Zhuang sprachen jedoch kein Mandarin. Die Dorfbewohner erklärten mir, ihre Sprache sei mit dem Thai verwandt, existiere allerdings überhaupt nicht in schriftlicher Form. Die Sprache würde überdies durch das Mandarin verdrängt, das die Kinder in der Schule und die Erwachsenen von den Touristen lernten. Doch viele der älteren Bergbewohner der Region beherrschten nach wie vor nur Zhuang.

Ping'an mit seinen achthundert Einwohnern war wie eine große Familie: Alle hatten den gleichen Familiennamen: Liao. Onkel und Tante Liao waren – wie so viele andere Paare – beide in Ping'an geboren, gehörten jedoch verschiedenen Stämmen an. Die Funktion der Stämme bestand in erster Linie darin, Hochzeiten zu enger Verwandter zu vermeiden.

Bis in die 1970er Jahre hinein lag die nächste Straße einen dreistündigen Fußmarsch entfernt. In den 1980er Jahren ließ die Regierung eine Straße bauen, die nur noch eine Stunde Fußweg erforderte. Und 1997, als die Regierung das Dorf zu einem Gebiet erklärte, das touristisch erschlossen werden sollte, wurde die Straße noch weiter ausgebaut – sie windet sich jetzt die steilen Berge hinauf und endet an einem Parkplatz, von dem aus man in zwanzig Minuten das Dorf zu Fuß erreichen kann. Eben dort hatte der Bus mich abgeladen, und genau wie alle anderen Besucher hatte auch ich Eintritt zahlen müssen. Der Bus hatte am Fuß des Berges an einem Tor gehalten, ein Kartenverkäufer war eingestiegen und hatte jedem, der wie ein Tourist aussah, sechs Dollar abgeknöpft. Die Eintrittskarte sollte man behalten, bis man Ping'an wieder verließ.

Das Gästehaus der Liaos war in den steilen Berghang hineingebaut, und gleich unterhalb davon hatten sie auf einem plateauartigen Felsvorsprung ein Restaurant errichtet. Jeden Morgen wurde die Holzwand entfernt, die das Lokal von der Hauptdorfstraße abschirmte, so dass Passanten beim Kochen und Essen zusehen konnten. Als Restaurantgast kam man sich vor wie auf dem Präsentierteller. Durch die schmalen Schlitze im Holzfußboden konnte man den Abhang unter sich sehen, und ich bemühte mich, nicht zu viel über die häufig dürftige Qualität chinesischer Baukonstruktionen nachzudenken, wenn ich über die knarrenden Bretter ging.

Im Restaurant wurden einfache, pfannengerührte Gerichte

aus Zutaten der direkten Umgebung serviert. Abgesehen von Reis baute die Familie Tomaten, Süßkartoffeln, Chili und Mais an, und ihre Produkte offenbarten wahre Geschmacksexplosionen, wie ich eines Morgens feststellte, als ich von den Tomaten kostete. Sie schmeckten so würzig und süß, als hätte ich sie gerade mit Knoblauch angebraten.

»Unsere Tomaten schmecken so gut, weil sie gutes Wasser bekommen und wir sie nicht mit Insektiziden behandeln«, erklärte mir Tante Liao stolz. »Mag sein, dass sie nicht besonders hübsch anzusehen sind. Und an manchen hängt Ungeziefer. Aber sie schmecken gut.«

Reis war natürlich *die* Spezialität. Mein Lieblingsessen war luomi, sogenannter Klebreis, vermengt mit Wurstscheiben und Tarostückchen sowie zwei Löffeln Wasser, Austernsoße und Sojasoße. Die Mischung wurde in ein dreißig Zentimeter langes Bambusrohr gestopft, das Onkel Liao am Morgen zurechtgeschnitten und an beiden Enden mit einem Maiskolben verschlossen hatte. Das Rohr wurde eine halbe Stunde über ein offenes Feuer direkt vor dem Restaurant gehalten, bis es anfing, zu verkohlen. Dann wurde es mit einem Messer aufgespalten. Der darin enthaltene Reis war saftig, klebrig, äußerst schmackhaft und mehr als ausreichend für eine Person.

Von der Küche aus hatte man den besten Blick, den ich je aus einer Küche hatte – direkt auf einen Bambuswald und Birnenbäume, dahinter erstreckten sich in der Ferne die Reisfelder. Leider wurde die friedvolle Atmosphäre des Nachts häufig von wummernder Technomusik und durch die Gassen hallendem, schlechtem Karaoke ruiniert, mit dem die Bewohner glaubten, die vermeintlich hinterwäldlerische Öde kompensieren zu müssen.

Mit dem Fortschritt war auch der elektrische Mongolentopf nach Ping'an gekommen. Wenn Tante und Onkel Liao abends das Restaurant abschlossen, gingen sie zehn Meter den Hang hinauf zum Gästehaus und stellten einen Topf mit einer elektrischen Herdplatte auf den Esstisch. Sobald die Suppe darin kochte, fingen alle an, mit ihren Stäbchen darin herumzufischen. Wenn noch mehr Verwandte auftauchten, wurde einfach Wasser nachgefüllt, weitere Zutaten wurden in den Topf geworfen und erneut der Topf angedreht, bis die Suppe kochte und blubberte. Die Dorfbewohner konnten so ganze Monate von Haus zu Haus ziehen und umsonst zu Abend essen. Die Grundlage bildeten verschiedene Pilze, Bambussprossen, Salz, Ingwer und Lauchzwiebeln. Die Fleischeinlage dagegen variierte. Mal war es Ochsenfrosch, mal waren es riesige, gummiartige Schweinefüße, die der Suppe einen fettigen Glanz verliehen. Ab und zu schnappte sich ein Familienmitglied auch ein argloses, freilaufendes Huhn, das sich vor dem Restaurant herumtrieb.

Eines Abends sah ich Daixun, Liaos jüngstem Sohn, dabei zu, wie er ein Huhn schlachtete. Er fing es mit bloßen Händen auf der Straße ein und hielt es gut fest. Er riss dem Tier ein Büschel Federn vom Hals, bog seinen Kopf nach hinten, als sei der Hals aus Gummi, und schlitzte ihn mit einem Küchenbeil auf. Dann packte er das Huhn an einem Bein und hielt es mit dem Kopf nach unten über einen Eimer, in dem er das dunkelrote Blut auffing. Das Huhn zuckte noch einige Minuten mit dem freien Bein, bis alles Blut aus seinem Körper gelaufen war. Dann legte Daixun das Tier ins Waschbecken, goss kochendes Wasser darüber und rupfte es. Mir ging die Szene nicht allzu nah, obgleich es von Fischen abgesehen das erste Mal war, dass ich dabei zusah, wie ein Lebewesen getötet wurde. Es erschien mir ein angenehmer Tod.

Tante Liao machte auch manchmal ein oder zwei pfannengerührte Gerichte, aber der Feuertopf war eine tägliche Konstante. Er war gewissermaßen die Mikrowelle der Zhuang – ein neues Elektrogerät, das das Kochen erleichterte und darum im

Übermaß verwendet wurde. Das Essen wurde dadurch allerdings weniger interessant. Ich mochte Tante Liaos pfannengerührte Gerichte viel lieber, aber sie sagte: »Feuertopf ist einfach, und man kann ihn jederzeit wieder aufwärmen. Pfannengerichte sind viel umständlicher. Wir legen auch großen Wert auf eine gute Suppe.« Während meines Aufenthaltes in Ping'an gab es nur an einem einzigen Abend keinen mongolischen Feuertopf – und das lag daran, dass im ganzen Dorf der Strom ausgefallen war.

Ich staunte, wie viel Fleisch und wie wenig Reis die Familie aß. Jetzt, da sie es sich leisten konnten, aßen sie kaum noch Reis, obwohl der Reisanbau doch weitestgehend ihre Lebensgrundlage bildete. Ich begriff schon bald, dass es als Zumutung empfunden wurde, wenn ich beim Abendessen um Reis bat. »Hm, mal sehen, was sich da machen lässt«, sagte Kleine Su, kam dann aber mit leeren Händen aus der Küche zurück. Der Reis war im Restaurant eingeschlossen – er war für die Gäste dort bestimmt.

Doch ganz gleich, was es zum Abendessen gab, die Liaos warteten stets mit dem Essen, bis ich von meinen Spaziergängen in der Abenddämmerung zurück war. Sie erwarteten mich auch zum Mittagessen, aber das fand ich erst heraus, als ich einmal von einem quasi-amerikanischen Brunch in einem der wenigen westlichen Restaurants im Dorf zurückkam. Mir hing der Mongolentopf zum Hals heraus, und da ständig so viele Verwandte vorbeischauten, dachte ich, man würde mich nicht weiter vermissen. Doch als ich ankam, wechselten sich Onkel Liao, Tante Liao und ihre Söhne damit ab, mich mit Fragen zu löchern. Was ich gegessen hatte? Ob es gut geschmeckt habe? Wenn mir ihr Essen nicht zusage, könne ich ihnen das ruhig sagen, dann würden sie etwas anderes machen.

## REISNUDELN MIT TOMATEN (FENSI CHAO FANQIE)

3 große Tomaten
200 g Winterbambussprossen
3 frische Shiitakepilze (oder getrocknete, in Wasser eingeweichte)
Öl
1 Stück Ingwer (ca. 2 cm)
2 Knoblauchzehen
2 Bündel Reisnudeln
1/4 TL Salz
1 EL Sojasoße
1 EL Austernsoße

Tomaten und Bambussprossen würfeln. Pilze in Scheiben schneiden. Ingwer und Knoblauch fein hacken. Reisnudeln in Wasser einweichen.
Das Öl in einem Wok bei großer Hitze eine halbe Minute erwärmen, dann Ingwer und Knoblauch eine Minute unter Rühren darin anbraten. Tomaten, Pilze und Bambussprossen hinzugeben und drei Minuten braten. Die Wärmezufuhr auf mittlere Stufe reduzieren und drei Minuten köcheln lassen. Die Reisnudeln in einem Topf drei Minuten kochen, dann abtropfen lassen. Die Tomatenmischung mit Salz, Sojasoße und Austernsoße abschmecken und dann die Reisnudeln dazugeben. Gut vermengen und heiß servieren.

Woran ich mich beim besten Willen nicht gewöhnen konnte, war, dass in Ping'an ständig Alkohol floss. Bei jeder Mahlzeit verrenkte ich mich, um auf höfliche Weise das angebotene Bier, den *baijiu* und alle möglichen seltsamen Cocktails, die man mit *baijiu* mixen konnte, abzulehnen. Mit dem Erfolg, dass ich regelmäßig nach dem Essen rote Wangen hatte und mir schwindelig war. Ich fand es beunruhigend, dass Tante Liao gleich morgens Bierflaschen öffnete, wie andere Mütter Milchkartons auf den Tisch stellten.

»Früher haben wir nicht so viel getrunken, nur zu besonderen Anlässen«, sagte sie. Ihr braunes Gesicht schimmerte rot. Doch ihr Lebensstandard stieg – und mit ihm der Konsum. »Jetzt habe ich mich daran gewöhnt. Ich muss jeden Tag trinken.«

Onkel und Tante Liao luden mich eines Tages ein, mit ihnen bei einem ihrer Verwandten zu Mittag zu essen. Es war bereits zwei Uhr nachmittags, was für Han-Chinesen sehr spät ist für die Mittagsmahlzeit. Ein Dutzend alter und älterer Menschen saßen um einen Tisch und aßen und schnatterten. Sie feierten den ersten Besuch eines jungen Ping'aners nach sieben Jahren Abwesenheit.

Das musste natürlich begossen werden.

Mit einem gelben Kopftuch, Creolen und einem goldenen Zahn geschmückt, ging eine von Onkel Liaos Schwestern umher und goss übereifrig baijiu nach, als gelte es, in den Tassen der Gäste Brände zu löschen. Alle waren ausgesprochen ausgelassen, sprachen Zhuang und lachten übermütig. »Huuuuhuu! Hahaha! Wahahaha!« Ein Verwandter, den alle den Prinzen nannten – er trug einen weißen Anzug –, kippte zwei Gläser baijiu auf Ex hinunter. Als er mein besorgtes Gesicht sah, sagte er: »Mach dir keine Sorgen! Wir amüsieren uns bloß!«, bevor er hinaustorkelte und verschwand.

Der junge Mann aus Ping'an saß peinlich berührt mit seiner

Frau und seinem kleinen Kind am Tisch und sah aus, als wollte er sich am liebsten in Luft auflösen. Ich fühlte mich auch nicht wohl in meiner Haut. Ich konzentrierte mich auf den Feuertopf mit Huhn und darauf, meine Hühnerverzehrtechnik zu verbessern. Alle anderen konnten offenbar einfach ein Stück Huhn mit Knochen in den Mund nehmen, darauf herumkauen, die Knochen ausspucken und das Fleisch herunterschlucken. Einfach so. Wenigstens fiel bei der Zecherei und Ausgelassenheit niemandem auf, wie ungeschickt ich mich anstellte.

Mir gegenüber saß ein schnurrbärtiger Verwandter um die fünfzig, der ein China-Mobile-T-Shirt trug und ein Handy am Gürtel hatte. Er saß vornübergebeugt auf seinem Stuhl und versuchte unter großer Anstrengung, den Kopf hochzuhalten. Er trank baijiu mit Future Cola, einem chinesischen Coca-Cola-Imitat, das irgendwie noch künstlicher schmeckte als das Original. Nachdem er ein Glas geleert hatte, sah er in meine Richtung und tönte: »Trinken ist Unterhaltung!«

Die Schwester mit dem gelben Kopftuch und der China-Mobile-Bruder fingen an, sich gegenseitig zu necken und zu schubsen. Er war der erste, dem auffiel, dass die Kopftuchlady ständig die Gläser aller anderen auffüllte, aber selbst kaum etwas trank. »*Du* müsstest was trinken!«, rief er. Das Handgemenge ging weiter, als er versuchte, ihr ein Glas baijiu einzuflößen. Sie kniff den Mund zu, und der Alkohol lief ihr vorn in die Bluse. China Mobile grunzte und schrie. Dann klemmte er sich eine Zigarette zwischen Mittel- und Ringfinger, stolperte und fiel hin.

»Passiert so etwas öfter?«, fragte ich Onkel Liao.

»Nein, wir trinken nur so viel, wenn Verwandte zu Besuch kommen«, entgegnete er fröhlich. Die besuchenden Verwandten hatten sich inzwischen vom Tisch erhoben und waren vor der Trunkenheit der anderen aufs Sofa geflüchtet, von wo sie nun fernsahen. Ich trank mein Bier aus und beschloss zu gehen, bevor mir jemand noch mehr Alkohol andrehen konnte. Als ich mich verabschiedete, sagte Onkel Liao: »Okay, ich bringe die anderen dann heute Abend mit zu uns.«

Als es Zeit fürs Abendessen war, versammelte sich die ganze Bande aufs Neue, bis auf zwei Ausnahmen, die das Mittagessen-Gelage als Opfer gefordert hatte: den »Prinzen« und »China Mobile«. Ich saß neben der Frau mit dem gelben Kopftuch, die sich kaum noch aufrecht halten konnte und deren Augen blutunterlaufen waren. Es wurde wieder Bier ausgeschenkt, doch sie schob ihr Glas beiseite. »Ich bin noch von heute Mittag betrunken«, sagte sie. Onkel Liao hatte Erbarmen mit ihr und schenkte ihr eine Tasse Tee und ein Glas Coca-Cola ein. Dieses Mal das Original.

Bei einem weniger feuchtfröhlichen Essen fragte ich Tante Liao, wie viel Reis sie früher gegessen hatten, bevor Ping'an touristisch erschlossen wurde.

»Früher haben wir zwei Schalen Reis am Tag gegessen«, sagte sie.

»Zwei Schalen!«, johlte einer der anderen Gäste. »Du meinst wohl fünf!« Einige Barthaare zierten seine Wangen, und Segelohren standen von seinem Eierkopf ab. Er trug eine ausgeblichene blaue Mao-Jacke und eine dunkle Hose. Da die Liaos nie so förmlich waren, mir die anderen Gäste vorzustellen, ging ich davon aus, dass er einfach ein weiterer Verwandter aus dem Dorf war. Doch dann stellte sich heraus, dass er ein über fünfzig Jahre alter Bauer aus Wantian war, einem Dorf fünfundfünfzig Kilometer südlich von Ping'an, und dass er mit einer Sichel in der Hand hier aufgetaucht war, um auf den Feldern der Familie Liao zu arbeiten. Wantian war landschaftlich nicht so reizvoll wie Ping'an und darum ärmer, weil es für Touristen nicht so attraktiv war. Doch durch die niedrigere

Lage konnte man dort zwei Mal im Jahr Reis ernten, und weil es besser zugänglich war als Ping'an, konnte zumindest das Dreschen von Maschinen übernommen werden. »Die erste Kultur braucht immer etwas länger bis zur Reife, weil Anfang des Jahres das Wasser noch kälter ist«, erklärte er mir. »Das ist wie wenn man Reis in einem Reiskocher kocht. Je kälter das Wasser ist, das man hineingibt, desto länger dauert es, bis der Reis gar ist.«

Der Bauer hieß mit Nachnamen Long – ein gängiger chinesischer Familienname mit der schönen Bedeutung Drache. Als er mir seinen Vornamen sagte, bat ich ihn, ihn aufzuschreiben, um sicherzugehen, dass ich ihn richtig verstanden hatte. Er fummelte ungeschickt mit dem Stift herum, und mir ging auf, dass ich womöglich soeben jemandem begegnet war, der noch schlechter Chinesisch schreiben konnte als ich.

»Ich heiße Yuntu«, sagte er. »Yun wie ›bewegt‹ und tu wie ›Erde‹.«

»Du heißt ›Bewegt Erde‹?«

»Ja. Bewegt Erde. Meine Eltern wollten, dass meine Name das Wort ›Erde‹ enthält, weil sie einen Bezug zu den Landreformen unter Mao wollten. Sie bewunderten, was Mao für die Bauern getan hat«, sagte er.

Drache bewegt Erde. Ein passender Name. In den Atempausen zwischen dem Pflanzen und dem Ernten seines Reises zog der Bauer Drache bewegt Erde in die Berge, um für Bauern wie die Liaos zu arbeiten, die durch den Tourismus zu einem relativen Wohlstand gekommen waren und ihm für seine Arbeit etwa fünf Dollar am Tag zahlten. Wenn er mit der Ernte in Ping'an fertig war, zog er in noch höhere Lagen und drosch dort noch mehr Reis. Und wenn die Reissaison vorüber war, pflückte er unten im Tal Mandarin-Orangen.

Am nächsten Abend begegnete ich Bauer Drache draußen in der Nähe des Gästehauses. Es hatte den ganzen Tag geregnet, darum hatte er nicht dreschen können. Er hatte den ganzen Tag »gespielt«, wie er mir sagte.

»Gespielt?«, fragte ich. »Was denn? Mahjong?«

»Nein, das macht mir keinen Spaß«, sagte er. Dann begriff ich, dass er einfach nur meinte, dass er nicht gearbeitet hatte. Er war umhergewandert, sagte er, und wollte jetzt langsam ins Bett gehen. Ich begleitete ihn zu seiner Unterkunft, da ich neugierig war, wie er wohl untergebracht war.

Wir marschierten einen mit Steinen gepflasterten Weg hinunter, der sich an den Berg schmiegte, bis wir ein verlassenes Bauernhaus am Dorfrand erreichten. Drinnen war es dunkel bis auf das Flackern eines Feuers in einer Betonschale auf dem Boden. Das war Bauer Draches Kochstelle. Draußen dämmerte es, und ich konnte durch das Fenster kaum die Konturen der Reisterrassen ausmachen. Doch erst als sie in vollkommener Dunkelheit lagen, legte Drache einen Schalter um, und zwei schwache Glühbirnen gingen an.

Der Fußboden war mit Sägemehl bedeckt. Abgesehen von einer in ihrer Pracht aus dem Rahmen fallenden Standuhr und ein paar Schemeln gab es keine Möbel. Als ich ihm Fragen zu dem Haus stellte, erklärte Bauer Drache schlicht, dass es einem Freund im Dorf gehöre, aber nicht mehr genutzt werde und darum zu einer Art Herberge für die Wanderarbeiter geworden war.

Bauer Drache plauderte offen über seine Herkunft. Er war, wie ich, Han-Chinese, und Mandarin war seine Muttersprache – darum fiel mir die Kommunikation mit ihm deutlich leichter als mit einigen der Dorfbewohner in Ping'an. Er hatte nie etwas anderes gelernt als Arbeit in der Landwirtschaft. Er hatte die Schule nach der fünften Klasse verlassen – sie waren ohnehin nur drei Tage im Klassenzimmer, den Rest der Zeit ließen die Lehrer sie körperliche Arbeit verrichten.

»Wir haben gepflügt, geharkt und gepflanzt. Wir haben die

Straßen gepflastert. Wir haben von sieben Uhr morgens bis sieben Uhr abends gearbeitet und hatten mittags zwei Stunden Pause. Das war direkt nach der Befreiung« – er verwendete den Ausdruck, den die Chinesen für die Gründung der Volksrepublik China benutzen – »und unser Land war sehr arm. Wir mussten irgendwo anfangen. Ich habe so oft wiederholt, dass ich mit der fünften Klasse erst mit sechzehn fertig war.

Damals war alles sehr kommunistisch. Jeder hatte Angst, als Kapitalist abgestempelt zu werden. Ich weiß noch, dass meine Mutter mal sieben Enten gezüchtet hatte – sechs Weibchen und ein Männchen. Die Dorfleiter ordneten an, dass sie sich von zwei Enten trennen musste, weil jeder Haushalt nur fünf haben durfte.«

Während er mir das erzählte, brodelte ein Topf mit Reis auf dem Feuer. Ein anderer Wanderarbeiter saß ganz in der Nähe und schnitt Wassermelonenschalen. War das etwa ihr Abendessen? Ich hätte gern noch mehr über Bauer Draches Leben gehört, wollte aber nicht, dass er sich verpflichtet fühlte, sein spärliches Essen mit mir zu teilen. Wobei meine Überlegungen nicht ausschließlich selbstloser Natur waren – ich fand nun auch nicht, dass es besonders appetitlich aussah.

»Ich geh dann mal besser«, sagte ich. »Die Liaos warten sicher schon mit dem Abendessen auf mich.« Ich war erleichtert, dass er nicht protestierte. Doch wir verabredeten uns für den nächsten Tag, der mein letzter Tag in Ping'an war. Am Nachmittag sollte ich mit einem Bus zum Flughafen fahren und von dort nach Shanghai fliegen. Drache versprach, meinen Dresch-Anteil zu übernehmen, falls das Wetter gut sein sollte.

Die Sonne schien, als Bauer Drache und ich uns am nächsten Tag vor einem Gästehaus ganz in der Nähe meines Gästehauses trafen. Während wir darauf warteten, dass der Inhaber auftauchte und Bauer Drache mitteilte, was er heute tun sollte, kroch dichter Nebel herbei, legte sich auf die Reisfelder und schmälerte die Aussichten, an diesem Tag weiterarbeiten zu können.

»Was passiert in Amerika, wenn die Bauern keine Arbeit haben?«, fragte Drache mich. »Machen sie dann einfach was anderes?« Ich erklärte ihm, dass in meinem Heimatbundesstaat Kalifornien der Großteil der landwirtschaftlichen Arbeit von Mexikanern gemacht wurde, die über die Grenze kamen, weil sie auf ein besseres Leben hofften. Wenn sie nicht auf den Feldern arbeiteten, waren sie oft in Restaurants oder Privathaushalten zu finden.

Er nickte. Die Mexikaner waren wie er, sagte er – sie gingen dorthin, wo Arbeit war.

Wir warteten noch zehn Minuten, dann sagte er: »Komm, wir gehen einfach spazieren.«

Er schlug vor, nach Zhong Liu zu gehen, dem übernächsten Dorf, das von einer ethnischen Minderheit namens Yao bewohnt wurde. Die Yao-Frauen folgten einer alten Tradition und schnitten sich die Haare nicht – sie wickelten sie sich zu einer Art Vogelnest um den Kopf. Ich hatte sie bereits in Ping'an gesehen, wo sie versuchten, vom Tourismus zu profitieren, indem sie ihr bizarres Rapunzelhaar herunterließen und von jedem Geld forderten, der so naiv war, ein Foto von ihnen zu machen.

Wir folgten einem schlammigen Pfad eine Schlucht entlang. Ich ging nicht besonders sicheren Schrittes, weil ich Angst vor Schlangen hatte, Angst davor, mich zu verirren, zu stürzen und zu verdursten. An manchen Stellen war es sehr eng und steil, aber Bauer Drache kletterte die Hänge mit der Wendigkeit einer Bergziege hinauf. Dort, wo es flacher war, blieb er stehen, packte eine Plastiktüte mit Tabak aus, drehte sich eine

Zigarette und rauchte sie, während er weiterschlenderte und ich mich hinter ihm den Pfad hinaufkämpfte.

Bauer Drache drehte sich nach mir um und bemerkte meine teuren Wanderschuhe. »Die Schuhe sind zu hart, damit stehst du nicht fest und kannst leicht hinfallen«, kommentierte er. »Meine Schuhe sind viel weicher.« Er trug Stoffschuhe, die ihm nicht mal über die Knöchel gingen. Er redete auf seine ihm eigene, beruhigende Weise weiter: »Wenn die Straße sich gabelt, nimmt man immer den breiteren Weg. Der breite Weg wird uns immer dahin führen, wo wir hin wollen.«

Wir setzten uns auf zwei Bänke unter einem Strohdach, wo er sich noch eine Zigarette drehte. »Ich kenne den Weg gut«, sagte er. »Ich bin hier früher oft nachts entlanggegangen. Meine Freundin lebte nämlich in Zhong Liu, und wenn ich mit der Feldarbeit in Ping'an fertig war, habe ich sie immer besucht. Und hier habe ich immer Pause gemacht.«

Bauer Drache war verwitwet. Er erzählte mir von seiner verstorbenen Frau: »Sie war immer kränklich, und sie war drei Jahre lang todkrank, bevor sie schließlich starb. Wir hatten kein Geld, um sie ins Krankenhaus zu bringen und herauszufinden, was ihr fehlte. Schon als ich sie kennenlernte, sah sie nicht gesund aus. Sie sah nicht weiblich aus. Unsere Ehe war arrangiert. Ich hatte sie zwei Mal gesehen, beide Male waren ihre Eltern dabei, und dann haben wir geheiratet. Meine Familie hat hundert Dollar Aussteuer beigetragen. Das war sehr viel Geld. Damals kostete ein Pfund Schweinefleisch nur dreißig Cent! Heute kostet es neunzig.«

Nach dem Tod seiner Frau stellte ein Freund ihm eine neue Frau vor. Sie hatte sich kurz zuvor von ihrem Mann getrennt, und sie und Bauer Drache verstanden sich gut. »Ich habe sie sooft es ging besucht und häufig bei ihr übernachtet, wenn ich in den Bergen arbeitete«, erzählte Bauer Drache. Doch dann hätten die Schwierigkeiten angefangen.

Sie seien etwa ein Jahr lang ein Paar gewesen, »da ist sie wieder bei ihrem Mann unten im Tal eingezogen«, erzählte er. »Sie war eine Yao. Yao-Frauen sind für ihren lockeren Lebenswandel bekannt. Heute hier, morgen dort. Sie beschloss auf einmal, dass sie ihren Mann doch nicht verlassen konnte. In China lässt man sich nicht so einfach scheiden. Sie musste an ihre familiären Verpflichtungen denken – sie hat zwei Kinder. Und wer sollte sich sonst um ihre Schwiegereltern kümmern? Jetzt kommt sie mich zwei, drei Mal im Jahr besuchen.«

Er klang nicht bitter. »Macht es dir denn gar nichts aus, dass sie mit einem anderen zusammen ist?«, fragte ich.

»Ich kann mit der Situation gut leben. Sie kommt zu mir, wenn sie es will, und dann genießen wir die gemeinsame Zeit. Wir sind beide alt. Wir stellen keine hohen Ansprüche.«

Bauer Drache verstummte, als wir in ein Tal mit einem Fluss kamen. Er schöpfte mit den Händen Wasser daraus und trank.

»Glaubst du an Geister?«, fragte er. »Ich habe hier mal einen gesehen. Es war dunkel. Ich saß da, wo wir gerade gesessen haben, und hörte ein lautes Krachen. Ich konnte nichts sehen, aber ich wusste, dass es ein Geist war.«

»Hätte es nicht auch ein Mensch sein können?«, fragte ich.

»Nein, das war ganz bestimmt ein Geist. Hier läuft nachts niemand herum. Und manche Menschen sind, wenn sie sterben, nicht zufrieden damit, wie ihr Leben gewesen ist. Viele Menschen sind ganz anders gestorben, als sie hätten sterben sollen, vor allem während der Kulturrevolution. Und solche Menschen bleiben immer in der Nähe.«

Ich war froh, als wir Zhong Liu erreichten, eine kleine Ansammlung von Holzhäusern gleich neben einem Fluss, der sich an den Hängen mit den Reisfeldern vorbeischlängelte. Es nieselte. Einige der Dorfbewohner starrten aus dem Fenster in der Oberetage eines Bauernhauses und erkannten Bauer Drache. Sie luden ihn zum Essen ein.

Wir gingen hinein, und dort saß eine Yao-Frau und kämmte eine Perücke mit knielangem Haar.

»Was ist das denn?«, fragte ich. Ich hatte das Gefühl, Dornröschen in ihrer Garderobe in Disneyland ertappt zu haben.

»Das ist kein künstliches Haar. Das ist echtes Haar. Ich sehe besser aus, wenn ich mehr Haare habe.« Sie strich sich über ihre Locken. Sie bereitete sich auf eine Wanderung nach Ping'an vor, wo sie am Nachmittag ein paar Touristen begegnen wollte.

»Bleib doch zum Mittagessen«, sagte die Frau und setzte sich die Perücke auf. »Keine Angst, kostet nichts.«

Ich sagte Bauer Drache, dass ich nach Ping'an zurückmusste, um ein letztes Mal mit den Liaos zu essen. Ich bat ihn um seine Telefonnummer, aber er hatte keine – weder Handy noch Festnetz. Er schrieb mir seine Adresse auf, allerdings ohne die Postleitzahl, die er sich nicht merken konnte. Wir verabschiedeten uns etwas hölzern voneinander, dann brach ich eilig auf und vergaß völlig, wenigstens ein Foto von ihm zu machen.

# Teil III

# GOURMETKÜCHE

# 11

Im Frühjahr 2003 hatte mein Koch-Abenteuer noch nicht begonnen. Damals arbeitete ich noch »nur« als Journalistin in Shanghai. Eines Tages bekam ich Besuch von meiner Mutter, und wir reisten eine Woche lang durch China. Wir besuchten die historischen Sehenswürdigkeiten, von denen meine Mutter in Taiwan in der Grundschule gehört hatte, und aßen in schäbigen Schnellrestaurants, malerischen Teehäusern und ab und zu auch mal opulent im Restaurant.

Die Woche verging wie im Fluge – ehe ich es mich versah, waren wir auch schon wieder in Shanghai. Als wir auf den Wagen warteten, der sie zum Flughafen bringen sollte, war ich traurig, dass wir uns nun voneinander verabschieden mussten. Meine Mutter wurde auch ganz sentimental. Plötzlich verließ sie meine Wohnung – jedoch ohne ihren gepackten Koffer. Bevor ich mir einen Reim darauf machen konnte, wohin sie verschwunden war, kam sie auch schon mit einem Styroporbehälter wieder – gefüllt mit sechs Xiao Long Bao, runden, handflächengroßen Maultaschen, deren Form eine gewisse Ähnlichkeit mit einem Bauchnabel hat. Sie umhüllten eine Füllung aus Schweinefleisch und waren begleitet von einer Kelle herzhafter Suppe. In den letzten gemeinsamen Minuten vor dem Abschied konzentrierten wir uns vollständig auf diese Teigtaschen, bis auch der letzte saftige Krümel verspeist war und nichts mehr übrig war außer dem leicht buttrigen Duft der Brühe.

Diese Maultaschen bedeuteten meiner Mutter letztendlich mehr als die Besichtigung des riesigen Labyrinths der Verbotenen Stadt oder die zerfallenden Wachtürme der Chinesischen Mauer. »Ich hatte schon als Kind von Xiao Long Bao gehört«, erzählte sie mir später. »Aber erst, als ich dich in China besuchte, habe ich sie zum ersten Mal gegessen.« Diese Shanghaier Spezialität war der absolute Höhepunkt ihrer Reise gewesen.

Drei Jahre später, im Herbst 2006, war ich nun also wieder in Shanghai – der Stadt, in der ich meine Liebe zum Essen entdeckt hatte – und tauschte mein Nudelmesser gegen die gestärkte Jacke eines Kochs und die passende karierte Hose in einem chinesischen Luxusrestaurant ein.

Shanghai hat einen ganz besonderen Reiz, einen Glanz, der Peking vollkommen abgeht. Würde man Peking als einen plumpen, grobschlächtigen Mann charakterisieren, dann wäre Shanghai seine gepflegte, feminine Cousine. Pekings Straßen sind breit und wurden systematisch in 90°-Winkeln angelegt – Shanghais Straßen sind schmal, kurvenreich und gesäumt von Platanen, wie man sie aus Londoner und Pariser Parks kennt. Die Bäume bilden über den Straßen ein Dach. Shanghai und Peking entwickeln sich gleichermaßen rasant und ungezügelt, allerdings schießen die Hochhäuser in Shanghai dichter beieinander aus dem Boden, was der Stadt die markantere Skyline verleiht, verziert unter anderem von rosafarbenen Christbaumkugeln und dem an ein Weltraum-Minarett erinnernden Oriental-Pearl-Fernsehturm und dem achtundachtzigstöckigen, achtseitigen Jin-Mao-Turm. Dieser Turm war bis September 2007 das höchste Gebäude Chinas, seither ist es der benachbarte Wolkenkratzer, das Shanghai World Financial Center.

Die Stadt wurde um die Jahrhundertwende herum größtenteils von Briten, Franzosen und anderen Kolonialmächten erbaut. Sie erhielt damals Spitznamen wie »Das Paris des Ostens« und »Die Hure des Orients« – Beinamen, die das Image der Stadt als einer protzigen, vergnügungssüchtigen Metropole betonten. Zwar wurden große Teile der von europäischer Architektur geprägten Stadtteile im Zuge der Modernisierung abgerissen, doch finden sich mitten im Geschäftsviertel noch französische Villen mit schmiedeeisernen Balkons, und die berühmte Uferpromenade ist immer noch gesäumt von prächtigen britischen Kalksteinbauten. Außerdem gibt es in Shanghai immer noch shikumen: Die traditionellen, dreistöckigen, reihenhausähnlichen Wohnhäuser Shanghais mit den typisch chinesischen Elementen wie Hinterhöfen und hohen Steintoren mit kunstvollen Steinschnitzereien sind kombiniert mit westlichen Errungenschaften wie Kaminen, Fensterläden und kleinen Dachfenstern zwischen den roten Ziegeln.

Ich lernte die Stadt kennen, indem ich mich buchstäblich durch sie hindurchfutterte. Die Haupteinkaufsstraße Nanjing Road verband ich im Kopf mit einem stets überfüllten Laden, in dem die Gäste sich gegenseitig mit den Ellbogen zur Seite schieben, um an ein Bambuskörbchen mit Xiao Long Bao heranzukommen. Die schmutzige, betriebsame Wujiang Road verglich ich insgeheim mit einem schmalen Reihenhaus, wo Maultaschen in wagenradgroßen Pfannen gebraten wurden. Direkt unterhalb der auf Betonstelzen über die Stadt geführten Yan'an-Schnellstraße verkaufte ein Mann typische Shanghaier shaomai zum Mitnehmen – die lose gewickelten, gedämpften Maultaschen aus mit Sojasoße getränktem Klebreis waren oben offen und sahen aus wie ein Vulkan. Und dann gab es da noch eine ganze Reihe namenloser Gassen, mit denen ich lediglich Gerüche verband, wie zum Beispiel die nach Kreuzkümmel duftende hinter einem Nachtclub, in der ein Mann mit muslimischer Scheitelkappe bis weit nach Mitternacht Lammspieße grillte.

Genau wie in Peking war es auch in Shanghai so billig und einfach, auswärts zu essen, dass ich nie zu Hause kochen musste – und ich kannte immer jemanden, der mit mir essen gehen wollte. Erst als ich angefangen hatte, über Essen zu schreiben, also gegen Ende meiner ersten drei Jahre in Shanghai, stellte ich fest, dass kritischere Geister nur einen Bruchteil des selbst in den besten Shanghaier Restaurants servierten Essens als »authentisch« einstuften. Nicht einmal die Suppen-Maultaschen, die meine Mutter und ich so liebten, waren eine echte Shanghaier Spezialität. Die Shanghaier Küche war in Wirklichkeit so unbedeutend, dass sie es nicht einmal auf die Liste der offiziellen chinesischen Regionalküchen geschafft hatte. Wie konnte es angehen, fragte ich mich, dass eine Stadt, die als eine der wichtigsten Städte Chinas gilt, keine eigene, klar abgrenzbare Küche entwickelt hatte?

Es lag wohl daran, dass Shanghai in einem Land mit einer fünftausendjährigen Geschichte relativ jung war. Während der Ming- und der Qing-Dynastie (also etwa vom 14. bis zum Anfang des 20. Jahrhunderts) kamen in den verschiedenen Regionen Chinas die jeweiligen Regionalküchen auf und florierten – doch Shanghai war nichts als ein armes Fischerdorf, an dem die Kaiser auf ihrem Weg nach Yangzhou, Hangzhou und Suzhou vorbeikamen. Die angesehensten Köche dieser Städte wurden in die Verbotene Stadt mitgenommen, wo sie der Elite des Nordens den Geschmack exotischer Küchen präsentieren sollten. Anfang des 19. Jahrhunderts hatte Shanghai gerade mal 240.000 Einwohner (heute sind es rund 20 Millionen), und es gab kein einziges richtiges Restaurant, höchstens kleine Essstände, die die Fischer im Yangtse-Delta versorgten.

Und doch entwickelte die Region einige kulinarische Besonderheiten. So ist das sogenannte »Rot-Schmoren« typisch für Shanghai und verleiht klassischen Gerichten die Eigenschaften nong, you, ci und jiang – dick, ölig, rot und sojasoßig. Mich persönlich sprechen Attribute wie »dick und ölig« in Bezug auf Essen nicht gerade an, aber in diesem von Armut gebeutelten Land setzte sich das Rot-Schmoren in vielen Provinzen durch. So bezeichnete auch Mao, der aus Hunan stammte, rot geschmortes Schwein als sein Leibgericht. Die Zubereitung ist ganz einfach: Man nehme etwas Schweinebauch, Fisch oder Aubergine und brate es in Stückchen geschnitten an in einer Mischung aus Öl, Zucker und Sojasoße. Die Flüssigkeit lässt man einkochen, bis sie karamellisiert. Das Ergebnis ist eine klebrige Masse, die so lecker sein kann wie heißer Karamell oder so widerlich wie ein Ölteppich.

Nachdem China den Opiumkrieg verloren hatte, erweiterte sich das kulinarische Repertoire Shanghais. Der Friedensvertrag sah vor, dass China das Flussufer den Briten überließ. Kurz darauf ließen sich dort auch Amerikaner, Franzosen und Japaner nieder, und 1870 war Shanghai dann schon der fünftgrößte Hafen der Welt. In den 1930ern war Shanghai die fünftgrößte Stadt der Welt. Ausländer besuchten die Stadt am Bund – unter ihnen Charlie Chaplin und Albert Einstein –, und Köche aus ganz China strömten herbei. Die Stadt holte Meeresfrüchte und Fische aus dem nahegelegenen Yangtse-Delta und etwas exotischere Zutaten von den Schiffen, die in ihrem Hafen anlegten. »Die Schiffe, die in Shanghai festmachten, hatten in der Regel Lamm und Butter aus Neuseeland und Rindfleisch und Zitrusfrüchte aus Australien an Bord«, schrieb die Journalistin Irene Corbally Kuhn über die 1930er Jahre in Shanghai. »Auf den aus San Francisco oder Honolulu kommenden Schiffen der Dollar Line konnte man hin und wieder teures, frisches grünes Gemüse kaufen.« Die Stadt guckte sich auch diverse Kochmethoden von den einst florierenden Nachbarstädten ab, deren Einfluss abnahm, je größer Shanghai wurde. Shanghaier Köche fingen an, ihren Pfannengerichten Reiswein aus Shaoxing hinzuzufügen. Aus Yangzhou stammte die Schneidetechnik, mit der ein Stück

Tofu in einen Haufen feinster Schnitze verwandelt werden konnte. Xiao Long Bao kamen aus einem nahe gelegenen Dorf. Und die Köche brachten aus entlegenen, für ihre Küche bekannten Provinzen – Kanton, Sichuan, Hunan – entsprechende Einflüsse mit. Restaurants nahmen im neuen Shanghai eine sehr wichtige Rolle ein. »Die Auswahl war einfach umwerfend«, schrieb Kuhn, »denn Restaurants gab es en masse, und die Vielfalt reichte von der eleganten Formalität Sankt Petersburgs – der Inhaber und Geschäftsführer war ein weißrussischer Kavallerieoffizier – zu den kleinen, dunklen, dampfenden Nudelläden des alten, einst von einer Mauer umgebenen chinesischen Stadtkerns.«

Die neue Küche, die Shanghais plötzlichem Wohlstand sowie den internationalen Einflüssen entsprang, bekam einen eigenen Namen: Benbang-Küche, was in der Tat so etwas wie »Neue Küche« heißt. Man betrachtete sie als eine bastardisierte Küche, ähnlich dem heutigen Fusion Food, gleichermaßen geliebt und gehasst – und immer noch nicht Bestandteil der offiziellen Liste von Chinas Regionalküchen. Immerhin servieren heutzutage Shanghaier Restaurants mit so ausländischen Namen wie »Paul's« und »Jesse« ganz vorzügliche Benbang-Küche.

Unter den Kommunisten ging in Shanghai wie in ganz China einiges an Esskultur verloren. Restaurants wurden verstaatlicht, der Handel mit dem Westen wurde unterbunden, und die sozialistische Regierung verdonnerte wahllos Menschen dazu, als Koch zu arbeiten. Der Food-Journalist Stan Sesser, einer der ersten Ausländer, die Shanghai besuchten, nachdem China sich Ende der 1970er zu öffnen begann, schrieb, das Essen dort sei »buchstäblich eine Pampe, die in einem zugigen Hotelspeisesaal oder in einem nicht minder trostlosen staatseigenen Restaurant vor einem auf den Tisch geknallt wurde. Das Fleisch war grau, die Soßen waren graubraun, und das Personal glotzte einen mit unverhohlener Verachtung dafür an, dass man es dazu zwang, zu arbeiten.«

Nach Jahrzehnten der kulinarischen Stagnation, als die Wirtschaftsreformen in den 1980ern und 1990ern endlich Wirkung zeigten, fing auch die Esskultur in Shanghai an, sich wieder weiterzuentwickeln. Als ich nach Shanghai kam, hatten die von Kuhn beschriebenen internationalen Einflüsse sich längst verselbständigt. Die Schiffe brachten nun nicht nur Rindfleisch aus Australien und Lamm aus Neuseeland, sondern auch yuzu aus Japan und Trüffel aus Frankreich. Die Köche strömten nicht nur aus ganz China, sondern aus der ganzen Welt herbei, um eine Küche neu zu erfinden, die nur ein Jahrhundert zuvor bereits erfunden worden war.

Eine Vorreiterrolle nahm ein neues chinesisches Restaurant am Bund ein – der Whampoa Club. Bis zur Eröffnung des Whampoa Clubs und hernach einer ganzen Reihe mondäner Lokale hatte der Stadtteil mit den britischen Kalksteingebäuden jahrzehntelang erstaunlich wenig Leben und Restaurantkultur beherbergt. Unter britischer Herrschaft hatten sich am Bund Bankiers, Diplomaten und Ausländer getummelt – doch nach der Machtübernahme durch die Kommunisten waren die internationalen Unternehmen am Bund geschlossen und die Gebäude dem Verfall überlassen worden. Die Regierung war nicht daran interessiert, Symbole des Kolonialismus zu erhalten. Dies hatte sich längst geändert, als ich in Shanghai lebte. Die Immobilienpreise waren explodiert, und die zunehmend gewinnorientierte Regierung witterte Morgenluft hinsichtlich der äußerst lukrativen Verpachtung staatseigener Grundstücke. Eine Gruppe ausländischer Investoren finanzierte Anfang des 21. Jahrhunderts die Renovierung der Hausnummer drei am Bund, ein von den Briten 1916 fertiggestelltes neoklassizistisches Gebäude mit Bogenfenstern und -toren, das seither als

Tempel des Luxus dient: Es beherbergt ein Evian-Wellnesscenter, eine Giorgio-Armani-Boutique, den Flagshipstore des Designers in China sowie eine weitere Außenstelle von Jean-Georges Vongerichten. Im Whampoa Club im fünften Stock bekam man Shanghaier Küche serviert, nur dass man hier das Konzept der »neu erfundenen« Küche einen Schritt weitergeführt hatte als in den meisten anderen Restaurants in Shanghai: Hier wurden westliche Präsentationsmethoden und ausländische Zutaten miteinander kombiniert, was eine verklärte koloniale Atmosphäre am Bund schuf. Solche Konzepte waren seinerzeit noch als revolutionär einzustufen.

Die Einrichtung des Whampoa Clubs erinnerte unweigerlich an das Shanghai der 1920er Jahre, an eine Ära also, die vom Westen romantisiert, vom Vorsitzenden Mao hingegen verdammt worden war. Die Lobby war mit einem antiken Schaukelstuhl, einem Teppich mit Tierdruck und von den Decken baumelnden Holzlampen mit kaleidoskopischen Mustern eingerichtet. Aus den Lautsprechern tönten Shanghaier Jazzaufnahmen, die zu »Vor-Befreiungs-Zeiten« populär gewesen waren. Durch die Fenster des Restaurants sah man auf den Huangpu, jene Hauptwasserstraße, die Shanghai zu einem der erfolgreichsten britischen Häfen gemacht hatte. Dass die Einrichtung des Restaurants der kolonialen Vergangenheit Shanghais huldigte, war ein klares Zeichen dafür, dass die Zeiten sich änderten.

Geführt wurde dieses neue chinesische Restaurant von Jereme Leung, einem hua qiao, einem Auslandschinesen, der 2003 von Singapur nach Shanghai gekommen war. Jereme war ein kleiner, stämmiger Mann mit militärisch kurzen Haaren, die zu den regimentsähnlichen Arbeitsabläufen dieses anspruchsvollen Küchenmeisters passten. Auf seinem Babygesicht spross hin und wieder noch mal ein Pickel. Seine Augenlider bildeten direkt über den Pupillen eine gerade, schmale

Linie und formten seine Augen dadurch zu Halbmonden. Er scherzte gerne, seine unter Ostasiaten weit verbreitete, sogenannte Mongolenfalte würde ihm dabei helfen, sich länger wach zu halten.

Als ich Jereme 2003 kurz nach der Eröffnung des Whampoa Clubs kennenlernte, war er zweiunddreißig und fiel mir als ein besonders jugendlicher und engagierter Küchenchef auf. Ich schrieb damals gerade an einem Newsweek-Artikel über die in Shanghai stattfindende kulinarische Renaissance, und Jereme hatte mich zu einem Probeessen eingeladen. Noch nie zuvor hatte ich ein Shanghaier Essen – beziehungsweise chinesisches Essen im Allgemeinen – gegessen, das so raffiniert, so edel, so sorgfältig geplant und so gekonnt zubereitet war. Ganz besonders in Erinnerung geblieben ist mir ein Gericht mit Gänseleberpastete, einer Delikatesse, die gerade eben erst Eingang in chinesische Restaurants gefunden hatte. Die gebratene Gänseleber lag auf einem Bett traditioneller Shanghaier Zutaten wie mit Klebreispaste gefüllten Datteln, Lilienblütenknospen und Sellerie-Julienne. Die Kontraste ließen einem das Wasser im Mund zusammenlaufen: das Knusprige schmeichelte dem Zarten, das Herzhafte unterstrich das Süße, die Bescheidenheit des Klebreises war ein Kontrapunkt zur Üppigkeit der Leberpastete. Doch ich war auch beeindruckt, wie kunstvoll Jereme das Essen anzurichten verstand. Statt sein betrunkenes Huhn einfach in eine runde Schüssel zu packen und diese auf einen flachen Teller zu stürzen, wie man es in den meisten Restaurants mit diesem sehr verbreiteten ersten Gang machte, entbeinte Jereme das Huhn, schnitt es in Streifen, legte diese auf einen Hügel aus feinst zerkleinertem und mit Reiswein getränktem Eis und servierte die blassen Geflügelstreifen in einem Martiniglas.

Jereme kam immer wieder aus der Küche gehüpft, um sich zu vergewissern, dass alles zu meiner Zufriedenheit war, und ich war tief beeindruckt davon, einem Koch zu begegnen, der sein Handwerk so ernst nahm. Später dachte ich immer mal wieder an das Essen im Whampoa Club, und manchmal hörte ich von den Erfolgen, die Jereme inzwischen gefeiert hatte. Im International Herald Tribune war er ein »Genie« genannt worden. Der Saveur hatte ein ganzseitiges Porträt von ihm abgedruckt. Matt Lauer von der Today Show hatte dem Restaurant mit laufender Kamera einen Besuch abgestattet und Jeremes Maultaschen gegessen. Je besser ich jedoch selbst kochen konnte, desto häufiger träumte ich davon, eines Tages in Jeremes Küche arbeiten zu dürfen.

Die Schwierigkeit bestand darin, Jereme davon zu überzeugen, mich in seine Küche zu lassen. Ein paar gemeinsame Freunde halfen mir dabei, in einem seiner Separées ein Treffen mit ihm zu arrangieren, bei dem ich meine Idee mit ihm besprechen wollte. Er hatte sich in den zweieinhalb Jahren, die ich ihn nicht gesehen hatte, sehr verändert – sein jugendliches Auftreten war einer bedrohlichen Strenge gewichen. Auf seiner Kochjacke prangte ein neuer Titel: »Gründungskoch«. Er hatte das tägliche Küchenkommando seinen stellvertretenden Chefköchen übergeben und verbrachte nun den größten Teil seiner Zeit damit, das Geschäft auszubauen und zu expandieren, erzählte er. Seine Perspektive hatte sich geändert.

»Wenn im Speisesaal seinerzeit, als ich selbst in der Küche stand, mal ein Glas zu Bruch ging, war meine einzige Sorge, welchen Einfluss das auf das Esserlebnis der Gäste hatte. Heute muss ich fragen, wie viel das Glas gekostet hat.« Durch die vielen Jahre in Singapur hatte sein Englisch einen leicht britischen Einschlag.

Und was er sagte, hörte sich nun mehr nach einem Geschäftsführer an als nach einem Koch. Er erzählte, er habe neulich ein Unternehmen namens »Jereme Leung Concepts« gegründet, dessen Ziel es sei, aus seiner Person bzw. seinem

Namen eine globale Marke zu machen. Das Kerngeschäft würden Restaurants sein, doch sei sein Unternehmen auch in anderen Geschäftsbereichen tätig wie zum Beispiel dem Handel mit Tee, Geschirr und Wein.

Er erklärte sich bereit, mich in seiner Küche ein Praktikum absolvieren zu lassen. Unter einem Vorbehalt: Er bestand darauf, dass ich ihm alles, was ich über meine Zeit bei ihm schreiben würde, vor der Veröffentlichung vorlegte, damit er es absegnen konnte. Denn was wäre, wenn ich zum Beispiel einen Wurm im Gemüse fände und darüber schreiben würde? Das könne er unter keinen Umständen hinnehmen. Er habe einen Ruf zu verlieren, sagte er. Und das wäre nicht nur für ihn problematisch, sondern auch für seine Investoren.

Ich quälte mich mehrere Tage damit, zu einer Entscheidung zu kommen – schließlich hatten mich bereits Dutzende Restaurants in ganz China abgelehnt, und mir war klar, dass es kaum möglich sein würde, in einem auch nur annähernd so angesehenen Restaurant wie dem Whampoa Club jemals unterzukommen. Und doch teilte ich ihm schließlich freundlich mit, dass ich unter diesen Umständen bei ihm kein Praktikum machen konnte. Kurioserweise gab er sofort nach, als habe er nie eine solche Forderung gestellt. Vermutlich hatte er sich inzwischen überlegt, dass er sich die Gelegenheit nicht entgehen lassen konnte: Eine Journalistin würde seine Kochkunst aus erster Hand dokumentieren – schließlich erforderte der Aufstieg zu einem international angesehenen VIP-Koch heutzutage so viel Medienpräsenz wie nur irgend möglich. Bestimmt half auch, dass es unseren gemeinsamen Freunden gelang, Jereme zu überzeugen, dass ich keinerlei Bedrohung für sein im Aufbau begriffenes globales Imperium darstellte. Nur wenige Tage nach unserem Gespräch arbeitete ich also mit Jeremes Segen in seiner Küche. »Wir haben nichts zu verheimlichen«, sagte er.

## BETRUNKENES HUHN
## (ZUI JI)

4 Tassen Wasser
1 TL Instant-Hühnerbrühe
1/4 TL Salz
1 TL Zucker
2 Lorbeerblätter
2 Stangen Zimt
3 Sternanis
1 EL *baijiu* (hochprozentiger chinesischer Kornschnaps, beliebte Marken sind *Maotai* und *Wuliangye*)
1 EL gelber Reiswein (am besten von *Huadiao*)
3 Stücke Ingwer
3 Frühlingszwiebeln
1 junges Huhn (ca. 1.200 g)

Die Frühlingszwiebeln zusammenbinden. Wasser, Hühnerbrühe, Salz, Zucker, Lorbeerblätter, Zimt und Sternanis in einen kleinen Topf geben und zum Kochen bringen, dann ganz abkühlen lassen. Den Schnaps und den Reiswein dazugeben.
In einem anderen, mit Wasser gefüllten Topf die Frühlingszwiebeln und den Ingwer geben und zum Kochen bringen. Das Huhn in einem Stück hineinlegen und 15 bis 20 Minuten kochen, bis es gar ist. Das Huhn mit Eiswasser abschrecken, damit die Haut nicht zerfällt.
Das Huhn entbeinen und in mundgerechte Stücke schneiden. Die Hühnerstücke in die kalte Soße geben und 10 bis 12 Stunden ziehen lassen. Die Stücke abtropfen lassen und in einer Schüssel servieren.
JEREMES VERSION dieses Gerichtes erfordert eine spezielle

Eismaschine und eine zusätzliche Portion Soße, die in Eiswürfelformen gefroren wird. Kurz vor dem Servieren des Huhns die gefrorenen Soßenwürfel ganz fein zerkleinern, in Martinigläser häufen und die Hühnerstückchen darauf anrichten. Sofort servieren.

Drei Mal in der Woche trat ich um zehn Uhr vormittags im Restaurant an und half bei der Mittagsschicht, die bis drei dauerte. Ich betrat das Gebäude zusammen mit Köchen, Lieferanten und Servicepersonal durch den Hintereingang. In einem Umkleideraum zog ich mir Kochjacke und -hose an, band mir die Haare zu einem Pferdeschwanz zusammen und setzte mir meinen Papierhut auf, während sich direkt neben mir Hostessen in eleganten qipaos vor dem Spiegel herausputzten und den Lippenstift korrigierten. Eine Schürze und ein Paar Tennisschuhe rundeten mein Outfit ab. Wie gern hätte ich ein Paar Koch-Clogs angezogen, wie Jereme sie trug, aber die konnte man in China nicht kaufen. Die wenigsten der Whampoa-Köche hätten sich diese Schuhe überhaupt leisten können – sie kosteten mehr als ein Viertel ihres durchschnittlichen Monatsgehaltes, das immerhin zwischen zweihundert und fünfhundert Dollar lag. Darum trugen die meisten Köche einfach schwarze Stoffschuhe, was an einem Arbeitsplatz, an dem jederzeit ein Küchenbeil auf den Boden fallen konnte, ziemlich gefährlich war.

In der Küche durfte ich Bohnen schälen und lange Nudeln um einzelne Garnelen wickeln, die dann als amuse-bouche serviert wurden. Wenn ich Glück hatte, erlaubte man mir zuweilen, Xiao Long Bao zu formen. Doch meistens lief ich einfach hinter den Köchen her und beobachtete jede einzelne ihrer Bewegungen. Ich war immer ganz schön erschossen, wenn ich meine Schicht hinter mir hatte – die für die anderen Köche gerade einmal die erste Halbzeit war. Hatte ich Feierabend, kehrten die anderen nach einer zweistündigen Pause zurück und arbeiteten noch bis spät in die Nacht.

Ich konnte mich des Eindrucks nicht erwehren, dass Jereme seinen vor kurzem beförderten Küchenchef beauftragt hatte, mich schön zu beschäftigen und mit Kostproben abzulenken, damit ich meine Nase nicht in sämtliche Winkel steckte. Der Küchenchef war Malaye chinesischer Abstammung, Anfang dreißig und hieß eigentlich Hew Choon Yew. In der Küche benutzten die chinesischen Mitarbeiter jedoch seinen Namen auf Mandarin, Bruder Yao. Er hatte einige Jahre mit Jereme zusammengearbeitet und dann drei Jahre zuvor mit ihm den Whampoa Club eröffnet. Er war groß und schlank und behielt daher stets den Überblick über die Küche. Manchmal spurtete er dann von einem Ende ans andere. Die Angestellten fanden, dass Bruder Yaos Laune die von Jereme widerspiegelte, und die war »unbeständig wie das Wetter«. Bruder Yao konnte eben noch so albern und liebenswert sein wie der schwedische Koch bei den Muppets – doch schon im nächsten Augenblick konnte er, wenn Jereme sein Missfallen äußerte, eiskalt werden. Sein Posten war normalerweise mitten in der Küche, in der Wok-Abteilung, wo die verschiedenen Hauptgerichte unter Rühren angebraten, scharf angebraten und geschmort wurden.

Bruder Yao führte mir die Wok-Kochstationen vor wie ein Autohändler seine neuesten Modelle. »Diese hier haben wir aus Guangzhou«, sagte er im Vorbeigehen über eine Kochstation, während ihm das Geschirrtuch um die Taille wehte. »Sie sollten eigentlich nach Hongkong exportiert werden. Die Qualität der hier hergestellten Woks ist meist nur schlecht. Die hören sich so an.« Er nahm eine Blechschüssel und schlug mit der Faust darauf.

Die Köche an den Woks mussten am meisten schwitzen. Die riesigen Woks, die sie hochheben und rütteln mussten, wogen fast fünf Kilo, und die Herdflammen darunter – es waren sechs Gasbrenner pro Kochstation – produzierten eine intensive Hitze, damit die Zutaten blitzschnell angebraten werden konnten und so ihren Geschmack behielten. Die Größe der Flammen wurde mit Hilfe eines Pedals justiert: Wenn man es heruntertrat, wurden die Flammen größer und der Ventilator lief auf Hochtouren – so laut, dass man meinen konnte, man stünde direkt neben einem Lkw-Motor. Während der Kochpausen wurden die Herdflammen auf ein Minimum und damit auf ein Flüstern reduziert, aber sie erloschen nie, bevor nicht die jeweilige Schicht um war. Die Brenner waren etwas erhaben auf einer Platte montiert, die im Grunde nichts anderes war als ein großes, flaches Spülbecken, in das die Köche kleine Essensreste und überschüssiges Öl entsorgten, um sich nicht lange mit dem Säubern der Woks aufhalten zu müssen. Zwischen den Einsätzen wurden sie einfach nur mit Wasser aus dem an der Station installierten Hahn ausgespült und kurz mit einer Bambusbürste geschrubbt.

Sonst aber herrschte überall peinliche Sauberkeit. Die Spülmaschinen befanden sich am einen Ende der Küche – die Köche, die Gemüse, Fleisch und Fisch wuschen, am anderen. In der lang gezogenen Küche stand eine ganze Reihe von Arbeitsstationen aus rostfreiem Stahl – jede Station fungierte als eine kleine Insel und war einer speziellen Zubereitungsmethode geweiht, wie sie nun einmal zu einer anspruchsvollen chinesischen Mahlzeit gehörte. Sämtliche Zutaten wurden sorgfältig abgewogen, bevor sie erhitzt wurden. Mit schier unvorstellbaren Mengen von Klarsichtfolie (mehr als genug, um einen Menschen in eine Mumie zu verwandeln) wurde alles abgedeckt, was nicht sofort serviert wurde.

Rechts neben den Wok-Stationen befand sich das, was Jereme »die Schneide-Abteilung« nannte. Hier prüften und entbeinten die Köche Fleisch und Fisch und schnitten das Gemüse in Scheiben und Würfel. Ein Großteil des Fischs wurde lebend angeliefert und erst dann mit dem Tod konfrontiert, wenn ein Gast ganz unschuldig ein lecker klingendes Gericht bestellte. Bis dahin tummelten sie sich farbenfroh in Fischbecken, die eine ganze Wand der Küche einnahmen. Dort versuchten orangefarbene Wollhandkrabben – kleine Krustentiere mit pomponähnlichen Haarbüscheln auf den Scheren – die glitschigen Glaswände zu erklimmen, als ahnten sie, dass sie in unmittelbarer Lebensgefahr schwebten. Als die Krebse weg waren, zog ein Paar rosiger australischer Hummer in ihr Becken ein. Sie hielten sich an den Scheren, als tanzten sie miteinander, nicht ahnend, dass ihr Werben bald ein Ende haben würde. Neben den Becken stand eine Styroporkiste mit quakenden Ochsenfröschen.

Links von den Wok-Köchen arbeiteten die Vorspeisenköche. Ihr Bereich war mit zwei Arbeitstischen und einer einzigen Wok-Station zwar klein, brachte aber einige der berühmtesten Gerichte des Restaurants hervor: das unvergessliche betrunkene Huhn und andere Favoriten wie geräucherter Fisch nach Shanghai-Art und kandierte Lotuswurzeln mit Klebreis. Direkt neben der Vorspeisenabteilung befand sich die Dämpfstation, wo die Köche damit beschäftigt waren, Xiao Long Bao und andere Shanghaier Spezialitäten in einen Dampfgarer zu füllen, der aussah wie ein hoher Ofen mit mehreren Backblechgestellen.

Neben dem Vorspeisen- und dem Dämpfbereich befanden sich zwei Nischen – in der einen wurden Dim Sum gezaubert, in der anderen Desserts. Eine Dessertabteilung fand man in chinesischen Küchen sonst nur äußerst selten, da Chinesen ihre Mahlzeit traditionell mit etwas geschnittenem Obst abschlossen und nicht mit ganzen Tellern voller süßer Kunstwerke wie Curry-Schokoladeneis oder Ingwer-Crème-Brûlée. Selbst der anspruchsvolle Whampoa Club strauchelte hier schon mal, so geschehen mit Schokoladen-Nudeln – lappigen, teigigen Streifen, die entfernt nach Kakao schmeckten und ganz schnell wieder von der Speisekarte genommen wurden.

Doch die Dessertabteilung war nicht der einzige Punkt, in dem sich die Küche des Whampoa Clubs von typisch chinesischen Restaurants unterschied. Diese Küche war blitzsauber und an jedem Waschbecken mit an der Wand montierten Handseifenspendern ausgerüstet. Nach allem, was ich an der Kochschule und hinterher in den diversen Restaurants, in denen ich gearbeitet hatte, erlebt hatte – Köche und Kellnerinnen, die das Essen mit bloßen, ungewaschenen Händen anfassten und gegen die grundlegendsten Prinzipien der Küchenhygiene in der ersten Welt verstießen –, fiel mir diese Handseife als etwas ganz Besonderes auf. Ich war längst über jenes merkwürdige, ja fast kriminelle Gefühl hinweggekommen, das mich anfangs jedes Mal beschlich, wenn ich mich an die Arbeit machte, ohne mir gründlich mit Seife die Hände gewaschen zu haben. Ich hatte mich daran gewöhnt, die Hände einfach kräftig unter laufendem Wasser aneinanderzureiben.

Auch in manch anderer Hinsicht waren die Bedingungen in der Küche des Whampoa Clubs überdurchschnittlich gut. Im Vergleich zu den normalen chinesischen Küchen, in denen meist fast vierzig Grad Hitze herrschten, betrug die Temperatur hier dank einer Klimaanlage angenehm kühle fünfundzwanzig Grad. Normalerweise arbeiteten chinesische Köche sieben Tage die Woche und hatten – mit viel Glück – ein bis zwei Tage im Monat frei. Die Köche im Whampoa dagegen hatten jede Woche zwei Tage frei. In vielen chinesischen Restaurants servierten die Chefs ihren Angestellten Reste, die sie den Gästen nicht mehr vorsetzen konnten – der Whampoa

Club hatte eine saubere Kantine, in der das Personal schmackhafte, ausgewogene Mahlzeiten bekam.

Ein weiterer Unterschied war, dass Jereme stets die besten Zutaten einkaufte – ganz gleich, von wo sie herangeschafft werden mussten. So war der Standard-Kochwein des Whampoa Clubs ein hua diao, ein hochwertiger Reiswein aus der Nähe von Shaoxing. Der sonst weit verbreitete, vierzigprozentige Kochwein, den man in jedem Supermarkt bekommen konnte und den ich zu meiner Pekinger Zeit reichlich konsumiert hatte, hatte einfach nicht den gleichen Körper und die gleiche Fülle wie ein hua diao. Es wurde thailändischer Jasminreis gereicht, der nicht nur intensiver duftete, sondern auch eine elastisch-zarte Textur hatte, die chinesischer Reis nur selten erreichte. Sein Kartoffelmehl importierte Jereme aus Amerika, weil chinesische Kartoffeln nicht genug Stärke enthalten. Er fand sie zu knusprig, »wie Cracker«, sagte er. Für den Fall, dass ich Jeremes Rezepte zu Hause nachkochen wollte, wurde ich angewiesen, unbedingt die importierten Sunkist-Zitronen zu verwenden, nicht die chinesischen. Jereme beklagte den Mangel an gutem Rindfleisch in China und das Ausmaß, mit dem chinesische Köche sich auf Zartmacher verließen. Als ich das nächste Mal in einem Restaurant Rindfleisch aß, fiel mir seine künstliche, fast schon pulverisierte Textur auf.

Eine traditionelle Zutat fand ich dann aber doch in Jeremes Küche: Glutamat. Ich beobachtete Bruder Yao einmal dabei, wie er einen Behälter mit dem Geschmacksverstärker in den Händen hielt, es brachte ihn auch gar nicht in Verlegenheit, als ich ihn darauf ansprach. »Man muss schließlich seine Kunden glücklich machen«, sagte er mit einem Augenzwinkern.

Abgesehen von den unvermeidlichen Gefahren in einer Küche – fehlgeleitete Messer oder die blitzend sauberen Böden, die so oft gewischt wurden, dass sie leicht rutschig waren –

kam ich mir vor, als sei ich auf magische Weise in der ersten Welt gelandet, in einem China der Zukunft, in dem sich an Regeln gehalten und Qualität geschätzt wurde und das Arbeitsleben eines Kochs human war.

Der hohe Standard in puncto Sauberkeit und Qualität hatte allerdings ihren Preis. Der Durchschnittspreis für ein Essen im Whampoa betrug fünfundzwanzig bis hundert Dollar pro Person – und das in einer Stadt, in der ein ordentliches Abendessen mit Bedienung durchaus für unter zehn Dollar zu haben war. Doch da war noch etwas anderes, durch das sich der Whampoa Club von anderen Restaurants abhob. Wie sehr Jereme seine Köche auch antreiben mochte – er inspirierte sie auch. Sie nannten ihn *Lao Da*, was die respektvolle Anrede für den ältesten Bruder in einer Familie ist, und sie waren äußerst beeindruckt davon, wie weit er, der aus so bescheidenen Verhältnissen stammte, es als Koch gebracht hatte. »Ich habe gehört, dass er sich ein Haus gekauft hat!«, flüsterte einer seiner Köche mir eines Tages stolz zu.

Doch wie hatte ein Junge, der außerhalb Chinas aufgewachsen war und nicht viel über die Shanghaier Küche wusste, es geschafft, ein Pionier der florierenden Shanghaier Restaurantszene zu werden? Ihm lag das Kochen wohl im Blut. Schon Jeremes Vater war Koch gewesen – auf einem Frachtschiff. Seine Eltern hatten sich scheiden lassen, als Jereme noch klein war, und er hatte viel Zeit bei seinen Großeltern mütterlicherseits verbracht, die ebenfalls mit Essen zu tun hatten, sie waren Gastwirte. Anfangs hatten sie in Singapur nur einen Verkaufskarren, von dem aus sie auf der Straße Wantan verkauften. Später gaben sie den Karren in Zahlung, um sich einen da pai dang, einen Stand auf einem traditionellen Markt unter freiem Himmel, leisten zu können. Das Geschäft lief gut, und nach und nach eröffneten sie drei weitere Stände in

Singapur und expandierten dann auch nach Hongkong, wo Jereme geboren wurde und aufwuchs.

Die Essstände waren Jeremes Spielplätze, und seine Großeltern verhätschelten ihn. So schnitten sie ihm gern einer nach Kanton-Art gegrillten Ente den saftigen Unterschenkel ab. In seiner Erinnerung war Jereme stets von Essen umgeben: Reisbrei mit eingelegtem Gemüse, in schlichter Sojasoßenbrühe gedämpfter Fisch. Und Alkohol floss auch in rauhen Mengen. Der baijiu, der bei Ritualen der Ahnenverehrung als Opfergabe gebracht wurde, durfte nach Abschluss der Rituale getrunken werden. »Meine Familie ist nicht besonders gebildet oder fein«, erzählte Jereme. »Manchmal bin ich gegen Wände gelaufen und fragte mich dann: ›Wieso komme ich da nicht drüber?‹« Er kicherte auf die für ihn typische Weise, nervös und tatkräftig zugleich. »Ich bin ein gut trainierter Alkoholiker.«

Von der Zeit seiner Jugend, in der er bei seiner Mutter lebte, sprach Jereme weniger. Offenbar gab es Spannungen in der Familie, nachdem seine Mutter wieder geheiratet hatte, aber er wollte dieses Thema nicht vertiefen. »Manchmal kommt ein Mensch einfach an einen Punkt in seinem Leben …«, sagte er nur und brach ab. Und dann: »Also bin ich von zu Hause ausgezogen.«

Jereme verließ mit dreizehn sowohl sein Elternhaus als auch die Schule – eine Einrichtung, an die er immer noch mit Verbitterung zurückdachte. »Ich hasse die Schule«, murmelte er verdrießlich. »Ich habe in die traditionelle Schulform einfach nicht reingepasst. Ich kann mich an einen Mathe-Test erinnern, in dem ich sieben von hundert Punkten erreichte. Ich glaube, der Lehrer hat mir die sieben Punkte nur deshalb gegeben, weil es ihm peinlich gewesen wäre, mir null zu geben. Die Schule war einfach nichts für mich. Ich lerne anders.«

Er fing an, als Dim-Sum-Lehrling im Min Ho zu arbeiten,

einem Restaurant, das seinen Großeltern gehörte und das an einer vielbefahrenen Straße in der britischen Kronkolonie lag. Als er den Bogen raus hatte, wanderte er von Restaurant zu Restaurant. »Ich ging dahin, wo man mir Arbeit und ein Bett anbot.« In all diesen Restaurants wurde kantonesisches Essen serviert, das als die feinste Küche Chinas galt. Kantonesische Küche war in ganz Asien die erste Wahl, wenn Chinesen etwas zu feiern hatten – sie war bekannt und beliebt für ihre Fischgerichte und so exotische Delikatessen wie Haifischflossensuppe, geschmorte Ohrschnecken und gedämpfte Muscheln. Auf Hongkonger Speisekarten fand man eine ganze Reihe von gegrillten Fleischsorten (Gans, Ente, Schwein), gebratenen Nudelgerichten und Dim Sums von Eierkuchen bis zu Krabben-Maultaschen.

Nach fünf Jahren meisterte Jereme die drei Säulen der kantonesischen Küche: Dim Sum, Grillen und die Zubereitung im Wok. »Damals konnte ich bereits ein komplettes Abendessen kochen, aber ich habe noch nicht experimentiert. Ich bereitete ausschließlich traditionelles kantonesisches Essen zu. Wenn ich experimentiert hätte, wäre ich rausgeflogen«, erinnerte sich Jereme.

Mit achtzehn unterbrach er seine Karriere als Koch und ging nach Singapur zum Militär – ein Dienst, der ihm den Pass des Insel- und Stadtstaates einbringen sollte. Als ich ihn fragte, warum er den singapurischen Pass haben wollte, wich er aus. »Meine Mutter wollte das.« Ich vermutete allerdings, dass er mit dieser vagen Aussage lediglich auf der Hut war, weil er weder seine chinesischen Kunden noch die chinesische kommunistische Partei kränken wollte. Damals hatten viele in Hongkong lebende Chinesen andere Staatsbürgerschaften beantragt, weil sie sich – durchaus berechtigt – Sorgen darüber machten, welche Folgen der Rückfall der britischen Kronkolonie an das autoritäre China 1997 haben würde. Jereme hatte seinerzeit nicht ahnen können, dass er mehr als zehn Jahre später mitten in China ein eigenes Restaurant betreiben würde.

Dabei sollten sich seine zwei Jahre beim Militär später nicht zum Nachteil für sein weiteres berufliches Fortkommen auswirken. Er wurde zu einer Einheit geschickt, in der die gebildetsten Rekruten der Armee versammelt waren – Singapurer, die Auslandsstipendien erhalten, in Übersee ihren Magister gemacht und ihren Wehrdienst bis zum Abschluss des Studiums aufgeschoben hatten. »Wir waren da, weil der Staat nicht wusste, was er mit uns anfangen sollte«, scherzte Jereme. Da die Rekruten aus allen Teilen Singapurs kamen, sprachen sie Englisch miteinander. Aus einem Bedürfnis heraus, mit ihnen zu fraternisieren, lernte auch Jereme die Verwaltungssprache bald fließend sprechen. Er büffelte für die britische Version des Abiturs und bestand.

Jereme mutmaßte, dass seine Vorgesetzten, denen das übliche Kasinoessen zum Hals raushing, ihn sich aufgrund seiner Kochkunst in die Einheit geholt hatten. »Die Militärköche haben nur Mist gekocht. Jedes Mal, wenn ein Bankett mit den Generälen anstand, rief das Verteidigungsministerium an, und ich bereitete sämtliche Gänge zu.«

Einer der Rekruten aus Jeremes Bude hatte gerade in Frankreich sein Studium abgeschlossen und brachte Jereme alles über Wein bei. Dieser Rekrut war ein Feinschmecker wie Jereme, und gemeinsam gingen sie überallhin essen – von malayischen Straßenständen bis hin zu den feinsten europäischen Restaurants der Insel. Eines Tages saßen sie im Restaurant des Hotels Le Meridien. »Da habe ich zum ersten Mal in meinem Leben Foie-gras-Terrine gegessen. Fürchterlich. Kalt. Leber. Chinesen sind warmes Essen gewöhnt. Und das war einfach nur kalte Fleischpampe«, erzählte Jereme. Der zuständige Koch, der mit drei Michelin-Sternen ausgezeichnet und für einige Monate aus Europa angereist war, kam an seinen Tisch und fragte Jereme, ob es ihm geschmeckt habe.

Als Jereme mir von dieser Begegnung erzählte, schüttelte er den Kopf und kniff die Augen zusammen. »›Überhaupt nicht!‹, sagte ich.« Er lachte. »Ich hatte in diversen Büchern über den sogenannten guten Ton gelesen, aber das Gelesene dann in einem Restaurant umzusetzen, war noch mal etwas ganz anderes.« Jereme sagte, dass er dadurch heute jedoch mehr Geduld mit seinem Personal hatte und nachsichtiger mit der Unwissenheit in diesen Dingen umgehen konnte. »Sie können nichts dafür. Und später wird es dann wirklich zu einer Belastung, wenn man zugeben muss, dass man keine Ahnung von Etikette und so hat. Es ist wirklich gut, dass mir das damals passiert ist. Die zwei Jahre haben mich geprägt.«

Die erste Station meines Praktikums im Whampoa Club war die Dim-Sum-Küche, wo ich in das Geheimnis der Herstellung von Xiao Long Bao eingeweiht wurde. In der Dim-Sum-Küche wurden auch andere schmackhafte Happen wie frittierte Rettich-Maultaschen mit einer flockigen Füllung aus geriebenem, weißem Chinarettich zubereitet. Chinarettich hat einen pikant-süßen Geschmack und ist im Gegensatz zu seinem westlichen Gegenstück überhaupt nicht bitter. Die in der Pfanne gebratenen Schweinefleisch-Maultaschen waren außen knusprig und innen saftig. Doch am meisten faszinierten mich noch immer Xiao Long Bao. Sie waren eigentlich überhaupt nicht zu vergleichen mit den halbmondförmigen nordchinesischen Maultaschen, die gekocht oder in der Pfanne gebraten wurden. Xiao Long Bao waren rund und hatten oben spiralförmig zusammengedrehte Falten. Der Teig war zwar dünn, aber stark genug, um die Füllung aus Schweinefleisch und wunderbarer, buttriger Brühe zu bergen, die herausspritzte, sobald man in die Teigtasche biss. »Du wirst nie wieder einen essen wollen, wenn ich dir erst mal erzählt habe, was da alles drin ist«, warnte Bruder Yao mich, bevor er das Geheimnis enthüllte: Die Brühe wurde aus gelierter Schweinehaut gemacht.

Eines Vormittags sah ich dem für Dim-Sum zuständigen Koch – einem Kantonesen Anfang zwanzig – dabei zu, wie er das Schweinehautgelee herstellte. Zuerst zerschnitt er gut einen Zentimeter dicke Schweinehautlappen in fünfzehn Zentimeter große quadratische Stücke. Er gab etwa ein Dutzend dieser Stücke auf einmal in einen großen Topf mit kochendem Wasser und fügte hua diao (Kochwein) und weißen Essig hinzu. Nach zehn Minuten nahm er die Hautstücke heraus und legte sie in eine flache Bratpfanne.

Sobald sie abgekühlt waren, versengte er mit der orangebläulichen Flamme eines Flambierbrenners (mit dem man normalerweise die Oberfläche der Crème Brûlée karamellisiert) alle verbliebenen Borsten. Dann schnitt er die Haut in kleinere Stücke und schnitt das Fett ab. Das Ganze dauerte etwa zwei Stunden. »Die Methode ist ziemlich kompliziert«, sagte er und klang dabei, als wolle er sich entschuldigen.

Mir fiel auf, dass die Hautstücke blaue Tintenflecken hatten, die wahrscheinlich von den Stempeln des Schlachthauses stammten.

»Geht die Tinte nicht ganz ab?«, fragte ich.

»Nein«, sagte er. »Mei wen ti – das macht nichts.« Die Haut sei bei über hundert Grad gekocht worden und darum sterilisiert, versicherte er mir. Aber ich war mir da nicht so sicher. Ein weiterer Grund, besser keine Xiao Long Bao mehr zu essen.

Die vom Fett befreite Haut wurde vier Stunden lang in Hühnerbrühe gekocht – ein Teil Schweinehaut zu acht Teilen Brühe –, bis sie sich in eine gallertartige, klebrige Masse verwandelte. Diese ließ der Koch abkühlen, dann quirlte er sie in einem Mixgerät und drückte sie anschließend durch ein Siebleinen. Er gab einen Hauch Hühnerbrühe dazu und stellte das Ergebnis in den Kühlschrank, wo es über Nacht steif wurde wie Götterspeise.

Am nächsten Tag gab der Koch ein paar Löffel des Gelees in eine kleine Schale mit Schweinehack, das wie Kuchenteig aussah, und vermischte alles zu einer glatten Masse. Diese war die fertige Füllung für die Xiao Long Bao, und wenn die Teigtaschen gedämpft wurden, verflüssigte sich das Schweinehautgelee und zog in die Teigwände. Der Teig für Xiao Long Bao war auch etwas anders als der, den ich von den Maultaschen kannte. Zusätzlich zu Mehl und Wasser bestand er aus einem großen Löffel Schweinefett, das die Teigfladen geschmeidiger und zarter machte. Jetzt wusste ich, warum Xiao Long Bao so köstlich waren: Sie waren vollkommen durchdrungen von dem fettigen Wohlgeschmack des Schweinefleischs.

Bruder Yao kam vorbei, um mir zu zeigen, wie man die Teigtaschen wickelt und faltet. Er legte sich einen Fladen auf die Handfläche, plazierte einen Teelöffel Füllung mittig darauf und klappte dann mit Daumen und Zeigefinger der anderen Hand die Fladenkanten hoch, kniff sie zusammen, drehte die Maultasche etwas, kniff wieder Kanten zusammen, drehte die Maultasche und so weiter, bis die Füllung vollkommen eingeschlossen war und die Teigtasche die charakteristischen spiralförmigen Falten hatte.

»So, als würde man eine Schraube drehen«, sagte Yao, auf dessen Handfläche nun eine perfekte Maultasche thronte, bevor er wieder in die Hauptküche entschwand.

Und dann wurde es ernst: Ich durfte meinen ersten legendären Xiao Long Bao formen. Zumindest dachte ich das, bis der Koch zu meiner Rechten mir einen Klumpen des gummi- oder wachsartigen Zeugs reichte, mit dem Köche Serviergläser auf Tellern befestigen. »Was ist das?«, fragte ich. Er bedeutete mir, dass ich erst mal damit üben sollte, bevor mir Stümper echtes Fleisch zum Opfer fiel.

Ich mühte mich ab und brachte ziemlich unregelmäßige Falten zustande. Als ich mit dem ersten fertig war, nahm ich mir einen weiteren Fladen und versuchte es noch einmal mit dem gleichen Gummiball-Objekt als Füllung. Erst als meine Maultasche aus mehreren Lagen Teig bestand, nahm ich mir einen neuen Gummiball. Die Pseudomaultaschen vermehrten sich und ähnelten mit ihren diversen Hüllen den berühmten russischen Matrjoschka-Puppen.

Gegen Ende der Mittagsschicht kam der Koch mit einem Dämpfkorb zu mir. Er hob den Deckel an und gab drei Xiao Long Bao preis, deren transparente Teighäute vom Dampf schimmerten. Ich zögerte keine Sekunde, schnappte mir ein Paar Stäbchen und mit den Stäbchen einen der Teigbälle. Ich nagte an der Außenhülle, bis sie ein Loch hatte, goss dann die Brühe in einen Porzellanlöffel und schlürfte sie genüsslich. Bruder Yao hatte sich getäuscht. Meine Begeisterung für Xiao Long Bao hatte kein bisschen nachgelassen.

## GEFÜLLTE TEIGTASCHEN – DIM SUM (XIAO LONG BAO)

Ergibt ca. 36 Stück.

SCHWEINEGELEE
450 g Schweineschwarte
3 Scheiben Ingwer
2 Frühlingszwiebeln
1 l Wasser
180 ml Shaoxing-Reiswein oder Sherry

180 ml weißer Essig
475 ml fertige Hühnerbrühe
1/2 TL Instant-Hühnerbrühe

FÜLLUNG
450 g Schweinebauch-Hack
1 Ei
1 Stück Ingwer (ca. 2 cm)
1 EL Sesamöl
1/4 TL Salz
1/2 TL Zucker
1/2 TL Hühnerbrühe
1/4 TL gemahlener weißer Pfeffer
1 TL helle Sojasoße, 2 TL dunkle Sojasoße
1 Portion Schweinegelee (siehe Rezept)

MAULTASCHEN-TEIGFLADEN
300 g Mehl
100 g glutenreiches Mehl (Type 550)
120 g Schmalz
360 ml Wasser

Das Schweinegelee muss bereits am Tag vorher hergestellt werden: Die Schwarte zwei bis drei Minuten in kochendem Wasser blanchieren, abtropfen und abkühlen lassen. Die Frühlingszwiebeln klein schneiden und zusammen mit den Ingwerscheiben in 1 EL heißem Öl im Wok etwa zwei bis drei Minuten anbraten. Wasser, Reiswein und Essig hinzugeben und zum Kochen bringen. In der Zwischenzeit mit einem Flambierbrenner alle an der Schweineschwarte verbliebenen Borsten absengen. Die abgekühlte Schwarte in 10 cm große Quadrate schneiden und in den Wok geben. Sobald die Mischung kocht, die Hitzezufuhr auf die Hälfte reduzie-

ren, alles 15 Minuten köcheln lassen, dann abgießen und abkühlen lassen. In einem anderen Topf die Hühnerbrühe zum Kochen bringen. Bis es so weit ist, überschüssiges Fett von der Innenseite der Schweineschwarte entfernen. Die Schwarte zur Hühnerbrühe geben und bei geringer Hitze vier Stunden kochen, bis sie sich in der Brühe aufgelöst hat. Abkühlen lassen. Die abgekühlte Masse in ein Mixgerät geben und dann durch ein Sieb in eine Rührschüssel drücken. Den 1/2 TL Instant-Hühnerbrühe hineinrühren, und das Ganze über Nacht in den Kühlschrank stellen.
Für die Füllung den Ingwer fein hacken und mit dem Schweinebauchhack, Ei, Sesamöl, Salz, Zucker, Instant-Hühnerbrühe, Pfeffer und heller und dunkler Sojasoße in eine Schüssel geben. Mit fünfzig Rührbewegungen in eine Richtung vermengen. Diesen Brei kurz vor dem Füllen der Maultaschen mit dem Schweinegelee aus dem Kühlschrank vermischen.
Für die Maultaschen-Fladen zunächst in einer Schüssel die beiden Mehlsorten miteinander vermengen. In einer weiteren Schüssel ein Viertel dieser Mehlmischung und ein Viertel des Wassers mit den Händen verkneten, bis ein glatter Teig entsteht. Das restliche Mehl und Wasser in kleinen Portionen hinzufügen, dabei immer weiterkneten, bis der Teig schön glatt ist. Das Schmalz hinzugeben, und den Teig weiterkneten, bis das Fett gleichmäßig verteilt ist. Den Teig in drei Klumpen teilen, jeden Klumpen zu einem langen Strang rollen, jeden Strang in etwa zwölf kleinere Stücke teilen. Die kleinen Stücke mit der Handfläche platt drücken, mit Mehl bestäuben und mit einem Nudelholz zu dünnen, runden Fladen ausrollen, die etwas größer als eine Handfläche sind. Abermals mit Mehl bestäuben.
Zum Füllen und Schließen der Maultaschen einen Fladen auf die Handfläche der nicht-dominanten Hand legen und einen Klecks der Füllung in die Mitte geben. Mit dem Daumen und

Zeigefinger der dominanten Hand die Kanten des Fladen über der Füllung zusammenführen und -kneifen. Die Maultasche langsam drehen, wieder Kanten zusammenkneifen und so weiter, bis die Maultasche mit spiralförmigen Falten geschlossen ist. Die Teigtaschen bei großer Hitze sieben bis acht Minuten dämpfen und sofort mit schwarzem Essig und geraspeltem Ingwer servieren.

# 12

An einem meiner freien Tage während meiner Zeit im Whampoa rief ich meinen Freund Jiang Liyang an und lud ihn zum Mittagessen ins Crystal Jade ein, mein Lieblings-Dim-Sum-Restaurant in Shanghai. Wir trafen uns dort um kurz vor zwölf, als sich das elegante Lokal mit seinen hölzernen Paravents und hohen Fenstern zu füllen begann. Jiang, seines Zeichens ebenfalls Restaurantkritiker, war zweiundsechzig und Hosenträgerfreund. Mit einem breiten Lächeln und einem Glucksen, das seinen Bauch beben ließ, schob er sich auf mich und den Tisch zu und begrüßte mich. Eine große Brille mit eckigem, schwarzem Rahmen saß auf seiner Knollennase, und er hatte einen großen Mund, von dem ich aus Erfahrung wusste, dass ganz erstaunliche Mengen Essen darin verschwinden konnten.

Jiang hatte sich kaum gesetzt und seinen Papierfächer aufgeklappt, als auch schon der Inhaber neben dem Tisch stand und ihn begrüßte. Restaurantbesitzer störten Jiang ausgesprochen häufig beim Essen – wenn nicht durch persönliches Auftauchen, dann über sein Handy, das alle fünf Minuten klingelte und ihm eine weitere kostenlose Mahlzeit verhieß. Er gab mit seinem neuen Nokia an, zu dem Touchscreen und Stift gehörten. »Hat nur tausend yuan gekostet! Du solltest dir auch so eins besorgen«, sagte er mit einem verächtlichen Blick auf das veraltete Modell, das ich auf den Tisch gelegt hatte.

Ich bemerkte, dass Jiang die Hosenträger etwas lose über die Schultern hingen. Er hatte mir mal erklärt, er trage deshalb Hosenträger, weil er dann ungeachtet seines Gewichtes immer die gleiche Hose tragen konnte. Er war einen Meter achtundsechzig groß und hatte mal fünfundneunzig Kilo gewogen. Jetzt schwankte sein Gewicht normalerweise zwischen zweiundsiebzig und sechsundachtzig Kilo, und im Moment wog er schlanke siebenundsiebzig. Seit er vor einigen Jahren an Typ-2-Diabetes erkrankt war, bemühte er sich, abzunehmen. Wie viele Chinesen, die in den letzten zwanzig Jahren zu Wohlstand gekommen waren (mit seinem monatlichen Einkommen von 1.200 Dollar gehörte er ganz klar der oberen Mittelschicht an), hatte auch ihn nach einer von Unterernährung gekennzeichneten Kindheit und Jugend und dem darauf folgenden übermäßigen Genuss von Proteinen, Zucker und Kohlenhydraten im Erwachsenenalter die Stoffwechselstörung ereilt. Seiner Gefräßigkeit hatte das keinen Abbruch getan – solange es um zuckerfreie Nahrungsmittel ging.

Ich hatte mich ganz am Anfang meiner Karriere als Restaurant-Kolumnistin hier in Shanghai mit Jiang angefreundet. Jiang arbeitete wie ich freiberuflich für eine Reihe von Zeitschriften, unter anderem für die chinesischen Ausgaben der Vogue und den Shanghai Tatler. Wir hatten über unsere gemeinsamen Interessen zueinandergefunden, und ich redete ihn ehrerbietig mit dem Titel »Lehrer« an, um meinem Respekt für sein Alter und sein Wissen über Essen Ausdruck zu verleihen.

Lehrer Jiang fand, dass Schinken besser schmeckte, wenn er zusammen mit Hundefleisch geräuchert wurde (»Ich weiß, dass Ausländer das nicht gerne hören.«). Wenn er sich Taube bestellte, aß er immer zuerst das linke Bein, weil er meinte, dass dies der schmackhafteste Teil des Vogels sei. Tauben verlagern nämlich (laut Jiang) ihr Gewicht normalerweise mehr auf das linke Bein, wenn sie herumstolzieren, und darum sei das Fleisch pikanter und aromatischer. (Er konnte überhaupt nicht verstehen, wieso Kalbfleisch im Westen so beliebt war –

»Wie kann denn das Fleisch gut schmecken, wenn das Tier sich nicht bewegt?«)

An jenem Tag im Crystal Jade drängte er mich, das Auge eines »dickköpfigen Fisches« zu probieren, wie Buntkarpfen auf Chinesisch genannt wird. Das Auge gehörte zu einem Gericht namens »Gespaltener Chili-Fischkopf nach Hunan-Art«. Der etwa Rib-Eye-Steak-große Kopf wurde auf einem großen Teller mit roten Paprika und Frühlingszwiebeln garniert serviert. Er war längs aufgeschnitten, so konnten wir ihn uns gut teilen und hatten beide das Profil eines Karpfenkopfes auf unserem Teller liegen.

Fischkopf war eine bei Chinesen sehr beliebte Delikatesse, und nachdem ich während meiner Zeit in China zahllose formelle Abendessen durchlitten hatte, war ich inzwischen auch auf den Geschmack gekommen. Ich musste einfach nur aufhören, darüber nachzudenken, was ich da eigentlich aß, dann konnte ich die vielen verschiedenen Texturen – insbesondere die zarten Wangen – regelrecht genießen und auch die schwammähnliche Eigenschaft wertschätzen, die Fischkopf aufweist: Er saugt die Aromen förmlich auf, in denen er gekocht wird. Doch das Auge zu essen, hatte ich bisher noch nicht über mich gebracht.

»Das ist doch das Beste am ganzen Kopf!«, erklärte Lehrer Jiang mir in seiner üblichen Direktheit. Er hatte seine Portion in Windeseile verschlungen und lehnte sich jetzt zurück, fächelte sich Luft zu und wartete darauf, dass ich aufaß.

»Wie fanden Sie den Fisch?«, fragte ich, als ich nicht weiterkam.

»Sehr zart. Die verschiedenen Aromen sind schön leicht und ausgeglichen.«

»Also sind Sie rundum zufrieden?«, fragte ich.

Eine Kellnerin nahm seinen Teller und stellte einen sauberen vor ihn hin. Meinen Teller mit dem Fischkopf ließ sie stehen.

»Er schmeckt nicht wie das Original«, sagte er. »Nicht so scharf wie die meisten anderen gespaltenen Chili-Fischköpfe nach Hunan-Art.«

Aber wenn er ihm gut geschmeckt hatte, war es dann nicht egal, ob er »original« schmeckte oder nicht?

»Auf der Karte steht ›Gespaltener Chili-Fischkopf nach Hunan-Art‹. Und wenn sie das Gericht so nennen, dann sollten sie auch das Original servieren. Es ist völlig in Ordnung, das Gericht abzuwandeln und zu verfeinern. Aber dann sollte man es nicht wie das Original nennen.« Er hielt inne und überlegte sich einen Vergleich, den ich verstehen könne. »Man kann doch auch nicht etwas einen Clinton nennen und dann mit einem Bush kommen!« Wie so viele Chinesen, hegte Jiang eine Sympathie für Clinton, die Bush nicht hervorrief.

Schließlich schaffte ich es, das Fischauge auf Mundhöhe zu bringen, von wo es mich ausdruckslos anstarrte. Schnell schob ich es mir in den Mund und kaute. Die gallertartige Konsistenz erinnerte mich an feinsten toro, rohen Thunfischbauch. Ich schluckte und spuckte etwas kleines Hartes aus, was wohl die Augenhöhle gewesen war.

»Siehst du!«, kläffte Jiang und lachte. »War gut. Nächstes Mal wirst du dich darum schlagen!«

Wie so viele andere Shanghaier liebte Jiang alles, was neu war. Er stürzte sich mit Begeisterung auf die Technologie und hatte einen bu ke – einen Blog – über Essen eingerichtet, den er zu einem gewinnbringenden Unternehmen ausbauen wollte. Er stellte Beiträge über die neuesten verfälschten Nahrungsmittel ein, über die er auf Märkten und in Restaurants gestolpert war. Die ausländischen Medien hatten »Fake Food« gerade erst entdeckt, obwohl es in China schon seit Jahren ein Problem darstellte. Jiang nannte sich vorsichtig: »Die Gourmet-Polizei«. Er wollte, dass sein Blog lustig und gut lesbar war – und zwar auch für Menschen, die sich nicht wirklich für Essen interessierten.

»Es ist ein bisschen wie Medien-Karaoke«, erklärte er. »Aber man muss sich wirklich überlegen, was man schreibt, wenn man möchte, dass die Leute es lesen. Es darf nicht nur um Essen gehen. Man muss den Leser irgendwie anders mit einbeziehen. Zum Beispiel habe ich neulich einen Artikel reingestellt mit dem Titel ›Rendezvous mit einer Chilischote‹.«

Der Artikel fing damit an, dass jemand Jiang fragte, wie er denn bloß so scharfes Essen zu sich nehmen könne. (Shanghaier mögen generell kein scharfes Essen.) »Also erklärte ich ihm, dass mein Vater aus Jiangxi stammt. Und die Leute in Jiangxi essen scharf. Aus Liebe zu ihm lernte meine Mutter, mit Chili zu kochen. Und darum mag ich heute so gerne Chilischoten.«

Jiangs Liebe zu allem, was neu ist, galt auch in Bezug auf Essen. Auch in der Hinsicht war er also ein typischer Shanghaier. China an sich ist ja eher fremdenfeindlich, doch die Stadt mit ihrer kolonialen Vergangenheit hatte schon immer viel Kontakt zur Außenwelt gehabt. Diese Offenheit, gepaart mit dem neuen Wohlstand, machte Shanghai zu einer Stadt, in der Köche wie Jereme Erfolg haben konnten. Lehrer Jiang hatte schon öfter im Whampoa Club gegessen und war beeindruckt von Jereme: »Er kocht wirklich wie ein echter Shanghaier!« Gleichwohl missfiel ihm, dass das Restaurant zu teuer war, als dass ein Durchschnittsbürger dort hätte speisen können.

Für unser nächstes Treffen verabredeten wir uns in einem europäischen Restaurant. Hier waren die Wände in gedämpften Grau- und Blautönen gehalten, die Beleuchtung bestand aus Schienensystemen unter der Decke, und es war ausgesprochen unchinesisch leise. Jiang hatte einen Freund namens Zhuang Jian mitgebracht, der ein Button-down-Hemd und eine Freizeithose trug und die farblose Aura eines Buchhalters verbreitete. Es wurden – ganz europäisch eben – einzelne Portionen serviert. Gleichzeitig waren die Tische so groß, dass es das Restaurant einem wirklich schwermachte, typisch chinesisch zu essen und von jedem Gericht etwas zu probieren. Aber wir schoben einfach die Teller hin und her, so wie Jiang und ich das immer taten, wenn wir zusammen chinesisch essen gingen.

Trotz Jiangs Offenheit neuen Lebensmitteln gegenüber stellte das Speisen in einem westlichen Restaurant eine exotische Erfahrung für ihn dar. Er stocherte mit der Gabel in den hauchdünnen Scheiben des Carpaccio vom Rind und dem geräucherten Lachs herum, spießte sie auf und hielt sie zwecks genauerer Untersuchung hoch, als handele es sich um Laborproben. Und doch stürzte er sich mit Begeisterung auf jedes neue Gericht, während Zhuang nur vorsichtig daran knabberte und beim Kauen jedes Mal die Gabel ablegte.

Zhuangs Visitenkarte verriet mir, dass er der stellvertretende Generalsekretär des Shanghaier Restaurantverbandes war. Chinesische Interessenverbände waren mir ein Rätsel. Mir kam es oft so vor, als bestünde ihr einziger Zweck darin, irgendwelchen Leuten Titel zu liefern, die sie auf ihre Visitenkarten quetschen konnten. In China fuhr einfach alles auf Visitenkarten ab. Fast jeder hatte eine (oder zwei oder drei) und wollte unbedingt Karten tauschen, wenn man sich traf. Der Zweck des Shanghaier Restaurantverbandes war laut Zhuang »der Austausch von Informationen und das Abhalten von Konferenzen«. Es überraschte mich, dass auf seiner Visitenkarte nur ein weiterer Titel erschien: Generalsekretär des Organisationskomitees für die Internationale Shanghaier Restaurantmesse 2006.

Zhuang liebte Zahlen. In Shanghai gab es über 40.000 Restaurants, in denen zusammengenommen Speisen aus über vierzig Ländern – darunter Brasilien, Vietnam und Indien – serviert wurden. Shanghais größtes Restaurant erstreckte sich über fünf Stockwerke auf gut neuntausend Quadratmetern, verfügte über 108 Separées und hatte täglich einen Umsatz von 23.000 Dollar.

Er merkte an, dass fast jede Art von Betrieb in Shanghai nebenher noch ein Restaurant betrieb – nicht nur Hotels, sondern auch Badeanstalten, Wellness-Oasen und Saunas. Essstände, die Essen zum Mitnehmen zubereiteten, zählten bei ihm ebenfalls als Restaurants. Manche dieser Betriebe versorgten Grund- und Mittelschulen mit Essen, da diese häufig nicht über eine eigene Schulkantine verfügten. Der größte Betrieb dieser Art lieferte täglich hunderttausend Portionen aus, und er strengte sich wirklich an, nicht nur gesundes, sondern auch leckeres Mittagessen herzustellen, denn: »Wenn den Kindern das Essen nicht schmeckt, gehen sie los und kaufen sich Lammspieße an einem Straßenstand«, wie Zhuang es auf den Punkt brachte.

Ich fragte, wie viel so eine Mahlzeit in der Schule kostete.

Zhuangs Antwort hierauf fiel etwas langatmig aus. Shanghai habe – wie so viele andere Städte in China – das »Vier-null-fünf-null-Problem«, sagte er. Damit meinte er Menschen in den Vierzigern und Fünfzigern, die während der Zeit des Großen Sprungs nach vorn geboren wurden und aufgrund der Kulturrevolution keine richtige Ausbildung genießen konnten. Meine Freundin Vorsitzende Wang gehörte zu den älteren Vertreterinnen dieser Bevölkerungsgruppe. Nachdem sie zwanzig Jahre lang in Fabriken gearbeitet hatten, war vielen dieser Arbeiter mittleren Alters gekündigt worden, denn immer mehr Fabriken in Ballungszentren wie Shanghai und Peking schlossen und zogen in den Süden oder in ländlichere Gebiete. »Und diese Menschen haben Kinder, aber sie können sie sich nicht mehr leisten. Viele von ihnen müssen gleichzeitig Kinder und die eigenen Eltern versorgen. Darum haben wir den Preis mit 4,50 yuan pro Mahlzeit, etwa 50 Cent, festgelegt.«

Zhuang erwähnte auch, dass in vielen Shanghaier Restaurants die fünf besonderen Delikatessen Chinas serviert würden: Seegurke, Haifischflosse, Abalone, Fischmagen und Vogelnest. Als ich ihn fragte, wie viele Restaurants genau das seien, schwieg er verdattert. Das war also eine Zahl, die er nicht kannte. Um ihm zu helfen, das Gesicht zu wahren, schob ich gleich die nächste Frage hinterher, nämlich ob Haifischflossen tatsächlich so beliebt waren. Ich hatte nie verstanden, was die Leute an den geschmacksneutralen, transparenten Fäden so toll fanden.

»Der Genuss von Haifischflosse steigert die innere Hitze zu sehr. Das ist nicht gut. Der Basketballstar Yao Ming isst auch keine Haifischflossen mehr.« Er bezog sich auf eine neulich vom Staat lancierte Anti-Haifischflossenkampagne, für die man den chinesischen Basketballer der Houston Rockers hatte gewinnen können. Die Menschen in China, die durch jahrelange Propaganda konditioniert waren, hatten es offensichtlich begrüßt, dass sich endlich mal ein beliebter Prominenter statt der ominösen Kommunistischen Partei für sie einsetzte.

Zhuang fügte hinzu: »Es kursieren jede Menge falsche Haifischflossen auf dem Markt.«

Jiang sah von seinem Essen auf, als sei er gerade aus einer Trance erwacht. »Das ist wie mit den Mondkuchen«, sagte er.

Mondkuchen sind eine Spezialität, die die Chinesen zum Mondfest im Herbst essen – und bis dahin war es nur noch wenige Wochen. Das Mondfest fällt auf den Vollmondtag des achten Monats des Mondkalenders. Man isst am Abend des Festtags kompakte runde Kuchen mit süßer oder herzhafter Füllung. So, wie Jiang sie beschrieb, klang es fast so, als seien sie zu einer chinesischen Version des Früchtebrots geworden.

»Niemand kauft heute noch Mondkuchen, um sie zu essen. Manche sind künstlich, andere stammen schlicht vom letzten Jahr. Man verschickt sie einfach nur noch. Ist einfach zu viel Zucker drin.«

»Ich mag Mondkuchen«, sagte ich. Zumindest glaubte ich, dass ich das tat – ich hatte nur gute Kindheitserinnerungen an diese Leckerei.

Gut, sagte Jiang. Er holte seine Brieftasche hervor, entnahm ihr zwei Gutscheine und reichte sie mir. Er hatte sie geschenkt bekommen, sie konnten beim Bäcker gegen zwei Schachteln des Gebäcks eingetauscht werden.

Dann erzählte Zhuang, dass China in Bezug auf Mondkuchen neue Regeln eingeführt habe. »Sie dürfen nicht mehr so pompös ausfallen.« Das Gesetz schrieb jetzt vor, dass der Wert der Schachtel den Wert der darin befindlichen Mondkuchen nicht übersteigen durfte.

Wieso der Staat es für nötig hielt, bei den Verpackungsgepflogenheiten von Mondkuchen mitzureden, fragte ich.

Zhuang antwortete, dass Mondkuchen in den letzten Jahren immer mehr zu einem Transportmittel für Bestechungsgeschenke avanciert waren. Plötzlich waren Schachteln aus achtzehnkarätigem Gold aufgetaucht. Manchmal wurden ganze Geldbündel in den Kuchen versteckt. »Oder Schlüssel zu einer neuen Wohnung oder einem BMW. Mondkuchen sind zu einem Instrument der Korruption geworden«, sagte er.

Ich hatte gehört, dass ein chinesischer General während der Yuan-Dynastie, also vor etwa siebenhundert Jahren, den regierenden Kaiser gestürzt hatte, indem er seinen Soldaten in Mondkuchen versteckte Nachrichten hatte zukommen lassen. Die moderne Instrumentalisierung des Gebäcks mutete nicht ganz so heldenhaft an.

Kaum hörte Jiang das Wort »Korruption«, regte er sich auch schon auf. Also, gerade gestern erst sei ein Top-Funktionär der

Kommunistischen Partei aus Shanghai ausgeschlossen worden, weil er Millionen von yuan aus der Staatskasse geklaut hatte. Es war das erste Mal, dass einem so hohen Regierungsbeamten der Prozess gemacht wurde. Immerhin drohte ihm eine Gefängnisstrafe. »Das geschieht ihm nur recht, dass er aus der Partei geworfen wurde«, sagte Jiang auf seine unverblümte Art. »Er hat sich an unseren Rentengeldern bedient. Er hat unser Geld gestohlen!«

Zhuang rutschte unruhig auf seinem Stuhl herum und wandte sich wieder seiner Auflistung von Fakten und Zahlen zu. 2005 hatte ein durchschnittliches Restaurant in Shanghai ungefähr drei Millionen yuan Gewinn gemacht. »Unser Land mag nicht gerade über die modernste Landwirtschaftstechnik der Welt verfügen«, fuhr er fort. »Wir haben auch nicht die ausgereifteste Industrie und Wirtschaft. Aber wir haben eine der besten Küchen der Welt.«

Gegen Ende unseres gemeinsamen Essens konnte ich Lehrer Jiang anmerken, dass er immer noch Hunger hatte, und ich vermutete, das lag daran, dass er nicht mit einer stärkehaltigen Speise abgeschlossen hatte. Ich bat die Kellnerin, uns etwas Pasta zu bringen – das kam chinesischen Nudeln meiner Meinung nach am nächsten. Sie kam mit einem Teller Fettucini mit einer leichten Sahnesoße und Entenconfit wieder, die Jiang glücklich verschlang.

Wie die meisten chinesischen Restaurantkritiker ließ sich auch Lehrer Jiang in den Restaurants, über die er schreiben wollte, gratis bewirten. Manchmal bezahlten ihn die Restaurants sogar dafür, dass er sogenannte Advertorials über sie schrieb – als redaktionelle Beiträge getarnte Werbeanzeigen mit viel Text. Restaurantbesitzer fragten ihn nicht nur in Sachen Verbesserung ihres Service um Rat, sondern auch bezüglich ihrer Marketingstrategien. In China rangieren Geschäftsinteressen und Richtlinien der Kommunistischen Partei häufig höher als journalistische Objektivität. Jiang behauptete, die freie Beköstigung hätte keinen Einfluss auf das, was er schrieb. »Wenn mir das Essen nicht schmeckt, schreibe ich einfach keine Kritik«, sagte er. »In manchen Fällen habe ich bereits Geldgeschenke von Restaurants abgelehnt.« Doch als ich ihm weiter Fragen stellte, sah er aus, als sei ihm das Thema unangenehm, darum hörte ich auf.

Vielleicht war mein Urteilsvermögen auch getrübt, weil ich erst nach mehreren Jahren in China begriffen hatte, dass hier nicht die gleichen ethischen Standards galten wie in Amerika. Aber wahrscheinlich kam es auch daher, dass ich Jiang ganz einfach mochte. Er hatte etwas an sich, das mich seine Schwächen übersehen ließ. Mir gefielen seine Gradlinigkeit und seine unverfälschte Leidenschaft fürs Schreiben und Essen.

Seine Begeisterung für Essen hatte sich schon früh gezeigt. Jiang war 1944 als das Älteste von sechs Kindern geboren worden. Seine Mutter war Gemüsehändlerin, und er erinnerte sich voller Liebe daran, wie sie kochte. »Wenn sie Sojabohnensprossen zubereitete, verwendete sie jeden Fitzel davon, selbst die Wurzeln. Und was die meisten Menschen heutzutage wegwerfen würden, hat sie in hervorragendes Essen verwandelt.« Zu ihrem rotgeschmorten Schweinefleisch verwendete sie *cong cai*, ein duftendes, frühlingszwiebelähnliches Gemüse, um dem Fleisch den strengen Geschmack zu nehmen. Das Geheimnis ihrer köstlichen Hühnersuppe – »nichts als Huhn« – lag in ihrem Fingerspitzengefühl bei der Regulierung des Herdfeuers.

Jiangs Vater baute Warmwasserbereiter, und die ganze Familie führte in den 1950ern, als es noch genug zu essen gab, ein durchschnittliches Mittelschichtleben in einem shikumen-Reihenhaus mitten in Shanghai. Doch Ende der 1950er Jahre gab es nur noch selten Fleisch, und Shanghai verarmte immer mehr – genau wie der Rest des Landes. Maos Großer Sprung nach vorn zeigte Wirkung. Jiang erinnerte sich daran, dass sie abends zu Hause nur eine einzige Fünfundzwanzig-Watt-Birne einschalteten, mehr konnten sie sich nicht leisten. Trotzdem blieb er des Nachts häufig auf und schrieb bei Schummerlicht. Als er in der Oberstufe war, gewann er einen Schreibwettbewerb der Xinmin Evening News, einer der einflussreichsten Zeitungen Shanghais. Sein Artikel wurde veröffentlicht, und er bekam vierzig Cent, von denen er sich ein neues T-Shirt kaufte, weil seine alten zerschlissen waren.

Als er Teenager war, aß seine Familie in erster Linie Reis und Nudeln. »Wir bekamen so wenig zu essen, dass mir immer ganz neblig im Kopf war.« Seine neunköpfige Familie – sechs Geschwister, Eltern und der Großvater – erhielt zwei Eier am Tag zugeteilt. »Meine Eltern gaben mir alle Eier. Sie dachten, wenn ich nur gut esse, dann bestehe ich die Zugangsprüfung für die Uni. Und wenn ich erst mal an der Uni wäre, hätten sie mehr Platz im Haus. Und ein Maul weniger zu füttern.«

Der Plan ging auf. 1962 bekam Jiang einen der dreißig Studienplätze für Journalismus an einer des besten Schulen Chinas, der Fudan-Universität im Norden Shanghais. Voller Wehmut dachte er an das Essen dort zurück, das eine Stufe besser war als das, was seine verarmte Familie sich hatte leisten können. »An der Uni bekamen wir manchmal sogar Gerichte mit Fleisch und Tofu drin. Zum Frühstück gab es fettes Schweinefleisch und Reisbrei. Manchmal bekamen wir gedünsteten Fisch.«

Etwas weniger verklärt sprach Jiang von den gedanklichen Zusammenstößen, die er mit seinen Professoren und Kommilitonen hatte, als die Kulturrevolution sich anbahnte. Seine Abschlussarbeit schrieb er über sein Lieblingsbuch, den Klassiker *Der Traum der roten Kammer.* Seine Kommilitonen drangsalierten ihn und wollten wissen, warum er lieber die alten Klassiker las als Maos Bibel.

»Ich sagte: ›Mao ist Künstler. Er sollte mit Politik nichts zu tun haben.‹«

Jiangs Vorlieben und seine klare Meinung zum Großen Vorsitzenden waren in dem hysterischen Zeitalter, das über China hereingebrochen war, Grund zur Bestrafung. Als seine Kommilitonen das Studium abschlossen, wurden sie bei staatseigenen Zeitungen zum Sprachrohr der Regierung. Er dagegen wurde noch ein Jahr lang an der Uni festgehalten und zu körperlicher Arbeit gezwungen. Dann wurde er nach Anhui geschickt, in die ländliche Nachbarprovinz von Shanghai, wo er an einer Oberstufe unterrichten sollte.

»Von da an begann ich, mich eingehend mit Essen zu beschäftigen«, erzählte er. »Ich besorgte mir einen Herd. Ich fand ein Kochbuch, in dem die Zubereitungsmethoden eines kaiserlichen Kochs vor tausend Jahren beschrieben wurden.« Im fruchtbaren Yangtse-Delta verfügte Jiang über Nahrungsmittel im Überfluss. »Ich hatte alles von Fisch über Garnelen bis hin zu Krebsen. Ich habe selbst Würste hergestellt.« Er begriff, dass diese Beschäftigung mit Essen sowohl seinen körperlichen als auch seinen intellektuellen Hunger stillen half. Und das Beste war: »Keiner hat mich belästigt. Dieser Forschungsbereich war sicher. Und es hat mir sehr viel Spaß gemacht, die Geschichte des Essens zu erforschen.«

Nach Maos Tod 1976 und dem Ende der Kulturrevolution beschlossen die Behörden, dass Jiang nun ausreichend »umerzogen« war. Er kehrte nach Shanghai zurück, machte an der Fudan seinen Magister in Journalismus und arbeitete dann für den Wirtschaftsteil der Wen Hui Bao, einer der größten Zeitungen Shanghais.

Jiang schrieb über den Run auf erste Fernseher und Kühlschränke in China. Und er schrieb über Stoffe und Kleidung. Doch in Wirklichkeit interessierte er sich für nichts anderes als Essen, und darum lenkte er seine Berichterstattung mehr und mehr in Richtung Restaurantlandschaft und Nahrungsmittelindustrie und überzeugte seine Vorgesetzten davon, dass es sich dabei um ernst zu nehmende Wirtschaftszweige handelte. Seit er 2004 in Rente gegangen war, schrieb er nun Vollzeit über Essen.

Als ich Jiang kennenlernte, war die Kulturrevolution längst vorbei. Die Menschen durften wieder *Der Traum der roten Kammer* lesen, und die Regierung hatte die Zügel so weit gelockert, dass sie seine kleinen Enthüllungsberichte über verfälschte Lebensmittel tolerieren konnte. Es war aber immer noch nicht ganz ungefährlich, die Regierung auf Papier, im Fernsehen oder im Internet zu kritisieren, und während er über das Angebot der mondänsten Shanghaier Restaurants schrieb, fragte ich mich, ob diesem Feinschmecker eigentlich bewusst war, wie brisant der Journalismus war, den er betrieb.

Eines Tages wollte ich die Mondkuchen-Gutscheine einlösen, die ich von Jiang bekommen hatte. Es waren nur noch wenige Tage bis zum Mondfest, das seinen Ursprung der Legende zufolge in der Han-Dynastie hat. Die Ältesten hatten damals beschlossen, dass der Vollmond in der Mitte des achten Mondmonats der rundeste und hellste des ganzen Jahres war. Deshalb fällt der Festtag in den Frühherbst des gregorianischen Kalenders; mit ihm begann in den ländlichen Gemeinden die Herbsternte. Viele Chinesen sind auch heute noch begeisterte Mondgucker und benutzen lieber den traditionellen chinesischen Mondkalender. Sie feiern den Festtag, indem sie Mondkuchen essen und den Mond bewundern – am liebsten von einer Bergkuppe aus.

Meine Familie gehörte zwar zu meiner Zeit in San Diego nicht zu den Mondguckern, aber das Mondfest hatte doch eine gewisse Bedeutung für uns. Als ich Teenager war, verkündete mein Vater eines Tages, er wolle zu seinen chinesischen Wurzeln zurückfinden. Er werde sich wieder an den Mondkalender halten und seinen Geburtstag am entsprechenden Monddatum feiern. Das trieb den Rest der Familie fast in den Wahnsinn, weil wir das mit dem Datum einfach nicht hinbekamen. Mondkuchen waren auch wichtig – meine Mutter kaufte sie immer kurz vor dem Festtag bei dem chinesischen Lebensmittelhändler. Man bekam dann immer gleich ein Set mit vier Kuchen, die eine Kruste aus Mehl, Zucker und Schmalz hatten und in kunstvoll gezahnten Formen gebacken worden waren, die glücksbringenden chinesischen Zeichen nachempfunden waren. Unter der goldenen Kruste verbarg sich eine feste Füllung, die süß oder salzig sein konnte. Meine Lieblingsfüllung war Lotussamenpaste – süß und weich und mit einem Hauch von Teegeschmack. In jedem Mondkuchen steckten vermutlich an die tausend Kalorien, und da das meiner Mutter sehr wohl bewusst war, schnitt sie jeden Kuchen in acht Stücke. Auf die Weise aßen wir mehrere Tage davon. Wenn der eine Kuchen aufgegessen war, holte sie die Blechdose aus dem Kühlschrank, entnahm den nächsten Kuchen und schnitt auch diesen in acht Stücke. Es dauerte immer zwei Wochen, bis die ganze Dose leer war.

Auf dem Weg zur Shanghaier Bäckerei fiel mir auf, dass es vor Mondkuchen nur so wimmelte. Ich war ein paar Tage bei einer Freundin, und als ich in ihrem Gebäude aus dem Aufzug stieg, wurde ein ganzer Stapel Mondkuchenschachteln – typisch quadratisch und mit Gold verziert – in den Lift geschoben. Ich ging durch Shanghais Straßen und sah in den Restaurantfenstern ganze Kisten voller Mondkuchen. Selbst Starbucks machte mit, stellte ich fest, als ich mir in einer der vielen

Niederlassungen der Kette in Shanghai einen Kaffee holen wollte. Der Mann hinter dem Tresen fragte, ob ich einen Cappuccino-Mondkuchen dazu wolle.

Ein paar hundert Meter von der Bäckerei entfernt schlich in einer von Bäumen beschatteten Seitenstraße ein Mann vor einem Schild mit der Aufschrift MONDKUCHEN-ABHOLSTELLE herum. Er zeigte auf die Gutscheine in meiner Hand und fragte: »Wie viel?« Er sagte, er würde sie mir für vierunddreißig yuan, also etwa vier Dollar das Stück abkaufen. Der auf den Gutscheinen angegebene Wert betrug das Doppelte.

»Tut mir leid, die sind nicht zu verkaufen«, sagte ich. Alle paar Meter wurde ich von so einem Schwarzmarkthändler angehalten. Die nächsten beiden erhöhten das Angebot auf vierzig yuan. Der vierte Schieber lachte, als ich einfach weiterging und sagte, ich wollte die Gutscheine gerne selber einlösen. »Okay, fünfundachtzig yuan für beide – das ist mein letztes Angebot!«, sagte er. Er trug ein weißes Unterhemd und eine Jogginghose und hatte eine schwarze Clutch-Tasche unterm Arm. Er ging hinter mir her – wie hartnäckige Chinesen, die ein bestimmtes Ziel verfolgen, es nun einmal zu tun pflegen – bis wir die Bäckerei erreichten.

»Im Ernst«, seufzte ich. »Ich möchte sie selbst essen.«

»Wer isst denn heutzutage noch Mondkuchen?«

»Schmecken sie denn nicht gut?«, fragte ich.

»Natürlich nicht. Sie werden ja nicht mehr so gemacht wie früher.« Er wartete draußen auf mich. Zusammen mit all den anderen Schiebern.

In der Bäckerei stapelten sich die Mondkuchen-Schachteln bis unter die Decke und ließen kaum noch Platz für die wenigen Gestelle mit luftigem Brot und Gebäck. Eine recht kurz angebundene Kassiererin informierte mich, dass sie keine Lotussamen-Mondkuchen hatten. Also nahm ich eine Schachtel mit Roter-Bohnen-Paste-Füllung und verkaufte den zweiten Gutschein an eine junge Frau mit Pferdeschwanz, die in der Hoffnung in die Großstadt gekommen war, ihrer Familie vom Land aus der Armut herauszuhelfen. Sie zahlte mir fünfundvierzig yuan dafür, aber ich ging davon aus, dass sie ihn mit zehn yuan Gewinn weiterverkaufen würde. Das war in jedem Fall ein besserer Stundenlohn als der, den man für harte Feldarbeit bekam.

»Mondkuchen schmecken schrecklich, finden Sie nicht auch?«, sagte sie, als sie das Geld für mich abzählte.

»Werden Sie das auch demjenigen sagen, der Ihnen die Gutscheine abkauft?«, fragte ich.

Sie kicherte. »Das wissen die doch. Mondkuchen sind doch bloß Geschenke.«

Als ich ging, fiel mir ein, dass ich ihr den Gutschein einfach so hätte geben sollen, ohne Geld dafür zu nehmen. Sie brauchte das Geld dringender als ich. Hatte das Leben in einem Land, dessen einstiges offizielles Motto »Dem Volke dienen« durch ein inoffizielles Gefühl von »Jeder ist sich selbst der Nächste« verdrängt worden war, nun auch mich dazu gebracht, selbst aus einem Bauern noch den letzten yuan herauszuquetschen? Bei all der Bieterei und Feilscherei und dem atemberaubenden Tempo in Shanghai, dieser geldgierigsten Stadt Chinas, war mir das Verkaufen eines mir geschenkten Gutscheins wie die natürlichste Sache der Welt vorgekommen.

Wie dem auch sei, nachdem ich so viel darüber gehört hatte, wie erbärmlich die Qualität der Mondkuchen heutzutage sei, wollte ich mir meine schönen Kindheitserinnerungen nur ungern kaputt machen. Am Abend traf ich mich mit einer Freundin, die sich darüber beklagte, dass sie keine Zeit gehabt habe, für die Verwandten, die sie schon früh am nächsten Morgen besuchen wollte, ein Geschenk einzukaufen. Ich gab ihr die Schachtel mit den Mondkuchen. Vielleicht würde sie ja am Ende doch noch jemand essen, hoffte ich.

# 13

Mein Leben in Shanghai war dieses Mal ganz anders als vor meinem Intermezzo in Peking. Da ich nur drei Tage im Whampoa arbeitete, hatte ich massenhaft Zeit, mich umzusehen. Ich musste nicht von einem Ende der Stadt zum anderen hetzen und jede Menge Interviews führen, stets um Abgabetermine besorgt. Auch mein Privatleben verlief deutlich ruhiger. Shanghai war eine Stadt des Übergangs: Viele, die ich vor ein paar Jahren hier kennengelernt hatte, waren weggezogen – nach London, Seoul, New York. Ich hielt mich nicht mehr bis in die frühen Morgenstunden in Bars und Nachtclubs auf. Ohne die beruflichen Termine und privaten Verabredungen fühlte ich mich hin und wieder sogar richtig einsam in Shanghai.

Eines Abends beschloss ich, in ein billiges kantonesisches Restaurant zu gehen, das ich seit langem kannte. Ich hatte Lust auf den Reisbrei mit Gänsebraten, mein Leibgericht der kantonesischen Küche, gleichzeitig wollte ich nicht irgendwo speisen, wo ich alleine auffiel. In China sind Restaurants mega-soziale Einrichtungen – man konnte dort essen, an der Bar sitzen, Konferenzen abhalten und sogar Hochzeiten feiern. Bei wichtigen Geschäftsessen stand immer wieder jemand auf und sprach einen Toast aus, bis der nächste betrunken unter den Tisch fiel. Es kam oft vor, dass eine Gruppe von Freunden um ein Separée bat – mit eigener Toilette, Fernseher (an eine Karaokemaschine angeschlossen) und Personal, das jeden weiteren Wunsch erfüllte. In China gab es in den Restaurants keine Tresen und Barhocker, auf die man sich zurückziehen, einfach nur ein Buch lesen und allein essen konnte. Ein Tisch für vier Personen war der kleinste, den es gab. Dort fühlte ich mich immer wie eine Aussätzige, wenn die Kellnerinnen und die anderen Gäste mich verstohlen ansahen und hinter vorgehaltener Hand über die arme Frau ohne Freunde und Familie kicherten.

An jenem Abend ergatterte ich einen der letzten freien Tische. Insgesamt standen etwa zwölf dicht an dicht in dem von Leuchtstoffröhren erhellten Raum mit schlicht weiß getünchten Wänden. In der einen Ecke hing ein Fernseher von der Decke und verlieh dem Lokal eine Atmosphäre wie in einer Krankenhaus-Cafeteria. Der Speiseraum war durch eine Glasscheibe von der Küche getrennt, in der die Köche gegrillte Enten und Gänse in mundgerechte Stücke hackten. Kaum hatte ich mich gesetzt, tauchte auch schon ein Kellner auf und fragte mich, ob ich bereit wäre, den Tisch mit einem anderen Gast zu teilen. Eine Frau mit grellrot gefärbtem Bob schlich bereits um meinen Tisch herum.

Sie ließ sich auf den Stuhl mir gegenüber gleiten und bat um Nudeln und scharfes gebratenes Huhn, während ich meine Gans bestellte. Beim Gedanken an die knusprige, karamellisierte Haut, das dunkle, fettige Fleisch und die spritzige Zitronensoße lief mir bereits das Wasser im Mund zusammen. Als unser Essen serviert wurde, sahen wir einander verlegen an und hauten dann rein. Kurz darauf bot mir die Fremde etwas von ihrem Huhn an, und ich bestand darauf, dass sie im Gegenzug etwas von meiner Gans kostete. Wenige Minuten später beschloss ich, dass ihre Frisur doch gar nicht so schlimm war. Immerhin hatte sie die gleiche Haarfarbe wie meine Mutter und wirkte dadurch fast schon vertraut. Wir hatten noch nicht einmal halb aufgegessen, da redeten wir schon miteinander, als seien wir uralte Freundinnen.

Sie erzählte mir, dass sie in der Innenstadt einkaufen gewesen sei und nur auf dem Weg nach Hause in die Außenbezirke noch eben schnell etwas hatte essen wollen. Sie arbeitete in der Buchhaltung eines amerikanischen Chemieunternehmens.

»Vielleicht kennen Sie die Firma? Mo Dan?«, fragte sie.

Kam mir nicht bekannt vor, sagte ich.

»Die machen Salz.«

Ich dachte einen Moment nach. »Ach, Sie meinen Morton! Ja, das ist eine sehr namhafte Firma.«

Sie sah mich skeptisch an. »Das erzählen die uns im Büro auch dauernd. Die behaupten, dass sie fünfundneunzig Prozent des Salzmarktes in den USA beherrschen. Aber das nehme ich denen nicht ab.«

Ich sagte ihr, dass ihre Vorgesetzten da wahrscheinlich kaum übertrieben. Sie erwähnte, dass Morton auch dabei sei, in den chinesischen Markt einzudringen. Das Problem sei nur, dass das Morton-Salz zu teuer war – es kostete etwa doppelt so viel wie das normale Salz, das in chinesischen Supermärkten verkauft wurde.

»Aber vielleicht ist es von besserer Qualität?«, mutmaßte ich.

»Chinesen interessieren sich ausschließlich für den Preis. Stimmt schon, das Morton-Salz ist besser, da ist weniger Jod drin. Aber man braucht mehr davon. Ich habe es selbst ausprobiert: Das Morton-Salz ist nicht so salzig wie unser Salz.«

Ich erwähnte, dass Morton in den USA die Salzmarke schlechthin war und dass es bei weitem nicht das Teuerste war. Ich überlegte kurz, ob ich koscheres Salz als Beispiel für die breite amerikanische Produktpalette anführen sollte, aber ich wusste nicht, was koscher auf Chinesisch hieß. Und ich war mir auch nicht sicher, wieso es überhaupt koscheres Salz hieß. Konnte ich es »jüdisches Salz« nennen? Doch ich gab mein Vorhaben, ihr all das zu erklären, auf, als ich sah, dass sie regelrecht unter Schock stand: »Es gibt da Salz, das noch teurer ist als das von Morton?« Sie riss vor Erstaunen die Augen auf.

Unser Gespräch drehte sich die ganze Zeit mehr oder weniger um Essen, und schon bald hatte ich sie in meine Suche nach den besten Xiao Long Bao der Stadt eingeweiht.

»Wissen Sie was«, sagte sie, »ich finde nicht, dass man in Shanghai besonders gute Xiao Long Bao bekommt. In meiner Heimatstadt Wuxi ist es viel besser.« Wuxi lag etwa eine Zugstunde entfernt und war im Zuge der rasanten Stadtentwicklung zu einem Vorort Shanghais geworden. »Da kommen Xiao Long Bao ursprünglich her.«

»Sind Sie sicher?«, hakte ich nach. Jeder, den ich dazu befragte, hatte seine ganz eigene Lieblingstheorie zu dem Thema.

»Ja, wir haben ganz strenge Regeln, was die Zubereitung angeht. Jede Teigtasche muss sechzehn Falten haben. Die Xiao Long Bao, die man in Shanghai bekommt, sind zu salzig. Unsere sind süßer«, sagte sie, als sei damit alles entschieden. Genau genommen sei alles Essen in Wuxi süßer, fand sie. Das Essen in Shanghai, wo man ganze Reisschüsseln voller Zucker ins rotgeschmorte Schweinefleisch kippte, war ihr noch nicht süß genug.

Wir gaben einander Restauranttipps und tauschten uns über die Vorzüge und Schwächen der Lokale aus, die wir beide kannten. Als wir fertig waren, gab sie mir die Visitenkarte ihres Lieblingsrestaurants, von dem ich noch nie gehört hatte. Und dann nahm sie ihr Portemonnaie heraus und bestand, trotz meiner Einwände, darauf, für uns beide zu bezahlen.

Ich fühlte mich also etwas einsam in Shanghai, und es fiel mir auch sehr schwer, im Whampoa Freunde zu finden. Durch die Küche verliefen sprachliche Gräben. Wenn die ausländischen Köche wie Jereme und Bruder Yao miteinander sprachen, taten sie das in einem Singsang von Kantonesisch, der ähnlich ausdrucksstark und einzigartig war wie Italienisch. Die aus Shanghai stammenden Köche sprachen Shanghaier Dialekt, eine Form des Wu-Chinesisch mit harten Konsonanten und heftigen Stakkati, die klang, als würde jemand unter Crack-Einwirkung Japanisch sprechen. Die taubstummen Köche, die man über ein gemeinnütziges Projekt eingestellt hatte, verständigten sich mittels Zeichensprache und rätselhaften Gebärden. Mandarin war zwar ein gemeinsamer Nenner, wurde aber nur mit Angestellten gesprochen, die keinem der genannten Kreise angehörten. Da ich nur Mandarin beherrschte, blieb ich Außenseiter.

Aber in der Küche war ja auch so viel los, dass es ohnehin schwierig war, für mehr als eine halbe Minute die Aufmerksamkeit eines Kollegen auf sich zu ziehen. Wirklich miteinander reden konnte man nur am Essstand auf der gegenüberliegenden Straßenseite, wo alle vor dem Beginn der Mittagsschicht aßen. Die rechteckigen Plastiktische waren die gleichen, die man in jedem anderen chinesischen Schnellrestaurant auch findet, aber hier hatte man den gleichen atemberaubenden Ausblick auf Boote, Wasser und Wolkenkratzer, für den die Gäste des Whampoa viel Geld bezahlten. Doch selbst hier lief ich vor eine Wand. Als ich mich eines Tages zu einer Gruppe von Kellnerinnen setzte, kam ich mir vor wie die neue Schülerin in der Mittelstufe: Alle meine Versuche, das Eis zu brechen, wurden vereitelt. Schließlich dämmerte den anderen, dass ich die Praktikantin war. Die Anführerin des Haufens sagte nur: »Ach ja, stimmt, wir haben ja ein Memo über dich bekommen.« Wenige Minuten später nahm sie ihr Tablett und verließ den Tisch. Ihre Kolleginnen taten es ihr nach und ließen mich mit der Frage zurück, was denn wohl in diesem Memo gestanden haben mochte?

Das Schnellrestaurant hatte eigenes Personal, das meiner

Meinung nach überraschend gutes und auf Shanghaier Traditionen basierendes Essen zubereitete. Am Selbstbedienungstresen bekam man eine ständig wechselnde Auswahl von Standardgerichten: rotgeschmortes Tofu, frittierter Barsch, gerösteter Kürbis. Reis, Suppe und frisches Obst waren die täglichen Begleiter. Es war kein Luxusessen, aber es war deutlich besser als das, was die meisten Restaurantmitarbeiter in China aßen. Die Whampoa-Köche sahen das allerdings ganz anders, wie ich feststellte, als ich eines Tages mit zweien von ihnen zu Mittag aß.

Einer von ihnen, ein magerer junger Mann, der in der Schneideabteilung arbeitete, erzählte, dass er als Kind seine Mutter zur Arbeit in einer Schiffsbaufabrik begleitet habe, wo das Essen »viel besser war als das hier«. Er schaufelte sich mit den Stäbchen Reis in den Mund. »Da gab es rotgeschmortes Schweinefleisch und Fleischklöße.«

Der stämmige Wok-Koch saß ihm gegenüber und stimmte ihm zu. Allerdings sei schlechtes Essen kein auf Schnellrestaurants begrenztes Phänomen. »Heutzutage schmeckt doch alles wie Viehfutter. Schwein schmeckt heute nicht mehr so wie früher.«

»Früher wurden Schweine von einzelnen Bauern gezüchtet«, erklärte der Schneide-Koch. »Heute macht man das in Fabriken.«

»Hühner sind früher immer frei herumgelaufen«, erinnerte sich der Wok-Koch wehmütig. »Sie konnten hingehen, wo sie wollten, und essen, was sie wollten.«

»Jetzt werden sie eingepfercht und zwangsgefüttert. Fleisch ist einfach nicht mehr so gut wie früher.« Der Schneide-Koch schlürfte etwas von seiner Suppe, bevor er weitersprach. »Aber vielleicht gibt es noch einen anderen Grund dafür, dass wir finden, das Essen habe früher besser geschmeckt. Damals hatten wir nicht die gleiche Auswahl wie heute.«

Den beiden blieb keine Zeit, ihre Gedanken noch zu vertiefen. Unvermittelt standen sie auf, brachten die Tabletts weg und eilten zurück zum Whampoa. Ich hatte gerade erst die Hälfte meiner Portion gegessen, aber ich stand auch auf und folgte ihnen.

Dann, endlich, freundete sich eine Köchin mit mir an. Sie hieß Kleine Han. Mit ihren neunzehn Jahren war sie zwar eine der jüngsten in der Küche und außerdem eine der wenigen Frauen – trotzdem war sie eine der erfahrensten Köchinnen. Sie arbeitete bereits seit der Eröffnung des Restaurants dort, in ihrer ersten Anstellung nach ihrem Abschluss an einer der besten Kochschulen der Stadt.

Kleine Han war »Essen-Ausruferin«. Ihr Posten befand sich in dem Teil der Küche, der mich am meisten faszinierte, nämlich dem kulinarischen Äquivalent zu einer Flugzeugstartbahn: An der Schranke, wo ein letzter prüfender Blick auf die Teller geworfen wurde, bevor die Kellner sie mit Schwung über Schulterhöhe brachten und dann formvollendet vor den Gästen abstellten. Die Bezeichnung »Essen-Ausrufer« war ein wenig irreführend, denn sie riefen äußerst wenig. Vielmehr wurden sie gerufen, sie waren die »Vermittler zwischen den verschiedenen Abteilungen«, erklärte Kleine Han mir. In anderen chinesischen Küchen waren die Essen-Ausrufer nicht ganz so wichtig, sagte Kleine Han. Aber im Whampoa kam ihr die bedeutende Aufgabe zu, den Gerichten das letzte dramatische i-Tüpfelchen zu verpassen, das nötig war, um die hohen Preise zu rechtfertigen.

Kleine Hans Gesicht erinnerte an das einer japanischen Animée-Heldin – breit, aber mit feinen Zügen: kleine Nase, schmale Augen und dünne Lippen. Sie hielt nichts von Makeup und trug das Haar stets in einem langen Pferdeschwanz, wodurch sie noch jünger aussah, als sie war. Mit ihren Essen-

Ausrufer-Kollegen (es gab insgesamt fünf) sprach sie mit leiser, rauher Stimme, die wie die eines pubertierenden Jungen klang, und selbst wenn sie ganz entspannt war, hatte ihre Haltung etwas leicht Maskulines an sich. An einem ihrer freien Tage kam sie in Zivil vorbei. Die Haare hingen ihr offen über die Schultern und den Rücken, und ich war überrascht, wie feminin sie damit aussah. Eine Profi-Küche machte offenbar aus jedem einen Mann. Jeden Morgen, wenn ich mir meinen kastenförmigen Kochkittel anzog, konnte ich die Verwandlung an mir selbst beobachten: Jede Andeutung meiner Brust verschwand darunter.

In der Küche trug Kleine Han stets in der einen Ärmeltasche einen Stift und ein Messer und in ihrer Hosentasche einen Löffel und ein Paar Stäbchen. Sie stand direkt vor den Wok-Herden. Die Gerichte kamen aus den Woks und wurden in Blechschalen über den Tresen aus rostfreiem Stahl geschoben wie in einer Kantine. Kleine Han richtete das Essen hübsch her, indem sie es aus den hässlichen Schalen nahm und auf glänzend weiße Teller, in Martinigläser oder ausladende geometrische Schüsseln gab. Sie arrangierte das Essen, als hätte es gleich einen Fototermin, zeichnete mit Soßen aus Dosierflaschen Linien darauf und wischte unbeabsichtigte Kleckse von den Tellern. Ihre Stäbchen benutzte sie dabei wie eine Pinzette, mit der sie hauchdünne Scheiben roter Paprika oder Ingwer auf das sorgfältig arrangierte Kunstwerk drapierte. Sie pendelte zwischen den verschiedenen Abteilungen hin und her, um sicherzustellen, dass jeder Koch rechtzeitig die notwendigen Beiträge ablieferte, um das Essen im richtigen Tempo an jeden Tisch zu liefern. Kleine Han und ich hatten am Anfang meines Praktikums einmal im gegenüberliegenden Schnellrestaurant an einem Tisch gesessen. Damals war sie kurz angebunden, aber freundlich gewesen, und als wir seinerzeit mit Essen fertig waren, hatten wir unsere Handynummern ausgetauscht. Sie hatte mir ihre Liebe zu Xiao Long Bao anvertraut, die gleich nach ihrer Liebe zu portugiesischem Eierkuchen rangierte – ein seinem Namen zum Trotz chinesisches Gericht: eine nach oben offene, mit Eipudding gefüllte Blätterteigpastete, deren Oberfläche ähnlich wie Crème Brûlée angebrannt wird. Für Kleine Han durften es nur die von einem bestimmten Stand auf der Huaihai Road sein. »Ich wusste nicht, was Glückseligkeit war, bis ich dort so einen aß«, schwärmte sie und seufzte. Dann verschlang sie in Windeseile ihr Mittagessen und sputete sich, damit sie rechtzeitig zurück in der Küche war. Seither hatten wir nicht viel miteinander geredet, weil sie stets extrem eingespannt war.

Doch im Laufe der Zeit erfuhr ich immer mehr Einzelheiten über sie. So erzählte sie mir zum Beispiel, dass sie eigentlich nie hatte Köchin werden wollen. »In meiner Familie gibt es keine Köche«, sagte sie. »Ich wollte Ärztin werden.«

Sie hatte sich erst fürs Kochen interessiert, nachdem sie eine intensive Freundschaft zu einer anderen jungen Frau aufgebaut hatte. Diese Frau hatte der Kleinen Han erzählt, dass sie gerne Fisch und Meeresfrüchte mochte und Straßensnacks aus Peking, wo sie aufgewachsen war. Insbesondere ein Snack hatte es der Frau angetan, nämlich »Esel wälzen sich im Sand«, ein klebriger, mit sandfarbenem Sojabohnenpulver bestäubter Hirsekuchen. Völlig impulsiv hatte Kleine Han damals zu ihrer Freundin gesagt: »Ich werde für dich lernen, wie man das macht.«

»Und darum bin ich Köchin geworden«, sagte sie. »Damit ich sie bekochen konnte.«

Nach dem Abschluss der Mittelstufe konnte Kleine Han zwischen der traditionellen Oberstufe und einer Berufsschule wählen. An den traditionellen Oberstufen in China herrschte gnadenlose Konkurrenz, und man wurde nur nach Ablegen und Bestehen der obligatorischen Zulassungsprüfung aufgenommen. Kleine Han wollte bei diesem Konkurrenzkampf nicht mitmachen und entschied sich für den Berufsschulweg – der genoss zwar weniger Ansehen, konnte aber auf längere Sicht durchaus für ein besseres Einkommen sorgen. Wie es der Zufall wollte, arbeitete ihr Großvater gerade für eine Hotelgruppe, der die beste Kochschule der Stadt gehörte. Auf Drängen ihrer Freundin beschloss Kleine Han, es dort mit Kochen zu versuchen.

Die Beziehung zu dieser Freundin war nicht von Dauer, aber Kleine Hans Interesse am Kochen blieb. Sie war eine ruhige und geschickte Köchin, und nach Abschluss der zweijährigen Grundausbildung wurde ihr ein prestigeträchtiger Praktikumsplatz angeboten: Zusammen mit elf ihrer Mitschüler konnte sie im neu eröffneten Whampoa Club unterkommen. Die Aussteigerquote im Whampoa war hoch – es gab nur wenige, die über das Ende des Praktikums hinaus blieben. Später war Kleine Han die letzte Schülerin aus der Klasse, die noch übrig war. »Manche sind zu anderen Restaurants gewechselt, aber viele haben das Kochen ganz aufgegeben. Jeder muss das Umfeld finden, das ihm zusagt. Und ich arbeite umso besser, je mehr zu tun ist«, meinte sie.

Doch das Whampoa war auch das einzige Umfeld, das sie kannte – es war wie eine Sicherheitszone für sie, genau wie ihr Elternhaus, in dem sie immer noch wohnte. Sie hatte angefangen, sich zu überlegen, nach einer Stelle mit besseren Aufstiegschancen zu suchen, doch gleichzeitig stiegen ihr bei dem Gedanken Tränen in die Augen: »An dem Tag, an dem ich das Whampoa verlasse, werde ich weinen. Das weiß ich.«

Eines Tages half ich Kleine Han in der Schneideabteilung dabei, Korianderblätter von den Stengeln zu trennen. Es war noch recht früh, etwa halb elf vormittags, und es waren noch nicht viele Köche da. In unseren Kochklamotten und mit den Papierhüten waren wir von den Männern im Prinzip nicht zu unterscheiden – wären da nicht unsere Pferdeschwänze gewesen. Sie erzählte mir, dass sie zum Tempel gehen wollte, weil einer ihrer Kollegen in der Dämpfabteilung so verzagt war. »Er wird so viel angeschrien, weil er öfter mal was falsch versteht. Darum möchte er beten und Räucherstäbchen anzünden.«

»Hilft das mit den Räucherstäbchen denn?«

»Keine Ahnung«, sagte sie. »Aber schaden kann es ja wohl nicht.«

Während wir weiter die Blätter sortierten, fragte sie mich, ob ich gerne sang. Sie erzählte, dass sie und die anderen Köche manchmal spät abends nach Feierabend noch ausgingen und in einer Karaoke-Bar einkehrten. Ich gestand ihr, dass ich für die chinesische Art zu singen nicht viel übrig hatte. In den Karaoke-Bars sangen sie immer irgendwelche blöden, bierernsten Liebeslieder, die ich nicht verstand, weil die Untertitel mit dem chinesischen Text viel zu schnell wieder verschwanden.

»Ich darf mit, wenn ich spätestens um zwei Uhr nachts zu Hause bin«, sagte sie. »Meine Eltern machen sich sonst Sorgen. Einer meiner Onkel ist Polizist und hat immer jede Menge Geschichten auf Lager. Er ist bei der Mordkommission.«

»Passieren in Shanghai denn viele Morde?«, fragte ich.

»In der Innenstadt ist man ziemlich sicher. Gefährlich sind die Vororte.«

Ich merkte an, dass das in Amerika genau umgekehrt sei – dort sei man in den Vororten in der Regel sicherer als in den Innenstädten.

»Ach, wirklich? Das ist ja seltsam«, sagte sie. »Aber selbst in der Innenstadt ist man jetzt nicht mehr sicher.«

Im Jahr zuvor, erzählte sie mir, habe sie einmal nachts das Schlafzimmerfenster im ersten Stock des Reihenhauses ihrer Eltern offen gelassen. Jemand sei eingestiegen, habe alles in ihrem Zimmer durchwühlt und ihr Portemonnaie gestohlen. Als sie aufwachte, war der Einbrecher weg.

Wir waren mit dem Koriander fertig und gingen essen. Heute gab es im Schnellrestaurant pfannengerührten Kohl, rotgeschmorte Rüben und rotgeschmorten Schweinebauch mit eingelegten Olivenblättern – eines meiner Lieblingsgerichte aus der rotgeschmorten Ecke. Kleine Han achtete darauf, ihren Teller ganz leer zu essen – sie brauchte eine ordentliche Grundlage für ihren Arbeitstag. Das viele Stehen und Gehen in der Küche hielt sie und die meisten ihrer Kollegen fit. Als sie im Whampoa anfing, hatte sie vierundfünfzig Kilo gewogen. Während ihrer ersten Woche dort nahm sie zwei Kilo ab. Jetzt hatte sich ihr Gewicht bei neunundvierzig Kilo eingependelt. »Wer abnehmen will, sollte einfach eine Weile im Whampoa arbeiten«, scherzte sie und leerte ihren Teller.

Ich dagegen hatte über die Wochen in der Küche des Whampoa stetig zugenommen. Bruder Yao schob mir von allem, was aus den Woks kam, eine Kostprobe zu, und ich konnte einfach nicht widerstehen. Ich beklagte mich daher, dass ich von dem vielen Essen fett würde. Kleine Han lachte und ignorierte meinen Einwurf. Und dann kam ich mir blöd vor. Es gab nun wirklich Schlimmeres. Manche Leute mussten schließlich den ganzen Tag stehen und sicherstellen, dass jeder Teller, der die Küche verließ, absolut perfekt war.

»Man sollte sich nur mit guten Menschen umgeben«, sagte Jereme. Er wechselte ins Mandarin, um ein chinesisches Sprichwort zu zitieren: »In der Nähe von Rot wird man zu Zinnober, in der Nähe von Tinte wird man schwarz.«

Jereme sprach von den Eigenschaften, über die ein Koch verfügen musste, um Erfolg zu haben. Und genau so, wie seine kultivierten Kumpel beim Militär ihm Zinnoberglanz verliehen hatten, hoffte er, dass die Gegenwart von Jean-Georges

Vongerichten – oder zumindest eines seiner Restaurants in der Etage unter dem Whampoa – dasselbe für ihn tun würde. Der französische Koch, der zu Starruhm gelangt war und weltweit siebzehn Restaurants betrieb – eines davon im New Yorker Hotel Trump International –, flog ständig in der Weltgeschichte herum, um ein Auge auf seine diversen Niederlassungen zu haben. Jereme erwähnte ihn im Gespräch immer häufiger. »Ein Koch muss einen Lernprozess durchlaufen, um Unternehmer zu werden. Hat Jean-Georges gesagt«, tönte er eines Morgens in seinem Büro. Ein anderes Mal gebärdete er sich, als würde er mir ein Geheimnis beichten: »Je länger ich darüber nachdenke, desto weniger glaube ich, dass ich mich zu einem Jean-Georges eigne.«

Eines Tages im Oktober – der französische Koch war gerade in der Stadt – beschloss er, im Whampoa Club zu Mittag zu essen. »Jean Georges – VIP«, lautete die gekritzelte Überschrift auf dem Memo, das eine Kellnerin um zwölf Uhr in der Küche verteilte, während sie gleichzeitig wie ein Marktschreier »Acht VIPs um halb drei!« rief. Die Küche lief ohnehin schon auf Hochtouren für einen Mittagstisch mit dreißig Personen. Tommy, ein älterer Kellner, dessen schmale Augen mich an die eines Schakals erinnerten, brach in seinen maschinengewehrartigen Shanghaier Dialekt aus, weil er ungeduldig auf eine Reihe kalter Gerichte wartete. Der für die kalten Gerichte zuständige Koch stand über einige Teller gebeugt und arbeitete in seinem üblichen maßvollen Tempo, ohne sich von Tommys Ausbruch aus der Ruhe bringen zu lassen.

Die Küche litt auch darunter, dass Lim nicht da war. Der neue stellvertretende Küchenchef hatte sich den Tag freigenommen, um mit seiner Braut für Hochzeitsfotos zu posieren – in China dauerte so etwas acht Stunden. Darum war Bruder Yao, der sonst pausenlos in der Küche umherging, ausnahmsweise an eine der Wokstationen gekettet. Ich hatte ihn noch nicht oft am Wok gesehen und war erstaunt, wie sparsam seine Bewegungen ausfielen. Er drehte eine flache Blechschüssel mit Zutaten darin einfach um, und schon purzelten sie in den Wok. Er klopfte mit dem Pfannenwender auf den Boden des Behälters, um zu lösen, was noch in ihm kleben geblieben war, und schubste die leere Schüssel dann wie eine Frisbeescheibe drehend über die Stahlarbeitsfläche, bis sie in eine Kiste mit schmutzigem Geschirr landete. Er schlug mit dem Pfannenwender gegen den Wok und rührte die Zutaten schwungvoll über der großen Flamme. Er hob den Wok an, rüttelte ihn ein paar Mal und machte eine halbe Kehrtwende zu der Stahlarbeitsfläche hinter sich zu. Er ging leicht in die Knie, um seine Taille auf gleiche Höhe mit der Arbeitsfläche zu bringen, schaufelte den Inhalt des Woks in eine saubere Schüssel und rief nach einem Essen-Ausrufer. Das Ganze dauerte nicht länger als eine Minute.

Im Dim-Sum-Raum studierten die Köche das Memo, das man ihnen vorgelegt hatte. Darauf stand das Menü, das Jereme seinem berühmten Gast servieren wollte – ein Menü, das den Einfluss aus ganz China auf Jeremes Kochkunst widerspiegeln sollte:

Pfannengerührtes Wollhandkrabbenfleisch
mit Ingwer-Eiweiß-Creme

Knusprige Eiernudeln mit Wollhandkrabbe
mit altem Essig getränkte Schweine-Maultaschen

Gedämpfte Kristall-Maultaschen mit süßen Garnelen

Mit Garnelen und Schwein gefüllte Maultaschen
mit luftgetrockneter Entenleber »siew mai«

Lange Frühlingsrollen mit Fischfüllung

Gelee von schwarzem Sesam und grünen Bohnen
mit einem Hauch von Kokosnuss

Scharfe »kaninchenförmige« Brötchen
mit Fünf-Gewürze-Schwein (pikant)
Niedliche »seidenraupenförmige« Maultasche
mit Garnelen und Mandeln (pikant)

Pikante Mini-Pfannkuchen nach kantonesischer Art

Das Dim-Sum-Kochtrio arbeitete normalerweise in einem gemächlichen Tempo und machte dabei unanständige Witze. (»Wochenlang habe ich es nicht gemacht«, hörte ich den einen zum anderen sagen, und selbst mit meinen dürftigen Kantonesisch-Kenntnissen war ich mir ziemlich sicher, was »es« war.) Doch heute wurden keine Witze gemacht – sie arbeiteten alle mit gesenktem Kopf hochkonzentriert daran, die Teigfladen in einem Affentempo in alle möglichen Formen zu falten. Die gefalteten Teigtaschen wurden eiligst in Dämpfkörbe gelegt, bis ein Koch sie so arrangierte, dass sie aussahen wie wohlerzogene Playmobil-Figuren, die in einem perfekten Kreis brav beieinandersitzen.

Yap, ein stämmiger Koch, der die Dim-Sum-Abteilung leitete, blähte die Nasenlöcher und fragte gereizt nach den Garnelen-Maultaschen: »Wie weit sind die har gaw?«

»Fertig«, antwortete einer der Köche.

»Die brauchen wir in zehn Minuten«, sagte Yap und verschwand wieder.

Außerhalb des Dim-Sum-Bereiches wuselten die anderen Köche herum, schubsten sich gegenseitig aus dem Weg, stießen aneinander. Jereme hatte einmal gesagt, eine Küche müsse wie ein Schweizer Uhrwerk funktionieren. In europäischen und amerikanischen Restaurantküchen konnten die Köche für sich allein arbeiten, ohne viel zu kommunizieren. Das war jedoch selbst in den anerkanntesten chinesischen Küchen anders – hier mussten zu viele verschiedene Zutaten vorbereitet und sofort serviert werden. So stand in der Küche des Whampoa jeder jedem im Weg. Das scheppernde Geräusch von Pfannenwendern in Woks klang wie Zimbeln am Schluss einer Symphonie. Eine ganze Batterie von Blechschüsseln wanderte schwungvoll in die Kiste mit dem schmutzigen Geschirr. Alles rief durcheinander.

»Sachte, sachte«, knurrte Bruder Yao einen Koch an, der achtlos teure Teller auf die Arbeitsfläche knallte.

Der Leiter der Dämpfabteilung schrie einen Koch an, der taub war und sein Bestes gab, ihm von den Lippen zu lesen: »Petersilie, Petersilie!«

Tommy, der Kellner mit dem Kopf eines Schakals, wiederholte unablässig: »*Nie, nie, nie!*«, was sinnfrei ist und nur verwendet wird, um auf sich aufmerksam zu machen.

Ich stand im Gang, und um mich herum drehte sich das Leben. Kellner trugen Tabletts mit durchsichtigen Warmhaltehauben vorbei und drückten sich durch die Schwingtüren in den Speisesaal. Kellnerinnen kamen aus der entgegengesetzten Richtung herbeigeschossen und trugen leere Tabletts vor sich her. Ein Stapel sauberer weißer Teller wanderte von hier nach dort, eine Schüssel mit geschnittenen Frühlingszwiebeln von dort nach hier. Ein ganzer Fang Wollhandkrabben sauste an mir vorbei, massenweise Ingwerknollen und zwei ganze Peking-Enten.

Von der Dessert-Abteilung zog der Duft von Bananenpüree heran. Die Dessertköche kamen immer etwas später als die anderen zur Arbeit, gingen dafür aber auch als letzte, weil ihre Kreationen ja erst zum Schluss serviert wurden, und während es im Rest der Küche zur mittäglichen Stoßzeit zuging wie in einem Bienenstock, arbeiteten sie wie auf einer Insel, die vom wunderbaren Duft nach frisch geriebenem Ingwer oder nach Vanille und anderen köstlichen Zutaten erfüllt war – bis die Lüftung ihn mit den anderen Küchendünsten wegsaugte.

Obwohl das Whampoa die sauberste Küche hatte, in der ich in China je gewesen war, erfüllte sie nicht die Ansprüche, die das Gesundheitsamt in Person von Dr. Chen, der charmanten Prüferin, an sie stellte. Jeden Tag machte sie ihre Runde durch die riesige Küche mit ihren verschiedenen Abteilungen, die Lesebrille in der einen und eine Plastikmappe mit Prüflisten in der anderen Hand. Dabei wirkte sie stets resigniert – wie eine chinesische Version von Nancy Reagan. »Abzugshauben sind nicht voll aufgedreht! Sie müssten voll aufgedreht sein!«, jammerte sie und notierte sich wieder etwas auf ihrer Liste mit Kritikpunkten: Die Köche wuschen die Eier nicht, bevor sie aufgeschlagen wurden und in den Dessertteig wanderten. Das Gestell mit den auf Tellern fertig angerichteten Desserts sollte nicht direkt neben der Spüle stehen. Es gab Köche, die sich nach dem Toilettenbesuch nicht die Hände wuschen! Wieso lag neben den Appetithappen ein Stapel roher Enten? Einige der Köche trugen Ringe!

»Ich habe ihnen schon so oft gesagt, dass sie keine Ringe tragen sollen!«, klagte sie. Die Köche blickten sie verwirrt an und arbeiteten weiter. In ihrer Verzweiflung wandte sie sich an mich: »Helfen Sie mir doch bitte! Können Sie es ihnen nicht sagen?«

»Ich habe zu tun. Ich kann ihr nicht ständig zuhören«, sagte einer der Dessertköche, als befänden er und Dr. Chen sich in einer Familiengesprächstherapie und ich sei die Psychologin. Dr. Chen zog beleidigt ab. Sie würde nun eine Restaurantküche ein Stockwerk über oder unter uns aufsuchen und dort höchstwahrscheinlich ähnlich behandelt werden. Inzwischen wurden schon die letzten Tabletts mit Desserts zu der dreißigköpfigen Mittagsgesellschaft in den Speisesaal getragen, und die Hälfte der Köche ging. Die andere Hälfte blieb in der Küche und wartete auf die angekündigten VIPs. Sie liefen nervös auf und ab, überprüften Maultaschen-Falten und schrubbten Woks.

Um zwanzig vor drei steckte eine Kellnerin den Kopf zur Küche herein: Jean-Georges war da. Sofort schritten alle zur Tat.

Ein Koch träufelte Soße aus Krabbenfleisch auf Eiweißcreme, die in leeren Eierschalen gedämpft worden war. In jede Schale wurde ein Streifen Frühlingszwiebel gesteckt.

Bruder Yaos Handy klingelte. Er stand immer noch über ein Ei gebeugt, nahm ab, schrie »Okay, okay!« und legte wieder auf. Es war Jereme aus dem Speisesaal, der wissen wollte, wo das Essen blieb. Ich war überhaupt überrascht, dass er an einem so wichtigen Tag nicht selbst in der Küche war, aber vermutlich hielt er es schlicht für notwendig, an der Seite seines verehrten Gastes zu bleiben.

In der Küche wurden Maultaschen aus hauchdünnem, um eine pikante Füllung aus Garnele und Mandel gefalteten Teig vorsichtig frittiert und die entstandenen Seidenraupen in einem Dim-Sum-Korb angerichtet. Mit Hilfe eines Zahnstochers versuchte einer der Köche, einzelne Sesamsamen auf den fertigen Maultaschen zu plazieren, um ihnen Augen zu geben. Doch die Samen wollten nicht so, wie er wollte. Ein paar der anderen Köche eilten zu Hilfe, und im Handumdrehen drängten sich vier Männer mit Zahnstochern in den Händen um die niedlichen Teigtaschen.

Längliche Eierbrötchen mit Sesamsamen an beiden Enden tauchten aus der Fritteuse auf. Sie wurden wie Blumen in Cocktailgläsern zusammen mit Salatblättern arrangiert, die wiederum mit besonders dickflüssiger Sojasoße beträufelt wurden.

Mit einer Spritze injizierte ein Koch abgelagerten Essig in jede einzelne Maultasche mit Krabben-Schweinefleisch-Füllung, während sie in der Pfanne brieten. Gleichzeitig wurden Pfannkuchen in der Pfanne gewendet, bevor eine Mischung aus geschnittenem chinesischen Lauch und Schwein darauf arrangiert wurde. Zusammengefaltet und in vier Teile geschnitten, wurden sie auf einem Teller zu einer Pyramide geschichtet und mit Nori-Streifen garniert. Die Bambuskörbe aus dem Dämpfschrank enthielten zarte Teigtaschen, die nun vorsichtig mit Sesamöl bepinselt wurden. Und sobald ein Gericht fertig war, wurde es eilends in den Speisesaal gebracht.

Das letzte Gericht wurde von gleich mehreren Köchen um kurz vor drei Uhr serviert. Erst jetzt entspannte sich das restliche Küchenpersonal und machte sich über die Reste her.

Erstaunlich, dass Jereme den Mut gehabt hatte, die Uniform wieder gegen eine Kochhose zu tauschen. Er hatte erst in verschiedenen kantonesichen Küchen gearbeitet, bevor er schließlich einen Job im Sarkies ergatterte, dem chinesischen Restaurant der Vier-Sterne-Hotelkette Mandarin Oriental in Surabaya, Indonesiens zweitgrößter Stadt am östlichen Rand der Insel Java.

Normalerweise hätte man für ein großes chinesisches Restaurant drei Hauptköche angestellt: einen für Dim Sum, einen für die Woks und einen, der alles managte. Um Geld zu sparen, hatte man Jereme jedoch gleich für alle drei Bereiche angeheuert. Der Inhaber dieses Mandarin-Oriental-Hotels war ein indonesischer Geschäftsmann, der zudem ein Unternehmen für Tiefkühlessen führte. Zusätzlich zu seiner Arbeit im Vier-Sterne-Restaurant des Hotels musste Jereme noch für dieses Unternehmen arbeiten. Wenn er nicht in der Küche stand und kochte, beschaffte er Zutaten und kreierte mit Lebensmittelchemikern Dim Sum, die sich gut einfrieren ließen.

Neben all diesen Verpflichtungen fand Jereme sogar noch Zeit, mit Essen zu experimentieren. Er machte Xiao Long Bao mit Gänseleber und Siew Mai (eine Art gedämpfte Schweinefleisch-Maultaschen) mit Fischrogen. Er frittierte probeweise ein süßes chinesisches Kräutergelee. »Normalerweise schmilzt das Zeug wegen der Gelatine darin einfach weg, wenn man es frittiert«, erklärte er. »Darum habe ich die Gelatine durch Mehl und Agar-Agar ersetzt«, einen Stabilisator aus Seealgen.

Sarkies gelangte unter Jeremes Führung in den Ruf, eines der besten Restaurants auf Java zu sein. »Im Sarkies war Platz für hundertachtzig Gäste. Ich habe mittags sechshundert Gedecke serviert«, erzählte er. Die Menschen warteten bis zu zweieinhalb Stunden, um einen Platz zu ergattern. »Man war ein richtiger König damals«, sagte er und verfiel wieder in die Unart, mit falscher Bescheidenheit von »man« zu reden, obwohl er sich selbst meinte. Dann fügte er hinzu: »Ich meine, ich war ein richtiger« – er kratzte sich an der Nase – »damals.«

Von Surabaya aus wurde Jereme dann in ganz Asien herumgereicht, um die Eröffnung chinesischer Restaurants in Mandarin-Oriental-Hotels zu betreuen. Mit achtundzwanzig Jahren jettete Jereme zwischen Djakarta, Hongkong, Manila und Kuala Lumpur hin und her und sagte erfahrenen, älteren Köchen, was sie zu tun hatten. Da ein hohes Alter in der gesamten asiatischen Kultur eigentlich große Autorität mit sich bringt, bereitete seine Umkehrung der herrschenden Machtverhältnisse häufig Probleme, räumte er ein. »Meine Haltung war dabei nie ›du machst das falsch‹, sondern ›das ist falsch‹. Ganz gleich, von welcher Art Geschäft wir sprechen: Wenn man die Leute machen lässt, was sie wollen, dann kann es nicht funktionieren.«

In dieser Zeit lernte Jereme auch viele europäische Köche kennen, die ihm halfen, Geschmack zu finden an westlichen Delikatessen – die er früher verabscheut hatte. Die verschiedenen Hotels organisierten zum Beispiel Mittagessen am runden Tisch, bei denen Gerichte aus den Küchen der Heimatländer der Gastköche serviert wurden. »Mal gab es französisches Essen, mal indisches, mal chinesisches«, sagte Jereme. »Der französische Koch hat uns fürchterlich stinkenden Käse aufgetischt. Und ich dachte, gestern musste ich deinen Käse essen, heute werde ich dich Durian-Pfannkuchen essen lassen!« Durian, die in Südostasien beliebte Frucht, ist für ihren intensiven Geruch berühmt, an dem sich die Geister teilen. Sie stinkt mehrere Meter gegen den Wind – nach Käsesocken und Schlimmerem.

Im Jahr 2000, Jereme war gerade neunundzwanzig, hatte er sich in der Hotelbranche Asiens bereits einen Namen gemacht. Seine Durian-Pfannkuchen waren bei seinen malayischen Gästen im Mandarin Oriental in Kuala Lumpur zu einem richtigen Hit geworden. Die American Academy of Hospitality Science verlieh ihm den »Five Star Diamond Award«, und beim World Gourmet Summit in Singapur bekam er den Titel »Rising Chef of the Year«. Doch er hatte das Gefühl, auf der Stelle zu treten. Das Mandarin Oriental bot ihm an, ihn zum Gesellschafter zu machen und ihn zusätzlich im Bereich »F & B« – der Abteilung für Essen und Getränke – auszubilden. »Sie wollten mich nach Lausanne schicken, damit ich dann zurückkomme und den gleichen Mist wie vorher mache, nur als Manager«, sagte er und bezog sich dabei auf die renommierte Schweizer Schule für Hotelmanagement.

Stattdessen nahm er ein Angebot des Four-Seasons-Hotels in Singapur an und kehrte in seine zweite Heimat zurück. »Das war genau genommen ein Rückschritt – aber in eine bereits etablierte und entwickelte Struktur. Dadurch boten sich mir Herausforderungen auf einem ganz anderen Niveau.« Diese Herausforderungen lagen nicht in der Küche – er hatte durchaus das Gefühl, da bereits seinen eigenen Stil gefunden zu haben –, sondern beim Umgang mit den Gästen. Im Mandarin Oriental »hatte ich keinen Kontakt mit den Gästen. Aber das Four Seasons war anders. Wenn etwas nicht in Ordnung war, sagten die Gäste das den Köchen selbst. Ich bekam es also aus erster Hand zu hören, wenn mein Milchkaffee Mist war.«

Eines Tages kamen drei Gäste nach dem Essen auf Jereme zu. Sie repräsentierten eine Gruppe asiatischer Investoren, die ein historisches Gebäude an Shanghais Uferpromenade renovierte und in einen Einkaufs- und Schlemmertempel namens »Three on the Bund« verwandeln wollten. Die Investoren suchten einen Koch, der für klassische Shanghaier Küche in exklusiver Umgebung stehen konnte.

Einer der drei Männer war Handel Lee, Co-Vorsitzender von Three on the Bund und chinesisch-amerikanischer Rechtsanwalt, der bereits ein erfolgreiches Restaurant und eine Galerie in Peking eröffnet hatte. »Der Koch, den wir suchten, musste Auslandserfahrung in einem Fünf-Sterne-Hotel haben. Und er musste in puncto Sauberkeit und Präsentabilität einem gewissen Standard genügen.« Nur zwölf Köche aus ganz Asien kamen in Betracht, doch am Ende entschied man sich für Jereme. Einer der Gründe war, dass Jereme »so jiepi« war – was im Prinzip bedeutet, dass er krankhaft ordnungssüchtig war. »Alles, was er auftischte, war einfach umwerfend, und es war sauber und wunderschön angerichtet. Wir haben uns seine Küche angesehen. Die war tipptopp sauber und aufgeräumt. Fast wie beim Militär.«

Three on the Bund stellte ihn bereits ein Jahr vor der Eröffnung des Restaurants ein. So hatte er Zeit, die Shanghaier

Küche kennenzulernen und Unterricht bei verschiedenen, zum Teil über achtzig Jahre alten Köchen zu nehmen, die an einer der angesehensten Kochschulen in Shanghai traditionelle Shanghaier Küche lehrten.

Bevor Jereme nach Festlandchina kam, hatte er über die dortige Küche die Nase gerümpft wie viele Hongkong- und Überseechinesen. Er hatte gedacht, dass »chinesisches Essen Hongkonger Essen ist. Jede andere Küche eignete sich nur als Beilage.« Sein Umzug nach Shanghai »öffnete mir wirklich die Augen für die großartige Geschichte und Kultur des Landes. Mir wurde klar, was ich über chinesisches Essen alles nicht wusste. Bevor ich nach Shanghai kam, hätte ich eingelegtes Gemüse niemals auch nur angerührt. Ich musste immer an die schmuddeligen Behälter denken, in denen es lag. Aber wenn man dann mal genauer hinguckt, sieht man, dass alles ordentlich eingeschweißt und durch die Fermentierung keimfrei ist.«

Jereme nannte als Beispiel geräucherte Tee-Eier nach Shanghaier Art, einen damals vom Aussterben bedrohten Klassiker. Er machte ihn populär, indem er Kaviar hineintat. »Wir haben ein ziemliches Tamtam darum gemacht. Durch bloß einen kleinen Kniff ist ein praktisch totes Gericht wiederbelebt worden.« Zumal man seine Tee-Eier jetzt überall in Shanghai kopierte. »Fühlt sich gut an. Ich lache bloß und sage ›Nachmacher!‹.«

Am Abend, nach dem VIP-Mittagessen für Jean-Georges, kehrte ich auch deshalb ins Whampoa zurück, um auszuprobieren, ob ich dort einen ganzen Tag in der Küche stehen konnte, ohne umzukippen.

Mir war es ein Vergnügen zu sehen, wie vor allem die jüngeren Köche förmlich zusammenzuckten, wenn Jereme in die Küche kam. Dabei wies er seine Leute stets in einem ruhigen und beherrschten Ton zurecht – aber er war unerbittlich.

Als ich jetzt auf Jereme zuging, hatte ich plötzlich genauso große Angst wie die anderen Angestellten. Was bildete ich, eine gemeine Praktikantin, mir eigentlich ein, ihn in seiner Küche anzusprechen?

Verunsichert fragte ich ihn, wie das Mittagessen mit Jean-Georges gelaufen sei.

Jereme richtete seinen Blick in die Ferne, und ich fühlte mich so klein wie eine Fliege. Dann endlich antwortete er: »Der Typ eröffnet einfach viel zu viele Restaurants.« Bevor ich mich entscheiden konnte, ob Neid oder Bewunderung in dieser Feststellung mitschwang, war er ans andere Ende der Küche enteilt.

# 14

Eines Abends suchte ich ein Restaurant namens Yin auf, in dem ich während meines früheren Aufenthaltes in Shanghai öfter gegessen hatte. Es lag in einer Gegend mit vielen Grünflächen und beeindruckenden historischen Gebäuden und hatte die Atmosphäre eines schlichten, eleganten Privathauses. Durch ein kleines Foyer gelangte man in ein großes Esszimmer mit Holzfußboden, zeitgenössischen Gemälden und antiken chinesischen Möbeln. Das Essen war ähnlich unspektakulär: Kleine Portionen moderner Gerichte aus Shanghai und Sichuan, die jeden Abend vom gleichen Koch zubereitet wurden. Das Yin war auch Teil der Bewegung, die Shanghaier Küche neu zu erfinden, jedoch auf etwas bescheidenere Weise als der Whampoa Club.

Küchenmeister Dan servierte sein Huhn ohne Knochen und seinen Fisch ohne Gräten. Er verwendete kein Glutamat und würzte seine Gerichte stattdessen mit einer Hühner-Schweine-Brühe. Öl verwendete er äußerst sparsam. Sein Stil war bescheiden: Er benutzte nur wenige exotische Zutaten, milderte seine scharfe douban-Chilisoße, schwachen Geschmacksnerven zuliebe, mit Zucker und rundete seine dan-dan-Nudeln nach Sichuan-Art mit Erdnussbutter ab – Zugeständnisse, die jedem traditionellen chinesischen Koch zuwider gewesen wären.

Der Herausgeber eines Reisemagazins sagte einmal zu mir: »Es gibt einen Unterschied zwischen den besten Restaurants und den beliebtesten Restaurants.« Meiner Meinung nach war genau das der Unterschied zwischen dem Whampoa Club und dem Yin. Das Whampoa war ständig bestrebt, an der

Spitze der chinesischen Küche zu stehen. Hier kamen die Menschen her, wenn sie etwas Besonderes erleben wollten. Viele meinten, es sei das beste Restaurant Shanghais. Das Yin dagegen war ein Restaurant »von nebenan«, in dem viele ganz normale Menschen essen gingen. Es war ihr Lieblingsrestaurant.

Wie jeden Abend stand der Inhaber des Yin, ein Japaner namens Takashi Miyanaka, im Foyer und begrüßte seine Gäste. Er neigte den Kopf, als ich hereinkam, und hieß auch mich ausgesucht höflich und mit leiser Stimme willkommen, bevor er mir meinen Herbstmantel abnahm. Seine wuscheligen Locken fielen ihm bis auf die Schultern, und er lächelte mich überrascht an, als er mich wiedererkannte. Denn ich hatte Takashi und Küchenmeister Dan bereits bei meinem früheren Aufenthalt in Shanghai kennengelernt, und es war zwei Jahre her, seit ich zuletzt bei ihnen gegessen hatte.

Kaum hatte ich mich gesetzt, tauchte Küchenmeister Dan im Speisesaal auf, um mich zu begrüßen. Er trug ein schwarzes Hemd mit Stehkragen, Jeans und eine Schildpattbrille. Seine Stirn war runzlig, sein Körperbau knochig, und seine Haut hatte die Farbe von Oolong-Tee, der zu lange gezogen hat. Er lächelte und nickte genauso scheu wie Takashi. Sein überaus bescheidenes Auftreten erinnerte mich an die Männer mittleren Alters, die ich in den Parks in Shanghai mit ihren Vogelkäfigen spazieren gehen sah. Als ich ihm erzählte, dass ich wieder in Shanghai sei, um kochen zu lernen, trat ein Glanz in seine Augen und sein lebhaftes Temperament brach durch. »Wenn Sie die Grundlagen erst einmal verinnerlicht haben, können Sie sie auf alles andere übertragen!«, sagte er. »Als ich zum Beispiel mal im Südwesten Chinas, in Guizhou in einem Restaurant arbeitete, kam mein Chef mit einer lebenden Zibetkatze an.«

»Ist der Verzehr von Zibetkatzen denn nicht verboten?«, fragte ich. Das waschbärähnliche Tier war mit der SARS-Epidemie in Zusammenhang gebracht worden.

»Ja, aber das ist ja schon lang her. Wie dem auch sei, ich hatte noch nie Zibetkatze gegessen. Und ich hatte auch noch nie Hund oder Katze zubereitet. Was sollte ich also tun? Also, als Erstes habe ich sie rasiert. Es war ein sehr wildes Tier.« Er setzte einen finsteren Blick auf und versuchte, mir so die ungezähmte Natur des Untiers zu vermitteln. »Dann habe ich sie in kochendes Wasser geworfen.« Er tat, als werfe er etwas quer über die versammelten Gäste. »Dann habe ich ihr die Haut abgezogen. Und dann habe ich sie geschmort. Mit Sojasoße und Zucker. Hat fantastisch geschmeckt.« Und die Moral: »Man sollte nicht sagen, dass man etwas nicht kann, nur weil man es noch nie gesehen hat.« Er lud mich ein, jederzeit in seine Küche zu kommen.

Ich nahm sein Angebot hin und wieder an. Dans Küche war ein schlichter Raum mit zwei Wok-Stationen, einer großen Arbeitsfläche und zwei Waschbecken und bildete einen angenehmen Kontrast zu der in der Whampoa-Küche herrschenden Intensität und Detailversessenheit. Als ich einmal nachmittags in Dans Küche kam, stand er am Wok. Er sah mich an und brüllte gegen die brummenden Entlüfter an: »Lust, für den Chef Mittagessen zu machen?« Er rief eine Kellnerin herbei, die mir eine Schürze und eine papierne Kochmütze brachte. Takashi wollte das Übliche: hausgemachten Tofu mit Reis.

»Nicht zu stark würzen«, sagte Dan. »Takashi mag es nicht so scharf.«

Unter der Aufsicht eines seiner leitenden Köche hatte Jereme mich auch einmal an eine der Wok-Stationen im Whampoa herangelassen. Allerdings machte er sehr deutlich, dass nichts von dem, was ich kochte, den Gästen serviert werden durfte.

Ich ging davon aus, dass Takashi mir verzeihen würde, wenn mir das Gericht misslang, aber nervös war ich trotzdem. Dan schien das nicht zu bemerken. Er wies mich an, die Tofuscheiben in Mehl zu wenden, bevor ich sie frittierte. Als sie knusprig-braun waren, ließ ich sie abtropfen. Ich gab Öl, Frühlingszwiebeln und Ingwer in einen sauberen Wok. Dann fügte ich einen Klecks Bohnenpaste und einen Spritzer Chilisoße hinzu. »Und jetzt den Tofu!«, diktierte Dan gegen das Brummen der Lüftung an. Der Tofu brutzelte im Wok. Ich gab einen Schuss Reiswein dazu, ließ ihn aufkochen und ein, zwei Minuten köcheln, bevor ich Sojasoße hinzufügte und alles noch ein wenig einkochen ließ.

Kaum hatte ich angefangen zu kochen, meldete sich mein Instinkt, und mein Selbstbewusstsein kehrte zurück. Ich richtete das fertige Essen auf einem glasierten Porzellanteller an, den die Kellnerin sofort wegtrug. Doch in dem Moment, als die Zutaten vom Schneidebrett in den Wok und vom Wok zum Esstisch wanderten, empfand ich die gleiche tiefe Zufriedenheit wie seinerzeit, als ich in Küchenmeister Zhangs Nudelbude endlich meine erste vernünftige Portion Nudeln geschnitten hatte. Ich hatte etwas zubereitet, und jemand, der nicht zu meinen engen Freunden oder Verwandten gehörte, würde es essen und sich ein Urteil bilden.

Als ich gehen wollte, begegnete ich Takashi. »Wie hat Ihnen der Tofu geschmeckt?«, fragte ich ihn.

Es dauerte einen Moment, bis der gutaussehende Restaurantinhaber antwortete. »Sie – Sie haben das gekocht?«

## HAUSGEMACHTER TOFU
## (JIACHANG DOUFU)

1 Stück fester Tofu (ca. 350 g)
50 g Mehl
60 g Bohnenpaste

60 ml chinesische Chilisoße
1 TL Zucker
240 ml Öl
1 Frühlingszwiebel
2 dünne Scheiben Ingwer
1 EL Shaoxing-Reiswein
2 TL Sojasoße

Den Tofu der Länge nach halbieren, dann quer in gut einen halben Zentimeter dicke Scheiben schneiden. Das Mehl in eine kleine Schüssel geben. Die Tofustücke im Mehl wenden und in einer Lage auf einen Teller legen. In einer weiteren kleinen Schüssel die Bohnenpaste, die Chilisoße und den Zucker vermengen. Die Schüssel neben dem Herd bereitstellen.
Dreiviertel des Öls in einem Wok erhitzen, die Tofuscheiben einzeln so hineinlegen, dass die Unterseiten komplett in Öl liegen (ggf. müssen die Scheiben in zwei oder drei Portionen aufgeteilt werden). Wenn die eine Seite hellbraun ist, Tofuscheiben wenden. Wenn auch die andere Seite hellbraun ist, Tofu aus dem Wok nehmen und auf einen sauberen Teller legen.
Das benutzte Öl abgießen und das restliche Viertel des Öls im Wok erhitzen. Frühlingszwiebel in schmale Ringe schneiden. Zusammen mit dem Ingwer in den Wok geben und eine Minute unter Rühren anbraten. Die Bohnenpaste hinzufügen, eine Minute unter Rühren anbraten. Tofu, Reiswein und Sojasoße dazugeben. Hitzezufuhr reduzieren und drei bis vier Minuten köcheln lassen. Dann sofort servieren.

*Tap-tap tap-tap* machte Dans Löffel bei seinem Tanz im Wok. Dann packte Dan den Wok mit einem feuchten Tuch an und rüttelte ihn heftig, so dass kleine Taubenfleischstücke, Pinienkerne und gewürfelte Shiitakepilze in die Luft flogen und dann wieder sicher in der gewölbten Eisenpfanne landeten. Direkt neben seiner Wok-Kochstation waren seine Soßen und Gewürze fein säuberlich in hübschen Behältern aufgereiht. Man hätte meinen können, es handele sich um die Farbtiegel eines Künstlers neben seiner Leinwand.

Ein Stückchen weiter sah ich, wie Dans Stellvertreter Shizitou – frittierte Schweinehack- und Krabbenbällchen – in kochendes Wasser warf und danach in Sojasoße dünstete. Am anderen Ende der Küche schnitt ein Assistent Rinderzunge. Zwei weitere Assistenten standen Dan gegenüber an einem Arbeitstresen und warteten auf das Essen, das aus dem Wok kam. Im Yin herrschte die intime Atmosphäre eines engen Familienverbands.

Ich fühlte mich in der Küche des Yin willkommen und war in Dans Gegenwart völlig entspannt. Ich hatte sogar so viel Zutrauen zu ihm, dass ich ihm von meinen taiwanesischen Wurzeln erzählte. Nach der Mittagsschicht saßen wir manchmal im Esszimmer oder auf der Terrasse, ruhten uns aus und redeten über Essen. Ich schrieb mir einige von Dans Kommentaren auf:

*In China gehen Geschäftsleute ins Restaurant, um über Geschäfte zu reden. Im Büro spricht eigentlich niemand über Geschäftliches.*

*Kochen hat nichts mit Talent zu tun.*

*Ich glaube nicht, dass Ausländer ernsthaft an echtem, chinesischem Essen interessiert sind.*

Eines Nachmittags, als wir im verdunkelten Esszimmer saßen, erklärte Dan mir, wie man rotgeschmortes Schwein zubereitete.

»Dazu braucht man zwei jin Schweinebauch. Man braucht schon eine ganz ordentliche Menge Fleisch, also mindestens zwei jin. Das ist wie mit Reis. Wenn man zu wenig nimmt, gelingt er nicht richtig. Das Fleisch schneidet man in Würfel, und die kocht man dann fünf Minuten in Wasser.« Er zog an seiner Zigarette. »Abgießen und unter kaltem Wasser abwaschen. Ein paar Frühlingszwiebeln und etwas Ingwer schneiden und in Öl unter Rühren anbraten. Das Fleisch dazugeben und ein paar Minuten sautieren. Mit etwa drei Porzellanlöffeln Reiswein ablöschen. Und das alles bei großer Hitze!« Er trank einen Schluck Kaffee, bevor er weitersprach.

Dan war der erste chinesische Koch, der mir begegnet war, der Kaffee mochte. Sonst tranken Köche immer nur Tee aus großen Bechergläsern, in die sie hin und wieder heißes Wasser nachfüllten. Dan erzählte mir, dass er sich das von seinem Vater abgeguckt habe, einem erfolgreichen Architekten, der während seiner Auslandssemester auf den Geschmack gekommen war. Kaffee war in Shanghai durchaus leicht zu bekommen. Bevor die Kommunisten an die Macht kamen, gab es hier eine britisch-amerikanische Kaffeerösterei. Als die Ausländer verschwanden, übernahm der Staat den Betrieb und produzierte weiter die beliebten Bohnen. Dans Vater erging es unter den Kommunisten nicht gut. Es war schon schlimm genug, dass er Architekt war, aber einige seiner Verwandten väterlicherseits hatten außerdem mit der nationalistischen Regierung sympathisiert. Sie waren 1949 nach Taiwan geflohen, um der Verfolgung zu entgehen, aber Dans Vater hatte es nicht rechtzeitig geschafft. »Sein Leben wurde ziemlich schwierig«, sagte Dan und kicherte nervös. Doch die großbürgerliche Angewohnheit des Kaffeetrinkens blieb, und

Dans Vater reichte sie an seinen Sohn weiter. Als dieser mit achtzehn seinen ersten Job als Koch bekam, investierte er vierzig Cent seines Monatseinkommens von vier Dollar in eine Tüte frisch gemahlenen Kaffees und genoss diesen wohldosiert bis zum nächsten Zahltag.

Die Regierung hatte ihn einem staatseigenen Restaurant namens Meilongzhen zugewiesen. Zwar war es eines der besten Lokale Shanghais, aber Dan hatte keine große Lust, Koch zu werden. »Ich wusste ja nicht einmal, wie man ein Messer richtig hielt«, sagte er. Er fing als Gemüsewäscher an und arbeitete sich langsam hoch. Letztendlich blieb er achtzehn Jahre in dem Restaurant,und es müssen trostlose Jahre gewesen sein, so wenig, wie er über diese Zeit erzählte. In den 1970er Jahren konnten sich nur wenige Menschen leisten, in Lokalen zu speisen, und Delikatessen wie Haifischflossen waren nicht zu bekommen. Darum erwachte das Restaurant eigentlich nur zu besonderen staatlich gesponserten Gelegenheiten zum Leben – wenn zum Beispiel Schauspieler durch die Stadt zogen und revolutionäre Stücke aufführten. In den 1980ern kamen dann immer mehr Ausländer. Und 1991, Dan war inzwischen leitender Küchenchef, hatte ein deutscher Restaurantbesitzer im Meilongzhen gegessen – und ihm Arbeit in einem seiner Restaurants in Bonn angeboten. Ein solches Angebot bekam man seinerzeit nur selten, und mit der finanziellen Unterstützung des Deutschen gelang es Dan, sowohl einen Pass als auch ein Visum zu bekommen. In Bonn stand er tagsüber am Herd, und nachts schlief er auf einer Tatami-Matte in einer kleinen, unmöblierten Wohnung. Sein Gehalt im Meilongzhen hatte am Schluss vierzig Dollar im Monat betragen – in Deutschland fing er mit einem Monatsgehalt von eintausendzweihundert Dollar an. Doch das Restaurant gefiel ihm nicht.

»Ich war überrascht, als ich nach Deutschland kam«, sagte Dan. »Ich kam da an und dachte: ›Ach, so ist das hier?‹« Er hielt bedeutungsschwanger inne. Damals gab es in den chinesischen Restaurants in Deutschland »überhaupt keine Xiao Long Bao. Keiner wusste, was Soße mit Fischduft war. Sie wussten nicht, welche Zutaten man für gebratenen Reis nach Yangzhou-Art brauchte. Sie wussten nicht, was der Unterschied zwischen chinesischem und japanischem Essen war.« Daher rührte also Dans Behauptung, Ausländer würden sich nicht wirklich für chinesisches Essen interessieren.

In Bonn lief Dan eines Tages ein alter Bekannter über den Weg – ein Koch aus Shanghai, der ebenfalls nach Deutschland gezogen war. Durch ihn kam Dan in Kontakt mit einem ganzen Netzwerk von chinesischen Restaurants und Köchen, und Dan arbeitete abwechselnd in verschiedenen Lokalen in ganz Deutschland. Nach drei Jahren im Ausland beschloss er, nach Hause zurückzukehren. »Europa gefiel mir eigentlich gut. Aber das Problem war, dass ich nicht in Deutschland bleiben konnte.« Er hielt inne. »Na ja, doch, ich hätte schon gekonnt. Damals haben die Europäer viele Chinesen aufgenommen.« Seit dem Massaker auf dem Platz des Himmlischen Friedens 1989 konnten Chinesen um politisches Asyl bitten. Aber wenn Dan das gemacht hätte, hätte er in absehbarer Zukunft nicht mehr nach China zurückkehren können – und er musste schließlich auch an seine Mutter denken.

Als Dan wieder in China war, reiste er einige Monate lang durch sein Heimatland. Seine Ersparnisse aus der Zeit in Deutschland erlaubten es ihm, selbst die hintersten Winkel zu erforschen. In der muslimischen Provinz Xinjiang, die an Zentralasien grenzt, kam er auf den Geschmack von Kreuzkümmel und Tomaten. In der armen, bergreichen Provinz Guizhou arbeitete er kurze Zeit in einem Restaurant – hier hatte er die wilde Zibetkatze gehäutet und geschmort. Er reiste in die südwestliche Provinz Yunnan, wo er ein Restaurant führte, das einer Tabakgesellschaft gehörte. Dann aber war er nach Shanghai zurückgekehrt – und kurz darauf Takashi Miyanaka begegnet, der ein etwas anderes chinesisches Restaurant mit Shanghaier Wurzeln eröffnen wollte. Es sollte ein Lokal sein, in dem man anfangs ein Glas spanischen Wein und zum Abschluss einen Cappuccino trank und dazwischen ein gutes Essen in friedlicher Atmosphäre genoss. Dan war genau der Koch, nach dem Takashi suchte: ein Koch mit Erfahrung, der offen und flexibel war.

Takashi ließ ihm freie Hand bei der Gestaltung der Speisekarte. Dan besann sich auf seine Erfahrungen und schuf Gerichte wie »Mr. Dans Spezialität: in Knoblauch sautierte Lammstreifen mit zehn exotischen Gewürzen«.

Einmal ging ich mit meinem Freund, dem Restaurantkritiker Lehrer Jiang, im Yin essen. Als wir fertig waren, fächelte er sich Luft zu und sah sich in dem eleganten Raum um. »Also, wenn du richtig gutes Shanghaier Essen willst, gehe ich mit dir mal woanders hin«, sagte er verschnupft. Mir waren Shanghaier begegnet, die dem Yin nachgerade feindlich gesinnt waren. Sie nannten es »verfälschtes« chinesisches Essen. Es war ihnen zu schlicht, zu hausgemacht. Bei den Preisen, die man im Yin bezahlen musste – eine Mahlzeit kostete zwischen zehn und fünfundzwanzig Dollar pro Person –, erwarteten sie zumindest Fischkopf. Oder sogar Haifischflosse oder Ohrschnecken.

Während meiner Zeit im Yin ging mir auf, dass die Definition von »authentisch« relativ war. Wir befanden uns in Shanghai, aßen Shanghaier Essen, das von einem Shanghaier Koch zubereitet wurde, und manche Leute fanden, dass das immer noch nicht »echt« war. Was genau war denn dann »echtes, authentisches« Shanghaier Essen? Waren es jene schlichten Gerichte, die man in Shanghai gegessen hatte, bevor der Hafen der Stadt boomte und als die Stadt noch so gut wie frei von ausländischen Einflüssen war? Oder war es benbang cai, jene Schmelztiegel-Küche, für die Shanghai während der Kolonialzeit bekannt wurde? Oder waren es Jeremes innovative Neuschöpfungen? Wenn die Menschen von »authentischem Essen« redeten, vergaßen sie immer wieder, dass sich unser Essen beständig ändert und anpasst – und damit den Wandel des Heimatortes widerspiegelt.

Es gefiel mir gut, dass das Yin eine etwas heimeligere Atmosphäre hatte – mir gefielen die bequeme Einrichtung, die Auswahl an Weinen und die ohne großen Aufwand präsentierten, schlichten Gerichte. Und je mehr ich über »echtes« chinesisches Essen wusste, desto weniger peinlich war es mir, dass ich das Yin so gerne mochte. Die Küche eines fremden Landes kennenzulernen war für mich durchaus vergleichbar mit dem Erlernen einer Fremdsprache. Es dauerte Jahre – und selbst als ich endlich einigermaßen sicher war, bevorzugte ich beileibe nicht immer das chinesische Essen oder die chinesische Sprache. Irgendwann während meiner Zeit in Shanghai ging mir auf, dass meine Geschmacksnerven – genau wie meine Persönlichkeit, meine Lebensanschauung und meine politische Einstellung – durch meine Kindheit in den USA geprägt waren. Zwar hatten die Jahre in China sie ein wenig verändert und abgewandelt, aber im Grunde waren sie die gleichen – und würden es wohl auch immer bleiben. Ich war zufrieden mit mir, wie ich war – wie auch immer das genau aussah. Vielleicht war ich doch einfach nur eine Amerikanerin, die – wie der ruppige Lehrer Zhang sich einst ausdrückte – auf der Suche nach ihren »Wurzeln« war.

## ROTGESCHMORTES SCHWEINEFLEISCH (HONG SHAO ROU)

900 g Schweinebauch
120 ml Öl

1 Frühlingszwiebel
2 dünne Scheiben Ingwer
70 g Kristallzucker
2 EL Shaoxing-Reiswein
120 ml dunkle Sojasoße
600 ml Wasser

Frühlingszwiebel in 2,5 cm lange Stücke schneiden. Den Schweinebauch in Würfel von 2,5 cm zerteilen. Einen mittelgroßen Suppentopf zur Hälfte mit Wasser füllen, zum Kochen bringen. Die Schweinebauchwürfel hineingeben und fünf Minuten kochen, den Schaum abschöpfen. Das Fleisch abtropfen lassen und unter kaltem Wasser abspülen.
Das Öl in einen Wok geben und bei starker Hitze eine Minute erwärmen. Frühlingszwiebeln und Ingwer hinzugeben und eine Minute unter Rühren braten. Die Schweinefleischwürfel dazugeben und drei bis vier Minuten unter Rühren braten. Mit Reiswein ablöschen, eine Minute rühren, dann die Sojasoße hinzufügen und noch eine Minute rühren. Den Zucker hinzugeben, auf mittlere Hitze schalten und wiederum eine Minute rühren. Wasser zugeben, dann einen Deckel auf den Wok setzen und alles zwei Stunden köcheln lassen. Dazu Reis servieren.

Um ganz ehrlich zu sein: Die Xiao Long Bao, die ich im Whampoa gekostet hatte, waren nicht die besten, die ich je gegessen hatte. Die Teigfladen waren zart und leicht, das Fleisch war erstklassig und die Brühe war unter großem Aufwand hergestellt worden, und doch fehlte ihnen etwas, ein ganz bestimmtes *je ne sais quoi*. Jereme erzählte mir, sein Ziel sei es niemals, eine lokale Spezialität zu verbessern: »Wenn ich in Peking bin, versuche ich nicht, eine noch bessere Peking-Ente zu machen. Ich konzentriere mich lieber darauf, andere Gerichte anders zu machen.« In Peking bereitete man die Peking-Ente seit Jahrzehnten, wenn nicht seit Jahrhunderten auf eine bestimmte Weise zu – und dasselbe galt für Xiao Long Bao in Shanghai.

Also setzte ich meine Suche nach der perfekten Shanghaier Suppen-Maultasche fort. Lehrer Jiang bot mir an, mich dem Geschäftsführer des Lü Bo Lang vorzustellen, eines traditionellen Shanghaier Restaurants, das über tausend Xiao Long Bao am Tag verkaufte. Es befand sich in einem Touristenviertel und war ursprünglich ein exklusiver Speisesaal für Mitglieder der Kommunistischen Partei gewesen. Erst 1979, nach Beginn der Wirtschaftsreformen, war es auch für die Allgemeinbevölkerung geöffnet worden. Da das Lü Bo Lang zu den von der Regierung bevorzugten staatseigenen Restaurants gehörte, bewirtete es regelmäßig ausländische Würdenträger. Lehrer Jiang erwähnte, Bill Clinton habe einmal dort gespeist. »Ich habe dem Geschäftsführer gesagt, er soll die Stäbchen, mit denen Ke-Lin-Dun gegessen hat, aufbewahren. Die würden bestimmt mal eine Menge wert sein!«

Das Restaurant befand sich in einem schmalen, dreistöckigen Gebäude, dessen Eingang einem chinesischen Pavillon glich, obwohl das Gebäude erst vor wenigen Jahrzehnten errichtet worden war. Es lag direkt neben Shanghais größter Touristenfalle, dem Yu Yuan, einem wenig gepflegten Garten aus der Ming-Ära. Unbeirrt kamen hier unablässig ganze Busladungen von Besuchern an. In den zahlreichen labyrinthartigen, schmalen Gassen rund um den Garten wimmelte es nur so vor chinesischen und westlichen Touristen, die in den Läden Jade-Imitate und Handtaschen aus synthetischer Seide kauften.

Ich war skeptisch – normalerweise war ein Restaurant

schlechter, je größer die Nähe zu den Touristenzentren und der Regierung war. Doch ich hielt mich mit meinem Urteil zurück, weil ich Lehrer Jiangs Meinung respektierte.

Der Geschäftsführer teilte mir mit, ich könne zunächst in der Backstube ein paar Maultaschen formen, bevor ich sie probierte, er müsse mich jedoch nach der Mittags-Stoßzeit unauffällig in die Küche schmuggeln, weil Besuch von der Gesundheitsbehörde da sei. Während wir warteten, erzählte der Geschäftsführer mir eine Geschichte aus den frühen 1970er Jahren, als der im chinesischen Exil lebende Prinz von Kambodscha Shanghai besuchte. Da er mit dem Vorsitzenden Mao befreundet war, wurde er großzügig bewirtet. Regierungsmitarbeiter hatten dem Lü Bo Lang mitgeteilt, dass der Prinz vorhabe, dort einzukehren, aber sie verrieten nicht, wann. Drei Tage lang war der gesamte Bereich abgesperrt – alle warteten nur auf den Prinzen. Am dritten Tag tauchte der Prinz nach einer Runde Golf dann endlich auf und versetzte die Köche in helle Panik. Die Parteiführung hatte angeordnet, dem Prinz eine sehr spezielle Suppe aus Entenblut und -eierstöcken einer bestimmten Größe und Form zu servieren. Die Köche schlachteten zweihundert Enten, um die passende Zutat zu finden. Doch die Zeiten, in denen das Lü Bo Lang prominente Gäste bewirtet habe, seien vorbei.

In der Maultaschen-Küche saß ein Dutzend Arbeiter mittleren Alters auf Barhockern über einen Tresen gebeugt und formte Xiao Long Bao. Es schien die langweiligste Tätigkeit zu sein, die es für einen Koch geben konnte – noch schlimmer als ein Job in der Maultaschen-Fabrik. Im Maultaschen-Restaurant in Peking wurden verschiedene Fleisch- und Gemüsesorten verarbeitet. Doch Xiao Long Bao hatten immer die gleiche Füllung: äußerst fettiges Schweinehack. Ich war überrascht, dass hier kein Nudelholz zum Einsatz kam – die Köche drückten die Teigfladen mit ihren Händen zurecht und schmierten dann blitzschnell die Füllung drauf, bevor sie die Teigtasche mit ein paar flüchtigen Handgriffen schlossen. An einem gastreichen Tag konnten zwei Köche bis zu dreitausendsechshundert Xiao Long Bao herstellen.

Nachdem ich meinen bescheidenen Beitrag zur Maultaschen-Produktion des Tages geleistet hatte, brachte mir einer der Köche einen Korb mit einigen Kostproben. Es waren so ziemlich die schlechtesten Maultaschen, die ich je gegessen hatte – die Teigwände waren dick und zäh und die Fleischfüllung schmeckte wie aus der Dose.

Ein paar Tage später machte ich mich auf die Suche nach dem Herkunftsort der Xiao Long Bao. Das Ganze artete in eine Expedition mit einem Bus aus, der mich über die auf Stelzen stehende Nanxian-Schnellstraße aus der Stadt herausbrachte. Je weiter wir uns von der Stadt entfernten, desto düsterer wirkte die Landschaft. Für den Durchschnitts-Shanghaier, der daran gewöhnt war, alle Annehmlichkeiten des modernen Lebens in einem Radius von zehn Häuserblocks um sich zu haben, war allein die Vorstellung, einen Ausflug in die Vororte zu machen, grauenhaft. Selbst Lehrer Jiang, der abenteuerlustigste kulinarische Journalist, den ich kannte, war noch nie in Nanxiang gewesen. Als ich ihn fragte, ob er mitkommen wolle, sagte er kurz angebunden »Nein danke« und wünschte mir Glück.

Ich war mir nicht einmal sicher, ob ich auf dem Weg zum richtigen Ort war. Ich hatte stets unterschiedliche Antworten bekommen, wenn ich die Menschen nach dem Ursprung der Xiao Long Bao befragte. Ich beschloss, dass Nanxiang die plausibelste Antwort war – weil es in Shanghai einen historischen Maultaschen-Laden mit diesem Namen gab und weil Lehrer Jiang, der sich von all meinen Bekannten am besten mit der

Geschichte der chinesischen Küche auskannte, darauf bestanden hatte, dass Xiao Long Bao aus Nanxiang stammten.

Überladene, mit Planen geschlossene Lastwagen rumpelten vorüber. Schier endlose, hässliche Wohnhausreihen zogen vor meinem Fenster vorbei. Über dem holprigen Asphalt schwebte eine Staubwolke. Unweit einer Abfahrt saß ein Mann mit schmutzigem Gesicht am Straßenrand und hielt ein Schild in die Höhe mit der Aufschrift: UNZUFRIEDEN.

Der Bus passierte ein Grundstück mit Bauschrott und eine verlassene Fabrik mit einem turmhohen Schlot. »Nanxiang«, rief der Fahrer. Ich stieg aus dem Bus und fand mich in einer Horde herumlungernder Männer wieder, die Stadtfremde für exorbitante Preise auf ihren Motorrädern fahren wollten. Die düstere Zufahrtsstraße war von Läden gesäumt, die Baustoffe jeder Art verkauften. Vor einem Schuhgeschäft pries ein einsamer älterer Herr schrill Lederhalbschuhe an. Kein Maultaschen-Restaurant weit und breit.

Ich winkte das erste Taxi heran, das ich sah, und fragte den Fahrer, ob ich das richtig verstanden hatte: Dass dies Nanxiang sei, die Geburtsstätte der Xiao Long Bao? Er fuhr mich ein paar Blocks weiter zu einer Allee, in der sich ein Maultaschen-Laden an den anderen reihte. Sie alle warben damit, dass Nanxiang die Wiege der authentischen Xiao Long Bao sei. Ich zählte die Lokale und überlegte kurz, wie viele Maultaschen wohl in meinen Magen passten. Dann fand ich neben einem äußerst gepflegten Garten ein etwas offizieller aussehendes Restaurant in einer alten chinesischen Villa namens Gu Yi Yuan.

Doch die Inneneinrichtung hielt nicht, was das Äußere versprach. Sie erinnerte mehr an eine Kantine: An den hohen Decken des zugigen Speisesaals hingen blaue Ventilatoren, die Tische und Bänke waren schlicht, die Kellnerinnen unfreundlich. Die im Gu Yi Yuan servierten Xiao Long Bao waren fürchterlich: Der Teig war dick und zäh, und das Fleisch schmeckte wie Gummi. Ich aß einige wenige und beschloss dann, mir nicht mehr anzutun.

Ein kurzes Gespräch mit dem Geschäftsführer war auch nicht weiter erhellend. Er behauptete steif und fest, ein Mann namens Huang Minxiang, der einst gedämpfte Brötchen produzierte, habe 1871 die Maultaschen erfunden, um sich von seinen Brötchen-Konkurrenten abzuheben. Er hatte keinerlei historische Dokumente, mit denen er diese Behauptung hätte belegen können, und er wurde sehr schweigsam, als ich ihn mit Fragen über die längst vergangenen Zeiten löcherte. Was ihn viel mehr interessierte, war die Zukunft. Es wurde gerade eine neue U-Bahn-Linie aus der Stadtmitte Shanghais nach Nanxiang gebaut, von der er sich eine Belebung seines Geschäftes erhoffte. Der Staatsrat hatte die Maultaschen seines Restaurants zu »historischen Relikten« erhoben. Er hatte bereits Konzessionen für gleichnamige Restaurants in Tokyo und Macau erteilt und strebte dies in näherer Zukunft auch für Hongkong an.

»Und was ist mit Amerika?«, fragte ich.

»Ich bin mir nicht sicher, ob die Amerikaner Xiao Long Bao mögen würden«, sagte er.

Aus lauter Frust darüber nahm ich mir für den Weg zurück in die Stadt ein Taxi.

»Was ist das für ein Geruch?«, fragte ich den Fahrer. Ich fand, es roch nach verbranntem Haar.

»Das hier ist der am stärksten verschmutzte Teil Shanghais«, erklärte er. »Die Immobilienpreise in dieser Gegend sind die niedrigsten der Stadt.« Illegale Farben- und Chemiekonzerne hatten sich in diesem Stadtteil angesiedelt. Viele Bewohner der Häuser ringsum seien gerade erst aus der Stadtmitte Shanghais hergezogen, sagte der Fahrer. Sie waren aus ihren alten Wohnungen vertrieben worden, die abgerissen werden sollten, um neuen, teuren Gebäuden Platz zu machen.

Die Wohngebäude bestanden aus Zementblöcken. Die Menschen liefen auf dem Seitenstreifen der Straße, weil es keine Bürgersteige gab. Viele hoch beladene Fahrräder schoben sich durch den Verkehr. Wir waren Lichtjahre vom Bund und dem Französischen Viertel entfernt. Jetzt verstand ich, warum im Zentrum lebende Shanghaier nur selten ihren lauschigen Mikrokosmos verließen.

Eines Tages, als weder Kleine Han noch ich im Whampoa Dienst hatten, machten wir uns gemeinsam auf die Suche nach einem Xiao Long Bao-Restaurant. Wir hatten uns vorgenommen, vier Lokale zu besuchen, die jeweils für sich in Anspruch nahmen, die besten Suppen-Maultaschen der Stadt zu machen. Diese Exkursion führte uns in alle vier Ecken Shanghais. Wir fingen im Wang Jia Sha an, jenem Lokal ganz in der Nähe meiner ehemaligen Wohnung, aus dem meine Mutter seinerzeit kurz vor ihrer Abreise Xiao Long Bao hatte kommen lassen. Die Gaststätte hatte sich seither gründlich gewandelt. Mit den neuen Glastischen und Fenstern vom Fußboden bis zur Decke war die einst überfüllte, schmutzige Kantine nicht mehr wiederzuerkennen. Unsere letzte Station war eine direkt neben den glanzlosen Containerhäfen des Huangpu gelegene, schmuddelige Bretterbude namens Jia Jia. Dazwischen kehrten wir in einem Viertel mit *shikumen*-Reihenhäusern, einem Restaurant- und Barviertel, in ein schickes, von einem Taiwanesen betriebenes Maultaschen-Lokal namens Din Tai Fung ein. Und wir quetschten uns ins Nanxiang, ein Schwesterlokal jenes Restaurants, in dem der Prinz von Kambodscha gespeist hatte. Ich war skeptisch, was das Nanxiang anging, aber die Shanghaier Kritiker schwärmten häufig davon.

Wir bestellten unsere Xiao Long Bao mit feinen Krabbenfleischstreifen von der Wollhandkrabbe, eine saisonale Zutat, die den Maultaschen einen buttrigen Geschmack und eine schwerere Textur verlieh. Es war Herbst, die Jahreszeit, in der die Shanghaier ganz verrückt waren nach den kleinen Krabben – Kleine Han sagte, sie äße drei pro Woche. An jeder Straßenecke boten Händler die in Plastikwannen herumzappelnden Tiere feil. Schicke Restaurants wie das Whampoa widmeten den Schalentieren ganze Menüs. Jereme bot zum Beispiel betrunkene Wollhandkrabbe an: Das rohe Fleisch wurde mit gesüßtem Essig und Shaoxing-Wein getränkt und mit klebrigem Krabbenrogen umhüllt, was das Fleisch so zart wie Sashimi machte, aber gleichzeitig so extrem mächtig wie Kaviar. Etwas zwanglosere Restaurants servierten »Krabbenpulver« – eine schlechte Übersetzung von »Krabben in feinen Streifen«. An den Flughäfen hingen Schilder mit einer durchgestrichenen Wollhandkrabbe darauf – um die Reisenden darauf hinzuweisen, dass diese Tierchen nicht ins Handgepäck gehörten.

An jeder unserer vier Stationen wurde Kleine Han gespenstisch still, wenn die Maultaschen serviert wurden – genau wie meine Mutter und Lehrer Jiang, wenn sie vollkommen von dem Gericht eingenommen waren, das man gerade vor ihnen abgestellt hatte. Die junge Köchin hob die Maultaschen mit den Stäbchen an, drehte und wendete sie, während sie sie intensiv betrachtete. An diesem Tag aßen wir Xiao Long Bao von der Größe eines Pingpongballs bis hin zu handtellergroßen Exemplaren. Die Teigfladen rangierten von schwammig bis fast durchsichtig. Kleine Han brachte mir die etwas differenzierteren Bewertungskriterien für Maultaschen bei: Der Teig sollte dünn, aber fest sein. Die Fleischfüllung sollte von einer so feinen und leichten Konsistenz sein, dass ein Teelöffel Rohmasse davon in einem Glas Wasser oben schwimmen würde wie Schlagsahne. Kleine Han pulte die Füllung heraus, um sie sich genauer anzusehen.

Bisher war Kleine Han eine große Verehrerin des Nanxiang gewesen. Das änderte sich drastisch, als ich eine Maultasche anhob, die steife Teighülle auseinanderbrach und die Brühe seitwärts austrat. Um drei Uhr nachmittags herum erreichten wir unsere letzte Station, das Jia Jia, welches wir einstimmig zu unserem Favoriten erklärten. Die zarten Teighüllen verschmolzen förmlich mit der Brühe, die sie umschlossen, und die Brühe selbst war so mild und buttrig, dass man süchtig danach werden konnte. Dazu waren die Portionen fast kriminell klein. Die Fleischfüllung enthielt neben Schweinehack auch reichlich Krabbenfleisch und Rogen. Wir verschlangen alle sechzehn Teigtaschen aus dem Bambuskörbchen – wohlgemerkt, nachdem wir bereits in drei anderen Lokalen Maultaschen gegessen hatten. Danach fielen wir in einen fast komatösen Zustand und blickten ruhig auf die schäbige Uferpromenade hinaus, an der sich verlassene Fabrikgebäude aneinanderreihten.

Wir nippten an unserem Tee, und Kleine Han erzählte mir von ihrem Plan, bald nach Tianjin zu reisen. Eine Freundin von ihr lebte dort und drängte immer wieder darauf, Kleine Han solle auch in die Stadt an der Nordküste ziehen. Sie hatte versprochen, ihr dabei zu helfen, dort Fuß zu fassen. Kleine Han war ihren Job leid und stellte sich vor, dass sie in Tianjin, weitab von der mörderischen Konkurrenz Shanghais, ihren eigenen Xiao Long Bao-Stand eröffnen könnte. Sie hatte zwanzigtausend Dollar angespart – das war in China ein nicht unbeträchtliches Vermögen – und wollte dies als Startkapital einsetzen. Die Sache hatte nur einen Haken: Ihre Eltern wollten weder, dass sie zu Hause auszog, noch, dass sie ihr gesamtes Erspartes in ein solch riskantes Unternehmen steckte.

Da konnte ich ihren Eltern nur beipflichten. Aber ich konnte auch Han gut verstehen. Ich wusste ja selbst, was es bedeutete, eine eigenwillige, selbstbewusste junge Frau zu sein, die die Freiheit einfordert, eigene Fehler zu machen.

»So lange ich bei meinen Eltern wohne, werden sie in mir ein Kind sehen«, jammerte sie.

Ich konnte ihre Ungeduld förmlich hören. Sie hatte bereits viel mehr Freiheiten als die Generationen vor ihr. Im Gegensatz zu meiner Freundin Wang oder Küchenmeister Dan war ihr nicht einfach irgendein x-beliebiger Beruf zugeteilt worden, egal, ob er ihr Spaß machte oder nicht. Sie war auch nicht aus wirtschaftlicher Not Köchin geworden. Sie hatte Köchin werden wollen, weil dieser Beruf in ihrer jugendlichen Vorstellung den Weg zu ihrem persönlichen Glück darstellte. Doch obwohl sie die Wahl gehabt hatte, empfand sie das Leben von Zeit zu Zeit als furchtbar beengt. Kleine Han wollte mehr.

Während die Nachmittagssonne auf unseren Tisch schien, dachte sie weiter laut über ihre Reisepläne nach. Sie wollte ihrer Freundin einen Strauß Lavendel mitbringen, aber angesichts der vielen Beschränkungen, die heutzutage auf Flughäfen herrschten, befürchtete sie, die Blumen gar nicht mit an Bord nehmen zu dürfen. Darum würde sie lieber mit dem Zug fahren, sagte sie, die Fahrt dauere zwölf Stunden. So würde sie das duftende blaue Geschenk auf dem ganzen Weg nach Norden auf dem Schoß halten können.

Als ich Jereme das nächste Mal traf, war er gerade in seinem Büro und trug ein weißes Hemd mit Button-down-Kragen und eine dunkle Freizeithose. Obwohl der Weg zu seinem Büro durch die Küche führte, sah ich ihn nur selten – es war, als erscheine er auf magische Weise an seinem Schreibtisch, wie ein Flaschengeist.

Sein Büro grenzte direkt an die Küche und war etwa genauso groß wie die Dim-Sum-Abteilung. Doch statt Xiao Long Bao zu machen, schmiedete Jereme Pläne für sein Restaurant-Imperium. An der Wand hingen gestochen scharfe Nahaufnahmen seiner preisgekrönten Kreationen – er hatte die Fotos selbst gemacht. Die Kochbücher prominenter Starköche reihten sich in den Regalen aneinander. Und auf seinem Schreibtisch lagen unzählige Ordner, in denen sich eine geradezu schwindelerregende Anzahl neuer Projekte fand.

Als ich ihn in seinem Büro aufsuchte, bereitete er sich auf einen japanischen Kochwettbewerb vor, für den er ein Gericht schaffen musste, das einer Zeichnung ähnelte, die er vor sich liegen hatte. Er zeigte mir die Entwürfe für seine Küche in Peking, deren Bau bereits jetzt das angestrebte Budget überstieg. Dann wandte er sich einem anderen Projekt zu – für das chinesische Restaurant des Mandarin Oriental in Bangkok sollte er ein neues Menü zusammenstellen.

Wenn Jereme ein neues Menü entwarf, zog er sich normalerweise ganze zwei Wochen zurück und sprach mit niemandem. »Ich habe einen Notizblock am Bett liegen, damit ich auch Ideen, die mir im Schlaf kommen, sofort notieren kann«, sagte er. Bei so vielen Projekten war es ihm nahezu unmöglich geworden, Zeit für sich zu finden. Trotzdem bestand er darauf, sich weiter täglich um sein Personal zu kümmern. Eines Tages zeigte er mir auf seinem Laptop eine Excel-Tabelle, auf die er ganz besonders stolz war. Es handelte sich um eine Übersicht darüber, wie viel Krabbenfleisch, -rogen, -scheren und -schalen seine Angestellten durchschnittlich am Tag auseinanderpulten. Und manchmal, wenn ihn die Neugier packte, ging er in die Küche und wog höchstpersönlich die teure, begehrte Zutat ab.

»Wenn ich feststelle, dass das Ergebnis nicht mit meinen Aufzeichnungen übereinstimmt, weiß ich, dass irgendwo etwas nicht stimmt«, erklärte er.

»Aber unterliegt das Gewicht nicht Schwankungen, je nachdem, wie groß die Krabben sind?«, fragte ich.

Er zuckte mit den Schultern. »Plus/minus zehn Prozent.«

Das war nur ein Beispiel für Jeremes allgemeines Misstrauen. Hatte ich mir drei Jahre zuvor Jereme noch als Künstler vorgestellt, so hatte meine Zeit im Whampoa meine romantische Vorstellung zerstört. Schließlich verbrachte Jereme mehr Zeit über seiner Krabbenfleisch-Statistik als damit, über den tieferen Sinn des Essens nachzudenken. Ich war einfach zu blauäugig gewesen. Kochen war ein Geschäft, keine Kunst.

An meinem letzten Abend im Whampoa war keine Zeit für Sentimentalitäten. Eine weltweit tätige Beratungsfirma hatte das gesamte Restaurant angemietet, und am Ende des Sechs-Gänge-Menüs kippte das Küchenpersonal vor Erschöpfung fast um. Den ganzen Abend hatten die Köche über die Edelstahl-Arbeitstische gebeugt gestanden und auf Reihen von Tabletts das Essen für 109 Gäste vorbereitet. Bei diesem Anblick hatte ich mich an einen Satz von Jereme erinnert, er wolle alles im Whampoa normieren und vereinheitlichen – »genau wie bei McDonald's«.

Diese Aussage hatte mich einmal sehr überrascht. Sein Essen stellte doch eigentlich die Antithese jedes Fast-Food-Ketten-Fraßes dar. Doch im Laufe der Zeit war mir klargeworden: Ganz gleich, wie glamourös der Whampoa Club auch wirkte, ganz gleich, wie raffiniert das Essen aussah, wenn es auf den Tischen landete, ganz gleich, wie köstlich es schmeckte – die Vorgänge in der Küche waren im Prinzip die gleichen wie in der Maultaschen-Fabrik. Kochen war eine von Wiederholungen geprägte, alles andere als glamouröse Tätigkeit. Und Jereme war ein tüchtiger Geschäftsmann. Er war als Angestellter mit an Bord genommen worden, doch sein Ehrgeiz hatte ihm eine Teilhaberschaft eingebracht. Er verriet nie, wie viel er selbst verdiente oder wie viel der Whampoa Club im

Jahr abwarf. Doch in der Zeit, in der ich dort arbeitete, war das Restaurant so gut wie jeden Abend voll besetzt, und auch zur Mittagszeit war immer reichlich zu tun. An meinem letzten Tag im Whampoa raunten die Köche sich zu, diese Veranstaltung würde binnen weniger Stunden dreißigtausend Dollar in die Kasse spülen.

Jereme waren allerdings Zweifel am Geschäftsmodell »Gourmetrestaurant« gekommen. Denn eigentlich brauchte man für jedes gehobene Restaurant »einen Jereme Leung«. Und sosehr es ihm auch gefallen hätte – er konnte nicht überall gleichzeitig sein. Das Zubereiten exklusiver Speisen war anstrengend und die Preise für die Zutaten horrend. Wenn er expandieren wollte, brauchte er etwas, das »anpassungsfähiger« war. Darum wollte er eine chinesische Café-Franchisekette nach dem Vorbild von Starbucks gründen.

Doch statt sich auf das Geschäftliche zu konzentrieren, musste Jereme weiter den Anschein aufrechterhalten, er arbeite höchstpersönlich in der Küche. Er brauchte die Berichterstattung in den Medien und Kunden, die in ihm einen Künstler sahen und keinen Geschäftsmann. Und genau deshalb hatte er ein paar Abende zuvor seine Kochuniform angezogen. Ich hatte von Jeremes Einsatz am Wok gehört. Das Jiangbao Jiding, im Wok gebratene Hühnerfleischwürfel, war ihm nicht gerade brillant gelungen. »Die Soße war verbrannt und das Fleisch komplett schwarz«, erzählte man mir. Die Kellnerin, die das Gericht hatte servieren sollen, wollte es eigentlich zurückgehen lassen, doch als sie hörte, dass Jereme es zubereitet hatte, überlegte sie es sich doch noch einmal anders.

Ich fragte Jereme, ob seine Konzentration auf das Geschäftliche möglicherweise Einfluss auf seine Kochkunst habe. Er blinzelte. »Darüber habe ich noch gar nicht richtig nachgedacht. Alain Ducasse kocht nicht. Jean-Georges kocht nur sehr wenig.«

Kochen war nicht nur ein Geschäft – es war ein gnadenloses Geschäft. Jereme hatte einmal über Shanghai gesagt: »Ich habe noch nie in einer Stadt gearbeitet, in der die zwischenmenschlichen Beziehungen komplizierter waren als hier. Das hier ist härter als Hongkong, härter als Singapur und härter als Malaysia. Die Leute in Shanghai kennen wirklich die Spielregeln.« Gegen Ende meines Praktikums verstand ich, was er gemeint hatte. Denn erst vor kurzem hatten sechs Köche Kopien von Jeremes preisgekrönten Kreationen gemacht und gekündigt. Sie verdingten sich nun in einem Restaurant auf der anderen Flussseite, das versuchte, Jeremes Kochkunst zu imitieren. Die Köche bekamen dort immerhin sechzig Dollar mehr im Monat, nicht schlecht, wenn man bedachte, dass sie im Whampoa nur wenige hundert Dollar verdient hatten. Der Anführer der Meuterei war einer der Angestellten gewesen, die Jereme am meisten geschätzt hatte. Dabei war das Restaurant auf der anderen Flussseite nicht das einzige, das Jeremes Erfolg nachzuahmen suchte. Nicht nur seine geräucherten Shanghaier Tee-Eier wurden häufig angeboten, sondern auch viele andere seiner Kreationen konnte man inzwischen in ganz Shanghai essen. Einmal ging Jereme in ein Restaurant, von dem er gehört hatte, es habe eine interessante Speisekarte – und unter anderem wurden ihm seine mit Klebreis gefüllten Datteln und scharf in der Pfanne angebratene Gänseleber serviert. »Ich muss sagen, es war wirklich nicht schlecht«, räumte er mir gegenüber ein.

Und dann war da der Kreditkartenbetrug, in den einige seiner Kellner verwickelt waren. Jereme rückte nur ungern mit den Einzelheiten heraus, und das auch erst lange Zeit nach meinem Praktikum. Zahlte ein Gast bar, schoben die Kellner ihre eigenen Kreditkarten durch das Lesegerät und steckten das Bargeld ein, weil sie so von ihrer Kreditkartengesellschaft Bonuspunkte erhielten. Bei dem Preisniveau, das im Whampoa herrschte, sammelten die Kellner in Windeseile so viele Punkte, dass sie sich ganze Mikrowellen und andere Küchengeräte dafür aussuchen konnten. Ich konnte nicht sehen, dass diese Praxis irgendjemandem geschadet hätte, bis Jereme mich darauf hinwies, dass er für jede Kreditkarten-Transaktion Gebühren zahlte. »Sie nutzen mich aus«, beklagte er sich.

In jungen Jahren hatte Jereme sich seinen Weg an die Spitze hart verdienen müssen, hatte mit seinen Lehrmeistern Mahjong gespielt und sie in teure Restaurants eingeladen, um ihre Gunst zu gewinnen. In der Hotelindustrie hatte er dann ein professionelles Umfeld kennengelernt und in seinem eigenen Restaurant dafür gesorgt, dass es nach den besten Standards geführt wurde – aber er lebte immer noch in einem Entwicklungsland. Was natürlich zur Folge hatte, dass die Zustände in seiner Küche von Widersprüchen geprägt waren: Einerseits behauptete Jereme steif und fest, niemanden zu bevorzugen und keine Lieblinge zu haben – andererseits merkte er an, welche Köche er als seine »Schüler« betrachtete. Einerseits räumte er seinen Angestellten zwei freie Tage pro Woche ein – andererseits war ihr Gehalt genauso mager wie in anderen chinesischen Restaurants. Einerseits ermunterte er seine Köche, sich neue Gerichte auszudenken – andererseits verlangte er, dass sie alles genau so machten, wie er es wollte.

All diese Widersprüche führten – wenig überraschend, wie ich finde – zu einem gestörten Betriebsklima. Und Jereme war im Prinzip hilflos.

Einer der wenigen Bereiche, über die er noch die Kontrolle hatte, war das Einstellen und Entlassen von Personal. Als das Restaurant neu eröffnete, waren neunzig Prozent des Küchenpersonals echte Shanghaier gewesen. Im Laufe der Jahre jedoch hatte Jereme einen beträchtlichen Anteil der Einheimischen gefeuert, so dass nun nur noch etwa die Hälfte des Küchenpersonals aus Shanghai stammte. Außerdem hatte er beschlossen, weniger Köche mit Erfahrung aus Fünf-Sterne-Hotels einzustellen, weil deren Arbeitseinstellung »ein bisschen zu europäisch« war – sie waren zu sehr an das leichte Leben gewöhnt. »Man reicht ihnen den kleinen Finger, und sie wollen gleich die ganze Hand«, sagte Jereme. Er war fest entschlossen, bei seinem neuen Restaurant in Peking nicht die gleichen Fehler zu begehen. »Ich weiß schon, wie es in Peking laufen wird. Sobald mir Klagen von den Gästen kommen, werden Köpfe rollen. Ich werde das Huhn töten müssen, um den Affen zu warnen«, sagte er und verwendete eine chinesische Redensart, die bedeutete, dass er einen Angestellten würde bestrafen müssen, um die anderen in ihre Schranken zu weisen.

An meinem letzten Abend in Shanghai führte Lehrer Jiang mich aus. Er wollte mir authentisches Shanghaier Essen zeigen.

Das Ah Shan's war vollkommen anders als alle anderen Restaurants, die ich in Shanghai von innen gesehen hatte. In dem zugigen, an eine Lagerhalle erinnernden Lokal standen große runde, wackelige Holztische, die seit der Eröffnung 1983 dort zu stehen schienen. Eine Reihe austauschbarer, an Nägeln hängender Tafeln informierte über die Gerichte des Tages. Die meisten kosteten zwischen 1,50 und 3,50 Dollar.

Ah Shan, der Restaurantbesitzer und Chefkoch, briet gerade einen Fischkopf, als ich meine Nase in die Küche steckte. Er war in den Sechzigern, hatte rosige Wangen und einen weißen Schnurrbart, der seine Oberlippe bedeckte. Er ging zu seinem Reiskocher und holte stolz einen Haufen Acht-Schätze-Reis heraus – das ist mit acht Zutaten (unter anderem rote Bohnenpaste und Datteln) gekochter Klebreis. Ich kostete von dem süßen Reisbrei, der die Textur einer dicken Creme und die tröstliche Wirkung eines amerikanischen Weihnachtspuddings hatte.

»Ich stehe morgens um zwei oder drei Uhr auf, um den Reis aufzusetzen«, sagte Ah Shan. Waren spätabends die letzten Gäste gegangen, rollten seine Frau und er mitten im Speisezimmer ein Bett aus. Das Restaurant war ihre Existenzgrundlage und ihr Zuhause. »Hier essen die richtigen Shanghaier. Leute, die die Stadt verlassen und nach Jahren wiederkommen, wollen bei ihrer Rückkehr als Erstes hier essen«, erzählte er mir.

Ah Shans Essen war bar jeden kantonesischen, nordchinesischen und sichuanesischen Einflusses. Es war schlichtes Shanghaier Essen in seiner Reinform. Er briet Gurken mit Garnelen. Die von ihm rotgeschmorten Aalscheiben waren »QQ« – ein umgangssprachlicher Ausdruck für »zart und doch zäh«. Er briet die Schwarzkarpfenleber mit Frühlingszwiebeln in so viel Öl an, dass es aussah, als schwämme sie in einem See. Das war echtes Shanghaier Essen: so fettig, dass man keine Probleme mit xia fan hatte – damit, den Reis herunterzubekommen.

Jiang benutzte das Wort tu, um dieses Essen zu beschreiben: Es war unkompliziert, unverblümt und erdnah. Es wurde auf angeschlagenem Geschirr serviert. Und statt eines Essen-Ausrufers hatte Ah Shan seinen Bruder, der Hilfskoch, Kellner und Kassierer in Personalunion war. An den Wänden hingen Dutzende von Zeitungskritiken zu diesem Restaurant, die alle erstaunlich aufrichtig klangen. Die Kritiker lobten die dort herrschende Bescheidenheit und Ehrlichkeit. Die Stammgäste wurden immer ganz wehmütig, wenn sie an die Zeiten vor der Wirtschaftsreform dachten, als man in Shanghai noch deutlich schlichter gelebt hatte und Rindfleischcarpaccio und raffinierte Gänseleber-Kreationen noch unbekannt gewesen waren. Vielleicht ging es bei der ganzen Aufregung um »authentisches Essen« im Grunde genommen nur darum: dass man zu einer natürlichen und unverfälschten Küche zurückwollte.

Lehrer Jiang hatte noch einen Journalisten mitgebracht, und ich fand es lustig, dabei zuzusehen, wie er mit ihm genau das machte, was er auch oft mit mir gemacht hatte: Jiang schob den Teller mit der Schwarzkarpfenleber direkt vor den Mann, der in etwa in meinem Alter war und sich fleißig Notizen machte.

»Probieren Sie mal«, sagte Jiang. Der Mann zückte gehorsam seine Stäbchen und beugte sich über die Leber.

»Ist es nicht wunderbar?«, freute er sich. »Die Leber ist so weich wie Tofu, schmeckt aber immer noch nach Leber!«

## Beilage Nummer drei: TRINKSPRÜCHE

Nach meinem Praktikum im Whampoa machte ich mich auf nach Yangzhou, eine freundliche Stadt etwa zweihundertfünfzig Kilometer nordwestlich von Shanghai, die als Wiege der Huaiyang-Küche gilt, eine der »vier großen Küchen Chinas«. Ich hatte zwar schon einige Male Huaiyang gegessen, konnte die Küche aber dennoch nur unzureichend beschreiben: Sie war weder scharf noch ölig und kannte nur wenige exotische Zutaten. Die Huaiyang-Küche war allerdings für ihre aufwendige Schneidekunst bekannt: Ihre Köche waren berühmt dafür, Tierfiguren und Buddhaskulpturen aus Karotten und anderem Gemüse zu schnitzen und einen Klumpen Tofu in engelshaarfeine Streifen zu zerlegen.

Ich hatte gehört, dass die Huaiyang-Küche immer mehr an Bedeutung verlor. Eine kurz zuvor in Shanghai durchgeführte Umfrage hatte ergeben, dass sie auf der Beliebtheitsskala nur den dreiundzwanzigsten Platz einnahm. Viele der Restaurants, die immer noch Huaiyang servierten, waren marode, staatseigene Gaststätten. Doch die Köche in Shanghai verehrten die Huaiyang-Küche als die Grundlage der modernen Shanghaier Küche. So hatte mir nicht nur Küchenmeister Dan Qin geraten, nach Yangzhou zu reisen, wenn ich wirklich verstehen wollte, was ich die ganze Zeit in Shanghai gegessen hatte.

Genau wie die Kochrichtung, erinnerte auch die Stadt selbst an alte Zeiten. Es war eine der wenigen chinesischen Städte, in denen ich war und die noch nicht mit düsteren Wolkenkratzern überzogen war. Das Stadtbild wurde beherrscht von den niedrigen alten Gebäuden mit ihren Balkonen und steinernen

Torbögen. Von Trauerweiden überhangene Kanäle schlängelten sich um und durch die Stadt. Um schroffe Felsen herum gebaute, üppige Gärten und Goldfischteiche zierten das Stadtbild. Und der Himmel war häufiger blau als trüb-grau.

Yangzhou hat heute nicht mehr die Bedeutung wie zur Zeit der Tang-Dynastie (618 bis 907 n. Chr.), als die Stadt eine der größten und reichsten Städte der Welt gewesen war. In der Nähe des südlichen Endes des Kaiserkanals gelegen, der sich von Hangzhou nach Peking erstreckt, war die Stadt ein wichtiger Knotenpunkt für den Salz- und Getreidehandel, bevor die Eisenbahn den Kanal als Hauptverkehrsader ablöste.

Meister Chen, mein Fremdenführer durch die kulinarische Szene, arbeitete als Chefkoch in einem der besten Hotels der Stadt. Mit seinem engelsgleichen Gesicht wirkte er freundlich und anspruchslos – aber ein kleiner Angeber war er doch. Bei unserer ersten Begegnung auf meiner ersten Reise nach Yangzhou 2005 zeigte Meister Chen mir einen Artikel aus der Washington Post. Ich hatte in ganz China noch nie eine Washington Post gesehen, und erst recht keine von 1982. Im Artikel stand, dass Chen einer der ersten Köche gewesen war, der nach der Normalisierung der Beziehungen zwischen den USA und China nach Amerika hatte reisen dürfen. Er hatte sogar an einem Kochkunstwettbewerb in Washington, D. C. teilgenommen.

Jetzt, da ich erneut und mit meinem Diplom als Köchin in Yangzhou war, lud Meister Chen mich zu einem Abendessen mit einem Dutzend seiner Freunde ein, allesamt erfahrene Gastronomen im Ruhestand. Er bestand außerdem darauf, mich am nächsten Tag zum Frühstück und zum Mittagessen einzuladen. Er stellte mich als »die staatlich geprüfte Köchin« vor und fing dann prompt an zu lachen. Ich saß zwischen Meister Chen und dem Alten Ji, einem einflussreichen Restaurantbesitzer, dessen runzliges Gesicht an eine Dörrpflaume erinnerte. »Er war mal Abgeordneter des Volkskongresses«, verkündete Meister Chen stolz. Ji strahlte mich an und brummte etwas in seinem kaum verständlichen Yangzhouer Dialekt. Als ein riesiger, gedünsteter Katzenfisch aus dem Yangtse auf die Drehplatte in der Mitte des Tisches gestellt wurde, schnappte er sich reichlich kühn meine Stäbchen und machte sich sogleich am Fischmaul zu schaffen.

»Das Maul ist einfach das Beste«, sagte er und bot mir die Kostbarkeit an.

»O nein«, protestierte ich. »Das kann ich unmöglich annehmen, bestimmt möchte jemand anders auch gerne …«

Die Lippen glitten auf meinen Teller. Ich bedankte mich vielmals. Kaum hatte ich die Lippen verzehrt, schnappte er sich schon wieder meine Stäbchen.

»Das Nächstbeste sind die Augen«, sagte er.

Die nachfolgenden Gerichte beschränkten sich ebenso auf jeweils eine Hauptzutat, die allerdings wunderbar gewürzt und daher eine Gaumenfreude war. Da gab es winzige rohe Garnelen, mariniert in hochwertigem Reiswein. Geschnittenen Stangensellerie, blanchiert und mit Reisessig und Öl abgeschmeckt. Oder gedünstete Krebse an Essig.

Meister Chen zeigte mir, wie man Krebs isst. Als Erstes brach er die Scheren und Beine ab und schlürfte das Fleisch heraus. Dann drehte er den Krebs um und klappte den Bauch auf wie einen Kofferdeckel. Chen zeigte mir, wie man die Lungen – kleine braune Lappen – herausholte und den ebenfalls braunen Magen fand. »Den Magen sollte man nicht essen – da ist nur Dreck drin«, sagte er und schob ihn beiseite. Der Speisesaal war erfüllt von den Geräuschen, die die zwölf Gourmets – Köche, Restaurantbesitzer und Vertreter des Verbandes der Huaiyang-Küche – beim Verspeisen der Krebse machten: Erst das Schlürfen, dann das geräuschvolle Herumkauen auf dem Fleisch.

Einige der auf dem Teller verbliebenen Reste gingen zurück

in die Küche und wurden dort in neue Gerichte verwandelt. So landete die übrig gebliebene Hälfte des in einer dicken Sojasoßentunke gedämpften Katzenfisches pfannengerührt mit Tofu wieder auf dem Tisch. Der Fisch und das Hühnerfleisch mit Mandarinen wurden zu einer buttrigen Suppe, in der Nudeln gekocht wurden. Den Gedanken an die hygienischen Aspekte dieser Art der Wiederverwertung schob ich rasch beiseite und genoss lieber die wunderbaren, köstlichen Geschmackserlebnisse.

Ich hatte Meister Chen eine Flasche französischen Weines als Geschenk mitgebracht. Er sah richtig gerührt aus, als er sie aus der schicken Verpackung mit dem gelben Seidenband holte und sie stolz allen Anwesenden zeigte. Angesichts der vielen billigen Imitate auf dem chinesischen Markt hatte ich so meine Zweifel, ob der Wein wirklich aus Frankreich stammte, aber es war der einzige importierte Wein gewesen, den ich in der ganzen Stadt hatte finden können. Als alle ihren baijiu ausgetrunken hatten, schenkte Meister Chen jedem etwas von dem yangjiu – dem »Ausländerwein« – ein, obwohl einige seiner Gäste dankend ablehnten. Er zeigte mit der Flasche in meine Richtung. »Danke«, sagte er fast unhörbar. »Sehr gut.«

Die Landbevölkerung, mit der ich in den Reisfeldern geschuftet hatte, hatte einfach immer nur angestoßen. Die Huaiyang-Feinschmecker hatten da eine etwas feierlichere Art. Sie hoben das winzige Glas mit der rechten Hand an und hielten den Zeige- und Mittelfinger der linken Hand darunter, als müssten sie mehrere Liter stemmen. Dann standen sie auf, stießen an, lächelten und sagten einen Trinkspruch, worauf das Glas in einem Zug geleert und dann auf den Kopf gestellt wurde, um zu zeigen, dass kein Tropfen mehr darin war. Die ganz Mutigen spülten ihren baijiu mit einem Schluck meines yangjiu herunter.

Ich muss gestehen, mein Trinkspruch war eher lahm: »Vielen Dank für die Einladung«, sagte ich und wiederholte mich im Laufe des Abends mehrmals und sehr ernst. Der Wein schmeckte nach Leder. Aus dem Augenwinkel bekam ich mit, wie einer der anderen Gäste seinen Wein in das Glas seines Tischnachbarn goss. Dann legte er die Hände um das leere Glas und tat, als würde er den nicht mehr darin befindlichen Wein trinken.

Am nächsten Tag begleitete mich ein Mann namens Xia Yongguo durch das Huaiyang-Kochkunst-Museum. Zwar hatte er einen formellen Titel – er war Sekretär des Verbandes der Huaiyang-Küche –, doch formell gekleidet war er nicht: Er trug eine rote Baseballkappe mit der Aufschrift 28 JAHRE TORKLIFT, dazu passend und der kühlen Herbstwitterung zum Trotz ein rotes T-Shirt und rote Shorts. Er sagte, er sei »im Jahre 36 der alten Republik geboren« – 1947. Als ich anmerkte, dass mir diese Formulierung, mit der er sich auf die Regierung vor den Kommunisten bezog, seltsam vorkäme, fügte er schnell hinzu, er sei kurz vor »der Befreiung Chinas« geboren.

Dies sei das erste Museum Chinas, das sich ausschließlich der Zubereitung von Essen widmete, sagte Sekretär Xia, während wir zwischen den Ausstellungsstücken herumschlenderten. Sie waren in zwei Räumen eines enormen chinesischen Herrenhauses untergebracht, das einst einem Salzhändler gehört hatte.

In einem der Schaukästen waren in Plastik gegossene Abbildungen typischer Yangzhou-Gerichte ausgestellt – genau wie die Sushi- und Ramen-Nudel-Nachbildungen, die es vor japanischen Restaurants auf der ganzen Welt gibt. Hier handelte es sich nun um einen Teller gebratenen Reis nach Yangzhou-Art, mit gelben und grünen Punkten, die Rühreistückchen und Frühlingszwiebeln darstellen sollten. Auf den Speisekarten außerhalb Chinas heißt dieses Gericht manchmal »Gebratener Reis nach Yangchow-Art« oder »Gebratener Reis nach Yeung-chow-Art«. Und praktisch jede Variante dieses Gerichtes, die ich je probiert hatte, war aus vollkommen unterschiedlichen Zutaten zubereitet. Der Verband für Huaiyang-Küche unternahm den an den Haaren herbeigezogenen Versuch, das Gericht zu normieren, indem er eine Broschüre mit dem angeblichen Originalrezept erstellt hatte – das alles mit dem Ziel, von Restaurants in der ganzen Welt Lizenzgebühren einstreichen zu können. Ein Exemplar der Broschüre war gleich neben dem Plastikmodell ausgestellt. Laut Rezept brauchte man Reis, Eier, Muscheln, Seegurke, Frühlingszwiebeln, Bambusschösslinge, Schinken und Hühnerbrühe. Normalerweise, erklärte Sekretär Xia, müsse man, wenn man die genauen Mengenangaben für die Zutaten wissen wolle, die Broschüre kaufen. Doch da der Versuch, Lizenzgebühren einzutreiben, gescheitert war, würde der Verband mir ein Exemplar gratis überlassen. »Wir haben vor ein paar Jahren versucht, das Gericht als Markenzeichen rechtlich schützen zu lassen, aber da war es bereits zu spät«, bedauerte er.

Eindrucksvolle Tabellen und Diagramme voller chinesischer Zeichen hingen an den Museumswänden. Sekretär Xia und ich blieben vor einem Schaukasten mit Bildern von Speisefischen stehen. »Fisch ist ein ganz zentraler Bestandteil der Huaiyang-Küche«, erläuterte er. »Die Artenvielfalt ist so groß …« Er verstummte und inspizierte die Bilder etwas genauer.

»Hm, der Maifisch ist eigentlich so gut wie ausgestorben. Und Sardellen sieht man auch nur noch selten. Und Schwertfische gibt es auch nur noch sehr wenige.«

Er beeilte sich, zum nächsten Schaukasten zu kommen.

Ich hatte die Zeichen für »Maifisch« erst ein Jahr zuvor an

der Kochschule gelernt, als es mir noch schwerfiel, Mandarin zu lesen. Der Lehrer war nicht so offen gewesen wie Sekretär Xia. Er hatte nur gesagt, dass Maifisch einer der berühmtesten chinesischen Fische sei, der wegen seines wohlschmeckenden Fleisches geschätzt werde, und dass er im Yangtse vorkomme. Wir Schüler erfuhren nicht, wie selten er geworden war.

Am nächsten Morgen wollten wir im Fuchun frühstücken, dem bekanntesten Restaurant der Stadt, wenn es um gedämpfte Brötchen ging. Als ich dort ankam, saßen Meister Chen und seine Freunde bereits am Tisch. »Wollen wir anfangen?«, fragte Meister Chen. Ich nahm meine Stäbchen in die Hand und wollte mir gerade ein Brötchen schnappen, als ich bemerkte, dass alle ihre *baijiu*-Gläser hochhielten und nur darauf warteten, dass auch ich meins hob. Ich legte die Stäbchen wieder hin und streckte mein Glas so hoch in die Luft, wie ich konnte.

Wir aßen die Yangzhouer Version von Xiao Long Bao – doppelt so groß und suppig wie die Teigtaschen, die man in Shanghai bekam. Während wir das geschmolzene Schweinehautgelee durch Strohhalme aufsaugten, sprach Sekretär Xia von der Herrlichkeit dieser Regionalküche.

Yangzhou sei immer noch führend in Sachen chinesischer Küche, behauptete Xia – und zwar insbesondere, was die Qualitätsverbesserung der Zutaten betraf. Es gebe Bestrebungen, Hühner freilaufend zu halten und auch sonst bei der Lebensmittelproduktion auf Umweltverträglichkeit zu achten. Es würden in der Region bereits die ersten Bio-Enten gezüchtet. Die Menschen machten sich zunehmend Sorgen um Umweltverschmutzung und Lebensmittelsicherheit.

»Die Erde wird immer wärmer. Ich wette, der Abendmond sieht in Amerika runder aus als in China. China ist einfach viel zu verschmutzt!« Xia hielt inne. »In den fünfziger Jahren hätte man uns dafür verfolgt, wenn wir so etwas gesagt hätten. Aber heutzutage kann es einfach niemand mehr leugnen.«

Am Tisch entspann sich eine lebhafte Diskussion darüber, welche Stadt unter der größten Luftverschmutzung leide.

»Tokyo ist schlimmer verschmutzt als Seoul.«

»In Yangzhou ist es besser als in Shanghai.«

»Shanghai ist besser dran als Peking.«

»In Xi'an und Lanzhou ist es schlimmer als in Peking.«

Die Huaiyang-Köche schienen ein ausgeprägteres Umweltbewusstsein zu haben als ihre Kollegen im Rest des Landes. Vielleicht hatte das mit ihrer Regionalküche zu tun, für die schlichte, frische Zutaten die Grundlage waren. Beim Mittagessen wurden uns winzige, geschälte Flussgarnelen serviert, die mit Wolfsbeeren im Wok gebraten worden waren. Es gab in Reiswein marinierte Gans. Die besten Gurken, die ich je gegessen hatte, waren blanchiert, in Wein, Zucker und Sojasoße eingelegt und hernach in dünne, knusprige Scheibchen geschnitten worden. In Eiweiß gewendete Karpfenfilets plusterten sich auf wie Schäfchenwolken. Es war ein so schwieriges Unterfangen gewesen, in Shanghai gute Xiao Long Bao zu finden – und hier in Yangzhou schmeckten sie in jedem Lokal einfach köstlich.

Und so entdeckte ich die Huaiyang-Küche. Sie hatte nichts mit dem in dicker, roter, öliger Soße schwimmenden Essen zu tun, das ich mit Lehrer Zhang in Shanghai gegessen hatte. Kein Wunder, dass die moderne Shanghaier Küche für so viele Chinesen ein Unding war: Das Zusammenführen der verschiedenen Küchen hatte eine kuriose Mischung von Widersprüchen hervorgebracht.

Ich dachte aber auch über die Zukunft der Huaiyang-Küche nach. Chinesische Städter bevorzugten offenbar Restaurants mit etwas mehr Pfiff oder Innovationsfreude – die feurigscharfen Gewürze der Sichuan-Küche, die Exotik der Minderheitenküchen aus dem Südwesten Chinas, die teuren Zutaten der Kanton-Küche. Da die Huaiyang-Küche mit weniger Delikatessen, leichteren Soßen und stets schlichten Zutaten operierte, hielt ihr Wow!-Faktor sich in Grenzen. Vielleicht würde sie in Zukunft einmal wiederentdeckt werden und zu neuer Popularität gelangen, genau wie sich heimische Zutaten in den westlichen Ländern zu einem heißen Trend entwickelt hatten. Es sah allerdings nicht so aus, als würde diese Trendwende in China unmittelbar bevorstehen.

Und doch war der Verband für Huaiyang-Küche zuversichtlich. Sekretär Xia war überzeugt, dass ich dem Rest der Welt von der Huaiyang-Küche erzählen würde. »Wir benutzen einfache Gewürze und Soßen wie Sojasoße, Hühnerbrühe, außerdem Salz, Frühlingszwiebeln und Ingwer, um hundert verschiedene Aromen zu schaffen«, sagte er. »Die Kanton-Küche hat zwar Dutzende von Soßen, aber längst nicht so viele Aromen.«

Sekretär Xia schien mit der Kanton-Küche ein Hühnchen rupfen zu wollen. Als eine weitere Runde *baijiu* ausgeschenkt wurde, nahm sein Gesicht die gleiche Farbe an wie sein T-Shirt. Er lehnte sich zu mir herüber und raunte mir ins Ohr: »Die Kantonesen sind echt gerissen. Die wissen, wie sie ihr Essen vermarkten müssen. Wir sind da etwas konservativer. Wir denken ständig über die schlichten Freuden des Lebens nach. Aber jetzt wissen wir auch, wie wir für unser Essen Propaganda machen müssen.« Mehr brauchte er nicht zu sagen. Ich wusste, was er meinte. Man musste lediglich einen Vielfraß wie mich füttern.

Dann improvisierte er ein kleines Lied:

*Danke, dass Sie Huaiyang essen!*
*Propagieren Sie Yangzhou! Propagieren Sie China!*
*Wenn Sie im November nach Yangzhou kommen*

*Und einen Mann in kurzer Hose sehen,*
*Glauben Sie nicht, dass er übergeschnappt ist,*
*Ich bin es nur!*
*Ich bin es nur!*

## GEBRATENER REIS NACH YANGZHOU-ART (YANGZHOU CHAO FAN)

Das offizielle Rezept des Verbandes für Huaiyang-Küche habe ich leider nie bekommen, darum hier meine Version, die dem Original recht nahe kommt:

3 EL Öl
2 Eier
1/4 Tasse geschnittene Frühlingszwiebeln (ca. 2 Stück)
3 Knoblauchzehen
1 mittelgroße Zwiebel
1 mittelgroße Möhre
2 EL Hühnerbrühe
2 TL Shaoxing-Reiswein
2 TL Sesamöl
1 EL Sojasoße
4 mittelgroße, getrocknete Muscheln
200 g frische Seegurke (alternativ: 3 große frische Shiitakepilze)
200 g Winterbambussprossen (lieber frisch als aus der Dose)
500 g gegarter, kalter Reis
200 g gekochter Schinken
1/2 TL Salz
1/2 TL gemahlener weißer Pfeffer

Frühlingszwiebeln klein schneiden. Knoblauch fein hacken. Zwiebel und Möhre fein würfeln. Muscheln mehrere Stunden in Wasser einweichen und dann klein würfeln. Seegurke (oder Pilze) sowie Bambussprossen und gekochten Schinken ebenfalls fein würfeln.
Einen Eßlöffel Öl im Wok erhitzen und durch Schwenken des Woks gut verteilen. Die Eier schlagen, in den Wok geben und den Wok so schwenken, dass die Eiermasse den Wok dünn bedeckt. Den Eierfladen nach einer Minute wenden und eine weitere Minute garen. Aus dem Wok nehmen und in kleine Stückchen schneiden.
Den Wok mit einem Stück Küchenkrepp auswischen und zwei EL Öl darin erhitzen. Frühlingszwiebel, Knoblauch und Zwiebeln eine Minute darin anbraten. Möhren, Hühnerbrühe, Reiswein, Sesamöl und Sojasoße hinzugeben und ein bis zwei Minuten köcheln. Muscheln, Seegurke und Bambussprossen dazugeben und zwei bis drei Minuten unter Rühren anbraten. Reis, Schinken, Salz und Pfeffer dazugeben und wieder zwei Minuten braten. Die Eierstückchen dazugeben, noch eine Minute unter Rühren braten und dann servieren.

Teil IV

# HUTONG-KÜCHE

# 15

Ich war fast den ganzen Herbst weg gewesen und freute mich auf die Rückkehr nach Peking. Vorher hatte ich die Hauptstadt nie als meine Heimat betrachtet, doch während ich in China unterwegs gewesen war, hatte mich hin und wieder Heimweh gepackt, und mir war nach und nach klargeworden, dass mein Sehnen nicht Amerika galt, sondern Peking. Und nicht nur der Stadt, sondern auch den Menschen: Natürlich vermisste ich meine Freundin Vorsitzende Wang und Küchenmeister Zhang, aber zu meiner Überraschung auch Craig, einen guten Freund und Journalistenkollegen, mit dem ich vor meinen Reisen durchs Land einige Male ausgegangen war. Und nicht zuletzt das Essen. Ich war froh, wieder im Land der Nudeln, Maultaschen, Chilischoten und des Knoblauchs im Überfluss zu sein. Ich sehnte mich nach dem Anblick alter Pekinger Frauen, die Kohlköpfe in ihren Höfen stapelten, kaum dass es kälter wurde, und nach den Süßkartoffelverkäufern, die sich mit ihren kohlegefüllten Metallfässern in den Straßen aufstellten und die Herbstluft mit dem süßen Duft nach gerösteten Süßkartoffeln erfüllten.

Kurz nach meiner Rückkehr, an einem kühlen Abend Ende November, besuchte ich Küchenmeister Zhang. Er hatte mit einem Neffen ein neues Restaurant eröffnet, nur wenige Kilometer von seiner Nudelbude entfernt. Es war etwa neun Uhr abends, als ich an der kleinen Hütte ankam, die an einer staubigen Straße ganz in der Nähe von Bahngleisen lag. Die beiden waren dabei, aufzuräumen und zu schließen.

»Du bist aber dünn geworden!«, war das Erste, das Zhang sagte, als ich seinen neuen Laden betrat.

Er meinte das nicht als Kompliment – »dünn« war schlecht, er meinte damit, dass ich ungesund aussah. Aber ich wusste, Zhang wollte mir damit nur zeigen, dass er sich Sorgen um mich machte.

»Wirklich?«, sagte ich. »Ich dachte, ich hätte zugenommen.«

»Also, noch dünner darfst du jedenfalls nicht werden«, stellte er fest. »Du siehst müde aus.«

»Ich würde gerne noch ein bisschen abnehmen«, sagte ich.

»Wieso das denn? Ich wäre gerne so dick wie er.« Zhang zeigte auf seinen Neffen, der Stäbchen, Servietten und Essensreste auf dem Betonboden zusammenfegte. Die vornübergebeugte Haltung unterstrich seine pummelige Statur, die von einem runden, pausbackigen Gesicht gekrönt wurde. Zhang war noch genau so dünn wie bei unserer letzten Begegnung, im Gesicht war er sogar noch magerer geworden, so dass seine großen, runden Augen richtig hervorstachen. »Ganz gleich, wie viel ich esse, ich nehme einfach nicht zu«, sagte Zhang kopfschüttelnd.

Er brachte mir Essen, um mich aufzupäppeln. In diesem Restaurant war die Speisekarte umfassender als in seiner Nudelbude, unter anderem gab es eine ganze Reihe von Spezialitäten aus Shanxi, von denen ich noch nie gehört hatte. Er reichte mir einen Bambuskorb voll gedämpfter Nudeln, kao laolao. Ich tunkte die breite, penneförmige Pasta aus Hafer in eine Soße aus scharfem Essig und Koriander und spürte, wie die groben, zähen Nudeln mir in einem Schwung in den Magen rutschten. Einer von Zhangs Freunden brachte ihm den Essig direkt aus Shanxi mit, weil Zhang dem Angebot in Peking nicht traute. »Hier ist er möglicherweise gepanscht«, sagte er.

Die dünnen Wände seines Lokals konnten die kalte Novemberluft kaum abhalten, und mich fröstelte trotz meiner Daunenjacke. Ich versuchte, mir nicht anmerken zu lassen, wie sehr ich fror, weil ich nicht wollte, dass Zhang das Gesicht verlor. Aber ich war neugierig und wollte wissen, wieso er ausgerechnet diesen Standort gewählt hatte, nachdem er die Stadt einen Monat lang auf dem Fahrrad auf der Suche nach einer geeigneten Lage für sein Restaurant durchkämmt hatte.

»Um ehrlich zu sein, das hier ist nicht mein Wunsch-Standort«, sagte Zhang. »Wir haben uns nur dafür entschieden, weil die Pacht günstig ist. Das war das Beste, was wir uns leisten konnten, ohne uns Geld leihen zu müssen oder noch einen Geschäftspartner dazu zu holen.« Der Alte Wang, sein früherer Kollege, wollte eigentlich noch immer gerne ein Restaurant mit ihm eröffnen, aber Zhang hatte beschlossen, dass er als Wanderarbeiter in einer Partnerschaft mit einem Pekinger immer im Nachteil sein würde, da das Gesetz immer auf der Seite des Pekingers wäre.

Ein einziges Poster mit chinesischen Schriftzeichen zierte die Wände des Lokals, und das hatte der Vermieter aufgehängt, bevor Zhang und sein Neffe den Schuppen übernommen hatten. Zhang erklärte mir, dass es sich dabei um einen Abschnitt aus einer buddhistischen Schrift handelte. Der Vermieter hatte hier einst ein vegetarisches Restaurant betrieben, aber vegetarische Küche war in dieser Gegend nicht sonderlich gefragt, und darum war er pleitegegangen.

»Der Vermieter ist allerdings ein seltsamer Vegetarier«, sagte Zhang. »Nicht einmal Eier isst er. Er hat eine Glatze, ist aber ganz bestimmt kein Mönch. Er ist extrem clever. Bevor ich das Lokal übernahm, hat er alle Plastikbecher und Pflanzen gezählt und sich alles aufgeschrieben. Er wollte, dass ich den Telefonanschluss hier behalte, damit er mir horrende Telefonrechnungen schicken kann. Und er hat mich davor gewarnt, den Fußboden zu sehr abzunutzen.« Der Boden war, wie gesagt, aus Beton.

Zhang erkundigte sich nach Craig. Ich erzählte ihm, dass ich fast den ganzen Herbst unterwegs gewesen sei, dass wir uns hin und wieder mal getroffen hatten und dass wir jetzt, wo ich wieder in Peking war, öfter etwas zusammen unternahmen.

»Darf ich dich etwas fragen? Hat Craig chinesische Wurzeln?«

Zhang kannte Craig, der mit seinen blauen Augen und seinem gewellten, hellbraunen Haar noch nie für einen Chinesen gehalten worden war.

»Nein«, lachte ich. »Wieso fragst du?«

»Ich weiß nicht. Er hat irgendwas an sich, das ihn chinesisch wirken lässt. Er gibt sich nicht wie ein Ausländer.«

Da hatte er recht – Craig lebte bereits seit Jahren in China und entbehrte vollkommen jener dreisten Arroganz, die so viele Ausländer an den Tag legten. Er sprach gutes Mandarin. Und er war bescheiden – eine in China hoch geschätzte Eigenschaft.

Ich erkundigte mich nach Zhangs Familie, insbesondere nach seinem Sohn.

»Dem geht es gut. Ihr beiden versteht euch ja ziemlich gut. Aber ich habe kein besonders enges Verhältnis zu ihm. Für ihn bin ich ein Fremder, seit ich so lange von zu Hause weg bin. Ich war erst einmal wieder für längere Zeit dort, und das war während der SARS-Epidemie.« Damals hatte das Restaurant ihn entlassen, und er war drei Monate in Shanxi gewesen. Da er damals jedoch überhaupt kein Geld verdiente, hatte er sich mehr Sorgen gemacht, als dass er sich entspannt hatte.

Ich fragte ihn, ob er Angst gehabt habe, sich mit SARS anzustecken.

»Ich hatte keine Angst. Ich bin ein ganz traditionsbewusster Chinese. Ich glaube an das Schicksal. Es gibt gewisse Dinge, auf die man keinen Einfluss hat. Ich lag zwar nicht gerade im Bett und wartete darauf, dass mich die Seuche ereilt, aber manches ist einfach Schicksal. Wie zum Beispiel, dass ich dich kennengelernt habe. Es war Schicksal, dass ich damals meinen ersten Nudelladen eröffnete. Hätte ich das nicht gemacht, hätten die Mädchen dich nicht mitgebracht und ich hätte dich nicht kennengelernt. Manche Dinge kann man vorausahnen und steuern. Andere nicht.«

Nachdem wir etwa eine Stunde geplaudert hatten, stand ich auf und wollte gehen. Ich wusste, dass Zhang nichts dagegen hatte, lange in seinem Lokal zu sitzen – die Alternative war, dass er sich in einem unbequemen, provisorischen Bett schlafen legte. (Er war abermals umgezogen, nachdem seine Familie nach Shanxi zurückgekehrt war.) Aber ich war schon ganz steif vor Kälte. Also dankte ich ihm für die Nudeln, verabschiedete mich von ihm und nahm mir ein Taxi zu meiner Wohnung, von der ich wusste, dass sie angenehm geheizt sein würde.

Einige Monate später schlossen Zhang und sein Neffe das Lokal wieder. Zhang wollte Peking verlassen. Ein Freund hatte ihm einen Job in einer kleinen, acht Zugstunden entfernt liegenden Stadt beschafft: Er sollte eine Kantine leiten, in der die Bauleiter speisten, die den Bau einer der riesigen Autobahnen beaufsichtigten. Zhang hatte beschlossen, dass er es sich nicht mehr leisten konnte, zwar den ganzen Tag andere Menschen mit Essen zu versorgen, sich gleichzeitig aber nicht sicher zu sein, womit er selbst sich den Magen füllen sollte. Er brauchte die Sicherheit einer »Reisschale«, wie es in China heißt. Aber er schwor sich, dass er eines Tages nach Peking zurückkehren würde.

Im Laufe des Winters lernte ich Craig immer besser kennen und fand heraus, dass es nur einen Aspekt an ihm gab, der ihn als Chinesen disqualifizierte – und damit meinte ich nicht sein Aussehen: Er interessierte sich nicht für Essen. Bereits ziemlich am Anfang hatte er eingeräumt, es wäre ihm am liebsten, »wenn es eine Pille gäbe, die man einnehmen kann, statt immer essen zu müssen«. Für ihn war Essen nichts anderes als notwendiger Treibstoff. Er aß blitzschnell, weil er seine Zeit lieber mit anderen Dingen verbringen wollte. Essen war für ihn reine Zeitverschwendung. Er begann den Tag mit einer fürchterlichen Tasse Nescafé, weil es ihm bereits zu viel Aufwand war, Kaffee zu mahlen und frisch aufzubrühen. Sein Urteil über ein chinesisches Restaurant machte er daran fest, wie ihm dort Huhn Kung Pao schmeckte, das Standardgericht schlechthin. Während ich Thunfisch, Austern und rohes oder halb rohes Rindfleisch aß, bestand er darauf, nur Durchgebratenes zu essen, und schalt mich, weil ich meine Gesundheit aufs Spiel setzte. (Da hatte er wohl nicht ganz unrecht – schließlich waren wir in China. Und doch wollte ich mein riskantes Verhalten aus einem gewissen Trotz heraus nicht aufgeben.)

Irgendwie schafften wir es, über das, was wir als Charakterschwäche des anderen betrachteten, hinwegzusehen. Und so verbrachten wir – wie andere angehende Liebespaare auch – viel Zeit in Restaurants, und unsere Treffpunkte boten bald einen interessanten Querschnitt durch die Pekinger Restaurantszene. Für unser erstes privates gemeinsames Abendessen hatten wir uns ein stilvolles Sichuan-Lokal im Künstlerviertel ausgesucht, in dem jede Menge langhaarige Maler und Musiker saßen. Ein anderes Mal trafen wir uns mit Freunden in einem schäbigen Restaurant gleich um die Ecke, wo die lamm- und kartoffelreiche Küche der Uighuren serviert wurde. Wir wagten uns sogar bis in die Pekinger Vororte, wo wir in einem umgebauten Bauernhaus inmitten eines Apfelgartens aßen. Ich muss allerdings zugeben, dass ich mich nicht erinnern kann, was ich in den genannten Lokalen gegessen habe, weil es mir zum ersten Mal seit langer Zeit einfach nicht wichtig war. Ich war viel zu sehr damit beschäftigt, mich zu verlieben.

Im Frühling zogen Vorsitzende Wang und ihr Mann aus ihrer düsteren Wohnung in ein kleines einstöckiges Domizil in einem hutong. Es umfasste zwei Zimmer und nahm die Ecke einer um einen Innenhof herum gebauten Wohnanlage ein. Traditionelle Häuser dieses Typs verfügten über vier lange Räume, waren aus Backsteinen und Holzbalken errichtet und mit grauen Ziegeln gedeckt worden. Die Räume bildeten eine rechteckige Festung um einen Garten herum, die einzige Verbindung zur Außenwelt war ein Tor. Diese Häuser mit Innenhof waren ursprünglich für einzelne, wohlhabende Familien gedacht, doch inzwischen hatte man viele von ihnen in kleinere Wohneinheiten unterteilt. Die Wangs teilten sich ihre Anlage mit neun weiteren Familien. Der Innenhof war – wie so oft – mit einer Unzahl von Wellblechhütten gepflastert. Vom Tor aus führte ein schmaler, staubiger Pfad um das Gebäude und zu den Eingangstüren der jeweiligen Wohneinheiten.

Das Hofhaus der Wangs hatte eine interessante Geschichte. Die aus der Arbeiterschicht stammenden Eltern von Herrn Wang hatten es seinerzeit geschafft, genügend Geld zusammenzukratzen, um die Zimmer zu kaufen, bevor die Kommunisten an die Macht kamen. So war Herr Wang dort aufgewachsen. Während der Kulturrevolution war der Familie im Zuge der Umverteilung des Vermögens jedoch eines der Zimmer weggenommen worden. Herr Wang und seine Mutter blieben auch nach dem Tod von Herrn Wangs Vater in dem einen Zimmer wohnen. Doch als Herr Wang heiratete, war dort nicht genug Platz für drei Erwachsene, und das junge Paar wohnte die ersten Ehejahre in Herrn Wangs Büro.

Als Vorsitzende Wang ihren Sohn zur Welt gebracht hatte, schrieb sie dem Vizebürgermeister von Peking einen Brief, in dem sie ihm berichtete, ihr Ehemann sei Lehrer und sie hätten einen Säugling. Sie fände nicht, dass ein Büro der rechte Ort sei, um ein Kind großzuziehen, und ob die Regierung wohl so freundlich wäre, ihnen das zweite Zimmer zurückzugeben?

Eine Woche später erhielt Vorsitzende Wang einen Brief, in dem ihr mitgeteilt wurde, man würde die Angelegenheit prüfen. Einen Monat später bekam sie im Büro ihres Mannes Besuch von einem Funktionär, der ihr ein paar Fragen stellte. Es vergingen noch ein paar Monate, dann teilte die Regierung den Wangs mit, dass sie ihr Zimmer zurückbekommen würden. »So etwas wäre heute absolut undenkbar!«, unterbrach Vorsitzende Wang ihre Erzählung. Die junge Familie zog in das neue alte Zimmer ein und wohnte dort, bis sie Anfang der 1980er Jahre die Möglichkeit erhielt, die Wohnung in dem Betonblock zu mieten – was seinerzeit einen immensen Aufstieg bedeutete: von zwei Zimmern und Gemeinschaftstoilette zu drei geräumigen Zimmern mit separater Küche und eigenem WC.

Nach dem Tod von Herrn Wangs Mutter hatten mehrere seiner Verwandten in dem hutong-Haus gewohnt. Vorsitzende Wang und ihr Mann hatten in den letzten Jahren öfter darüber nachgedacht, wieder selbst dorthin zu ziehen. Sie wollten ihre Wohnung ihrem Sohn überlassen, der wohl bald seine Freundin heiraten würde. Allerdings waren sie auch zu höflich, ihre Verwandten direkt zu bitten, aus den beiden Zimmern auszuziehen. Eine im Westen eher undenkbare Situation: Dort lässt niemand seine Verwandten auf unbestimmte Zeit in seinem Haus wohnen und gibt sich dafür als Miete mit einer Kiste Äpfel hin und wieder zufrieden. Doch vor kurzem hatten die Verwandten eine andere Wohnung gefunden und die zwei Zimmer wieder den Wangs überlassen. Kaum wohnten Vorsitzende Wang und ihr Mann wieder dort, da bauten sie ihre kleine Terrasse zu einem dritten Zimmer mit Badezimmer und einer geräumigen Küche um. In den hutongs war es wegen der wenigen Rohleitungen üblich, Küche und Toilette nebeneinander zu errichten. Glück hatte, wer sich überhaupt eine eigene Toilette leisten konnte. Die Umbauarbeiten vereinnahmten die Wangs völlig. Der Stamm eines alten Dattelbaumes direkt vor ihrem neuen Heim drückte gegen die Hausmauer. Um ihn fällen zu dürfen, brauchten die Wangs eine Genehmigung vom zuständigen Amt, und das erforderte Bestechung in Form von teuren Zigarrenkisten. Sie heuerten eine Gruppe Wanderarbeiter an, um den Baum zu fällen und mehrere neue Wände zu mauern. Ursprünglich hatten die Wangs vorgehabt, noch eine Etage draufzusetzen, doch als der Bautrupp damit anfing, drohte ein Nachbar, sich bei den Behörden zu beschweren, weil mehr als eine Etage in dieser Gegend nicht genehmigt war. Um den Nachbarn zu besänftigen, boten die Wangs ihm schließlich baijiu an.

Vorsitzende Wang war selbst in einem der riesigen Heimwerkermärkte Pekings gewesen, um die Einbauten für Küche und Bad auszusuchen, da man den Handwerkern da nicht vertrauen könne. Auch aus diesem Grund verließen die Wangs die Baustelle so gut wie nie, sie überwachten die Arbeiten und passten auf, dass ihnen keiner Backsteine oder Farbe klaute. Drei Monate, fünftausend Dollar, zehn Zigarettenkartons und ein Dutzend Flaschen baijiu später erstrahlten Badezimmer und Küche im Glanz nagelneuer Geräte: Neben dem Herd mit zwei Feuerstellen standen ein silberfarbener Kühlschrank und eine Waschmaschine. In den zahlreichen Schränken war Platz für all die Snacks und Grundnahrungsmittel, die Vorsitzende Wang im Haus haben wollte. Und für einen runden Esstisch war auch noch Raum genug. Besonders stolz war Wang auf die weißen Badezimmerfliesen und Waschbecken.

Auch die neue Küche war mit der alten nicht zu vergleichen. Unwillkürlich dachte ich an den kahlen, schäbigen Raum zurück, in dem Vorsitzende Wang vor ihrem Schneidebrett gekauert und im Schein einer einzigen, an einem Nagel in der Wand hängenden Glühbirne gearbeitet hatte. Ich gratulierte ihr also aus ganzem Herzen.

»Es ist hai xing«, sagte sie auf ihre gewohnte Art. Nicht schlecht. Und die breiten Wangen schoben ihre Brille ein wenig hoch, als sie lächelte.

Das Drachenbootfest stand wieder vor der Tür, also ging ich eines Vormittags zu Wang, um mit ihr zongzi zu machen, die in Schilfblätter gewickelten Reispäckchen. Doch statt die neuen Arbeitsflächen zu benutzen, stellte sie gleich neben der Tür zwei Hocker und einen winzigen Tisch auf – genau wie in ihrer alten Wohnung. Ich stellte keine Fragen. Ich war mit dem Umwickeln der Päckchen vollkommen ausgelastet. Ich konnte problemlos ein paar der klebrigen Reiskörner auf ein Schilfblatt packen und das Blatt so falten, dass es den Reis ganz umhüllte. Aber wenn es darum ging, das Päckchen zu schnüren, war ich genauso ungeschickt wie früher: Die Reiskörner purzelten seitlich heraus, und die Kordel wickelte sich ab.

»Du bist hoffnungslos!«, rief Vorsitzende Wang vergnügt.

Für einen einzelnen Menschen zu kochen bedeutet, ihn auf recht intime Weise in das eigene Leben zu lassen. Ich zögerte, für Craig zu kochen, obwohl der Frühling bereits an die Tür klopfte und wir einander den Winter über recht gut kennengelernt hatten. Aber eine frühere Beziehung von mir hatte sich kurz nach einem von mir für ihn gekochten Abendessen in Wohlgefallen aufgelöst. Ich wusste natürlich, dass das nichts mit dem Essen an sich zu tun gehabt hatte, aber ich wurde das Gefühl nicht los, dass mein Kochen vielleicht den Rattenschwanz an Heim-Herd-Familie-Assoziationen ausgelöst und ihn in die Flucht geschlagen hatte. Da ich nicht wollte, dass Craig Ähnliches hineininterpretierte, hatte ich mir das Kochen für Vorsitzende Wang, alte Freunde und gelegentliche Gäste von außerhalb aufgehoben.

Craig dagegen betrachtete seine Küche überhaupt nicht als einen intimen Bereich. Er schnippelte in meiner Gegenwart ohne zu zögern drauflos und würzte alles wild durcheinander. Eines Abends lud er mich zu einem »Ein-Topf-Gericht« bei sich zu Hause ein. Ich war mir nicht sicher, wie er es zubereitet hatte, aber er brachte es in der Tat fertig, Pasta mit Gemüse und geriebenem, abgepacktem Käse zu kochen und dabei nur einen Topf schmutzig zu machen. Ein anderes Mal schlug er vor, Huhn mit Pilzen zu kochen. Ganz schlicht, sagte er. Er kaufte dazu im ausländischen Supermarkt eine Dose Campbell's Champignoncremesuppe, goss diese über ein paar Hühnerbrüste und garte diesen Mischmasch in meinem kleinen Backgrill (normale Backöfen sind in China eine Seltenheit). Er behauptete, dieses Gericht sei ein amerikanischer Klassiker. Ich wies ihn darauf hin, dass wir uns nicht in Amerika befanden, und sprach ein Machtwort: Bei mir zu Hause würden wir niemals solche Abscheulichkeiten essen.

Ich wurde daher nervös, wenn Craig mir anbot, für uns zu kochen. Ich wechselte dann jedes Mal das Thema und erwähnte nach ein paar Minuten ganz beiläufig das neue sichuanesische oder gar russische Restaurant gleich um die Ecke. Aber ich konnte merken, dass Craig misstrauisch wurde. Warum kochte ich nicht? War ich wirklich an der Kochschule gewesen? Hatte ich wirklich Praktika in allen möglichen Restaurants absolviert? Wie dem auch sei, irgendwann gab ich dem

Drang, für meinen athletisch gebauten, eins fünfundachtzig großen, attraktiven neuen Freund mit den kornblumenblauen Augen und dem entwaffnenden Lächeln zu kochen, nach und wagte mich in die Küche. Ich fing mit einem westlichen Standardgericht an: Spaghetti Carbonara. Ein paar Wochen später bot ich ihm zaghaft eine Kostprobe von den Resten des Mapo-Tofu an, das mir am Abend zuvor recht gut gelungen war.

»Köstlich!«, rief er, nachdem er in Sekundenschnelle alles verputzt hatte. »Das beste Mapo-Tofu, das ich je gegessen habe!«

Das gab mir Auftrieb. Nun traute ich mich, für sechs Freunde bei ihm zu Hause ein recht aufwendiges Festessen zum chinesischen Neujahr zu kochen. Unsere Gäste sollten um acht Uhr da sein. Gegen drei Uhr nachmittags geriet ich angesichts der Berge von Lebensmitteln in der Küche in Panik. »Wie wäre es, wenn wir doch essen gehen?«, schlug ich vor. Es würde doch bestimmt ein Restaurant zu finden sein, das an diesem Festtag noch nicht vollkommen ausgebucht war!?

Craig kam in die Küche und versicherte mir, dass alles klappen würde. Er begann, wie der Wirbelwind Gemüse zu waschen und zu schneiden, und gemeinsam schafften wir es. Das Acht-Gänge-Menü bot einen Querschnitt der verschiedenen Gerichte, die ich in den letzten anderthalb Jahren kochen gelernt hatte. Ich bereitete das süß-saure Schweinefleisch mit grünen Bohnen nach Sichuan-Art aus der Kochschule zu, die rotgeschmorte Aubergine aus Shanghai und in Salatblätter gehülltes Schweinehack – ein Gericht, das ich mir selbst ausgedacht hatte. Zum Schluss gab es Maultaschen, die bei einem chinesischen Neujahrsessen genauso wenig fehlen dürfen wie der Truthahn zu Thanksgiving in Amerika. Die einzige Katastrophe war die geräucherte Ente, ein Rezept von Küchenmeister Dan. Als ich sie aus dem Ofen holte, sah sie aus wie ein Stück Holz: komplett durchgegart – und damit gerade so, wie Craig Fleisch mochte. Das war eigentlich das Beste daran, einen Freund zu haben, der sich aus Essen nichts machte: Ihm schmeckte alles.

Um Mitternacht kletterten wir auf das Dach und sahen dem fantastischen Feuerwerk über der Stadt zu. Rote, gelbe und blaue Lichter erhellten den Nachthimmel, und Kanonenschläge begrüßten das neue Jahr. Die Bürger Pekings machten von ihrem Recht waidlich Gebrauch, so viele Feuerwerkskörper kaufen und abschießen zu können, wie sie wollten

## »DAS BESTE« MAPO-TOFU

2 EL Öl
120 g Rinderhack
1 Stück Lauch (ca. 4 cm) oder die entsprechende Menge Frühlingszwiebeln
1 Stück Ingwer (ca. 2 cm)
60 g Bohnenpaste
2 EL Sojasoße
1/4 TL Salz
1/2 TL Zucker
120 ml Wasser
1 Stück fester Tofu
1/2 TL gemahlene Sichuan-Pfefferkörner
1 EL Shaoxing-Reiswein

Lauch bzw. Frühlingszwiebeln und Ingwer fein hacken. Den Tofu der Länge nach in gut einen halben Zentimeter große Würfel schneiden.
Das Öl in einen Wok geben und eine Minute bei großer Hitze erwärmen. Das Rinderhack hineingeben, in kleine Klümp-

chen zerteilen und unter Rühren eine Minute anbraten. Folgende Zutaten einzeln hinzugeben und dazwischen immer eine Minute pfannenrühren: Lauch und Ingwer, Bohnenpaste, Sojasoße, Salz und Zucker. Wasser dazugeben, auf mittlere Hitze umschalten und vier bis fünf Minuten köcheln lassen. Tofu hinzufügen, wieder auf große Hitze schalten und weitere zwei bis drei Minuten pfannenrühren. Pfeffern und den Wok vom Feuer nehmen. Sofort servieren.

Im Sommer eröffnete mit einigen Monaten Verspätung Jereme Leungs Whampoa Club in Peking. Das Restaurant befand sich in einer winzigen grünen Parkoase inmitten der neuen austauschbaren Stahlbetonbauten des Bankenviertels. Zehn Jahre zuvor hatten hier noch alte Hofhäuser gestanden, doch nachdem der Bezirk zum zukünftigen Bankenviertel der Hauptstadt auserkoren worden war, war alles platt gewalzt worden. Zum Glück waren einem Mitglied der Regierung Zweifel gekommen, die alte Architektur komplett zu vernichten, denn drei der traditionellen Hofhäuser waren wieder aufgebaut worden – zum Teil mit den Originalziegeln und -backsteinen. Und in einem dieser Hofhäuser eröffnete Jereme sein Restaurant.

An einem milden Sommerabend gingen Craig und ich dort essen. Bei Craigs Besuch in Shanghai war ich mit ihm nicht in den Whampoa Club gegangen. Er mochte ja keine Gourmetrestaurants – in seinen Augen Zeit- und Geldverschwendung. »Wieso muss man zwei Stunden damit verbringen, zu essen?«, hatte er mich einmal in einem schicken Restaurant gefragt und war dabei gelangweilt auf dem Stuhl herumgerutscht wie ein zehnjähriger Junge. Bei einer anderen Gelegenheit fielen ihm fast die Augen aus dem Kopf, als er die

Preise auf der Speisekarte sah: »Sieben fünfzig für ein Bier? Die spinnen doch!« Ich empfand daher allein die Tatsache, dass ich ihn zu dem Besuch im Whampoa Club hatte überreden können, als ein positives Signal.

In dem Hofhaus gab es einige Separees und eine Bar mit schwarz lackierten Wänden, dunklen Ledersitzen und blaugrünen, seidenen Zierkissen. Ein schwach erleuchteter Flur führte in ein unterirdisches Foyer, das mit schwarzen Vogelkäfigen verschiedener Größen dekoriert war und in einen großen Speisesaal mit einer einzigartigen Innenarchitektur überging: Die Decke war aus Glas und gleichzeitig die Unterseite eines Goldfischbassins. Auf diese Weise drang Tageslicht in den Kellerraum, das von unzähligen, von der Decke baumelnden Metallscheiben reflektiert wurde. Doch wenn die Sonne unterging, ähnelten die Scheiben Eiszapfen, und es wurde sehr dunkel im Speisesaal, fast wie in einer Höhle. Mir fiel auf, dass bestimmte Details, wie zum Beispiel die blauen, mit Pferdehaar gepolsterten Wände in den Toilettenräumen und die mit glänzenden Lederstreifen bezogenen Sitze dem Design von Jean-Georges' Restaurant in Shanghai nachempfunden waren, und ich glaubte nicht an einen Zufall.

Man wies uns einen Tisch zu, der durch blaue Samtvorhängen vom Speisesaal abgeschirmt wurde und mit einem schwarzen Barocklüster und Bose-Lautsprechern ausgestattet war. Als wir die Speisekarten aufschlugen, bemerkte ich insgeheim einen weiteren Fortschritt an Craig: Er zuckte angesichts der Preise nicht mit der Wimper. … Augenblicke später lachte er dann doch laut auf.

»Hast du das gesehen?«, fragte er. Er zeigte auf die erste Seite und las vor: »Der von dem begnadeten Koch und Unternehmer Jereme Leung geplante, gegründete und geleitete Whampoa Club in Shanghai gilt als eines der besten Gourmetrestaurants der Welt. Peking ist stolz, nun auch einen

Whampoa Club präsentieren zu können – den Inbegriff unübertroffener chinesischer Küche.«

»Ja, er ist ziemlich arrogant«, sagte ich.

»Arrogant?«, hakte Craig nach. »Oder unsicher?«

Ein Kellner in schwarzem Gewand mit gelbem Gürtel nahm die Bestellung auf. Ich wollte ein Kostproben-Menü zu fünfundsiebzig Dollar, Craig bestellte à la carte: im Wok gebratenes Huhn und teegeräucherten, gepressten Tofu. Trotz des beeindruckenden Drumherums – oder vielleicht gerade deswegen – war ich in Bezug auf das Essen skeptisch. Wenige Wochen zuvor hatte Jereme mir gestanden, dass er nicht genügend Zeit gehabt hatte, sich der Ausarbeitung der Rezepte zu widmen. Und ich erinnerte mich noch gut an sein missratenes Huhn im Wok. Bei der Zeit und Energie, die Jereme offensichtlich in die Inneneinrichtung gesteckt hatte, war ich gespannt, ob es sich beim »Whampoa Club Beijing« lediglich um ein weiteres protziges Pekinger Restaurant handelte, bei dem die Verpackung wichtiger war als der Inhalt.

Auf einem länglichen weißen Teller wurde mir in mundgerechten Happen eine farbenfrohe Auswahl von Vorspeisen serviert. Ich war überrascht, wie gut die verschiedenen Aromen miteinander harmonierten. Eine zarte Tofurolle war gefüllt mit samtiger Gänseleberterrine – jenem Gericht, das Jereme in jüngeren Jahren verabscheut hatte. Ein ganzer Turm eingelegten Gemüses – etwas, das Jereme nie angerührt hatte, bevor er nach Festlandchina kam – verblüffte mit einer wunderbaren, knusprigen Textur. Eine mit scharfem Sesamdressing gewürzte Rolle youmai (ein chinesisches Blattgemüse) hinterließ auf meiner Zunge einen milden und gleichzeitig feurigen Geschmack. Extrem feine Kartoffel-Julienne kündeten von einem Koch mit großem Schneidegeschick. In einem kleinen Häufchen Kohl verbarg sich ein Hauch von Wasabi – solche Kniffe gehörten zu Jeremes unverwechselbarem Stil.

Jereme hatte den Köchen aufgetragen, Craig auf Kosten des Hauses auch ein Kostproben-Menü zu servieren. Das von ihm bestellte Huhn mit Tofu schmeckte zwar gut, wurde dann aber kalt, während wir uns der langen Folge von Gerichten widmeten. Es war das erste Mal, dass ich Craig völlig entspannt in einem Gourmetrestaurant erlebte – es sah fast so aus, als würde er das Abendessen genießen.

Die Vorspeisenplatte löschte jeglichen Zweifel an Jeremes Fähigkeiten. Die folgenden Gänge waren allerdings nicht ganz so homogen. Eine scharf-saure Suppe mit Hummereinlage war in meinen Augen eine Verschwendung von exklusivem Schalengetier. Ein Stück gebratenes Lamm wirkte schwer und fehl am Platz. Doch die Präsentation eines jeden Gerichtes war so hinreißend, dass sie das etwas schräge Geschmackserlebnis fast wettmachte. Die letzten Gänge retteten dann das Gesamtbild. Köstlich war der in einer Umhüllung aus Frühlingszwiebeln gebackene Kabeljau – zart und schmackhaft. Jeremes Interpretation traditioneller Pekinger Zhajiang-Nudeln wurde gekrönt von einer bunten Julienne-Mischung aus Radieschen, Karotten, Gurke und einzelnen Maiskörnern sowie Sichuan-Pfefferkörnern. Die in der Pfanne gebratene nordchinesische Maultasche war so sorgfältig gefaltet worden, dass man ein Blattmuster erkennen konnte, war so saftig, dass die Brühe in einem hohen Bogen über den Tisch spritzte, als Craig hineinbiss. Das Dessert war himmlisch – eine Torte aus Mandelblättchen, die mit einem traditionellen nordchinesischen Mandeltee in einer zarten Tonkanne serviert wurde. Alles in allem war es das beste und ausgefallenste nordchinesische Essen, das ich je gegessen hatte – auch wenn einige Menschen der Ansicht sind, dass nordchinesisches Essen nicht ausgefallen zu sein hat.

Als wir fertig waren, kam Jereme an unseren Tisch. Er trug ein weißes Hemd und Jeans und sah so entspannt aus wie lange nicht. Ich lobte das Essen.

»Es ist das Jahr des Schweins«, sagte er, als er sich zu uns setzte. »Ich bin im Jahr des Schweins geboren. Die Chinesen glauben, dass man im Jahr seines eigenes Tierkreiszeichens entweder sehr viel Glück oder sehr viel Pech hat.«

Wie sich später herausstellen sollte, sollte Jereme in diesem Jahr trotzdem reichlich Pech haben: Noch innerhalb der ersten sechs Monate nach Eröffnung des neuen Restaurants probten einige der Köche den Aufstand, und Jeremes Investoren zogen sich zurück. Erst im Jahr darauf, dem Jahr der Ratte, begann das Blatt sich zu wenden: Immer mehr Gäste wollten sich bei ihm bewirten lassen, und das Restaurant gewann die ersten Preise.

Nun aber erzählte Jereme, wie gut es ihm in Peking gefiel. Die Köche hier im Norden seien entspannter und nicht so gierig wie die in Shanghai. »Heute Abend zum Beispiel«, sagte er, »werde ich mit ihnen Lammspieße essen gehen, und damit sind sie mehr als zufrieden. In Shanghai hätten sie mich gefragt, wer das Taxi bezahlt.«

Wir unterhielten uns etwa eine Stunde lang. Jereme wollte in Kürze verreisen – Strandurlaub in Südostasien. Er vermisste das etwas geruhsamere Leben der Tropen. Und er erwähnte, dass er bestimmt nicht für immer in China bleiben würde – eines schönen Tages, wenn er sein Restaurant-Imperium aufgebaut hatte, würde er sich an irgendeinem schönen Flecken dieser Erde zur Ruhe setzen.

Als Craig und ich aufbrachen, war es bereits nach elf Uhr. Jereme begleitete uns zur Tür. Auf dem Weg dorthin fragte er eine der Kellnerinnen, wo die Köche seien. Er hatte den ganzen Tag noch nichts gegessen und wollte nun mit ihnen ausgehen.

»Die sind alle schon nach Hause gegangen«, sagte sie.

Meine Beziehung zu Craig wurde immer ernsthafter, und Anfang des Sommers zog ich bei ihm ein. Er wohnte in einer zweistöckigen Wohnung in einem dreistöckigen Gebäude, eine echte Seltenheit in einem hutong-Viertel. Ein Architekturprofessor der Tsinghua-Universität hatte die Wohnanlage in den späten 1980er Jahren als ein Projekt zum Thema nachhaltiges Wohnen entworfen. Sein Plan war gewesen, weitere, identische Gebäude im Viertel zu errichten, doch kaum waren die ersten Anlagen gebaut worden, wurde dieser Plan aufgegeben. Jeremes Wohnung verfügte zwar über moderne Errungenschaften wie eine Dusche, zwei Toiletten und eine Küche – aber sie war dennoch so rustikal, dass sie uns immer wieder an das traditionelle Viertel erinnerte, in dem sie lag. Schalteten im Sommer zu viele Bewohner die Klimaanlage ein, fiel der Strom aus, und im Winter mussten wir uns immer dick einpacken, weil die asthmatischen Heizkörper kaum Wärme abgaben.

Und doch war ich restlos begeistert. Durch die zurückgezogene Lage in den kleinen Gassen hörten wir nur selten Verkehrslärm und hupende Autos. Craig und ich machten Abendspaziergänge zum Houhai-See, genossen dort den Sonnenuntergang. Die Hualian-Kochschule, in der all meine Abenteuer begonnen hatten, war sogar zu Fuß zu erreichen. Und das Beste an allem: Vorsitzende Wang wohnte nur fünf Fahrradminuten von uns entfernt.

»Gongxi, gongxi! Herzlichen Glückwunsch!«, rief sie, als ich ihr erzählte, dass Craig und ich uns verlobt hatten. Jetzt, da die Dauerwelle aus ihren dicken, grauen Haaren herausgewachsen war und der Sommer vor der Tür stand, trug sie stolz eine praktische Kurzhaarfrisur. Sie hatte den gleichen blauen qipao mit Blumenmuster an wie zu meiner Maultaschenparty vor fast einem Jahr.

Die meisten anderen Chinesen hatte die Nachricht von der Verlobung geradezu kaltgelassen. Offenbar erwarteten sie, dass es von dem Augenblick an, in dem man anfing, sich regelmäßig mit jemandem zu treffen, ohnehin klar war, dass man heiraten würde. In einer Gesellschaft, in der viele Frauen ihre Freunde als ihren laogong, ihren Ehemann, bezeichneten, weckte das Konzept einer offiziellen Verlobung Misstrauen: Was hatten Craig und ich denn im Schilde geführt, bevor wir uns verlobt hatten?

Doch wir trafen uns an jenem Nachmittag nicht, um zu feiern. Wir wollten Geschäftliches besprechen. Vorsitzende Wang und ich durchstreiften das Viertel nach einem geeigneten Objekt für unser Vorhaben: Wir wollten eine Kochschule eröffnen. Seit ich mit dem Kochen angefangen hatte, bombardierten mich alle Freunde und Bekannte mit der Frage, wo sie denn nun kochen lernen könnten? Wir hatten bei manchen Freunden zu Hause probeweise ein paar Unterrichtsabende abgehalten und beschlossen, uns nach geeigneten Räumlichkeiten umzusehen.

Ein Stück weiter die Gasse hinunter, in der Craig und ich wohnten, besichtigten wir eine für unsere Zwecke perfekte hutong-Wohnung: zwei große, dem Garten zugewandte Räume und ein kleiner Alkoven, den man laut Vermieter in ein Badezimmer umbauen konnte.

Am nächsten Tag rief ich bei einem Bauunternehmer an und bat ihn, vorbeizukommen und mir ein Angebot zu machen.

»Da können Sie kein Badezimmer hinbauen«, sagte er.

»Und warum nicht?«, fragte ich.

»Eine Toilette darf nur wenige Meter von einem Klärtank entfernt sein«, erklärte er, bevor er mich einmal ganz um das Gebäude herum führte, um mir den nächstgelegenen Klärtank zu zeigen, der mit einem Kanaldeckel gekennzeichnet war, auf dem das Schriftzeichen für wu – Dreck – prangte. Der Kanaldeckel war viel zu weit weg von der Stelle, an der wir eine Toilette einbauen wollten. Also fing unsere Suche nach geeigneten Räumlichkeiten wieder von vorne an.

Nach dieser Begegnung mit dem Bauunternehmer fielen mir beim Durchstreifen der Gassen zum ersten Mal all die Kanaldeckel auf, die auf das unsichtbare, unterirdische Versorgungsnetzwerk hinwiesen: xinxi – Telekommunikation; biao – Zähler; zha – Schalter. Sie erinnerten mich auch daran, wie viele verborgene Details es in China für mich noch zu entdecken gab.

Eines Tages, als Vorsitzende Wang und ich in ihrer Küche kochten, beklagte ich mich darüber, dass es in unserem Viertel kaum frische Lebensmittel zu kaufen gab. Die Tante-Emma-Läden boten praktisch nur noch Instant-Nudeln, Erfrischungsgetränke und Kekse an.

»Bist du schon mal auf dem Markt beim Trommelturm gewesen?«, fragte Vorsitzende Wang. Das war ich nicht – und das musste sie natürlich sofort ändern. Sobald wir mit dem Dämpfen einer Portion Maiskuchen fertig waren, schwangen wir uns auf die Fahrräder und fuhren hin. Vorsitzende Wang saß ausgesprochen elegant auf ihrem Drahtesel: Die Fußspitzen leicht nach außen gedreht, der Rücken kerzengerade, flitzte sie durch den hutong, bog in die Hauptstraße ein und flocht sich in den Verkehr, dass ich Mühe hatte, ihr zu folgen.

Vor Lagerhallen, die hinter einer Reihe von Restaurants versteckt waren, stiegen wir ab. In den Hallen, groß und geräumig wie Hangars, wimmelte es vor Verkäufern und Kunden, die Preise für Fleisch, Obst, Gemüse und Getreide verhandelten. Berge von Reis und Nüssen füllten den einen Raum, und ganz in unserer Nähe betasteten Kunden die ausgelegten Pfirsiche und hami-Melonen – in Größe und Textur Wassermelonen ähnlich, doch in Aussehen und Geschmack eher wie Cantaloupe-Melonen. Schlachter wetzten ihre Messer, während sie Bestellungen für Schweinebauch und -füße entgegennahmen. Der Markt war doppelt so groß wie der letzte, den Vorsitzende Wang mir in der Nähe ihrer alten Wohnung gezeigt hatte. Ich konnte nicht fassen, dass ich bereits seit zwei Monaten in dem Stadtteil wohnte und den Markt bisher nicht gefunden hatte.

Aber so war eben das Leben im hutong: Ich entdeckte nach und nach immer mehr Details – wie die Kanaldeckel – und konnte mir so ein immer besseres Bild vom traditionellen Pekinger Leben machen. Ich musste nur Geduld haben. Eines Morgens, als ich unsere Wohnung verließ, stolperte ich über eine Frau auf einem Fahrrad, die einen Anhänger hinter sich herzog. »Mai-cai-yah!«, rief sie so markant wie ein mongolischer Kehlsänger. »Kauft Gemüse!« Sie hob die Abdeckung des Anhängers, unter der eine ganze Ladung Blumenkohl, Tomaten, Gurken und Zwiebeln zum Vorschein kam. Kein Wunder, dass die Tante-Emma-Läden kaum frische Waren anboten. Von da an nahm ich ihr Rufen jeden Morgen und Abend wahr. »Da mi! Da mi! Bai mian fen!«, rief ein anderer Verkäufer und wuchtete eine Ladung Reis und Mehl auf sein Wägelchen. Der Messerschärfer kam jeden zweiten Tag gegen vier Uhr nachmittags vorbei: »Mo dao! Mo dao!«, rief er, schlug mit den Messern gegen eine Metallplatte und wartete so lange in unserer Anlage, bis ich ihm mein Küchenbeil gebracht hatte.

Ich war froh, die Verkäufer auf ihren Fahrrädern noch rechtzeitig entdeckt zu haben. Peking veränderte sich in dem Bestreben, eine moderne Weltstadt zu werden, so rasant, dass es immer mehr an Charakteristika und Esstraditionen verlor. Früher alltägliche, an jeder Straßenecke am Stand zu kaufende Imbisse verschwanden, etwa die Jianbing, die salzigen Crêpes mit Chilisoße und Koriander. Alte Nudelbuden wurden von Cafés verdrängt, die labbrige Spaghetti Bolognese servierten. Märkte wie der, den Vorsitzende Wang mir gezeigt hatte, wurden immer seltener, da überall Wal-Marts und Carrefours die Türen öffneten.

Und während Peking immer weiter in Richtung Moderne voranschritt, bewegte ich mich weiter zurück in die Vergangenheit. Bereits meinen Entschluss, nach China zu gehen, hatten meine Eltern nicht nachvollziehen können. Schließlich war die Familie meiner Mutter einst aus China geflohen. Sie hatten alles dafür getan, um aus dem Land herauszukommen – warum wollte ich jetzt dorthin zurück? Sie verstanden nicht, warum ich keinen sicheren Job in den USA wollte und das Risiko einging, in einem kommunistischen Land zu arbeiten. Und jetzt, da ich in dem uralten Beruf der Köchin ausgebildet war, hatte ich noch einen weiteren Schritt zurück unternommen und war in eins der letzten heruntergekommenen alten Viertel gezogen, die sonst überall Block für Block platt gewalzt wurden.

Diese scheinbaren Rückschritte hatten mir jedoch zu innerem Gleichgewicht verholfen. Nach sieben Jahren in China war ich endlich zufrieden. Ich war mit gutem Essen, Freunden, Liebe und dem Maß an Verständnis für den Lauf der Dinge gesegnet, der mich all dies auch würdigen ließ. Meine Eltern hatten mir meinen Umzug nach China verziehen und sich mit meiner Leidenschaft für das Kochen versöhnt, nachdem ich sie in Kalifornien besucht und ihnen ein Sieben-Gänge-Menü gekocht, ihr Haus mit dem Duft von Öl, Chili und Pfefferkörnern erfüllt hatte. In Peking hatte ich zusammen mit Craig ein Zuhause gefunden, und Vorsitzende Wang wohnte gleich um die Ecke. Was die vielen anderen Chinesen betraf, denen ich auf meiner Kochreise begegnet war und die immer noch ihren Weg suchten – Küchenmeister Zhang, Kleine Han, die Kellnerin Qin, die Maultaschen-Arbeiter und andere –, so fragte ich mich oft, was wohl aus ihnen werden würde.

Und dann erinnerte ich mich an etwas, das Vorsitzende Wang mir einmal gesagt hatte: »Suan, tian, ku, la. Sauer, süß, bitter, scharf. Habe ich in meinem Leben alles schon probiert.« Ihr Leben hatte ihr mehr Bitteres als Süßes geboten und mehr Saures als Scharfes, aber trotzdem war es hai xing, nicht schlecht, und das gab mir Hoffnung.

# Anmerkung zu den Rezepten

Sofern nicht anders angegeben, sind die einzigen speziellen Geräte, die man für die Zubereitung der Rezepte in diesem Buch benötigt, ein Küchenbeil und ein Wok – am besten ein gusseisernes Modell mit 36 cm Durchmesser.

Chinesische Mahlzeiten haben sehr familiären Charakter: Wenn vier Personen zu bewirten sind, werden vier bis sechs verschiedene Gerichte zubereitet und untereinander geteilt. Dazu werden Maultaschen oder Nudeln (siehe Rezepte) oder gedämpfter Reis (ca. 400 g oder 2 Tassen roher Reis, im Reiskocher gegart) gereicht.

In allen Rezepten können Frühlingszwiebeln (vor allem im südlichen China gebräuchlich) und Lauch (im nördlichen China verbreitet) alternativ zueinander verwendet werden. Die meisten Chinesen benutzen Sojaöl zum Kochen, es kann aber durch Rapsöl oder jedes andere geschmacksneutrale Pflanzenöl ersetzt werden. Wenn man den Geschmack mag, kann in den meisten Rezepten auch Olivenöl verwendet werden – nur nicht zum Frittieren.

# Danksagung

Ich hätte dieses Buch nicht ohne die Begegnungen mit so vielen wunderbaren Menschen schreiben können, allen voran Wang Guizhen. Sie ist die geduldigste Lehrerin, die ich je hatte, und ich schätze ihre Aufrichtigkeit und ihre schier grenzenlose Weisheit.

Ich hatte das große Glück, mit Zhang Aifeng Freundschaft zu schließen, der so freundlich war, mich in seine Küche zu lassen und mir so viel über das Leben der Wanderarbeiter beizubringen. Qin und die Cai-Drillinge nahmen mich in ihrem Schlafsaal auf und zeigten mir, wie Kellnerinnen leben. Ich bin Jereme Leung dankbar dafür, dass ich in seinem Shanghaier Whampoa Club ein Praktikum absolvieren durfte und dass er mir seine überaus talentierten Köche vorstellte, die mir dabei halfen, meine Kochfertigkeiten zu verfeinern. Ein Dankeschön geht auch an Jiang Liyang in Shanghai, weil er im Laufe der Jahre sein enormes Wissen über Essen mit mir geteilt hat. Dan Qin und Takashi Miyanaka waren so freundlich, mich ins Yin einzulassen. Außerdem möchte ich der Familie Liao in Guangxi und Chen Chunsong in Yangzhou für ihre Gastfreundschaft danken. Ich danke Gregory Veeck und Karl Gerth dafür, dass sie mich in ihre Recherchen einweihten und mir dabei halfen, Ideen für die Konkretisierung dieses Buchs zu entwickeln. Wang Xin, Jonathan Ansfield und Jimmy Hu begleiteten mich zu einigen der abenteuerlichsten Verköstigungen, die in diesem Buch beschrieben sind.

Leslie T. Chang hat mir mit gutem Rat zu meinem Exposé enorm geholfen und den Kontakt zu ihrer Agentin (jetzt unserer Agentin) hergestellt. Leslie, eine Schriftstellerin könnte sich keine bessere Freundin wünschen! Wir sind uns im Verlaufe dieses Buchprojektes so nahe gekommen, und es war einfach toll, die Freuden und Leiden des Schreibens (und alles andere) mit dir teilen zu können.

Ich bin auch dankbar für Jenny Chios Hilfe – sie las meinen ersten Entwurf besonders sorgfältig durch und gab mir konstruktive Hinweise, wie das Buch zu verbessern sei. Peter Hessler hat mich seit meiner Anfangszeit als Journalistin in China unterstützt und war mir ein wundervoller Mentor. Ich möchte auch Dan Brody, Mark Leong und Chandler Jurinka für ihre frühzeitige Unterstützung danken. (Chandler, deine aufmunternden Worte seinerzeit im Bodhi haben mich während des gesamten Projektes begleitet.) Ich bin dankbar für die Freundschaft zu Tara Duffy, Maureen Fan und Sherisse Pham, die immer ein offenes Ohr, ein Mandelcroissant und Schokoladenkekse für mich hatten. Jin Ling hat das Manuskript sehr gründlich hinsichtlich der Fakten überprüft.

William Jefferson Foster hat mich den Kellnerinnen vorgestellt. Danke, Odilon Couzin und Yuen Chan, dass ihr mir das Maultaschen-Praktikum verschafft habt. Handel Lee und Michelle Wan halfen mir dabei, das Praktikum in Shanghai zu bekommen. Tom Pattinson von der TimeOut Beijing gestattete es mir, brutal ehrliche Restaurantkritiken zu schreiben, und übertrug mir eine monatliche Kolumne zum Thema Essen. E. C. Liu und P. T. Black beherbergten mich während meiner Zeit in Shanghai.

Außerdem danke ich Kirsten Wegner, Charlotte Sector und Mary Helen Kelt für ihre treue Freundschaft über den großen Teich hinweg und für ihren Zuspruch und Rat. Christopher McCormick, Shai Oster und Robin Moroney haben die zahllosen Entwürfe für mein Exposé gelesen. Jeremy Brown las spätere Textentwürfe und bot mir an, mir in Sachen Geschichte zur Seite zu stehen. Ich schulde Yun-Yi Goh, Rachel Ruderman und Judy Hu Dank für ihre langjährige Freundschaft und Unterstützung. Victor Shih brachte mir regelmäßig Kaffee von Peet's Coffee. Auch Sig und Mary Gissler in New York haben mich stets unterstützt.

Brook Larmer, Evan Osnos, Oliver August, Peter Goodman, Deanna Fei und Elise Goodman waren mir gute Ratgeber und halfen mir dabei, die richtige Agentin und den richtigen Verlag zu finden.

Chris Calhoun hat stets an mich geglaubt, und ich bin ihm zu tiefstem Dank dafür verpflichtet, dass er von meinem Projekt so begeistert war. Becky Saletans Lektorat zeugte von Hingabe und Sorgfalt. Neben ihren üblichen Pflichten als Verlegerin hat sie an meinem Manuskript Wunder bewirkt, indem sie ihm einen Schliff verliehen hat, ohne Sinn und Inhalt meines Textes zu verändern. Sie war die richtige Lektorin für dieses Buch, und ich danke Chris dafür, dass sie mich zu ihr gebracht hat. Ich bin auch dankbar für Laurence Coopers, Sarah Melnyks und Thomas Boumans Hilfe.

Darüber hinaus danke ich meinen zukünftigen Schwiegereltern Caroline und Dave Simons für ihre Freundschaft und Unterstützung. Craig und ich haben mit ihnen in Peking viele Abenteuer erlebt. Meine Großeltern in Taipei haben mir Geschichten über Essen erzählt, die mich zu einigen Passagen dieses Buches inspiriert haben, und sie haben mich über die Jahre unzählige Male durchgefüttert.

Ich danke meiner Familie: Mom, Dad und James. Ich bin dankbar für die finanzielle, moralische und jede andere Art der Unterstützung, die sie mir geleistet haben, seit ich auf der Welt bin. Das Verhältnis meiner Eltern zum Essen – angefangen bei ihrer Leidenschaft für Austern bis hin zu ihrer Besessenheit von Fischkopf (und James' Liebe zu Essig und Ketchup) – hat mir dabei geholfen, meine ganz eigenen, abenteuerlustigen Geschmacksnerven zu entwickeln. James, ich danke dir für deine Begeisterung für meine Schreibereien, die auch nicht nachließ, wenn es wirklich hart wurde und es um das Essen von Hunden ging.

Schließlich möchte ich meinem zukünftigen Ehemann Craig Simons dafür danken, dass er mein Manuskript auf unseren Reisen überallhin mitgeschleppt hat – von Wudaohe im Herzen von China bis Whole Foods in New York. Craig, ich kann gar nicht beschreiben, wie wichtig es für mich war, dass du auf dieser Reise dabei warst: Du hattest stets ein offenes Ohr für mich, hast mir Rat gegeben, lektoriert, gelesen, gekocht, gegessen, getrunken und mit mir gefeiert. Ein Mann muss schon aus einem ganz besonderen Holz geschnitzt sein, wenn er so verständnisvoll ist und so viel Anteil nimmt wie du. Ich liebe dich sehr.

# Quellenangaben

Ich habe die Erzählungen von Vorsitzender Wang über ihre Kindheit und die Kulturrevolution mit Informationen aus folgenden Werken ergänzt:

Becker, Jasper, *Hungry Ghosts*, New York: Henry Holt, 1966;

Mac Farquhar, Roderick, und Schoenhals, Michael, *Mao's Last Revolution*, Cambridge: Belknap Press of Harvard University Press, 2006;

Spence, Jonathan, *The Search for Modern China*, New York: W. W. Norton, 1990; deutsche Ausgabe: *Chinas Weg in die Moderne*, München: dtv, 2001.

Bezüglich der in Teil I und Teil III beschriebenen chinesischen Feste habe ich mich verlassen auf die Informationen in:

Moey, S. C., *Chinese Feasts and Festivals: A Cookbook*, Singapur: Periplus Editions, 2006.

In Sachen Glutamat habe ich mich kundig gemacht bei:

Dickerman, Sara, »Could MSG Make a Comeback?« in *Slate*, 03.05.2006;

Dunlop, Fuchsia, »It's All A Matter of Taste« in *Financial Times*, 06.08.2005;

Gerth, Karl, *China Made: Consumer Culture and the Creation of the Nation*, Cambridge: Harvard University Asia Center, 2004;

Meadows, Michelle, »MSG: A Common Flavor Enhancer« in *FDA Consumer Magazine*, Januar-Februar 2003;

Rosenthal, Elisabeth, »In China, MSG Is No Headache, It's a New Treat« in *New York Times*, 14.12.2000;

Sand, Jordan, »A Short History of MSG« in *Gastronomica,* Herbst 2005, S. 38–49;

Walker, Ronald, und Lupien, John R., »The Safety Evaluation of Monosodium Glutamate« in *Journal of Nutrition,* Band 130, 2000; sowie Yardley, Jim, »Rivers Run Black, and Chinese Die of Cancer« in *New York Times,* 12.09.2004.

Über Shanghais Geschichte habe ich mich in folgenden Artikeln informiert:

Dyer, Geoff, »Shanghai's Culinary Great Leap Forward« in *Financial Times,* 19./20.08.2006;

Kuhn, Irene Corbally, »Shanghai: The Vintage Years« in Reichl, Ruth (Hrsg.), *Endless Feasts: Sixty Years of Writing from »Gourmet«,* New York: Modern Library, 2002;

Leung, Jereme, *New Shanghai Cuisine,* Singapur: Marshall Cavendish, 2005;

»Shanghai Cuisine's History« in *Shanghai Food and Culture Newsletter,* Ausgabe 4, 28.08.2006, auf Mandarin; und

Sesser, Stan, »From Slop to Sophistication, Shanghai Undergoes a Culinary Transformation« in *Wall Street Journal,* 18.10.2002.